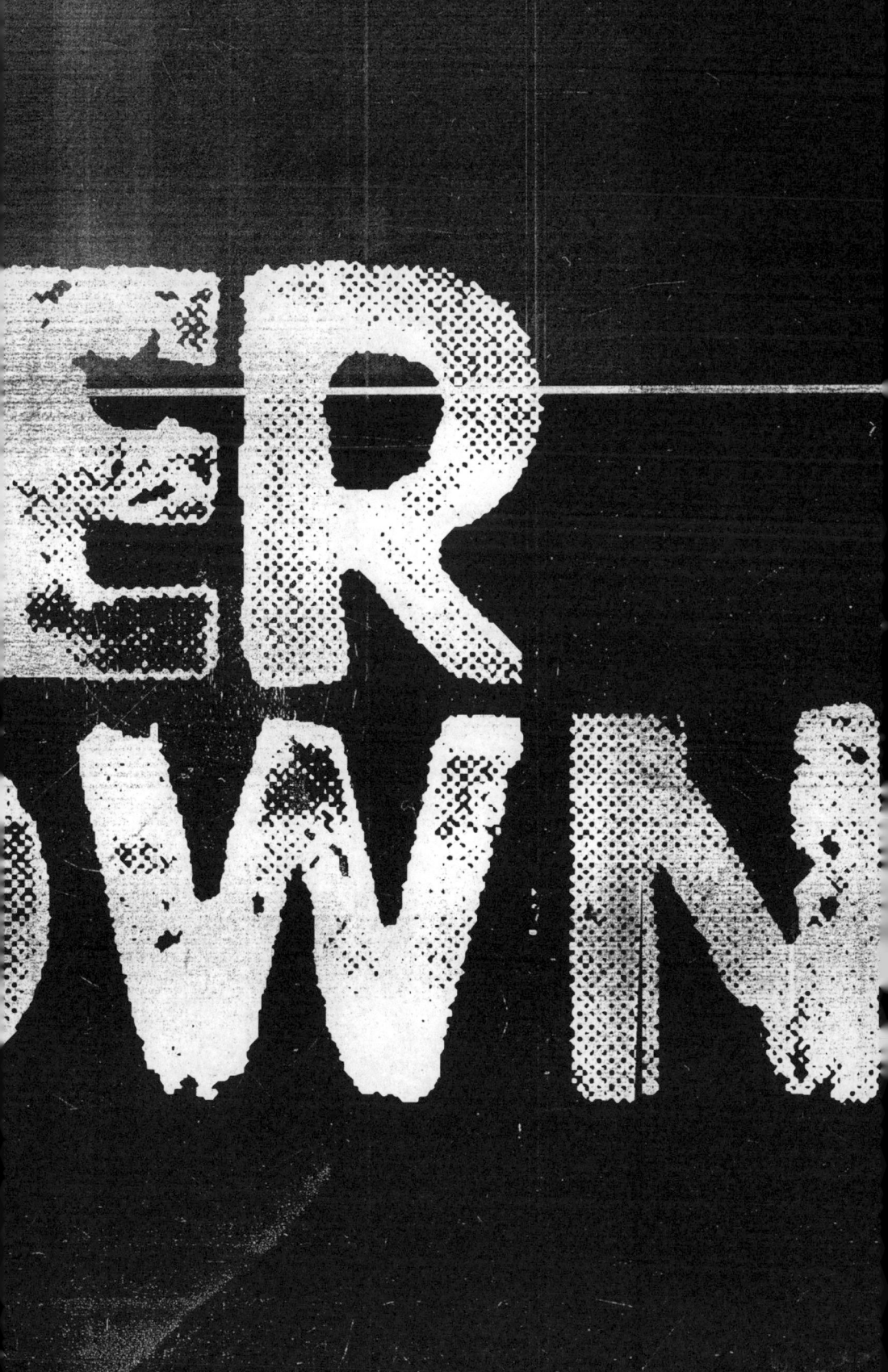

CRIME SCENE®
DARKSIDE

KILLER CLOWN: THE JOHN WAYNE GACY MURDERS
Copyright © 1983, 2013 Terry Sullivan com Peter Maiken

Tradução para a língua portuguesa
© Lucas Magdiel e Mariana Branco, 2019

Alguns nomes foram alterados para preservar
a privacidade de indivíduos ligados a esta história.

Diretor Editorial
Christiano Menezes

Diretor Comercial
Chico de Assis

Diretor de Novos Negócios
Marcel Souto Maior

Gerente Comercial
Fernando Madeira

Gerente de Marca
Arthur Moraes

**Editora e Diretora
de Estratégia Editorial**
Raquel Moritz

Capa e Projeto Gráfico
Retina 78

Coordenador de Diagramação
Sergio Chaves

Designer Assistente
Aline Martins

Revisão
Alexandre Boide
Fabrício Ferreira
Isadora Torres
Retina Conteúdo

Finalização
Sandro Tagliamento

Marketing Estratégico
Ag. Mandíbula

Impressão e Acabamento
Ipsis Gráfica

DADOS INTERNACIONAIS DE CATALOGAÇÃO NA PUBLICAÇÃO (CIP)
Angélica Ilacqua CRB-8/7057

Sullivan, Terry
  Killer clown profile : retrato de um assassino / Terry Sullivan e Peter T. Maiken ; tradução de Lucas Magdiel e Mariana Branco. — Rio de Janeiro : DarkSide Books, 2019.
  432 p.

  ISBN: 978-85-9454-182-6
  Título original: Killer Clown: The John Wayne Gacy Murders

  1. Assassinos em série — Biografia 2. Gacy, John Wayne, 1942-1994 — Biografia I. Título II. Maiken, Peter T. III. Magdiel, Lucas IV. Branco, Mariana

19-1652   CDD 364.1523092

Índice para catálogo sistemático:
  1. Assassinos em série: Biografia

[2019, 2024]
Todos os direitos desta edição reservados à
DarkSide® Entretenimento LTDA.
Rua General Roca, 935/504 — Tijuca
20521-071 — Rio de Janeiro — RJ — Brasil
www.darksidebooks.com

PROFILE
profile

KILLER CLOWN

RETRATO DE UM ASSASSINO

**TERRY SULLIVAN
PETER MAIKEN**

JOHN WAYNE GACY

TRADUÇÃO
LUCAS MAGDIEL
MARIANA BRANCO

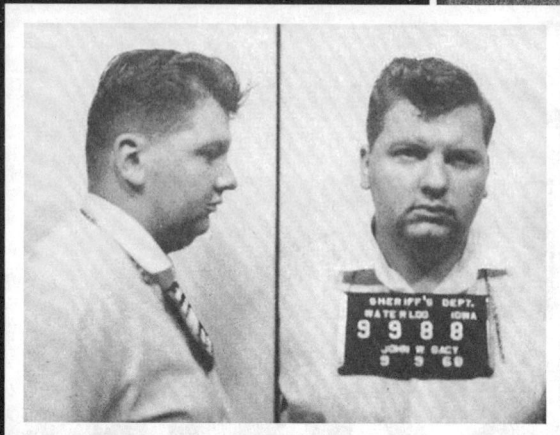

PROFILE

profile

A meus pais, com amor e gratidão

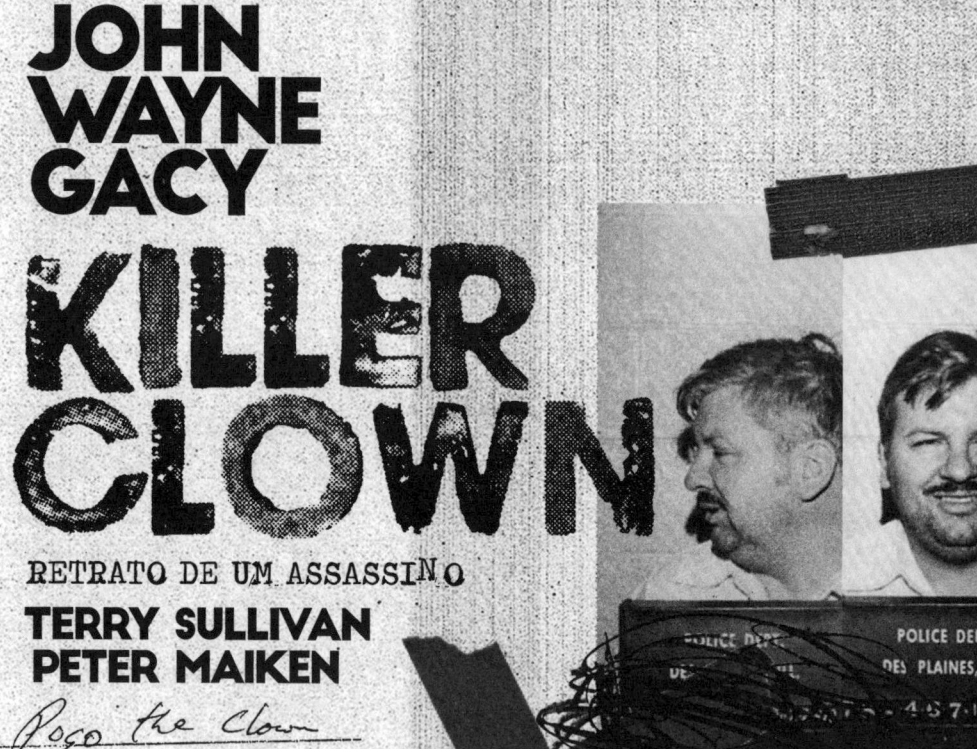

JOHN WAYNE GACY
KILLER CLOWN

RETRATO DE UM ASSASSINO

TERRY SULLIVAN
PETER MAIKEN

PROFILE
profile

Division of Supervision of Parolees
Parole Face Sheet — Leaflet
Illinois State Penitentiary

Form 20

Chicago

IOWA _____ Branch

Name	GACY, John	No.	ANA-26526
Alias			
Received	12-11-68	County	Blackhawk
Crime	Sodomy	Plea	
Date of Sentence	12-3-68	Sentence	10 years
Judge	Van Metre	Attorney	
Color	White	Nativity	Ill.
Citizen	Age 28	Height 5-8	Weight 205
Occupation	Cook	Prison Conduct	
Married	Div.	Wife Living	
Children	2	Living	
Correspondent			

SUMÁRIO

014. INVESTIGAÇÃO _____ PARTE I
272. JULGAMENTO _____ PARTE II
360. ATUALIZAÇÃO DE 2012 _____ REFLEXÕES E TEORIAS

405. GALERIA MACABRA
427. AGRADECIMENTOS

INVESTIGAÇÃO
PARTE I

KILLER CLOWN
RETRATO DE UM ASSASSINO
TERRY SULLIVAN
PETER MAIKEN

SEGUNDA-FEIRA, 11 DE DEZEMBRO DE 1978

Kim Byers não sabia o que fazer com o recibo das fotos. Fosse o pedido de um cliente qualquer, entregaria o canhoto do envelope e pronto. Mas eram fotos suas, que ela identificaria facilmente quando chegassem do laboratório. Pretendia presenteá-las à irmã no Natal, dali a duas semanas.

Eram 19h30, e a menina tinha aproveitado uma rara queda no movimento para cuidar de seu pedido. Kim era uma entre vários funcionários adolescentes da drogaria[1*] Nisson, em Des Plaines. O estabelecimento ocupava um discreto imóvel de apenas um andar, dentro de um pequeno centro comercial. Cartazes com anúncios de produtos cobriam a vitrine. Entre os estabelecimentos vizinhos havia uma filial da franquia 7-Eleven, um restaurante Gold Medal e uma loja de bebidas. Do outro lado da movimentada Touhy Avenue ficava o perímetro norte do Aeroporto Internacional de Chicago. O interior da farmácia exalava o aroma costumeiro dos doces e demais produtos e vibrava com o ronco dos aviões.

Kim anotou o número do pedido no livro de registros e rasgou o recibo. Instantes depois, mudou de ideia e enfiou o papel no bolso

---

1 Nos Estados Unidos, além de comercializarem produtos variados, as drogarias também oferecem serviços como o de revelação de fotos. [Nota dos Tradutores, daqui em diante NT]

do casaco que estava usando enquanto trabalhava no caixa. Tinha pegado o agasalho emprestado para se proteger do vento frio que entrava pela porta.

Rob Piest, o dono do casaco, já tinha cumprido metade do expediente. Rob trabalhava lá em regime de meio período depois da escola. Cursava o primeiro ano do Ensino Médio na Maine West High School, e estava na drogaria desde o verão do ano anterior. Embora Kim, com dezessete anos de idade, fosse dois anos mais velha que ele, os dois já tinham saído algumas vezes. Maduro para a idade, Rob costumava ficar com meninas mais velhas, e Kim se encantava com o belo rapaz de porte atlético, cabelos castanhos revoltos e sorriso largo. Naquele dia, no entanto, enquanto repunha as mercadorias nas prateleiras, o garoto estava taciturno: Phil Torf, um dos donos da Nisson, tinha acabado de lhe negar um pedido de aumento.

"Vou pedir as contas e arranjar outro emprego", disse Rob à garota.

"Não faz isso agora", aconselhou Kim. "Logo mais vem o bônus de Natal."

"É", respondeu Rob, "mas eu preciso de dinheiro agora."

Rob faria dezesseis anos em março, e queria comprar um jipe. Já tinha economizado 900 dólares, mas sabia que não poderia pagar as prestações ganhando 2,85 dólares por hora na Nisson.

O rapaz havia acabado de terminar com a namorada, alguém muito especial, mas tinha esperança de voltar — e estar devidamente motorizado ajudaria. Além disso, tinha que ser um jipe, porque ele sempre gostou de acampar e viver em contato com a natureza. Faltando só três medalhas de mérito para atingir a categoria de Eagle Scout — a mais alta do escotismo nos Estados Unidos —, estava ficando cansando dos escoteiros-mirins, mas não da vida ao ar livre. Habilidoso com a câmera, fotografava muito bem a natureza, e com um carro robusto poderia explorar territórios selvagens aonde as estradas não chegavam.

Atleta dedicado, Rob treinava na equipe de ginástica do primeiro ano, mas naquela tarde de segunda saiu cedo do treino: queria passar no K-Mart e comprar peixes para alimentar suas cobras. (Além de cobras, os Piest criavam vários outros animais. Alguns anos antes, para o deleite de Rob e dos irmãos, a família tinha herdado uma coleção de dezenas de animais selvagens.)

Como sempre, depois da escola, Elizabeth, mãe de Rob, estava esperando por ele no carro e, como sempre, os dois tinham um dia cheio pela frente. Ela vinha do trabalho — era telefonista de uma empresa de produtos químicos — e o levaria para casa, onde fariam um lanche rápido. Depois, ela ou o pai, Harold, o deixariam na Nisson pouco antes das 18h e o buscariam ao final do expediente, às 21h. O único desvio da rotina naquela noite foi a parada no K-Mart (que não deu em nada — o peixe, concluiu Rob, estava caro demais).

Aquela noite era especial, no entanto, porque Elizabeth Piest fazia 46 anos. Em casa, ela viu Rob olhando para seu bolo de aniversário. "Vamos começar a festa quando você chegar do trabalho", ela garantiu. Rob se curvou para abraçar os dois pastores alemães da família, César e Kelly, que entraram aos pulos na cozinha para recebê-lo.

"Sua janta", disse a irmã de Rob, tirando um misto quente da grelha.

"Valeu, Kerry", respondeu o rapaz, levando o lanche consigo.

Ele e a mãe saíram na fria noite de inverno e entraram no carro. Eram oito quarteirões até a drogaria. Rob comentou que depois que comprasse o jipe não precisaria mais de carona para o trabalho. Ela sorriu e disse que não se incomodava em levá-lo.

A família esperaria Rob voltar para comemorar o aniversário de Elizabeth. Os Piest ficavam sempre juntos em ocasiões como aquela. Eram uma família excepcionalmente unida, e Rob costumava estar no centro de tudo.

•••

Quando o irmão de Phil Torf, Larry, decidiu remodelar seu estabelecimento dois anos antes, contratou a P.E. Systems, empresa especializada em projetar e construir drogarias. Quem supervisionava o trabalho era um sujeito sociável chamado John Gacy. Embora achasse que o trabalho de Gacy era meramente passável, Torf ficou impressionado com seu conhecimento sobre marketing farmacêutico e a energia com que se entregava ao trabalho. Junto com Phil e outros rapazes, Gacy cuidava de toda a reforma após o horário de funcionamento da drogaria, o que permitiu que a loja continuasse funcionando normalmente. Durante esse período, Gacy e Phil Torf se tornaram camaradas.

Agora Gacy tinha seu próprio negócio, e Phil lhe pedira que fosse à loja aconselhá-lo sobre uma reorganização das prateleiras. Na segunda-feira, às 17h30, conforme combinado, Gacy estacionou em frente à drogaria em um Oldsmobile 98 preto, quatro portas, ano 1979. O carro, novinho, era equipado com um rádio PX e trazia dois refletores — e o que ficava do lado do passageiro era vermelho.

Gacy era um homem de 36 anos de idade, corpulento, de rosto redondo, e estava consideravelmente acima do peso, com seus 88 kg e 1,75 m de altura. Tinha cabelos castanhos, grisalhos nas têmporas, um queixo saliente almofadado por bochechas flácidas e usava bigode. Vestia calças de fazenda, camisa de colarinho aberto e jaqueta de couro preta até a cintura.

O homem cumprimentou Phil Torf calorosamente, e eles tagarelaram por mais de uma hora sobre os velhos tempos. Phil ficou sabendo que a nova empresa do outro chamava-se PDM, sigla para Pintura, Decoração e Manutenção. Gacy contou que também oferecia serviços de remoção de neve e vendia árvores de Natal.

"Pelo visto você deu uma repaginada na equipe", comentou Gacy, examinando o espaço em volta. Seu olhar recaiu em Rob Piest, que estava sentado em um corredor, a uns três metros, repondo mercadorias nas prateleiras.

"São todos adolescentes", explicou Phil. "Acabam indo para a faculdade ou trabalhando em outro lugar. A rotatividade é grande."

"Eu também contrato adolescentes", disse Gacy, virando-se para Linda Mertes, uma funcionária que conhecia dos tempos da reforma, dois anos antes. "Tá lembrada do Dick?" Linda fez que sim. "Eu pagava só 3 ou 4 dólares a hora quando ele começou, mas agora ele tira 400 por semana. Hoje todo mundo já começa com no mínimo 5 dólares a hora."

"Uau", disse Linda. "Ei, Rob. Quer descolar um emprego?", ela perguntou, aos risos. O rapaz continuou repondo as mercadorias e não respondeu.

Gacy andou pela loja, inspecionando os corredores, medindo as prateleiras e conferindo os suportes.

Disse a Torf que o trabalho custaria cerca de 1.600 dólares. Os dois conversaram mais um pouco, e às 19h15 Gacy partiu, dizendo que manteria contato. Poucos minutos depois, Torf reparou em uma agenda marrom, fechada com uma grossa correia, esquecida em cima do balcão. Era de Gacy. Phil pensou em ligar, mas desistiu da ideia. Provavelmente voltaria para buscá-la.

• • •

"Ei, preciso do meu casaco", disse Rob. "Tenho que levar o lixo pra fora."

Já eram 20h. Kim Byers tirou o agasalho e viu o garoto vesti-lo antes de se dirigir aos fundos da loja. Quando Rob entrou no beco, carregado de caixas de papelão e sacos de lixo, uma garota do nono ano da escola o avistou. A menina atirou uma bola de neve nele e depois fugiu com uma amiga, dando risadinhas. Ao voltar para dentro, Rob largou o casaco em cima de um carregamento de cigarros perto do caixa, que ele deveria vigiar enquanto terminava de repor as mercadorias nas prateleiras até o final do expediente, às 21h.

Uma caminhonete preta com um limpa-neve acoplado na frente parou devagar em frente à loja. Gacy entrou e foi ao balcão de remédios.

"Esqueceu alguma coisa?", perguntou Torf.

Gacy fez que sim com a cabeça e sorriu. Nos 45 minutos que se seguiram, o homem vagou pela loja enquanto conversava e inspecionava outra vez as prateleiras.

Às 20h55, Elizabeth Piest chegou para buscar o filho.

"Ainda não terminei, mãe", disse Rob. "Preciso de mais uns minutos."

"Tudo bem", respondeu a mulher, e, depois de falar por um instante com Kim Byers, se dirigiu à seção de cartões.

Às 8h58, Rob pediu a Kim que cuidasse do caixa. "Tem um empreiteiro querendo falar comigo sobre um trabalho", gritou à mãe, depois pegou o casaco e saiu correndo pela porta.

Alguns momentos depois, Torf viu a garota no caixa e perguntou onde estava Rob.

"Lá fora, falando com aquele sujeito que tava aqui", disse Kim. "Não se preocupe, ele já é bem grandinho", acrescentou em tom casual.

Vários minutos mais tarde, Elizabeth Piest perguntou a Kim se tinha visto Rob voltar. Não tinha. A sra. Piest tinha um forte pressentimento de que precisava estar com o filho naquele momento, mas não sabia por quê. Sentia um medo que não sabia explicar. Apesar disso, papeou brevemente com Kim; então, cada vez mais inquieta, resolveu ir embora e pediu à garota que dissesse a Rob para ligar para casa quando voltasse. Ela retornaria para buscá-lo. Eram 21h20.

Após alguns instantes, Torf passou pelo caixa.

"Quem é aquele sujeito, o empreiteiro?", perguntou Kim.

"Ah, o John Gacy?", respondeu o comerciante. "Ele é gente boa."

...

Quando Elizabeth Piest entrou na cozinha sem Rob, às 21h25, todos ficaram perplexos. "Ele saiu com um empreiteiro aí, para ver um emprego", ela explicou. Em seguida, pegou o telefone e ligou para a drogaria. Kim Byers atendeu; nada ainda. "Você por acaso sabe me dizer", perguntou a sra. Piest, "quem era o cara com quem Rob estava falando?" Kim disse que o homem se chamava John Gacy.

Àquela hora, a família já deveria estar cortando o bolo. Rob não era assim. Era uma criatura de hábitos regulares, e nem ele, nem o irmão ou a irmã — aliás, ninguém mais na família — ia a lugar nenhum sem antes avisar aos outros. Tinha alguma coisa muito errada.

Quinze minutos se passaram. A preocupação da família Piest só aumentava. A irmã de Rob, Kerry, seis anos mais velha que ele, e Ken, que tinha 22 anos e se preparava para estudar medicina, especulavam sobre o paradeiro do caçula. Elizabeth ligou para a Nisson de novo, mas Kim ainda não havia visto o colega. Pediu à mãe de Rob que aguardasse e deixou a chamada em espera. O marido e os filhos de Elizabeth a observavam, ansiosos.

"Phil quer saber se vocês já compraram uma árvore de Natal", Kim disse por fim.

"Por quê?", indagou Elizabeth, julgando que Torf não estava levando a situação a sério.

A garota explicou que John Gacy era dono de um lote onde comercializava árvores de Natal, e Phil achava que Rob podia ter ido lá comprar uma.[2*]

Enquanto isso, os outros buscavam "John Gacy" nas listas telefônicas, mas não sabiam direito como se escrevia o nome ou qual dos inúmeros catálogos deveriam consultar. Não encontraram nada nas redondezas. Ligaram para vários amigos de Rob, mas nenhum tinha visto o garoto. Elizabeth ligou outra vez para a Nisson. Já estava à beira do desespero, e esperava que Torf demonstrasse alguma preocupação.

O homem prometeu mandar alguém procurar fora da loja e ver se Rob não tinha escorregado no gelo, caído no chão e desmaiado. Embora a loja já estivesse fechada, prometeu que passaria por lá e deu à mulher o número da linha para emergências noturnas. "Também vou ligar pro John pra ver se ele sabe alguma coisa", garantiu.

"Qual é o telefone dele?", quis saber Elizabeth.

---

2   Nos Estados Unidos é bastante comum comprar pinheiros naturais no Natal, que são cultivados em fazendas e vendidos à beira de estradas ou em lotes vazios pela cidade. [NT]

"457-1614", disse Torf.

"Você tem o endereço dele?", ela perguntou.

Torf hesitou, depois disse que não.

"O que é que ele pode ter pra falar com um garoto de quinze anos a esta hora da noite?", questionou a mulher.

"Ei, peraí", retrucou Torf. "O cara não é nenhum vagabundo." Elizabeth desligou.

Harold Piest ligou para o número do empreiteiro, mas caiu na secretária eletrônica.

"Vamos procurar a polícia", sugeriu. Embora nenhum deles quisesse admitir, todos já temiam o pior. Os três conheciam Rob muito bem, e sabiam que, se ele estivesse em condições físicas de ir para casa, já teria chegado.

No caminho para a delegacia de Des Plaines, Harold e Elizabeth pararam na casa do melhor amigo de Rob, Todd Schludt. Certa noite, Todd dormiu fora de casa, e Rob reprovou seu comportamento. Por isso, o garoto ficou surpreso com o sumiço do amigo, certo de que ele não fugiria sem mais nem menos. Rob andava chateado porque Todd ia se mudar para outra cidade. Na noite anterior, eles tinham ido a uma festa de despedida. Todd não vira o amigo desde então.

Em seguida, os Piest passaram na Nisson. Na porta do estabelecimento, encontraram Torf e um amigo dele, Joe Hajkaluk, também farmacêutico. Torf contou que tinha tentado ligar para Gacy, sem sucesso, e deu à família o número de sua casa em Chicago.

O casal seguiu então para a delegacia. O novo centro comercial de Des Plaines, no lado sudoeste dos trilhos de trem, já havia se esvaziado, e as calçadas estavam praticamente desertas. Outros dois vagões verde-amarelos, vindos do centro, ainda parariam ali para desembarcar passageiros e depois seguiriam em frente, como brinquedos embaixo de uma árvore, avançando por uma sucessão de postes de luz e decorações natalinas rumo à paisagem mais escura da zona rural e aos distritos mais afastados. Em breve a cidade estaria mergulhada no silêncio.

A delegacia de Des Plaines era um moderno edifício de alvenaria, de dois andares, em formato de caixote, com aspecto de fortaleza. Quase não tinha janelas no piso térreo e se conectava ao Centro Cívico adjacente por uma passarela aberta. O complexo havia sido construído no início da década de 1970, muito depois de Des Plaines haver crescido e deixado de ser o pequeno e tranquilo povoado onde funcionavam granjas e viveiros operados por moradores de origem alemã para se tornar um congestionado centro da expansão suburbana de Chicago. A delegacia ficava na extremidade norte da zona central de quatro quarteirões, construída de ambos os lados da via férrea.

Os Piest se dirigiram ao balcão e foram atendidos pelo guarda de plantão, George Konieczny. Elizabeth explicou o acontecido. Konieczny disse que coletaria informações para elaborar um relatório sobre o desaparecimento. Ligariam se descobrissem o paradeiro do garoto, e um agente da Divisão de Infância e Juventude seria designado para o caso pela manhã. Não havia nada que a família pudesse fazer além de ir para casa e esperar. As delegacias distritais operam de maneira limitada após certo horário. A maioria do pessoal trabalha durante o dia, e à noite muitos serviços especializados param completamente de funcionar. Com um suspiro, Elizabeth começou a descrever o filho e a relatar os acontecimentos daquela noite. Konieczny anotava: "Robert Jerome Piest, sexo masculino, quinze anos, branco, veste calça de brim bege da Levi's, camiseta, sapatos de camurça marrons e uma jaqueta azul-clara com forro de pluma de ganso". O caso de Rob foi registrado na polícia de Des Plaines sob o número 78-35203, uma das mais de setenta notificações de desaparecimento recebidas pelo órgão em 1978.

Os Piest deixaram a delegacia. Às 23h50, Konieczny concluiu seu relatório e ligou para Phil Torf, que ainda estava na Nisson. Torf não tinha novidades. Konieczny, então, levou o caso ao comandante de turno.

"Os pais estão muito preocupados", Konieczny informou, "e o garoto nunca fugiu antes. Embora quem tem quinze anos às vezes faça loucuras." O comandante aprovou o relatório, e Konieczny notificou à central de rádio no andar de cima que estava encaminhando um "desaparecimento".

À 1h54 de terça-feira, cinco horas após o sumiço de Robert Piest, um operador enviou uma mensagem pelo LEADS (Law Enforcement Agencies Data System — Sistema Integrado de Dados da Polícia) a todas as jurisdições policiais de Illinois. O relatório sobre o desaparecimento, acrescido de uma observação de Konieczny atestando a preocupação dos Piest, foi colocado junto com outras ocorrências noturnas sobre a mesa do comandante da Divisão de Investigações Criminais, o tenente Joseph Kozenczak. Embora o caso fosse da competência da Divisão de Infância e Juventude, que tinha agentes de plantão até 1h, o relatório só seria visto depois que Kozenczak chegasse, às 7h30, e fizesse uma triagem. Os casos de desaparecimento, por questão de política interna, eram tratados como ocorrências de rotina.

Inicialmente, os Piest seguiram a orientação da polícia e foram para casa. Mas não descansaram. Queriam respostas e, como a polícia não oferecera nenhuma, eles agiriam por conta própria. Fizeram uma busca em praticamente todas as ruas e estacionamentos de Des Plaines. Especularam se Rob tinha sido capturado por Gacy e tentado pular do carro. Imaginaram que pudesse estar ferido e tentando voltar para casa. Sabiam que ele faria tudo que pudesse.

Kerry levou um pastor alemão em seu Datsun, e Ken levou o outro em seu furgão, cada um de posse de uma peça de roupa para que os cães farejassem. Harold saiu de carro, e Elizabeth ficou em casa de prontidão, ao lado do telefone. O pai e os irmãos de Rob patrulharam as ruas tranquilas e caminharam com dificuldade sobre os montinhos de neve moldados por limpa-neves depois da nevada de quatro dias antes, que cobrira as ruas com cerca de dezoito centímetros de gelo. De tempos em tempos, reuniam-se em um ponto de encontro para coordenar seus planos. Expandiram a busca para os bairros vizinhos de Mount Prospect, Park Ridge, e Rosemont. Voltaram diversas vezes, separadamente, até a Nisson, Harold antes da meia-noite, Kerry por volta da 0h30, e Ken pouco depois da 1h. Quando viam Phil Torf ou o carro dele, cogitavam o que estaria fazendo. O homem disse a Ken que Hajkaluk sabia onde ficava a casa de Gacy e o lote de árvores, e prometeu averiguar.

Harry, Ken e Harold buscaram a noite inteira em vão. Quando amanheceu, voltaram para casa exaustos. Elizabeth mantinha vigília ao lado do telefone. Atormentada e insone, a família começou a se preparar a contragosto para começar o dia. Ken tinha aula, e os outros três trabalhavam. Contudo, antes de irem para seus empregos, Harold, Elizabeth e Kerry fizeram outra visita à delegacia. Sobre a mesa da cozinha, o bolo que Harold comprara para o aniversário da esposa permanecia intacto.

KILLER CLOWN
RETRATO DE UM ASSASSINO
TERRY SULLIVAN
PETER MAIKEN

TERÇA-FEIRA, 12 DE DEZEMBRO DE 1978

Às 8h30, já tinha começado o turno da manhã na delegacia de Des Plaines. Ainda molhados e sujos depois da busca, Harold, Elizabeth e Kerry Piest se dirigiram ao balcão e pediram para falar com o agente designado para o caso. Ronald Adams, que estava havia doze anos na polícia, seis dos quais na Divisão de Infância e Juventude, recebeu-os em uma sala de reuniões e deu uma passada de olhos no relatório de Konieczny.

A sra. Piest entregou ao policial uma cópia da Dialtone, a lista telefônica de estudantes da escola Maine West, na qual o filho havia sublinhado o nome dos amigos. Em seguida, relatou os eventos da noite anterior. Agentes de Infância e Juventude nem sempre acreditam em pais que dizem "Meu filho nunca fugiria". Todos os anos, dezenas de milhares de jovens vão embora de casa, em geral por desentendimentos com os pais, desilusões amorosas ou problemas na escola. A maioria volta. Mas, enquanto observava e ouvia os Piest, Adams teve a certeza, pelos seus anos de experiência, de que Rob não era mais um adolescente fugido de casa. Aquele caso envolvia um filho de uma família unida e afetuosa, e que havia sumido na noite do aniversário da mãe. Adams suspeitou logo que o garoto tinha sido vítima de um crime.

O policial pediu aos Piest que esperassem na sala de reuniões e foi até sua mesa ligar para a Nisson. Larry Torf atendeu e disse que tinha saído da loja no início da noite e que Adams devia ligar para o irmão, Phil, que ainda estava em casa.

Phil Torf contou a Adams que, no dia anterior, Gacy esteve duas vezes na farmácia para discutir a reforma, e em uma delas mencionou que contratava rapazes do Ensino Médio para trabalhar em obras. Era possível que Rob tivesse entreouvido a conversa. O comerciante ressaltou, no entanto, que não tinha visto os dois juntos. Depois que a sra. Piest ligou, continuou Torf, ele deixou uma mensagem na secretária eletrônica de Gacy, mas o empreiteiro não ligou de volta. Por fim, disse ao policial que achava que Gacy tinha um lote de árvores de Natal na Cumberland Avenue, nos arredores de Chicago, a poucos quarteirões de sua casa.

Em seguida, Adams ligou para Gacy. O empreiteiro confirmou que esteve na drogaria e mencionou que perguntou a Phil Torf se havia prateleiras na parte detrás da loja. Negou ter falado com Rob Piest ou ter tido qualquer contato com ele. Seu tom era educado, mas firme.

Por fim, o policial ligou para Kim Byers. A garota confirmou que Rob tinha saído por volta das 21h, dizendo: "Aquele empreiteiro quer falar comigo". Ela não tinha visto os dois conversando.

Adams voltou à sala de reuniões sem muito o que dizer à família. Continuaria apurando, mas eles não deveriam interferir — embora estivessem receosos e angustiados, precisavam confiar na polícia. Os Piest agradeceram e saíram em silêncio.

• • •

"Isso não tá cheirando nada bem", Adams disse a Kozenczak no almoço. O tenente tinha lido e passado adiante o relatório sobre o desaparecimento, mas não sabia que a família Piest retornara à delegacia. Agora, no entanto, se deu conta da gravidade da situação e disse ao agente para dar rápido prosseguimento às investigações. Além disso, pediria a outro detetive, James Pickell, que entrasse mais cedo para ajudar.

De volta à delegacia, Adams ligou para a companhia telefônica e foi informado de que o nome John Gacy não constava no banco de dados; o número que a sra. Piest havia fornecido à polícia estava registrado em nome da PDM Contractors Corporation, situada na Summerdale Avenue, nº 8213, em Norwood Park Township, na região noroeste de

Chicago. Pickell ficou incumbido de investigar o endereço na Summerdale e conferir o lote de árvores para ver se encontrava sinais de que Rob Piest era mantido em cativeiro por lá. Adams, por sua vez, falaria com os amigos de escola de Rob.

Pickell localizou um lote de árvores perto de uma igreja, a St. Joseph's Ukrainian Catholic Church, na Cumberland Avenue. O homem com quem falou disse que ali não trabalhava nenhum John Gacy e sugeriu que o agente fosse a outro lote na Cumberland, ao norte da via expressa que cortava a avenida. No estacionamento do local havia dois carros, e Pickell pediu à central que checasse as placas. Nenhum dos dois pertencia a Gacy. O casal que administrava o comércio nunca tinha ouvido falar de Gacy e aludiu ao primeiro lote.

Pickell seguiu de carro pela Cumberland, na direção sul, e virou para leste na Summerdale. O número 8213 era uma pequena casa de tijolinhos amarelos, estilo rancho, em um quarteirão de casas não geminadas. Na entrada semicircular estava estacionado um Oldsmobile 1979 preto, quatro portas, placa PDM 42. Pickell foi até a porta e bateu. Ninguém atendeu. Tentou a porta dos fundos. Nada.

O policial perguntou então a uma vizinha se sabia onde estava o dono da casa. Ela não sabia, mas disse que, se o carro dele estava ali, era porque tinha saído com a caminhonete. A mulher tampouco sabia onde ficava o lote de árvores. Pickell voltou para a delegacia.

• • •

Harold Piest não seguiu a recomendação de Adams e, junto com Kerry, obtinha progressos tão rápidos quanto a polícia de Des Plaines. Depois de conseguirem dispensa do trabalho, ele e a filha foram à drogaria e pegaram o endereço do lote de árvores.

Conforme se aproximavam da igreja ucraniana, Piest se perguntou em voz alta se deveriam entrar no lote. Em vez disso, ele e Kerry decidiram pedir ajuda na igreja que a família frequentava, a uns dois quilômetros dali. O pai explicou a situação ao pastor, que ligou para o padre da St. Joseph's e marcou um encontro entre os dois.

Na igreja ucraniana, o sacerdote disse a Harold e Kerry que não sabia de nenhum Gacy, mas conhecia o homem que dirigia o negócio e ligaria para ele para perguntar — com sorte, conseguiria o endereço do empreiteiro sem levantar questionamentos. Não demorou a obter a informação: Summerdale Avenue, nº 8213. Agradecido, Harold apertou a mão do padre e partiu.

Pai e filha percorreram cerca de seis quarteirões até o endereço indicado e estacionaram em frente à residência de Gacy. Ficaram olhando para a casa, sem saber o que fazer. Por fim, decidindo que era melhor seguir o conselho da polícia, deram meia-volta e foram para casa.

...

Enquanto isso, Adams tinha ido à escola interrogar Kim Byers. Na presença da diretora, a garota contou que Rob lhe havia pedido para tomar conta do caixa, e recapitulou tudo que aconteceu após o desaparecimento do colega. Tinha pouco a acrescentar a seu relato anterior, exceto pela opinião de que Rob não tinha motivos para fugir de casa.

Na delegacia, Adams recebeu uma ligação de um grupamento local de busca e salvamento. Tinham sido acionados pela família Piest e pediam autorização para buscar sinais da presença de Rob em reservas florestais das redondezas usando cães farejadores. Adams respondeu que consultaria seus superiores.

Naquele dia, o detetive Mike Olsen, da Divisão de Infância e Juventude, se apresentou mais cedo para trabalhar, às 15h. Ele e Adams começaram a ligar para os colegas de escola cujos nomes Rob sublinhara na lista telefônica. Ainda que nenhum deles tivesse visto o amigo, a estima que demonstravam por ele confirmava que não se tratava de alguém do tipo que fugia de casa. No final de seu turno, às 15h45, antes de ir para casa, Kozenczak pediu a seus homens que o informassem de qualquer novidade.

Pickell passou o número da placa do Oldsmobile preto para a central de rádio. Queria que fosse feita uma consulta à base de dados do estado. Além disso, pesquisou o número no sistema de microfichas na Divisão de Investigações, uma compilação das placas e chassis de todos os veículos licenciados de Illinois, e que incluía nomes, endereços, datas de nascimento e números de carteiras de habilitação dos proprietários. Também contatou um serviço de informação de crédito, diversos departamentos policiais vizinhos e a sede da polícia de Chicago, no centro da cidade. A matriz informou que Gacy, nascido em 17 de março de 1942, já tinha cumprido pena em liberdade condicional. Foi sugerido que, para obter mais informações, ligasse para a divisão de registros criminais com o número da ficha de Gacy, 273632.

Para fazer uma checagem de antecedentes, a polícia de Chicago exige endereço, data de nascimento e número de identificação do contribuinte. Pickell não tinha o último item, mas convenceu o funcionário de que se tratava de um caso urgente e conseguiu que a ficha fosse consultada. O funcionário retornou à linha dez minutos depois. A folha corrida mostrava um tal de John W Gary, posto em liberdade condicional no dia 19 de junho de 1970, em Chicago. "Gary", segundo o funcionário, devia ser erro de datilografia. Em todas as outras entradas na ficha constava o nome John Wayne Gacy.

"Qual foi o motivo da prisão?", perguntou Pickell.

"Sodomia", informou o agente. "Waterloo, estado de Iowa, 20 de maio de 1968. Dez anos, Reformatório Masculino de Iowa em Anamosa."

A último registro de detenção de Gacy se referia a uma queixa de agressão apresentada em 15 de julho de 1978 no 16º Distrito Policial do Departamento de Polícia de Chicago. O anterior datava de 22 de junho de 1972, e era relativa a uma queixa de lesão corporal qualificada e conduta irresponsável em Northbrook, zona residencial ao norte de Des Plaines. Segundo constava, essa denúncia acabou rejeitada meses depois. Embora a ficha não mostrasse detalhes a respeito da condenação por sodomia ou das outras prisões, ficava claro que Gacy tinha um histórico tanto de desvio sexual como de comportamento violento.

Anoitecia. Na Divisão de Investigações — uma sala sem janelas no térreo, atrás da área de espera e da sala do comandante — o tempo passou de forma imperceptível. Apenas luzes fluorescentes iluminavam as arrojadas paredes de girassol, o carpete cor de vinho e a meia dúzia de mesas cinza-metálicas. Nos dez dias seguintes, a distinção entre luz e escuridão se turvaria ainda mais para os detetives, cujo trabalho se prolongava cada vez mais noite adentro.

Pickell ligou para a polícia de Northbrook, mas a divisão de registros já estava fechada. No entanto, um detetive local ficou de reunir os documentos relativos à prisão de Gacy em 1972, que incluíam uma ficha com impressões digitais e uma foto. Antes de sair para buscar os papéis, Pickell telefonou para Kozenczak, que estava em casa, e contou sobre a prisão de Gacy por sodomia e suas outras passagens pela polícia.

Kozenczak precisava ouvir o que John Gacy tinha a dizer. A serviço da polícia de Des Plaines havia dezesseis anos, a maioria deles passados patrulhando as ruas, Kozenczak era competente e calejado, mas nunca tinha coordenado uma grande investigação. Fazia apenas seis meses desde que fora promovido a comandante da Divisão de Investigações, e ainda estava se ambientando.

Sua primeira providência foi ligar para o departamento de revisão criminal da Promotoria de Justiça do condado de Cook para pedir aconselhamento jurídico. Ainda sob o impacto dos chamados direitos de Miranda, todo cuidado era pouco.[1*] Kozenczak explicou a situação a um promotor auxiliar, e acrescentou: "Não sabemos o que temos nas mãos, mas vamos falar com esse cara e queremos saber até que ponto podemos pressioná-lo".

"Não pressione demais", aconselhou promotor auxiliar. "Se ele mandar você à merda, deixa quieto e consulta o pessoal do Terceiro Distrito de manhã." O Terceiro Distrito, uma unidade administrativa da Promotoria Estadual de Justiça, funcionava no Centro Cívico de Des Plaines, ao lado da delegacia.

Kozenczak voltou à delegacia por volta das 19h; mais ou menos no mesmo horário, Pickell retornou de Northbrook com os registros de detenção de Gacy. Adams encerrara seu expediente, dando lugar ao detetive Dave Sommerschield, que estava sendo colocado a par do caso. Os três analisaram juntos a documentação.

O autor da queixa, Jackie Dee, 24, relatou à polícia que no dia 7 de junho de 1972, às 3h40, passava a pé perto do prédio da YMCA [Associação Cristã de Moços], na região de Near North Side, em Chicago, quando um homem corpulento, na casa dos trinta e poucos anos de idade, vestindo uma jaqueta do restaurante Barnaby's, ofereceu-lhe carona. Ele aceitou. Mas, quando viu que o motorista, que se chamava John, não o estava levando ao destino combinado, protestou. O sujeito sacou um distintivo, identificou-se como "agente policial do condado" e lhe deu voz de prisão. Em seguida, tentou algemá-lo, mas não conseguiu. Perguntou então ao jovem o que daria em troca da liberdade. Dee respondeu que não tinha dinheiro.

"Você chuparia meu pau?", perguntou o homem. Temendo por sua segurança, Dee consentiu.

---

1 Os direitos de Miranda (em inglês, *Miranda rights*) têm origem na década de 1960, no caso Miranda versus Arizona, quando a Suprema Corte dos Estados Unidos absolveu Ernesto Miranda, condenado por estupro e sequestro com base em confissão obtida sem que ele tivesse sido informado de que tinha o direito de permanecer em silêncio (e assim não produzir provas contra si mesmo) e de ser assistido por um advogado. A partir de então, consolidou-se o dever dos policiais de, no ato da prisão ou antes de fazer perguntas relativas ao crime imputado, informar os suspeitos de seus direitos. Para abrir mão desses direitos, o suspeito deve fazer uma declaração de renúncia. [NT]

Os dois desceram do carro em uma unidade da lanchonete Barnaby's, em Northbrook. "John" tinha as chaves do estabelecimento e destrancou a porta. Lá dentro, diante da resistência de Dee, o homem o golpeou na nuca, e depois que já estava caído no chão, continuou a agredi-lo com chutes. Dee correu para fora. O agressor o perseguiu de carro e o derrubou. Por fim, Dee conseguiu chegar a um posto de gasolina, onde um dos frentistas ligou para a polícia.

No dia seguinte, a polícia interrogou o gerente do restaurante, John Gacy. Ele disse ter ciência de que havia sido implicado no ataque e agradeceu a oportunidade de provar sua inocência. "Eu estava em casa às 3h", declarou à polícia. "Minha esposa pode confirmar." Houve um atraso de duas semanas no processo de identificação de Gacy. Primeiro, Dee disse que não tinha condições físicas de comparecer à delegacia. Depois, Gacy foi transferido no trabalho, e logo demitido de vez do restaurante. Acabou preso apenas em 22 de junho.

No fim, as acusações foram rejeitadas depois que Gacy se queixou à polícia de que Dee andava lhe telefonando para ameaçá-lo e tentar lhe extorquir dinheiro em troca de retirar a queixa. Depois de preparar uma emboscada e apanhar Dee com 91 dólares em notas marcadas entregues por Gacy, a polícia revisou os registros de detenção dos dois homens — sodomia para Gacy, e roubo, prostituição e conduta desordeira para Dee — e deu o caso por encerrado.

Apesar da retirada da queixa, a história de Dee, se verdadeira, pintava um retrato arrepiante de John Gacy — ou, conforme indicava a alcunha em sua planilha datiloscópica, "coronel".

Por volta das 21h, a polícia de Des Plaines já tinha recebido respostas às consultas feitas ao Centro Nacional de Informação sobre Crimes e ao LEADS: não haviam sido encontradas informações sobre John Gacy. Agora tudo dependia da equipe de Kozenczak. Os detetives percorreram o trajeto de dez quilômetros até a casa na Summerdale em duas viaturas sem identificação — Kozenczak e Pickell em uma, Olsen e Sommerschield em outra.

Um vento forte e menos gelado vindo do sul elevara a temperatura a mais de 2° C, deixando poças de lama e água nas ruas. O contato do ar quente com o solo frio formara uma neblina que era iluminada pelas luzes do aeroporto O'Hare e o brilho multicolorido dos letreiros comerciais ao longo da via expressa. A oeste da Cumberland Avenue, viam-se os inúmeros arranha-céus em construção na nova e emergente cidade aeroportuária. A leste, os modestos bangalôs, as casas ao estilo rancho e as residências geminadas de Norwood Park Township, o bairro onde morava John Gacy.

Kozenczak e Pickell passaram pelo Oldsmobile preto na entrada e bateram à porta. Como ninguém respondeu, bateram outra vez. Nada. Espiando pela janelinha da porta, em formato de diamante, viram um vulto no escuro. Os policiais não sabiam o que fazer.

Um furgão veloz se aproximou pela rua molhada, espirrando a água das poças, reduziu a velocidade e parou em frente à garagem. O veículo trazia um adesivo da PDM na porta. O motorista desceu. Era um homem jovem. Kozenczak se identificou e perguntou como ele se chamava.

"Dick Walsh", ele respondeu (o nome é fictício). "Estão procurando o John? Ele não atende a porta da frente porque fica vendo TV na sala dos fundos."

Sommerschield se afastou das sombras projetadas pela parte detrás da casa e confirmou o palpite de Walsh. Olhando por uma janela panorâmica, o detetive viu Gacy sentado em uma poltrona diante da televisão, bebendo uma lata de Pepsi Diet. Kozenczak e Pickell se dirigiram aos fundos da casa enquanto Olsen e Sommerschield ficaram com Walsh na entrada.

"John se meteu em alguma confusão?", perguntou Walsh.

"Só queremos fazer umas perguntas", disse Olsen.

"Vocês têm mandado?" O detetive ignorou a pergunta e perguntou qual era a relação dele com Gacy. Walsh explicou que trabalhava para a PDM, e que o furgão era de Gacy. Falou sobre as reformas que faziam e disse que supervisionava as obras quando John estava ausente. Walsh parecia muito curioso com a presença dos policiais e, embora fosse solícito, dava respostas vagas. Comentou que ele e Gacy iriam ao lote de árvores de Natal de um amigo naquela noite. Olsen reparou que Walsh parecia fazer questão de mencionar a esposa durante a conversa.

...

"Ouvi vocês batendo lá na frente, mas tive que ir no banheiro", disse Gacy à dupla de policiais na porta dos fundos.

"Estamos procurando pistas sobre um garoto desaparecido", disse Kozenczak, mostrando o distintivo.

"Entrem", convidou Gacy, conduzindo os detetives para uma grande sala de jogos nos fundos da casa. O homem desligou a televisão e se sentou em uma poltrona reclinável preta. À sua frente, havia um bar amplo e bem abastecido; ao lado, ficavam uma geladeira e a entrada para um banheiro social. "O que posso fazer por vocês?"

Kozenczak repassou os fatos sobre o desaparecimento de Rob e disse a Gacy que alguém o vira falando com o rapaz.

Gacy admitiu ter visto dois rapazes trabalhando na drogaria, mas negou ter falado com eles. Bem, talvez tivesse perguntado a um deles se havia prateleiras no fundo da loja, mas foi só. Afirmou ter saído da Nisson entre 20h45 e 21h. Em casa, soube pela secretária eletrônica que o tio estava em estado grave, então foi ao Northwest Hospital, em Chicago, onde ele estava internado. Ao chegar lá e descobrir que o tio havia falecido, partiu para a casa da tia.

"Você falou com algum funcionário da Nisson sobre empregos de verão?", perguntou Kozenczak. Gacy disse que não. "Bem, como o senhor foi uma das últimas pessoas a ver Rob Piest, vou ter que lhe pedir que venha à delegacia prestar depoimento."

Gacy falou que não havia problemas, e que cooperaria totalmente. Só não poderia ir naquele exato momento porque precisava cuidar dos preparativos para o funeral do tio e estava esperando sua mãe ligar.

"Por que não liga agora para ela?", perguntou Kozenczak. "A gente espera."

Com um resmungo, Gacy pegou o telefone e discou o número. Em vários momentos durante a ligação, parecia esticar a conversa. Uns dez minutos depois, desligou. Seu humor tinha mudado.

"Não posso ir na delegacia agora", disse com rispidez. "Tenho coisas importantes pra fazer."

"E quanto tempo vai levar?", indagou Kozenczak. "Uma hora?"

"Não sei", retrucou Gacy com impaciência. "Vou tentar passar lá em uma hora. Qual o problema de vocês? Não têm respeito pelos mortos?"

Kozenczak entregou seu cartão a Gacy e falou: "Aguardo o senhor na delegacia". Nesse momento, reparando em um pedaço de papel ao lado do telefone, o tenente estendeu a mão para pegá-lo, viu o nome Phil Torf e meteu-o no bolso.

"Ladrão!", resmungou Gacy.

Do lado de fora, Kozenczak e Pickell cruzaram com Walsh, que vinha entrando, e seguiram para seus carros. Dali a pouco, o tenente emparelhou com Olsen e disse: "Quero que vigiem a casa por dez minutos pra ver se ele vai a algum lugar. Vamos passar na Nisson." Enquanto se deslocavam para um ponto de tocaia numa ruazinha a leste da avenida, Olsen e Sommerschield ponderavam se deveriam perseguir o dono da casa caso ele saísse de carro.

Minutos depois, Walsh saiu da casa, entrou no furgão e avançou com o veículo pela entrada para carros, tirando-o do campo de visão dos detetives. Em seguida, o furgão reapareceu, parou e se deslocou outra vez para os fundos da residência. Conforme o veículo retrocedia lentamente, Olsen olhou por baixo da carroceria alta e viu um par de pés. O furgão parou de novo. De repente, o Oldsmobile, antes oculto, saiu roncando da entrada semicircular e disparou pela Summerdale na direção oeste. O furgão deu marcha a ré e se postou depressa logo atrás.

Alarmado, Olsen tentou ir no encalço do Oldsmobile, mas estava muito atrás, e as condições eram perigosas demais. Gacy dobrou à esquerda numa rua lateral que faz uma curva na direção oeste e desemboca na Cumberland. Chegando ao cruzamento e olhando para os lados, os detetives não viram nenhum sinal de Gacy ou do furgão.

Ao primeiro sinal de atividade, Sommerschield avisou a Kozenczak pelo rádio que "havia movimentação na casa", e depois transmitiu toda a ação em fragmentos frenéticos de informação. A perseguição terminou três quadras adiante e, mortificado, o detetive foi obrigado a dizer ao tenente: "Perdemos ele".

"Então voltem para a delegacia", disse Kozenczak, nem um pouco satisfeito.

A cerca de 1,5 km dali, na autopista Kennedy Expressway, o sargento Wally Lang, comandante da unidade tática, retornava de uma investigação sobre drogas em Chicago. Depois de acompanhar as transmissões de rádio com grande interesse e divertimento, comentou com o parceiro:

"Tantos caras lá e eles arruínam uma tocaia em vinte segundos!"

Na delegacia, enquanto esperavam Gacy, os policiais falaram sobre o pouco que tinham descoberto. Às 23h, horário em que era aguardado, Gacy ligou e perguntou a Kozenczak se ainda queria que ele fosse. O tenente respondeu que sim e acrescentou que seu depoimento seria muito útil para a investigação. Gacy prometeu chegar em uma hora. Kozenczak ligou para família Piest e informou que Gacy estaria em breve na delegacia. Às 23h30, Olsen partiu. Deu meia-noite e nada. À uma da manhã, Kozenczak mandou Pickell e Sommerschield para casa.

Kozenczak foi até a recepção e disse ao guarda de plantão, antes de ir embora: "Estava esperando um homem chamado John Gacy, que ficou de vir prestar depoimento. Fiquei algumas horas aguardando, mas preciso ir. Se ele aparecer, diga que volte pela manhã, o mais cedo que puder."

Às 2h29 de quarta-feira, um patrulheiro de Illinois fazia um novo lançamento em seu registro diário de veículos desabilitados. Um caminhão que passava pela Tri-State Tollway — rodovia que circunda a parte oeste da região metropolitana do estado — havia ligado para comunicar sobre um veículo atolado em uma vala à margem das pistas no sentido norte, no marco 29 South, perto do distrito de Oak Brook, a vinte quilômetros de Des Plaines. O motorista solicitara um reboque. O veículo era um Oldsmobile 1979, placa PDM 42.

Às 3h20, na delegacia de Des Plaines, o guarda de plantão ergueu os olhos da mesa e viu entrar um homem vestindo um casaco preto. Tinha os olhos vítreos e injetados, e parecia apreensivo.

"Meu nome é John Gacy. Vim falar com o tenente Kozenczak", avisou. "Estou atrasado porque sofri um acidente de carro."

O guarda transmitiu o recado de Kozenczak.

"Mas do que se trata?", indagou Gacy.

"Senhor, eu não tenho informação nenhuma a respeito. Acabei de lhe dizer tudo que sei. O senhor terá que voltar pela manhã."

Gacy fez um sinal afirmativo com a cabeça e se dirigiu à saída. Foi então que o guarda viu que o homem estava com os sapatos e as calças cobertos de lama fresca.

KILLER CLOWN
RETRATO DE UM ASSASSINO
**TERRY SULLIVAN
PETER MAIKEN**

QUARTA-FEIRA, 13 DE DEZEMBRO DE 1978

Meu telefone tocou por volta das 11h.

"Terry Sullivan falando", eu disse.

Do outro lado da linha estava o tenente Joseph Kozenczak. Queria falar com o promotor auxiliar responsável pela jurisdição. Precisava de um parecer sobre um caso de pessoa desaparecida. Eu lhe pedi que viesse me ver.

Na época, eu chefiava o Terceiro Distrito da Promotoria de Justiça do condado de Cook, que abarca um território de 320 km² e 1 milhão de pessoas na zona noroeste de Chicago. Com outros doze promotores auxiliares em minha equipe, eu era responsável por crimes dolosos e contravenções penais, além de equacionar problemas relativos a departamentos de polícia e agentes distritais.

Nosso escritório em Des Plaines era espartano: uma saleta de 90 m², se tanto, equipada com uma seleção aleatória de móveis institucionais. Eu nem sequer tinha minha própria mesa. Trabalhava onde houvesse espaço, e meu investigador-chefe ficava a menos 1,5 m de mim. Não foi fácil encontrar uma cadeira para Kozenczak.

O tenente me fez um rápido resumo dos fatos, citando inclusive a condenação de Gacy por sodomia em Iowa. Como desconfiava que Gacy estivesse mantendo Piest em cárcere privado, queria um mandado de busca para revistar a casa do sujeito. Eu examinei o registro de detenção. Como sempre, carecia de detalhes, mas a anotação relativa à sodomia era um sinal de alerta.

"Redige o mandado de busca que eu aprovo", avisei Kozenczak. "Mas você vai ter que ligar para Waterloo para conseguir mais detalhes sobre a condenação por sodomia."

Kozenczak hesitou. "Nunca preparei um mandado de busca", ele admitiu.

"Greg", chamei, "vem aqui."

Meu investigador-chefe, Greg Bedoe, era da polícia do condado e tinha sido cedido para a promotoria. Fazia mais ou menos um ano que estava lotado na minha unidade. Eu sabia que ele era capaz de redigir a versão preliminar do mandado, por isso o coloquei para trabalhar com Kozenczak.

Depois de instruir sua divisão a buscar mais informações sobre a condenação de Gacy, o tenente se sentou com Bedoe e, juntos, produziram um rascunho da petição de que precisávamos para que um juiz expedisse um mandado de busca. A essa altura, eu já achava possível que se tratasse de um sequestro. Contudo, se o garoto tivesse entrado voluntariamente no carro de Gacy, seria difícil comprovar que fora raptado. Precisávamos de mais informações de Iowa. Deixei os dois policiais trabalhando, com Greg diante da máquina de escrever, e fui fazer minhas próprias averiguações.

Fiquei sabendo que os pais de Rob Piest tinham ido novamente à delegacia naquela manhã, impacientes com a suposta inépcia da polícia. O casal estava convencido de que Gacy mantinha Rob em cativeiro, e Harold Piest queria invadir a casa do suspeito e resgatar o filho. Quando foram informados de que Gacy não tinha comparecido para prestar depoimento, ficaram indignados com a cautela exagerada com que polícias autoridades o tratavam.

Kozenczak tentou acalmá-los dizendo a Piest que era especialista no uso do detector de mentiras e que submeteria Gacy a um teste.

Piest estava aflito, e fez pouco caso da sugestão. Declarou que ele e sua família não estavam mais dispostos a ficar sentados. Ao final da reunião, no intuito de desencorajar atitudes impulsivas, a polícia disse aos Piest que Gacy seria interrogado naquela manhã e que a casa dele seria revistada em busca de sinais da presença de Rob.

• • •

Descobri que Jim Pickell e Ron Adams não estavam progredindo muito na missão de levantar informações junto à polícia de Waterloo, Iowa. Devido a recentes leis federais regulamentando os direitos de privacidade, as autoridades passaram a divulgar informações com bastante reserva e implementaram medidas rigorosas de controle. Os órgãos policiais não têm como comprovar o exercício de sua função e fazer valer seu direito à informação numa ligação telefônica convencional. A legislação é muito vaga quanto à troca de dados entre as polícias, e na maioria dos casos é preciso contar com a boa vontade do outro departamento.

As autoridades de Waterloo relutavam em fornecer informações sobre John Gacy, embora não houvesse dúvida de que conheciam seu histórico. Por fim, após algumas horas investigando, os policiais conseguiram mais alguns detalhes sobre a prisão por sodomia. Gacy trabalhara em uma franquia da rede de fast-food KFC e se envolvera com alguns de seus subordinados; ele os amarrou e algemou e fez sexo com um deles. Todos adolescentes do sexo masculino.

...

Às 11h40, Pickell conduziu John Gacy a uma sala de reuniões na delegacia. Gacy vestia blusa de moletom, calças escuras de fazenda e jaqueta de couro. Havia ligado para Kozenczak às 11h para perguntar se ainda queria falar com ele. Diante da resposta afirmativa, se desculpou dizendo que estava com problemas no carro, mas estaria na delegacia em vinte minutos. Kozenczak incumbiu Pickell de conduzir o interrogatório e segurar Gacy até que o tenente retornasse de minha sala.

Gacy contou que foi à Nisson a pedido de Phil Torf, e que passou uma hora falando sobre a primeira reforma que havia feito na loja. Segundo ele, estivera na drogaria no final da tarde de segunda-feira, entre 17h30 e 19h15, e depois foi para casa, onde ficou sabendo pela secretária eletrônica que Torf havia ligado para avisá-lo de que tinha esquecido sua agenda. (Torf deixara bem claro que não tinha ligado para Gacy para falar da agenda.) Relatou ter retornado à Nisson às 20h, e ter saído de lá por volta das 20h50. Na primeira vez, conforme afirmou, estava dirigindo o Oldsmobile; na segunda, a caminhonete. Exceto por uma conversa com Linda Mertes, observou Gacy, tinha falado com apenas um outro empregado, a quem perguntou se havia prateleiras na parte de trás da loja. Admitiu ter contado a Torf que contrataria mais ajudantes no verão, mas ressaltou que em momento nenhum ofereceu emprego a algum funcionário da Nisson.

Depois de sair da farmácia, continuou Gacy, voltou para casa, conferiu se havia recados na secretária e ficou sabendo que o tio estava em estado grave. Então, foi de carro ao Northwest Hospital, em Chicago, onde as enfermeiras lhe disseram que o tio havia falecido e que a tia, que morava na mesma cidade, havia ido embora. Foi procurá-la, encontrou-a na residência de um parente, logo ao lado, e ficou lá tomando cerveja com os familiares enquanto acertavam os preparativos para o funeral. Chegou em casa, segundo afirmou, entre 0h30 e 1h.

Pickell perguntou a Gacy sobre sua empresa. O empreiteiro contou que atuava no ramo de construção havia dez anos, em vários estados, e que tinha se especializado em shopping centers e drogarias. Afirmou ter faturado mais de 1 milhão de dólares no ano anterior. Antes disso, trabalhava como cozinheiro. Também já fora comissário de iluminação pública em Norridge e, como filiado do Partido Democrata, participava das atividades da agremiação em Chicago. Ao dizer isso, mostrou uma carteirinha que o credenciava como delegado do partido em Norwood Park Township. Emendou que era responsável por organizar o desfile do Dia da Constituição Polonesa em Chicago, e que em breve viajaria a Washington para coordenar o evento nacional. Disse ainda que havia se divorciado duas vezes e que agora curtia a vida de solteiro.

Pickell pediu a Gacy que fizesse um depoimento por escrito; o empreiteiro aquiesceu. O policial deixou-o sozinho e voltou dali a cerca de meia hora para conferir as duas páginas que o homem escrevera. Notou que não havia nenhuma menção à conversa sobre contratar ajudantes no verão, apenas a declaração que encerrava o texto: "Em nenhum momento ofereci emprego pra funcionário nenhum. Tava só brincando com Phill, porque ele disse que não tava ganhando dinheiro." Gacy concordou em acrescentar a referência às contratações que fazia no verão e entregou o documento às 13h20. Pickell pediu que aguardasse pelo retorno de Kozenczak na Divisão de Investigações. Gacy concordou. Àquela altura, o pager do empreiteiro já tinha apitado várias vezes, e ele perguntou ao policial se podia usar o telefone. "Fique à vontade", disse Pickell.

No início da tarde, fiquei satisfeito de ver o progresso de Bedoe na elaboração dos documentos necessários e, de posse das informações adicionais enviadas pela polícia de Waterloo, eu estava pronto para agir. Decidi especificar a suspeita de restrição ilegal de liberdade, que requeria menos elementos de prova que um sequestro para a expedição do mandado. Eu já tinha em mãos a petição e o mandado de busca, revisados e prontos para o juiz assinar.

Gacy estava cada vez mais inquieto e ansioso para voltar ao trabalho. Por algum tempo, contentou-se em papear com Pickell e usar o telefone. Agora estava reclamando dos negócios que estava perdendo e disse que esperaria Kozenczak no máximo até 14h30. Pickell veio até minha sala relatar tudo o que estava acontecendo.

"Ele quer ir embora", disse o detetive. Tente distraí-lo, eu disse. "Ele tá dizendo que vai ligar pro advogado". Tudo bem, pode deixar.

"O advogado dele ligou." Certo, fala com ele. "O advogado ligou de novo."

"Fala pro advogado ligar pra mim, se quiser tratar do assunto", respondi.

"Sim, senhor", disse Pickell.

Instantes depois, meu telefone tocou. A conversa seguiu mais ou menos nesta linha:

"Sr. Sullivan? Aqui é LeRoy Stevens. Represento o sr. John Gacy."
"Pois não."
"Parece que ele está aí com o senhor."
"Ele não está comigo."
"Bem, acho que ele está sob a custódia do departamento de polícia."
"É mesmo?"
"Essa informação procede?"
"Bem, foi o que me disseram."
"E o que vai fazer?"
"Não sei..." Pausa. "Algo mais, sr. Stevens?"
"O senhor vai liberá-lo?"
"Ele não está comigo."
"Bem, ele está na delegacia. Quero dizer uma coisa ao senhor."
"Sim?"
"Se não vão indiciar meu cliente, liberem ele."
"Ok. Algo mais?"
"Bom, o que você vai fazer?"
"Eu não sei. Algo mais?"
"Não..."
"Ok, tchau."

Gacy, claro, não estava preso. Para todos os efeitos, era uma testemunha retida para interrogatório. Comparecera à delegacia por conta própria e em nenhum momento foi proibido de sair. Caso tivesse dito

"Estou indo embora", eu teria sido obrigado a decidir se o deteria. Nesse caso, poderia mantê-lo sob custódia por até 48 horas sem indiciá-lo. Gacy, porém, circulava livremente pela Divisão de Investigações, ainda que não tivesse como sair sem uma chave. Os que lhe faziam companhia se valiam de um velho truque da polícia: fazer com que a testemunha se sinta importante. Gacy mordeu a isca e parecia gostar de falar de si e do prestígio de que gozava nos negócios. Tinha influência no Partido Democrata, segundo contou ao detetive Rafael Tovar.

Kozenczak e eu descemos ao andar debaixo para levar o mandado de busca ao gabinete de Marvin Peters, juiz adjunto da comarca de Cook. Ele leu a petição, redigida em nome de Kozenczak, e em seguida compromissou o tenente ao documento. Eram 15h10 quando Peters assinou o mandado.

Eu pedi a Kozenczak que trouxesse os agentes que cumpririam o mandado a minha sala para receber instruções. Poucos minutos depois, o tenente voltou acompanhado de Pickell, Tovar, e do detetive Jim Kautz.

Expliquei aos agentes que, no mandado, eu enumerava peças de roupa, amostras de cabelo e sangue de Piest, entre outras coisas. Eles estavam livres para procurar tais itens em qualquer lugar da casa onde pudessem ser encontrados. Ou seja, se um policial está atrás de um elefante cor-de-rosa ou um de televisor, legalmente não pode procurá-los na gaveta da escrivaninha de alguém, porque não teriam como estar lá. O que fosse encontrado em gavetas, portanto, seria inadmissível como prova. Mas, se o policial estiver em um lugar onde tem o direito de estar e encontrar algo não especificado no mandado, mas de possível valor probatório, a lei não exige que faça vistas grossas. Por isso as instruções no mandado eram detalhadas, em vez de afirmar apenas que os policiais deveriam ir atrás de Robert Piest, ou, o que ninguém desejava, o corpo dele.

Também falei aos agentes que, se tivessem dúvidas quanto a apreender determinado item, era melhor levá-lo. Na pior das hipóteses, o juiz encarregado mandaria devolver o objeto em questão e o consideraria inadmissível como prova. Nesse meio-tempo, era melhor trazer o item e deixar que os promotores o avaliassem. Caso decidissem mais tarde que queriam algo que deixaram para trás, precisariam de um novo mandado, e provavelmente aquilo que procuravam já teria desaparecido.

O sol já estava se pondo quando cruzamos a passarela para a delegacia. Kozenczak despachara Adams e Olsen para vigiar a propriedade de Gacy, e já haviam ligado para o xerife do condado solicitando o auxílio de um perito. O condado de Cook conta um quadro bem equipado de especialistas na área criminal, que auxiliam de bom grado os departamentos distritais de polícia. O perito se encontraria com os agentes de Des Plaines na casa da Summerdale.

Do escritório de Kozenczak, vi Gacy de jaqueta de couro preta, acompanhando tudo. Pedi a Pickell que pegasse as chaves dele. O detetive retornou momentos depois. Gacy tinha se negado a entregá-las. Fui falar com ele.

"Sou promotor", avisei, "e gostaria que me entregasse as suas chaves de casa."

"Pra quê?", ele perguntou.

"Temos um mandado de busca", respondi, mostrando o documento. (Não se deve mostrar a petição à própria pessoa alvo do mandado, pois o texto contém informações das quais ela não sabe que a polícia dispõe.)

"Bem, não vou te dar", disse Gacy.

"Sr. Gacy", falei, "estamos tentando ser legais. O senhor tem duas opções: ou entrega as chaves à polícia e os agentes entram pacificamente na sua casa, ou não entrega e eles arrombam a porta. O que o senhor prefere?"

Gacy ficou calado, então eu me virei e fui embora. "Que babaca", murmurou.

"Vá pegar as chaves", eu disse a Kozenczak, de volta à sala dele. Não foi necessário. Gacy já as tinha entregado a Pickell.

"Espero que não baguncem tudo", ele resmungou enquanto os policiais saíam.

• • •

Gacy morava em uma casa térrea construída na década de 1950 sobre um terreno de 320 m² no trecho sul da Summerdale. No lado leste da propriedade, a entrada principal seguia até os fundos, depois virava para oeste margeando um barracão estreito anexado a uma garagem para dois veículos recém-construída. Sebes altas escondiam dos vizinhos ambos os lados da propriedade. No quintal, que dava para os fundos de uma sala de jogos que era claramente uma adição recente, havia uma ampla churrasqueira de tijolos.

Na frente da casa, junto à entrada semicircular, erguia-se um antiquado poste de luz. A porta da frente dava diretamente para o que em outros tempos deveria ter sido a sala de estar, agora recortada à esquerda por uma divisória que isolava um cômodo menor, que Gacy usava como escritório. A sala de estar encurtada tinha pouca mobília, mas estava repleta de plantas. Das paredes pendiam inúmeras fotos de palhaços. Parecia uma espécie de galeria.

As paredes no corredor à frente eram recobertas de chamativos desenhos abstratos com tons de amarelo e marrom. No final do corredor, à esquerda, ficava a cozinha, e, à direita, o banheiro e os dois quartos, o de Gacy na parte da frente. Junto à cozinha ficava uma despensa e a lavanderia, e no anexo havia uma sala de jantar e a sala de jogos que Kozenczak e Pickell visitaram na noite anterior. Em um closet junto à sala da frente, embaixo de uma sacola com tacos de golfe, os agentes encontraram um alçapão que dava para um vão embaixo da casa.[1*] No teto do corredor, os policiais viram outro alçapão, com uma escada suspensa que levava ao sótão inacabado. Todos os cômodos estavam meticulosamente limpos e arrumados.

Adams e Olsen esperaram os colegas de Des Plaines do lado de fora da casa, no escuro. Os agentes chegaram cerca de meia hora depois, acompanhados de Karl Humbert, o perito do condado. Entraram juntos, depois se dividiram em duplas e deram início à busca. Kautz ficou encarregado de fazer o inventário das provas recolhidas, anotando sua localização antes de serem coletadas, e Humbert foi tirar fotos coloridas de todos os cômodos da casa.

Kautz e Tovar começaram pelos quartos. Na cômoda de Gacy, embaixo de um televisor portátil Motorola, Tovar descobriu um porta-joias com dezenas de peças de bijuteria e joias, entre elas um anel com a inscrição Maine West High School, turma de 1975, e as iniciais J.A.S. No fundo da caixa havia uma carteira de habilitação de Illinois em nome de Patrick J. Reilly. No mesmo móvel, encontrou sete filmes eróticos suecos, uma cigarreira com material vegetal que ele suspeitava ser maconha, e papel para enrolar cigarros.

Em um armário antigo perto da cama queen size de Gacy, Tovar viu um suprimento grande e variado de comprimidos, em sua maioria medicamentos controlados. No mesmo móvel achou um canivete, duas revistas pornográficas, uma bolsa com munição de festim para

---

1   Esse espaço, entre o assoalho e o chão, é comum em casas norte-americanas e normalmente abriga fiações e encanamentos. Trata-se de uma área bem mais baixa e apertada que um porão convencional, por isso só é possível acessá-la agachado, daí o nome em inglês, *crawl space*. [NT]

pistolas usadas em largada de competições de atletismo, um pouco mais da substância que Tovar pensava ser maconha, e uma carteira de habilitação de Illinois em nome de Matthew F. Cooper (ambos os nomes mencionados foram alterados).

No guarda-roupas de Gacy havia três ternos: um era meio escarlate; outro, preto, tinha uma grossa camada de poeira acumulada sobre os ombros. Dentro de envelopes pardos havia mais oito revistas pornográficas.

O outro quarto, aparentemente sem uso, continha objetos pessoais de uma tal Marion Gacy (que os agentes supuseram ser a mãe de Gacy), bem como um desenho feito sob encomenda da genealogia da família. Em uma cômoda, encontraram um par de algemas com chaves e mais comprimidos. Atrás da porta havia uma tábua com cerca de um metro de comprimento, com dois buracos em cada extremidade.

Na parede do escritório, os detetives viram fotografias coloridas de um palhaço em vários estágios de maquiagem. Ao olharem mais de perto para o rosto rechonchudo, constataram que se tratava do próprio John Gacy. Acima das fotos pendia um grande retrato do cantor pop Bobby Vinton. Na gaveta de um arquivo encontraram cartões de visita nos quais se lia "John Gacy, delegado do Partido Democrata". Dentro da gaveta superior da escrivaninha acharam uma pistola de largada italiana de 6 mm.

Na escada dobrável que dava para o sótão, Olsen reparou em manchas frescas de tinta spray, uma espécie de base vermelha para pintura, sobre alguns degraus. Tentou ver se a tinta cobria manchas mais escuras, mas não conseguiu determinar isso. No sótão, debaixo do isolamento térmico, foram encontrados distintivos policiais e um pênis de borracha de 45 centímetros.

Em outros lugares da casa, os detetives encontraram uma seringa hipodérmica, uma garrafinha marrom, um porta-cartões de plástico com a imagem invertida de uma carteirinha de biblioteca em um dos compartimentos, várias peças de roupa claramente pequenas demais para serem de Gacy e mais publicações adultas: *Tight Teenagers* [Adolescentes Gostosinhos], *Heads & Tails* [Frente & Trás], *Pederasty: Sex Between Men and Boys* [Pederastia: Sexo Entre Homens e Meninos], *The Rights of Gay People* [Os Direitos dos Homossexuais], *The Great White Swallow* [A Grande Engolida Branca], *21 Abnormal Sex Cases* [21 Casos de Sexo Anormal]. Gacy também tinha dezenas de outros livros, a maioria didáticos e de autoajuda. Alguns pertenciam à biblioteca do Reformatório Masculino de Iowa em Anamosa.

Perto da porta do banheiro, no corredor principal, Humbert recortou um pedaço suspeito do carpete, que parecia manchado de sangue. O laboratório estadual de criminalística poderia determinar os grupos e subgrupos sanguíneos. Embora o sangue não fosse um identificador absoluto, os analistas podiam concluir com uma margem razoável de certeza se uma amostra veio ou não de uma pessoa específica. O sangue seco dura bastante tempo, mas o úmido, quando isolado do contato com o ar, se deteriora depressa e é inútil para fins de identificação. A amostra retirada do tapete de Gacy estava em boas condições para ser examinada.

No chão da cozinha, Kozenczak notou um bilhete vermelho-alaranjado saindo de um saco de lixo. Era um recibo referente a um serviço de revelação e impressão de fotos, com o nome, endereço e telefone da farmácia Nisson, e o número 36119. Kozenczak registrou o recibo no inventário e colocou-o dentro de um saco plástico de coleta de provas.

No meio da busca, Olsen viu os policiais falando com um garoto. Ele disse que se chamava Chris Gray (nome fictício), trabalhava para Gacy e vinha devolver a caminhonete do patrão. Perguntou se podia chamar um táxi; precisava buscar a namorada no trabalho. Olsen teve a impressão de que Gray fazia questão de mencionar as mulheres em sua vida, como Walsh no dia anterior.

"Tá vindo um cheiro ruim lá de baixo", comentou Olsen, indicando o alçapão aberto dentro do closet. "Parece esgoto."

Gray olhou para dentro do vão. "É, John anda tendo problema com infiltração e coisas do tipo", ele disse.

Tovar e Humbert se prontificaram a descer. Humbert, um pouco mais baixo que Tovar, foi primeiro. Uma única lâmpada iluminava a área. Ao lado da entrada havia uma bomba de esgotamento. Humbert se embrenhou para dentro, depois Tovar desceu atrás dele. Havia menos de um metro entre o chão e as vigas que sustentavam o piso da casa. Em meio à penumbra, os agentes avistaram, sobre suas cabeças, teias de aranha e dutos de aquecimento. Com uma lanterna, Humbert iluminou os arredores. Uma camada de pó úmido, de coloração amarelo-acinzentada, recobria o solo. Parecia cal.

Depois de revistar o interior da casa e no sótão, na garagem, no barracão e no terreno em volta, os agentes encontraram alguns itens interessantes, mas haviam falhado na missão principal. Naquele vão imaginavam finalmente encontrar alguma pista sobre o destino de Rob Piest, algo como um montinho de terra fresca ou outros sinais de escavação. Mas não encontraram nada. O solo estava intacto.

• • •

O grupo tático do Departamento de Polícia de Des Plaines, conhecido como Unidade Delta, era integrado por quatro agentes, entre eles o comandante da equipe, o sargento Wally Lang. Esses homens eram designados para investigações especiais, em geral relacionadas ao tráfico de drogas e, como parte do trabalho, cultivavam uma aparência desleixada e buscavam se misturar com a comunidade local. Dirigiam carros com suspensão elevada, equipados com alto-falantes estéreo, toca-fitas e outras parafernálias apreciadas pelos adolescentes. Andavam de calças jeans, camisetas, tênis surrados e jaquetões. Usavam barba e deixavam o cabelo crescer. A Unidade Delta também se juntaria à investigação sobre o sumiço de Rob Piest.

Quando os agentes da Delta Ron Robinson e Bob Schultz se apresentaram, às 17h, Lang os mandou procurar Rob em uma grande reserva florestal entre Des Plaines e a periferia noroeste de Chicago. Era possível que Gacy, no trajeto de carro entre a Nisson e a casa dele, tivesse matado o garoto e atirado o corpo em uma área isolada.

A leste da River Road, rodovia que corria paralela ao rio Des Plaines, na Touhy Avenue, os agentes localizaram marcas frescas de pneu na neve, ao norte de uma trilha para cavalos. Schultz seguiu o rastro por um bom tempo, mas seu avanço acabou interrompido por buracos lamacentos na estrada. Enquanto ele e Lang esperavam no carro, Robinson seguiu em frente, a pé, levando uma lanterna. Dez minutos depois, falou com os colegas pelo rádio:

"Encontrei uma fogueira. Ainda tá quente. Tem uma jaqueta largada aqui."

"Qual a cor?", Lang respondeu pelo rádio.

"Vermelha", disse Robinson.

"Cor errada", falou Lang. "Vamos voltar."

Os agentes continuaram a circular pelo local, procurando marcas frescas de pneu ou pegadas que levassem para dentro da floresta, mas foram impedidos pela escuridão e o tráfego pesado. Decidiram voltar na quinta-feira, durante o dia.

Fiquei desapontado quando Greg me contou, por telefone, sobre a busca na casa de Gacy. "Esse Gacy é um sujeitinho pervertido", comentou Greg enquanto descrevia os itens apreendidos. De qualquer forma, estávamos mais perto que nunca de encontrar Rob Piest.

"Falei com o Kozenczak que podemos indiciar ele por corrupção de menor", disse Bedoe, "mas seria um tiro no escuro."

Eu concordei.

"Gacy ainda está aqui, e eu sugeri ao Kozenczak de tentarmos mais uma vez com ele antes de liberá-lo. Não custa nada."

"Liga no meu número de casa", eu disse.

• • •

Enquanto os outros agentes cumpriam o mandado de busca, Mike Albrecht ficou no papel de babá de Gacy na Divisão de Investigações. Os dois conversaram um pouco, depois Albrecht ficou observando enquanto o empreiteiro folheava sua agenda e fazia ligações. LeRoy Stevens havia chegado e, de tempos em tempos, Albrecht ia até a sala de espera ouvir o advogado, que ameaçava armar um escarcéu se não pudesse ver seu cliente imediatamente. Gacy, porém, não tinha pedido para ver o advogado e não estava sendo interrogado; portanto, era legítima a tática usada pela polícia para ganhar tempo.

Quando os policiais retornaram da busca, informaram a Gacy que seu carro e sua caminhonete haviam sido apreendidos. O empreiteiro ergueu a voz em protesto: "Certo, agora que já fizeram o joguinho de vocês, como é que eu vou voltar pra casa? Por que estão me tratando assim?" Transferido para uma sala de interrogatório nos fundos da delegacia, perto da área de detenção, Gacy foi confrontado por Bedoe e Kozenczak.

Greg era quem fazia a maior parte das perguntas. Gacy, por sua vez, não parava de reclamar: tinha problemas cardíacos, a sala estava fria demais, e assim por diante. Para se precaver, Bedoe entregou ao empreiteiro uma declaração de renúncia de direitos, e pediu que lesse e assinasse o documento. Com isso, Gacy reconheceria ter sido informado de que tinha o direito de permanecer calado, de que qualquer coisa que dissesse poderia ser usada contra ele no tribunal, e de que a lei lhe garantia a presença de um advogado.

"Não vou assinar nada até falar com o meu advogado", disse Gacy. Kozenczak o chamou à sala. Bedoe explicou a situação a Stevens, que leu a declaração e aconselhou seu cliente a não assinar.

"Tudo bem", disse Bedoe. "Se o senhor não se importa, doutor, vou anotar aqui na margem que o sr. Gacy se recusou a assinar a declaração, por recomendação sua."

• • •

A recusa em assinar uma declaração de renúncia de direitos, obviamente, não é admissível como prova em um tribunal. Nesse caso, porém, Gacy estaria assumindo ter algo a esconder.

"John, você tá sabendo de alguma coisa?", indagou Stevens. "Tem alguma coisa a ver com esse garoto desaparecido?"

"*Claro* que não", disse Gacy, em tom de irritação.

"Então pode assinar", disse Stevens.

Feito isso, Bedoe pediu a Gacy que relatasse todas as suas ações na noite de segunda-feira. Gacy contou ter falado de maneira sucinta com um rapaz que trabalhava de estoquista na Nisson. Admitiu, no entanto, que era possível que Rob tivesse entreouvido a conversa que ele teve com Torf sobre empregos temporários de verão.

"Por que o senhor não veio falar com o tenente Kozenczak na terça à noite, conforme ele pediu?", indagou Bedoe.

Gacy alegou que tinha negócios a tratar antes e, quando finalmente estava a caminho, o carro atolou.

"Onde?", perguntou Bedoe.

No cruzamento da Summerdale com a Cumberland, foi a resposta Gacy. Ele teve que parar no acostamento para deixar outro carro passar, e foi nessa hora que o veículo atolou. Era mais ou menos 1h. Ele tirou o carro do atoleiro, passou em casa, e depois seguiu para a delegacia.

Bedoe mudou de assunto. "O senhor é divorciado, correto?"

Gacy fez que sim com a cabeça.

"O que deu errado?"

"Já chega", disse Stevens. Sem mais perguntas. Eram 21h30. Depois de quase dez horas, a polícia liberou John Gacy na companhia do advogado.

• • •

Na garagem da polícia, nos fundos da delegacia, os peritos Humbert e William Dado vistoriavam o carro de Gacy, rebocado da rua contígua ao prédio. Encontraram uma miscelânea de papéis, multas por estacionamento em local proibido, balinhas de uva, e um rádio PX Realistic de quarenta canais.

Os peritos aspiraram o interior do veículo para coletar fios de cabelo e fibras de tecido que pudessem associar a Rob Piest. O cabelo das pessoas vive caindo. Embora não seja possível correlacionar duas amostras de cabelo, análises laboratoriais podem constatar semelhanças entre elas em termos de núcleo, cor, espessura, textura e padrão dos fios. Com pelo menos três fios e doze fibras, um perito pode asseverar que determinada pessoa esteve em um carro.

Os homens também polvilharam as superfícies lisas do carro com pó para revelar impressões digitais: portas, vidros, cintos de segurança, espelhos — onde quer que pudesse aparecer uma marca do dedo do garoto desaparecido. No entanto, durante o inverno no Hemisfério Norte, as pessoas normalmente usam luvas, e os carros vivem sujos de sal, partículas de asfalto e poeira, o que torna praticamente impossível recolher uma digital aproveitável. Naquele dia, os resultados foram negativos.

Bedoe e Kozenczak foram inspecionar o carro. A roda traseira direita e a lateral da parte posterior do veículo estavam sujas de lama e pedaços de grama. No porta-malas, o estepe e o macaco também estavam sujos, assim como os pedais do freio e do acelerador. Gacy não tinha mencionado a troca de pneu.

"Ele tá mentindo", disse Bedoe. Os dois voltaram ao escritório de Kozenczak, que estava dando uma olhada nos relatórios do dia: Adams foi à escola Maine West pegar uma foto e objetos pessoais de Rob, enquanto Olsen se dirigiu à casa da família para solicitar uma escova de cabelos e um boné do garoto. Adams também falou com a enfermeira-chefe que estava de plantão na noite de segunda-feira no andar do hospital onde o tio de Gacy ficou internado. A mulher não se lembrava da visita dele. Pickell, por sua vez, providenciou para que o Boletim Diário de Chicago, um folheto distribuído às polícias da região, incluísse o nome do jovem em uma lista de desaparecidos. Também checou o necrotério de Cook. Não havia corpos com a descrição de Rob.

Para Bedoe, era crucial encontrar Rob antes de voltar a abordar John Gacy, que obviamente não diria mais nada sem um advogado. Caso o tenente não se importasse, sugeriu Bedoe, ele gostaria de trabalhar com a polícia de Des Plaines no caso. Kozenczak respondeu que a participação dele era bem-vinda, e perguntou: "Qual o próximo passo?"

"Walsh e Gray", respondeu Bedoe.

Uma coisa era certa. Se Gacy dizia a verdade sobre ter ficado com o carro atolado na estrada, a polícia encontraria a cratera que ele deixara para trás.

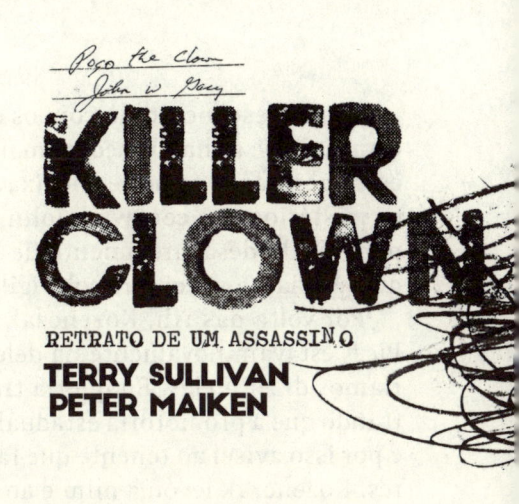

KILLER CLOWN
RETRATO DE UM ASSASSINO
**TERRY SULLIVAN
PETER MAIKEN**

QUINTA-FEIRA, 14 DE DEZEMBRO DE 1978

Ainda era possível, embora improvável, que Rob Piest tivesse fugido de casa. Se, por outro lado, Gacy de fato houvesse sequestrado o garoto, o que fez com ele?

Lá pelo meio da manhã, já sabíamos que Gacy mentira sobre o carro atolado. A caminho do trabalho, Bedoe passou pelo cruzamento da Cumberland com a Summerdale e constatou que o trecho era pavimentado, com meios-fios e valetas; não havia nenhum sinal de lama. Mesmo assim, não podíamos jogar John Gacy contra a parede — ele poderia contra-atacar com um processo multimilionário por constrangimento ilegal. Nossa melhor aposta naquele momento era centrar a investigação nas provas recolhidas pela polícia na quarta à noite.

Esses itens estavam expostos na salinha de interrogatório junto à Divisão de Investigações, onde Kozenczak havia instalado o polígrafo. O anel com as iniciais J.A.S. era intrigante porque viera da escola Maine West. Estaria relacionado de alguma forma a Rob Piest? Pedi a Kozenczak que mandasse seus homens buscarem o dono.

Destampei a garrafinha marrom e cheirei o gargalo. Tinha o odor de algo capaz de nocautear uma pessoa. Estava vazia, mas talvez o laboratório de criminalística pudesse descobrir o que continha antes.

Fiquei desconcertado com os objetos que claramente não pertenciam a Gacy: as habilitações em nome de Cooper e Reilly. Quem eram essas pessoas, e como se encaixavam na vida de Gacy? Àquela altura, os mistérios que cercavam John Gacy já ofuscavam os que estavam por trás do desaparecimento de Robert Piest. Eu disse a Kozenczak que queria o empreiteiro sob vigilância permanente, 24 horas por dia.

Por volta das 11h, Kozenczak me comunicou que os pais de Rob Piest estavam novamente na delegacia, e me perguntou o que deveríamos dizer a eles. Eu queria transmitir confiança aos Piest, mostrando que a promotoria estadual estava envolvida nas investigações, e por isso avisei ao tenente que falaria pessoalmente com os familiares. Kozenczak levou a mim e ao agente Bedoe à sala de reuniões no segundo andar, nos apresentou ao casal e saiu.

Elizabeth Piest parecia esgotada; tanto ela quanto o marido davam a impressão de que não haviam dormido a semana inteira. Eu pretendia tranquilizá-los, claro, mas sem passar a falsa ideia de que éramos capazes de fazer milagres. Se na quarta-feira eu acreditava que Rob era mantido em cativeiro, naquele dia eu estava mais pessimista. "Não alimentem muitas esperanças", alertei da forma mais delicada que consegui. "As chances de encontrar o filho de vocês ainda vivo são bem pequenas." Naquela ocasião, eu não sabia que eles já haviam abandonado as esperanças.

Eles nos contaram mais sobre Rob. Falaram de suas boas notas, de seu interesse por matemática e ciências, de seu desejo ser astronauta. Ele poupava o dinheiro que ganhava com o trabalho: tinha 900 dólares no banco, 80 dólares na cômoda e tudo ainda estava lá. Falaram também do gosto do filho por acampar, das viagens de canoa que fizera com o pai; uma vez para o Canadá, outra para uma área a sudoeste de Chicago, onde os rios Des Plaines e Kankakee se encontram e se tornam o Illinois. Sim, ele e a namorada, Carrie Gibbons, tinham terminado. Carrie era especial, e Rob confidenciou isso à mãe naquele mesmo dia em que ficaram conversando no quarto dele. Rob temia que Carrie estivesse mais interessada por um garoto do último ano. "Se é assim que você se sente, não desista", Elizabeth dissera ao filho. "Quem não desiste da luta nunca sai perdendo." Mesmo com o rompimento semanas antes, Rob e Carrie continuavam amigos e não descartavam retomar a relação. Rob não fugiria por causa de problemas com garotas. Ele nunca fugia.

Quando falamos dos eventos da segunda-feira, os Piest se fixaram em Phil Torf. Elizabeth achava que o comerciante tinha sido evasivo e tentava proteger Gacy. Por que não ajudou logo a conseguir o endereço do empreiteiro? O que ele e seu amigo faziam na Nisson até uma da manhã — três horas depois de a drogaria fechar?

Garanti ao casal que Gacy estava sendo investigado e que, na medida do possível, nossa abordagem era agressiva. No entanto, não o descrevi como nosso principal suspeito, nem expus o que sabíamos de seu histórico criminal. Não queria que tentassem fazer justiça com as próprias mãos. Por fim, ressaltei que era essencial que não falassem com a imprensa. Embora a conversa com os Piest não tivesse revelado nada de novo, depois disso tanto eu quanto Bedoe ficamos convencidos de que Rob não havia fugido de casa.

Depois que os Piest foram embora, tratamos de reconstituir os eventos da noite de segunda-feira, peça por peça, enquanto começávamos a interrogar testemunhas e colher depoimentos. Pickell falou com Linda Mertes e Carrie Gibbons; Adams e Pickell interrogaram Phil Torf e Tod Podgorny, o colega de escola de Rob que também estava trabalhando na drogaria naquela noite; e eu conversei com Kim Byers. A polícia ainda procurou outra meia dúzia de adolescentes; todos concordaram que fugir de casa não era do feitio de Rob. Mas nenhum deles o vira desde que saíra apressado da Nisson, três dias antes.

•••

No início de tarde, Kozenczak me disse que a Unidade Delta da polícia de Des Plaines ficaria encarregada de vigiar Gacy. Os três agentes da unidade — Ron Robinson, Bob Schultz e Dave Hachmeister — trabalhariam em turnos de doze horas, e o sargento responsável, Wally Lang, os cobriria quando necessário. Caso Gacy facilitasse nosso trabalho voltando à cena do crime, teríamos testemunhas.

Lang escalou Robinson e Schultz para o primeiro turno, do meio-dia à meia-noite. Schultz vigiaria a casa do empreiteiro, enquanto Robinson ficaria de olho na residência da tia recém-viúva, na região noroeste de Chicago.

O funeral do tio de Gacy ocorreria naquele dia. Robinson ligou para o diretor da funerária, amigo de infância do empreiteiro, e soube que não havia nenhuma reunião familiar programada para depois do enterro. Portanto, a viúva deveria retornar para casa no início da tarde — provavelmente acompanhada de Gacy. Robinson parou o carro a uns noventa metros da residência.

Por volta das 15h30, um veículo chegou. Várias pessoas desceram e entraram na casa. Pouco depois, um homem e uma mulher saíram, entraram no veículo e partiram, com o homem ao volante. Robinson os seguiu. Na Kennedy Expressway, sentido centro, Robinson emparelhou com eles e olhou para o motorista. Era magro e não tinha bigode. O policial se lembrava da fotografia na ficha policial, e constatou que não era Gacy. Sendo assim, desacelerou, anotou o número da placa e retornou para a casa da viúva.

Na Summerdale, estava tudo quieto. Schultz e Lang não sabiam que carro Gacy usaria depois de ter o seu apreendido. Lang resolveu investigar o lote de árvores na St. Joseph's, que a essa altura já sabia ter sido alugado para um tal de Ronald Rohde, conhecido de Gacy. O sargento entrou na igreja e obteve permissão para subir em uma das torres. Não conseguiu, porém, ter uma boa visão do lote, então preferiu circular a pé pelo local. Como não viu nenhum sinal de Gacy, voltou para a Summerdale.

A noite já caía, e Robinson, sentado no carro, sentia na pele o desconforto — e a monotonia — daquele trabalho. A temperatura estava caindo, e o policial ligava o motor do carro de tempos em tempos para se aquecer. Os agentes da Delta apelidavam o carro dele de Batmóvel. Era um Plymouth 1973 com a dianteira elevada. No interior, Schultz instalara alto-falantes falsos.

Ao trocar de posição no banco, Robinson esbarrou sem querer o sapato tamanho 45 em uma fiação solta sob o painel. Assim que ouviu estalar uma centelha e sentiu cheiro de fumaça, desligou a ignição. Espiando por baixo do painel, viu que alguns fios fumegavam. Pelo rádio, avisou à central sobre o incidente e tentou tranquilizar os colegas: "Não se preocupem. Não vou virar churrasco." Não quiseram arriscar, e incumbiram Olsen de levar outro carro para ele, só por precaução.

• • •

No finzinho da tarde, Kozenczak mandou o detetive Rafael Tovar e o sargento Jim Ryan buscarem Richard Walsh, funcionário de Gacy, para ser interrogado. Walsh vivia com a esposa e o filho pequeno no segundo andar de um sobrado na região norte de Chicago. A mulher disse aos policiais que o marido não estava em casa, mas voltaria em breve. Convidou-os a entrar e esperar.

A sra. Walsh, uma mulher baixinha, magra e bonita, quis saber se eles tinham perguntas sobre John Gacy. Diante da confirmação dos policiais, declarou que o empreiteiro era "meio estranho". Vivia tentando fazer com que Dick a deixasse, e sempre ligava dizendo que, quando o marido "trabalhava até tarde", na verdade estava saindo com outras.

"Você já foi à casa do Gacy?", indagou Tovar.

Ela admitiu que sim, e explicou que Dick morava com o empreiteiro quando começaram a namorar. Gacy tinha umas coisas estranhas em casa, ela acrescentou.

"Tipo o quê?", perguntou Tovar.

"Tipo uma prancha de madeira com correntes", ela respondeu.

"Pode descrever?", pediu Tovar.

"Era uma espécie de tábua, mais ou menos daquele tamanho", ela falou, apontando para um nível de marceneiro apoiado contra a parede.

A sra. Walsh contou que o marido tinha sido preso em Cicero, Illinois, por agredir Gacy e que seguia sob supervisão judicial por conta disso.

Quando Tovar perguntou se Gacy já tentara seduzir seu marido, a mulher disse que não sabia, mas já tinha ouvido falar que o empreiteiro deu em cima de um homem que fora à casa dele atrás de uns comprimidos de Valium. Vez ou outra, porém, ela vira Gacy acompanhado de uma mulher.

Como Walsh ainda não tinha chegado, a mulher sugeriu aos policiais que o procurassem no Coach's Corner, um bar que ele frequentava depois do trabalho.

Os agentes não sabiam como era a aparência de Walsh. "Qual é o carro dele?", perguntou Tovar.

"Um Plymouth Satellite branco", ela disse.

Tovar e Ryan partiram na viatura e ficaram rondando pelas proximidades do bar. Como não viram o carro descrito pela mulher, pararam para tomar um café. Uma hora depois, voltaram a procurar Walsh em casa. Ele ainda não tinha chegado, e a sra. Walsh os recebeu mais uma vez. Falou a respeito de si mesma e do filho por algum tempo, depois Tovar lhe entregou um cartão para que Walsh o contatasse na delegacia.

No momento em que os policiais entravam no carro, um Plymouth branco estacionou junto ao meio-fio. "O senhor se chama Dick Walsh?", perguntou Tovar ao motorista. Ele confirmou.

"Gostaríamos que viesse à delegacia conosco", anunciou Tovar. "Queremos fazer algumas perguntas."

"É sobre o John Gacy?", perguntou Walsh. Tovar fez que sim. "Certo. Posso subir e falar com minha mulher primeiro?" Os três entraram na casa. Sentados à mesa, os agentes aguardaram enquanto Walsh comia o jantar preparado pela esposa.

A caminho da delegacia, Walsh — um homem baixo, de tronco largo, cabelos longos e loiros e rosto jovial — disse que Gacy andava muito chateado com alguma coisa. Tinha ido a um banco e sacado 4 mil dólares para o caso de precisar pagar fiança. Pedira a Walsh que não falasse mal dele.

Walsh contou aos policiais que trabalhava para Gacy já havia um bom tempo. No começo, Gacy perguntou qual era sua preferência sexual, dizendo-se bastante "liberal". Walsh avisou que preferia mulheres e que, se a oferta de trabalho viesse com alguma condição, teria que recusá-la. Gacy então mudou de assunto.

Tovar e Ryan chegaram à delegacia por volta das 20h e deixaram Walsh com Kozenczak, que não conseguiu arrancar mais nada dele.

• • •

Eu já não tinha dúvidas de que havia uma conexão entre Rob Piest e John Gacy. Se o empreiteiro tivesse enterrado o corpo do garoto ou se livrado dele às pressas, uma busca aérea no entorno da rota entre a drogaria e a casa de Gacy parecia ser a maneira mais rápida de encontrá-lo. Não nevava havia mais de uma semana; portanto, sinais de escavação ou marcas de pneu ainda estariam visíveis.

O Corpo de Bombeiros de Chicago cooperava bastante com a polícia e sempre cedia seu helicóptero para investigações criminais, mas, infelizmente, o aparelho estava sendo utilizado em uma operação de emergência e não estava disponível. Greg Bedoe sugeriu ligar para um colega seu da polícia do condado. Ele se chamava Cliff Johnson e pilotava diversos tipos de aeronaves a serviço da Guarda Área Nacional, inclusive helicópteros de busca e resgate. "Não se preocupe, ele não vai vazar nada", garantiu Greg.

Johnson topou ajudar, mas avisou que não poderia sobrevoar o local que gostaríamos durante o dia, pois ficava na área de controle terminal de duas pistas do aeroporto O'Hare, a apenas três quilômetros dali. De noite, porém, o tráfego era menor, e as restrições, menos rígidas. Além disso, observou Johnson, no escuro seria mais fácil avistar alguma coisa na neve usando o poderoso holofote na base da aeronave.

Ao cair da tarde, Johnson veio ao escritório de Kozenczak para receber instruções. Como não era permitido que civis embarcassem com ele, Johnson receberia um rádio da polícia e seria seguido por dois policiais, que coordenariam do solo a operação. Delimitamos a área de busca como um corredor em qualquer um dos lados da River Road — rodovia que margeava o rio Des Plaines —, começando pelos altos edifícios residenciais e comerciais na extremidade noroeste de Chicago e atravessando as reservas florestais mais ao norte.

Monitorei a busca de um rádio no escritório de Kozenczak, onde montara um cavalete para anotações e já começava a esquematizar os pontos-chave da investigação. O espaço aéreo controlado em uma rota de acesso é como um bolo de casamento invertido. Quanto mais próximo Johnson estivesse do eixo da pista, mais baixo era obrigado a voar, e por essa razão não podia cobrir toda a área de busca. O piloto reportou ter recebido reiteradas advertências dos controladores. O pessoal do aeroporto estava visivelmente apreensivo.

Sempre que Johnson avistava algo incomum, os agentes iam a pé investigar. Encontraram um casaco, mas estava velho e carcomido demais para ser do garoto. Outros supostos achados não passavam de troncos ou sombras. Às 22h10, após uma hora de buscas, eles jogaram a toalha.

...

Embora Pickell e Adams já tivessem interrogado Phil Torf, naquela noite pedi a Bedoe e Kautz que repetissem a dose, porém de forma mais minuciosa. O comerciante confirmou que havia negado o pedido de aumento que Rob lhe fizera, alegando que só fariam reajustes salariais no início do ano seguinte. Eram mais ou menos 19h15 quando percebeu que Gacy havia esquecido a agenda na drogaria. Gacy tinha mencionado outro compromisso às 19h, mas ele não sabia onde. Mais uma vez, ele negou ter ligado para Gacy para avisá-lo sobre a agenda.

Mencionou que Joe Hajkaluk fora à loja por volta das 23h30 buscar o carro do irmão, que eles haviam usado mais cedo em uma entrega. Acrescentou que, a seu pedido, Hajkaluk passou pelo lote de árvores pouco depois da 1h e deixou recado com a pessoa com que Torf morava dizendo que estava tudo escuro e quieto.

"Por que o senhor não quis informar o endereço de Gacy à sra. Piest na primeira vez que ela perguntou?", questionou Greg.

"Porque John Gacy é gente fina", respondeu Torf.
"Ele é gay?"
"Não sei."
Em dado momento, Torf fez uma observação que chamou a atenção dos policiais: Gacy e Walsh eram estranhamente próximos. De repente, Walsh se tornava bem mais interessante. Ele próprio nos dera pistas: por que Gacy lhe disse que esperava ter que pagar fiança? O que Walsh teria para falar mal de Gacy? Eram perguntas sem respostas, mas bastante promissoras.

Por volta das 23h, Lang buscou Hachmeister na delegacia e, no seu modo impetuoso de dirigir, que lhe rendera o apelido "Powerslide" [Derrapagem], levou-o à casa da Summerdale para render Schultz. Já perto de seu destino, ouviram Schultz reportar pelo rádio que um furgão havia parado na entrada da propriedade. No instante em que os dois chegaram, viram o furgão da PDM partindo e depois seguindo pela avenida até virar em uma rua secundária. Lang parou perto do cruzamento e pediu a Hachmeister que fosse até a esquina ver aonde ia o veículo. Hachmeister foi e voltou correndo. O furgão tinha sumido. Contornaram o quarteirão e não viram sinal dele.

Enquanto aguardava os colegas, Schultz inspecionou os fundos da propriedade. Não viu nada de anormal. Ao voltar para a rua, escorregou na neve e levou um tombo. Quando Lang e Hachmeister apareceram, revelou que não tinha conseguido identificar o motorista do furgão, só sabia que era loiro e tinha vinte e poucos anos. Menos mal que não era Gacy. Mas onde ele estava, ninguém sabia.

Robinson também encontrara uma situação muito diferente no endereço da tia de Gacy. Quando as luzes da casa se apagaram, por volta das 22h, o policial deixou seu posto e foi checar as casas de Gray e Walsh. Nenhum sinal de Gacy. Lang lhe disse que retornasse à delegacia.

Schultz disse a Hachmeister que tinha visto várias vezes um velho Chevy circular pelo quarteirão com os faróis apagados. Antes de partir com Schultz, Lang pediu a Hachmeister que comunicasse à central caso Gacy aparecesse, e eles tentariam enviar outro carro.

As luzes externas da casa de Gacy eram fortes, mas não revelaram o retorno do dono. Hachmeister viu um carro que batia com a descrição de Schultz avançando devagar pela Summerdale, com os faróis apagados, e depois parar em frente às casas mais a oeste. Dois homens desceram e espiaram dentro de alguns dos carros estacionados na rua. O policial passou essa informação à delegacia, e minutos depois chegou uma viatura da força tática. Os agentes revistaram os homens e os levaram presos. Hachmeister julgou se tratar de uma apreensão de drogas.

Já amanhecia, e as luzes externas da casa permaneciam acesas. Sem nada para fazer ou relatar, Hachmeister passou a noite ouvindo o som do vento, o chiado intermitente do rádio e, em sua batalha contra o tédio, os bipes eletrônicos de seu minigame de futebol americano.

• • •

Eu tinha certeza de que estávamos diante de algo grande. Mas seríamos capazes de dar conta do recado com um departamento distrital de polícia como o de Des Plaines que, apesar de demonstrar competência, era pequeno e inexperiente?

Durante o dia, Tovar tirou fotos de diversas rotas entre a drogaria e a casa de Gacy. Havia muitos locais — estacionamentos, becos, trilhas de reservas florestais — onde alguém poderia desovar um corpo ou pelo menos escondê-lo temporariamente. Olsen e Sommerschield passaram três horas vasculhando a região no entorno da Nisson atrás de uma única viva alma que tivesse visto um homem corpulento de trinta e poucos anos falando com um adolescente na noite de segunda. O esforço não deu em nada. Os peritos Karl Humbert e Daniel Genty, por sua vez, vistoriaram a caminhonete de Gacy e não encontraram nada além do cabo quebrado de um martelo embaixo do banco do passageiro e um pedaço de corda. E os quatro homens da equipe de vigilância nem sequer sabiam onde Gacy estava.

De manhãzinha, no meu carro, a caminho de casa, tudo que eu sentia era cansaço e frustração.

KILLER CLOWN
RETRATO DE UM ASSASSINO
TERRY SULLIVAN
PETER MAIKEN

SEXTA-FEIRA, 15 DE DEZEMBRO DE 1978

Estávamos estagnados. A equipe de vigilância ainda desconhecia o paradeiro de Gacy, que naquelas horas cruciais estava livre para agir às escondidas e fazer todo o necessário para encobrir seus rastros. Além disso, fomos informados de que os advogados dele planejavam mover uma ação por constrangimento ilegal contra a administração municipal de Des Plaines, o departamento de polícia e vários policiais, o que poderia constituir uma grave ameaça à nossa investigação.

Duas perguntas ainda martelavam nossa cabeça: Por que Gacy e seu carro estavam sujos de lama? E por que ele se atrasou mais de quatro horas para se apresentar à delegacia na quarta-feira de manhã? Se era verdade que tinha matado Rob Piest, poderia ter desovado o corpo antes — isso explicaria a lama. *Mas de onde ela vinha?*

Kautz ligou para o laboratório de análise química do solo da Universidade de Illinois, que confirmou ser possível analisar amostras de terra retiradas do carro, mas apenas para levantar dados que interessam aos agricultores, como estrutura do solo, acidez e teor de nutrientes. Era impossível determinar a procedência da lama.

Eu queria prosseguir com as buscas em áreas desabitadas, como reservas florestais e canteiros de obra. Kozenczak pediu ajuda ao grupamento de busca, que acionaria equipes com cães farejadores. Após cheirarem uma peça de roupa de Rob, os animais reagiriam se encontrassem um odor similar. As equipes passariam o fim de semana vasculhando nossa área-alvo.

Apesar do nosso lento progresso, a família Piest não estava disposta a desistir. Na sexta-feira de manhã, Harold, Elizabeth, Ken e Kerry voltaram à delegacia.

Estavam conformados em deixar a investigação com a polícia, mas queriam confeccionar panfletos com uma foto e a descrição de Rob, especificando o local onde fora visto pela última vez e solicitando que qualquer informação sobre seu paradeiro fosse encaminhada à polícia de Des Plaines. Amigos, vizinhos, colegas de escola e o grupo de escoteiros fariam cópias e as distribuiriam por toda a cidade. Kozenczak aprovou a iniciativa.

Pickell perguntou aos Piest se Rob tinha carteirinha na biblioteca de Des Plaines. Eles achavam que sim, e que andava com ela.

Depois que a família partiu, Pickell e Adams foram à biblioteca e confirmaram que Rob tinha carteirinha. No entanto, ao verem uma amostra, ficou claro que não poderia ter produzido a mesma marca estampada no porta-cartões encontrado na casa de Gacy.

Naquela manhã, fiquei irritado com Kozenczak e acabei perdendo a cabeça. Perguntei se tinha descoberto de quem era o anel de formatura da Maine West, e ele disse que seus homens ficaram de mãos atadas, porque o fabricante havia falido. Aquilo me deixou perplexo. "Quantas pessoas têm as iniciais J.A.S?", gritei, mandando que fosse imediatamente à escola encontrar o dono.

Se pareci grosseiro, era porque estava mergulhado até o pescoço naquele caso. Eram meus auxiliares que mantinham as engrenagens da minha unidade funcionando enquanto eu me concentrava na investigação sobre o desaparecimento do garoto. No início, eu sugeria diplomaticamente a Kozenczak tudo que, a meu ver, precisava ser feito. Agora, mandava fazer. Quando ele veio me pedir ajuda, ajudei. Mas então percebi que ele queria orientação constante e estava abdicando da responsabilidade de liderar a investigação. Embora a legislação não seja taxativa quanto à relação entre a promotoria estadual e a polícia, é certo que a primeira possui responsabilidade investigativa, e eu não queria que um departamento de polícia pequeno e inexperiente manejasse mal um caso que poderia ser muito importante. Foi por isso que me mudei para lá com meu cavalete — e minha cafeteira.

Como ainda não tínhamos levantado nenhuma informação sobre Gacy junto à polícia de Chicago, Tovar e Ryan foram ao centro da cidade obter uma folha corrida atualizada do suspeito. O departamento de Chicago serve como uma central de informações para os órgãos policiais da zona metropolitana, e os registros ali armazenados seriam mais atuais e completos que os de Northbrook.

Dois itens na ficha estavam apagados, o que indicava que eram assuntos do FBI. A última prisão de Gacy, em 15 de julho de 1978, havia sido por agressão. A vítima era Jeffrey D. Rignall, de 27 anos, universitário e natural de Winter Park, Flórida. No dia 22 de março, Rignall caminhava por uma rua no norte de Chicago, à 1h30, quando foi parado por um homem em um carro preto com refletores, que o convidou para dividir um baseado. Rignall entrou no carro. Passados alguns instantes, o motorista o agarrou e segurou um pano contra sua boca. Rignall desmaiou. Acordou por volta das 4h30, atrás de uma estátua no Lincoln Park — parque às margens do lago Michigan — com queimaduras no rosto e sangramento no ânus. Foi andando até o apartamento de um amigo, onde estava hospedado, e adormeceu.

Em outro depoimento, Rignall disse à polícia que alugou um carro e ficou de vigia próximo à Kennedy Expressway, no noroeste de Chicago, para onde lembrava ter sido levado pelo homem. Três dias depois, avistou o automóvel preto e deu o número da placa à polícia. Era o carro de John Gacy. Apesar das várias audiências ocorridas desde julho, o caso ainda aguardava solução. Eu sabia que precisaríamos falar com Rignall, por isso pedi a Tovar que o localizasse.

Enquanto isso, Pickell e Olsen continuaram interrogando amigos de Rob e outras testemunhas da Nisson, mas não surgiu nada de novo. Kozenczak ligou para a ex-esposa de Gacy, que se desculpou por não poder ir à delegacia naquele dia e ficou de aparecer no dia seguinte. Perguntada se conhecia outros funcionários de Gacy, ela mencionou John Bukavitch, um ex-empregado ao qual se afeiçoara. Avisou, porém, que poderia ser difícil encontrá-lo: Gacy havia lhe dito que o rapaz fugira de casa.

Um perito foi à casa da família Piest e colheu com sucesso as impressões digitais que Rob tinha deixado em sua câmera Canon 35 mm e em outros objetos pessoais. Também levou uma lâmina de microscópio com uma amostra de sangue do garoto, que, segundo seus pais, ele usara em um experimento.

• • •

Hachmeister continuou em vão vigiando a casa de Gacy. Na sexta-feira, ao amanhecer, conforme as outras residências do quarteirão ganhavam vida, se tornava evidente que Gacy não tinha passado a noite em sua casa. A presença de Hachmeister já era notada por pelo menos um dos vizinhos, que o espreitava por detrás das cortinas da sala.

Às 8h45, um Oldsmobile Cutlass preto e amarelo parou em frente à casa de Gacy. Hachmeister avisou à central da movimentação. Um homem desceu do carro, olhou ao redor e pegou o jornal do chão. Depois, seguiu para a porta, girou a chave e entrou. O sujeito era magro, devia ter cinquenta e poucos anos, e Hachmeister sabia que não era Gacy. Pediu à central que puxasse a placa. O veículo era de Norwich e estava registrado em nome de Gordon Nebel.

Mais ou menos uma hora depois, o furgão preto da PDM passou por Hachmeister. O rapaz ao volante olhou duas vezes para o policial antes de parar na entrada. Vinte minutos depois, uma caminhonete branca da Ford e um Plymouth Volaré prata vieram pela Summerdale. A caminhonete fez retorno no final do quarteirão e partiu, já o Volaré parou também na entrada. Um homem robusto vestindo jaqueta de couro e calças de fazenda desceu do carro. Hachmeister sabia que era Gacy. E não tinha dúvidas de que o motorista do furgão o avisaria que estava sendo vigiado.

Lang, Schultz e Robinson chegaram por volta das 11h, em duas viaturas. Dentro de seu carro, Hachmeister colocava Schultz a par da situação quando o furgão da PDM parou ao lado deles, com o mesmo rapaz de antes ao volante.

"Vocês são da polícia?", ele perguntou.

Hachmeister assentiu com a cabeça.

"Vocês me deram um baita susto ontem à noite. Por que estavam me seguindo?"

"Não estamos seguindo você", disse Hachmeister. "Não é nada demais. Estamos apenas vigiando uma casa." Os policiais presumiram, com razão, que o rapaz era Chris Gray.

Hachmeister deixou o carro com Schultz e foi embora com Lang. A poucos quarteirões de distância, ouviram Schultz pelo rádio: "Gacy está saindo". Lang deu meia-volta e retornou depressa à Summerdale. Robinson era quem tinha ido atrás de Gacy, já que Schultz estava com o carro virado para o outro lado. Minutos depois, Robinson avisou pelo rádio: "Perdi ele".

A essa altura, o placar já estava três a zero para Gacy. Os hábitos do empreiteiro ao volante e o mau tempo não ajudavam. Fazia ora calor, ora frio, e as ruas estavam traiçoeiras. A pergunta era: será que as latas-velhas da Unidade Delta eram páreo para o Volaré que Gacy tinha aparentemente alugado?

Em todo caso, a equipe de vigilância estava de volta à estaca zero. Todo aquele esforço era inútil se, no fim, o suspeito continuasse livre para fazer o que bem entendesse.

•••

Depois de interrogar Dick Walsh na quinta-feira à noite, Kozenczak chegou à conclusão de que estava lidando com um tipo esperto, e a maioria de nós viria a compartilhar dessa opinião. Dada a postura de Walsh até então, ficamos surpresos quando ele ligou para a delegacia no dia seguinte, pouco antes das 17h. Pickell falou com ele, com Kozenczak na escuta.

Walsh contou que estava pensando na questão do desaparecimento e, como Kozenczak lhe pedira para ligar caso tivesse qualquer informação que julgasse útil, considerou importante mencionar que um dos ex-empregados de Gacy, um tal de Gregory Godsick, havia desaparecido dois ou três anos antes, menos de uma semana após ser contratado. Segundo Walsh, Godsick tinha uns dezessete ou dezoito anos, morava perto de Gacy e estudava na Taft High School, uma escola secundária de Chicago. Pelo que sabia, o garoto nunca fora encontrado. Na época, Gacy disse que Godsick havia apanhado numa briga por causa de uma garota, e que por isso estava com vergonha de dar as caras. Outro funcionário, chamado Charles Itullo, foi achado afogado em um rio de uma cidadezinha mais ou menos 100 km ao sul ou sudoeste de Chicago. Walsh não se recordava do nome da cidade, mas achava que a esposa de Itullo morava lá. Além disso, não estava certo da grafia de nenhum dos nomes. Os policiais agradeceram e lhe pediram que ligasse novamente caso se lembrasse de mais alguma coisa.

Pickell ligou imediatamente para a polícia de Chicago e pediu que buscassem o primeiro nome mencionado por Walsh no cadastro de pessoas desaparecidas. Lá estava: Gregory Godzik, dezessete anos, 1,75 m, 63 kg, cabelos loiros, olhos cinzentos, visto pela última vez no dia 12 de dezembro de 1976. O endereço registrado ficava em Chicago, a cerca de 1,5 km da casa de Gacy.

Tovar, que tinha passado a maior parte do dia ao telefone tentando localizar Jeffrey Rignall em Chicago e na Flórida, passou a seguir o rastro de Itullo. Em um mapa, desenhou um círculo com um raio de 120 km partindo de Chicago e enviou mensagens pelo LEADS a jurisdições policiais próximas à porção sul do arco. Solicitou informações sobre vítimas, identificadas ou não, cujos corpos houvessem sido encontrados em rios. Também começou a fazer as mesmas sondagens por telefone, e todas as vezes recebeu a mesma resposta: "Nossa seção de registros já encerrou o expediente".

Repartições que fechavam muito cedo não eram o único obstáculo para a investigação. Na entrada da delegacia, acampavam um repórter e uma equipe do Canal 7, afiliada de Chicago da rede ABC. Eu advertira aos Piest que não falassem com a imprensa, e eles seguiram minha orientação; mas a repórter, Sylvia Cisneros, entrevistou gente da Nisson e tinha também algumas informações sigilosas, na certa vazadas pela polícia. Agora, queria que eu fizesse uma declaração oficial. Era preciso ser cauteloso. Se saísse uma reportagem na TV mencionando Gacy como nosso principal suspeito, os advogados dele pediriam na mesma hora uma liminar no Tribunal Federal do distrito. Seria o fim da investigação.

Sendo assim, levei uma xícara de café para a repórter e tentei ganhar a sua confiança. "Olha, aguenta um pouquinho aí", pedi. "Quando tiver abertura para uma matéria, eu te aviso. Ainda não tem, mas quando tiver, você vai ser a primeira a saber." Ela não engoliu minha conversa — percebi isso pelo jeito como seus olhos brilharam por trás da maquiagem, olhos que não acreditava em mim. Tentei convencê-la a me mostrar o que já tinha gravado.

Por fim, muito a contragosto, ela cedeu, mas com uma condição: "Eu deixo você ver a fita se falar com meu editor de pauta e disser a ele que tenho uma boa matéria".

"Preciso ver antes", avisei, e assisti à fita pelo visor. Ela havia feito direitinho a lição de casa. Se fosse ao ar, aquela reportagem revelaria muito mais do que queríamos. De jeito nenhum eu encorajaria seu chefe a veicular aquele material.

"Não", respondi. "Não vou dizer a ele que você tem uma boa matéria, porque não tem."

Ela me deu as costas e saiu furiosa levando a equipe de reportagem a reboque. Eu torcia para ter conseguido ganhar algum tempo.

Voltei para a sala de interrogatório, onde tinha montado meu posto de comando, e estava olhando para o nosso fluxograma quando Bedoe entrou. "Temos outro garoto desaparecido", informou. "O dono do anel de formatura da Maine West. Adams acabou de falar com a mãe dele."

Meus olhos se arregalaram até que ficassem do tamanho de dois pires. Em menos de uma hora, ficamos sabendo de quatro jovens desaparecidos ou mortos, todos ligados a Gacy. John Bukavitch, Gregory Godzik e Charles Itullo eram todos ex-empregados do empreiteiro, e o anel do garoto da Maine West tinha sido encontrado na casa dele.

"Qual o nome dele?", perguntei a Greg.

"John Szyc", ele informou. "Adams e Kautz estão indo falar com a mãe dele."

A sra. Richard Szyc recebeu os policiais e contou que o filho foi visto pela última vez em 20 de janeiro de 1977. Na época, morava no norte de Chicago e trabalhava como técnico em uma empresa de engenharia no Loop.[1*] Quando sumiu, ainda tinha dinheiro a receber, inclusive horas extras. No apartamento do rapaz, a sra. Szyc e o marido encontraram a cama desarrumada, um casaco jogado em um canto e formulários de imposto de renda incompletos sobre a mesa da cozinha. Embora não houvesse nada fora do comum, faltavam diversos itens: um televisor preto e branco de 12 polegadas, um rádio-relógio digital, um secador de cabelo e um ferro de passar. Não havia sinais de arrombamento.

A polícia de Chicago contou ao casal que o carro de John foi usado por outro rapaz no roubo a um posto de gasolina em agosto de 1977; o jovem disse à polícia que tinha comprado o carro em fevereiro de John, que teria lhe dito que precisava de dinheiro para sair da cidade.

A sra. Szyc e o marido estavam bastante angustiados com a suposta falta de interesse ou de competência da polícia, que ela já tinha ligado mais de dez vezes e não conseguia encontrar seu filho. Ela e o marido chegaram a pagar um mês de aluguel do apartamento, mas, quando o mês de fevereiro terminou e John não apareceu, decidiram transferir suas coisas para a casa deles, inclusive um monte de documentos pessoais. Adams telefonou para a delegacia perguntando que documentos levar. Minha resposta foi simples: traga tudo.

Nesse meio-tempo, Bedoe pediu a Kozenczak que mandasse alguém ao centro da cidade buscar a documentação sobre os desaparecimentos de Szyc, Godzik e Bukavitch. Quando Ryan chegou à matriz, disseram que voltasse de dia, pois os papéis estavam trancados em um porão.

Bedoe deu um chilique e exigiu que eu acionasse o alto escalão. Foi nossa primeira discussão. Eu não queria criar confusão sem necessidade, e falei para ele se acalmar.

---

1   Centro financeiro e sede administrativa do condado de Cook. [NT]

No fim das contas, Ryan não precisava de ajuda. Trabalhara por três anos na matriz como cadete. Além disso, pertencia a uma família tradicional de policiais, o que tinha lá sua importância. Após uma longa conversa com o supervisor da seção, ele o convenceu a descer pessoalmente para buscar os arquivos.

...

Depois do constrangimento de perder Gacy outra vez, a equipe de vigilância resolveu se dividir para procurá-lo. Por volta das 13h, Lang avisou aos demais policiais que tinha encontrado o carro de Gacy no escritório de seu advogado, Sam Amirante, em Park Ridge, na região sudeste de Des Plaines. Schultz e Robinson se juntaram a Lang, e os três ficaram aguardando o resto da tarde enquanto jogavam futebol americano no minigame.

Às 17h30, Gacy saiu do escritório, entrou no carro e partiu. O empreiteiro ia trafegando por uma das ruas principais de Park Ridge, no sentido sul, quando, percebendo que estava sendo seguido, deu uma guinada súbita e disparou no sentido contrário. Robinson não aguentava mais a condução imprudente de Gacy e, embora fosse hora do rush, virou seu veículo abruptamente para a esquerda, bloqueando o tráfego no sentido sul. Com isso, Lang e Schultz puderam dar meia-volta, e Robinson foi atrás deles. Os três seguiram Gacy até um apartamento na Lawrence Avenue, em Norridge, que graças à placa consultada naquela manhã sabiam ser a residência de Gordon Nebel. Gacy entrou no prédio, e cerca de cinco minutos depois, Amirante chegou; os policiais o conheciam por sua atuação na defensoria pública. Após mais ou menos dez minutos, Amirante saiu e foi até o carro de Schultz.

"John sabe que está sendo seguido, e estamos cientes da situação. Só peço uma coisa: se fizerem alguma prisão, por favor, me notifiquem", disse Amirante, entregando seu cartão a Schultz.

"Ficarei feliz em cooperar", respondeu Schultz, "mas isso depende muito dos hábitos do seu cliente ao volante."

Em seguida, Gacy se dirigiu a uma casa próxima em Norridge e entrou. Dez minutos depois, um Chevrolet Suburban de cor clara estacionou no local, e o motorista também entrou. Passados alguns instantes, o motorista, Gacy e um terceiro homem saíram, entraram no Suburban e seguiram para um endereço na região norte de Chicago. Permaneceram ali por cerca de 45 minutos, até que o amigo de Gacy, o de Norridge, foi ao carro de Robinson avisar que voltariam à casa de antes.

O motorista do Suburban saiu em disparada a mais de 80 km/h pelas ruas de Chicago. O gelo ainda cobria o asfalto, e nas vias mais estreitas, só se podia trafegar pela trilha de sulcos profundos deixados pelos pneus. Na Lawrence Avenue, o Suburban fez uma curva abrupta à direita, cortando um ônibus que transitava junto ao meio-fio, e entrou na Kennedy Expressway. O motorista acelerou então a mais de 120 km/h e começou a costurar o tráfego. Embicava em rampas de saída, e depois, no último momento, voltava à estrada. Lang tinha ordens de não importunar ou prender Gacy por infrações de trânsito, a não ser em casos extremos. Embora não fosse Gacy ao volante, Lang decidiu que aquilo já passara dos limites. "Prendam ele!", o sargento vociferou pelo rádio.

Os policiais colocaram as luzes vermelhas portáteis sobre o teto dos veículos e manobraram para posicionar as viaturas — uma à frente, outra à esquerda e uma terceira atrás do Suburban. Pretendiam forçar o motorista a parar no acostamento. Com aquelas viaturas surradas, os policiais obviamente tinham muito menos a perder que o motorista do Suburban. O carro parou, e os três homens desceram, ambos os amigos de Gacy com os punhos cerrados. O motorista, que era o mais jovem de todos, media quase 1,90 m e devia pesar uns cem quilos. O homem de Norwich era mais baixo, porém troncudo como um buldogue. "Você está preso por direção perigosa", Lang anunciou ao motorista.

Tanto o motorista como o outro homem estavam furiosos. Gritaram ameaças aos policiais e os acusaram de assediar seu amigo. Gacy fez as vezes de conciliador. Todavia, quando Lang ameaçou rebocar o Suburban até a delegacia, o homem mais velho ficou do lado da polícia, o que irritou muito o motorista.

Depois de identificar o sujeito mais jovem, que se chamava Donald Morrill, os agentes o algemaram e o colocaram no carro de Schultz. O outro, Ronald Rohde, dono do lote de árvores, foi autorizado a conduzir o Suburban, com Gacy no assento do passageiro, até a delegacia de Des Plaines. Lang e Robinson seguiram atrás.

Na delegacia, Gacy inicialmente relutou em entrar, depois mudou de ideia. "Por que vocês estão fazendo isso comigo?", reclamou.

"Estamos cumprindo ordens", disse Robinson, "e como o chefe não explica nada, eu não tenho o que explicar a você."

Schultz autuou Morrill, enquanto Gacy e Rohde ficaram na sala de espera, se queixando em voz alta do suposto assédio policial. Como Morrill não podia pagar a fiança, Gacy e Rohde retornaram furiosos cada qual à própria casa, com escolta policial, para buscar dinheiro. Às 23h40, duas horas e meia depois de ser detido, Morrill foi liberado. A polícia acompanhou os homens de volta a Norwich.

• • •

Ryan voltara de Chicago com a documentação sobre Szyc e Godzik. A matriz não tinha encontrado nada sobre Bukavitch, mas podia ser uma questão de grafia incorreta. As anotações sobre o desaparecimento de Szyc eram, em sua maioria, de praxe, a não ser por uma de novembro de 1977, segundo a qual o irmão de Szyc, recém-chegado do Exército, contou aos pais que John fora visto por amigos numa praia, em algum momento do verão anterior. Quando jovens desaparecidos são "vistos" por testemunhas capazes de reconhecê-los, investigadores tendem a deixar de considerá-los desaparecidos, e o caso deixa de ser prioritário. Foi isso, talvez, que levou os Szyc a perceberem uma ponta de desinteresse por parte da polícia.

"Olha só", disse Tovar. "Szyc tinha um Plymouth Satellite 1971."

"Parece familiar", comentou Ryan.

"Qual era o carro que a esposa do Walsh disse que ele tinha?", perguntou Tovar.

"Um Plymouth Satellite branco", Ryan respondeu.

"E de que ano será?", perguntou Tovar.

"Era meio velho", lembrar Ryan.

Tovar ligou para a central de rádio e passou o número da placa que constava na documentação. Nenhuma informação encontrada. O licenciamento era antigo demais. Tovar foi então a um terminal de consulta do sistema de microfilmes com dados de todos os motoristas, datas de nascimento, endereços, placas de veículos e números de chassis do estado de Illinois. A lista, atualizada todo ano, é utilizada pelas polícias locais para uma série de finalidades, em especial para garantir que os motoristas paguem os impostos devidos.

Ao buscar por Dick Walsh, Tovar descobriu que ele tinha um Plymouth Satellite branco, placa ZE 5523, chassi RH23G1G739297.

"Você não tinha pegado um documento de carro na casa dos Szyc?", Bedoe perguntou a Adams. Ele tinha. Olhamos o número do chassi: RH23G1G239297. Depois conferimos o número do chassi do carro de Walsh: RH23G1G739297. Eram praticamente idênticos, com apenas um dígito diferente: onde havia um 2 no documento de Szyc, havia um 7 no de Walsh.

Continuamos fazendo verificações. Quando pesquisamos as duas placas, a de Szyc e a de Walsh, o terminal do LEADS mostrou a mesma discrepância nos números. Se buscávamos pelo número de chassi vinculado a Szyc, o computador não exibia nenhum resultado. Não havia nenhuma placa ou registro de propriedade atribuídos àquele número em 1978. Tovar me mostrou um folheto da delegacia de roubos e furtos de veículos explicando como os números de chassi eram atribuídos. Se ambos fossem legítimos, a Chrysler teria que ter produzido meio milhão de Plymouth Satellites brancos na mesma fábrica. Só podia ser o mesmo carro. Pedi a Kozenczak que solicitasse à central de rádio uma verificação do certificado de propriedade junto à Secretaria de Estado. É um procedimento mais demorado que conferir uma placa, mas nos permitiria traçar, ponto a ponto, todo o histórico de propriedade do misterioso Satellite. Nem me importei que já passasse da meia-noite.

Enquanto seguíamos examinando os documentos de Szyc, Tovar se martirizava por ter visto o nome de John em alguma coisa na casa de Gacy e não ter trazido para a delegacia. A agenda de endereços de Szyc sugeria que ele se relacionava com homossexuais. Muitos dos endereços ficavam em um bairro gay na região centro-norte de Chicago, e ele tinha o número de um disque-sexo gay. Entre os papéis havia também uma carta datilografada de um detetive da polícia de Chicago:

Sr. e sra. Szyc,

Não consegui localizar seu filho, mas soube que ele vendeu o carro em fev. de 77 e disse ao comprador que precisava de dinheiro para sair da cidade.

Inv. Harry Belluomini
Area 5 GA 2138 N. Calif. Ave.

Examinei com calma o resto da documentação trazida por Ryan. Gregory J. Godzik, de dezessete anos, foi visto pela última vez pela namorada, na casa dela, no dia 12 de dezembro de 1976, à 1h30. Segundo disse à polícia, a garota achava que Greg estava indo para uma festa em Niles, uma pequena localidade na extremidade noroeste de Chicago. O carro de Godzik foi encontrado em um estacionamento de Niles, sem as chaves. Mais uma vez, havia relatos de que o rapaz tinha sido visto após o seu desaparecimento.

Somente em 7 de março a polícia de Chicago conseguiu falar com o último empregador de Godzik: o dono da PDM. Gacy disse aos policiais que Greg tinha dinheiro a receber por alguns dias de trabalho e que enviara o cheque para a mãe do rapaz. Quinze meses se passaram até que fosse confeccionado outro relatório policial. Em junho de 1978, os Godzik contaram à polícia que haviam pagado 5 mil dólares a um investigador particular para que encontrasse seu filho.

Pouco antes das 2h, nos retornaram com o resultado da verificação. O Satellite estava em nome de Walsh e, no registro, constava seu atual endereço em Chicago. Como proprietários anteriores, apareciam listados Dick Walsh e John Grey. A linha seguinte indicava o endereço de "Grey": Summerdale, nº 8213, Norwich. O antepenúltimo proprietário era John Szyc, de Des Plaines.

• • •

Depois de passar a noite de quinta e a manhã de sexta-feira sozinho vigiando a casa de Gacy, Hachmeister decidiu que queria companhia. Naquela noite, resolveu levar uma arma extra além da que já costumava carregar. O que o inquietava não era o ruído sinistro das folhas secas farfalhando nos arbustos, mas não saber exatamente o que enfrentava. Estava fora de sua zona de conforto. Em outra situação, caso surgisse um problema, era só pegar o rádio e em poucos minutos teria quatro ou cinco viaturas a seu lado. Ali, porém, estava sozinho, e nem sempre devidamente em contato com a delegacia. Não havia ninguém que pudesse rendê-lo uns minutinhos enquanto ia buscar um café ou um bolinho. O vazio torturante que sentira no estômago na noite anterior o ensinara a nunca ficar de vigia por doze horas seguidas sem comida por perto. Além disso, os agentes da Delta estavam percebendo que a rotina de Gacy não levava em conta o conforto fisiológico da equipe de vigilância. Mais de uma vez tiveram que abrir disfarçadamente a porta de seus carros para descartar com cuidado a urina quente depositada em um copo de café usado.

Hachmeister ficou satisfeito quando soube que Mike Albrecht seria escalado como seu parceiro de vigia. Albrecht já conhecia Gacy de dois dias antes, quando teve que pajeá-lo na delegacia.

Antes de seguirem para a casa de Gacy, Lang levou Hachmeister a Palatine, uma localidade a noroeste de Chicago, para pegar emprestado da polícia da cidade um binóculo de visão noturna. Achou que poderia ser útil para espionar Gacy. Com uma expressão séria, Lang o advertiu a não deixar que ninguém mais usasse o aparelho.

Depois de retornarem à delegacia, Albrecht franziu a testa ao ver que Hachmeister foi se sentar no banco traseiro do carro Lang, cedendo o banco do carona para ele. Os agentes nunca sabiam se o sargento percebia seus sobressaltos silenciosos. Pelo jeito, ninguém queria viajar na frente com Wally Lang no volante.

Conforme se aproximavam do destino, Robinson avisou pelo rádio que John estava no carro de Rohde, estacionado na frente da casa. Lang passou devagar pelo veículo, enquanto Gacy e Rohde acompanharam os três com o olhar atento. Lang dobrou a esquina e contornou o quarteirão.

"Vamos sacanear eles um pouquinho", disse Hachmeister ao retornarem pela Summerdale, e, antes de passarem novamente pelo carro de Rohde, se agachou no banco de trás. Lang e Albrecht viram Gacy espichar o pescoço, procurando Hachmeister.

"Parece que o John sabe contar cabeças", comentou Albrecht, rindo. Momentos depois, Rohde saltou do carro e se dirigiu à parte de trás da casa. Os policiais deram gargalhadas. Era óbvio que Gacy tinha achado que Hachmeister estava bisbilhotando sua residência e pediu a Rohde que fosse verificar.

Rohde voltou, e os dois partiram. Fizeram uma rápida parada no lote de árvores de Natal, depois seguiram para a casa de Rohde e entraram. Já era 1h. Hachmeister e Albrecht renderam Schultz e Robinson que, junto com Lang, voltaram para a delegacia.

Por algum tempo, Albrecht viu Rohde e Gacy conversando. Logo, porém, as cortinas se fecharam, e as luzes se apagaram. Pelo visto, Gacy passaria outra noite fora de casa. Os policiais jogaram um pouco de minigame, depois Hachmeister decidiu se posicionar na rua de trás, imaginando que Gacy pudesse sair de fininho.

Mal sabia ele que era tarde demais. Em meio à neblina que envolvia a cidade naquela madrugada de sábado, nenhum dos policiais viu um vulto largo se esgueirando sorrateiro pela neve e sobre as cercas em direção à Summerdale.

KILLER CLOWN

RETRATO DE UM ASSASSINO
**TERRY SULLIVAN
PETER MAIKEN**

SÁBADO,
16 DE DEZEMBRO DE 1978

Mesmo tendo trabalhado até bem depois da meia-noite, Bedoe e eu voltamos a Des Plaines às 7h de sábado. Havíamos feito descobertas demais na sexta para conseguir dormir. Tanto John Szyc como Gregory Godzik estavam desaparecidos fazia cerca de dois anos. O jovem Bukavitch era outro ponto de interrogação, bem como o afogamento misterioso de Charles Itullo. Se estavam mortos, onde estavam os corpos? Se não tinham sido descobertos até então, seria possível encontrar Rob Piest? Sentados em meu escritório, tentamos abrir os olhos e a mente com café enquanto nos fazíamos essas perguntas.

E quanto a Richard Walsh? Por que tinha ligado, e por que dirigia o carro que tudo indicava pertencer a John Szyc? Talvez ele e Gacy estivessem envolvidos no desaparecimento de Szyc. Teria um deles falsificado o registro do veículo ou alterado o número do chassi no próprio carro? Entre tantas perguntas sem resposta, a mais intrigante era: teríamos agora vários assassinatos e vários suspeitos?

De qualquer forma, precisávamos interrogar Walsh outra vez, e sem revelar o que sabíamos sobre o carro, já que ele podia estar implicado. Além disso, era possível que Chris Gray soubesse pelo menos uma parte do que Walsh nos contara — ou talvez até mais. E o que a ex-mulher de Gacy — a primeira a mencionar Bukavitch — teria a dizer? Nossas perguntas se multiplicavam, mas pelo menos sabíamos quem poderia dar algumas respostas.

• • •

Para os policiais que vigiavam a casa de Rohde, a noite de sexta-feira correu sem percalços. Depois de muitas horas, Hachmeister voltou à rua onde Albrecht estacionara e os dois se divertiram com o binóculo de visão noturna, espiando garagens e arbustos estranhamente iluminados com um brilho esverdeado. Atento à advertência de Lang, Hachmeister recomendou ao parceiro que usasse o dispositivo com moderação.

Albrecht tinha chegado para trabalhar doze horas antes e estaria de serviço por pelo menos outras nove, então decidiu sair para se alimentar enquanto estava tudo tranquilo. Os policiais estão habituados a comer em restaurantes pela metade do preço — uma cortesia de alguns estabelecimentos —, mas era preciso estar fardado para receber essa pequena regalia. Albrecht estava à paisana, mas esperava indicar seu vínculo com a polícia deixando o rádio à mostra sobre o balcão. Os atendentes do restaurante 24h ignoraram o recado, e o policial teve que desembolsar 5 dólares pelo café da manhã.

Por volta das 9h30, Rohde saiu da casa, entrou na caminhonete e arrancou com pressa. A visão dos policiais estava parcialmente obstruída, e não era possível ver o banco do motorista.

"Droga, Mike", disse Hachmeister pelo rádio, "acho que Gacy está na caminhonete."

"Não", respondeu Albrecht, "Eu olhei por baixo do carro. Não tem como ele estar lá dentro. Só se o Ronald entrou com ele no colo."

Sem se convencer, Hachmeister virou seu veículo e saiu em disparada atrás de Rohde, que logo deu um jeito de despistá-lo. Na volta, Hachmeister passou pela residência de Gacy e não detectou nenhum movimento. Irritado, voltou para a casa de Rohde. O Volaré prateado de Gacy continuava estacionado na frente da casa. Albrecht ainda tinha certeza de que Rohde saíra sozinho.

Não muito tempo depois, uma mulher, que os policiais presumiram ser a sra. Rhode, saiu com um menino. Ao entrarem no carro, olharam para os agentes e deram risadinhas dissimuladas. Pelo resto do turno, até serem rendidos, às 13h, os dois especularam se Gacy estava ou não na casa. A discussão continuou entre Schultz e Robinson. A mulher voltou e depois deu uma saidinha rápida às 15h30. Rhode também retornou para casa. O dia ia escurecendo, e nada de Gacy aparecer.

Às 18h, assim que Robinson saiu para buscar um café, Gacy e Rhode saíram, partiram no carro de Gacy e logo abriram seis carros de vantagem sobre Schultz, que, desesperado, tentava guiar Robinson pelo rádio. Gacy dobrou à direita, depois de novo à direita em uma rua lateral e de repente sumiu de vista. Então, luzes de freio cortaram a escuridão. Schultz desligou os faróis. Depois de avançar por mais ou menos um quarteirão, viu um carro emergir do escuro em sua direção, com os faróis apagados. As luzes de freio dos dois carros acenderam ao mesmo tempo. Em um raro erro de cálculo, Gacy tinha entrado em uma rua sem saída. O Volaré saiu rugindo alto e seguiu para o lote de árvores de Natal, a poucos quarteirões. Chegando lá, Gacy deixou Rhode e, com Robinson em seu encalço, retornou para a Summerdale.

Pouco depois, Gacy saiu de casa dizendo que visitaria familiares em Chicago. Os policiais o seguiram a quase 160 km/h pela Kennedy Expressway. Ao chegar ao destino, o empreiteiro disse: "Esperem aqui. Meu carro tá logo ali. Não vou a lugar nenhum." Depois que ele entrou na casa, Robinson juntou-se a Schultz na viatura para jogar um pouco.

Para os policiais que vigiavam Gacy, jogar minigame era não apenas a melhor forma de aliviar o tédio, mas também o único jeito de preservar a sanidade mental. Já tinham sido alvo de olhares furtivos por detrás de cortinas e janelas. Agora, ao menos durante o dia, sem dúvida causavam espanto a quem os via se sacudir no interior do carro com os casacos sobre a cabeça. Os policiais sacaram que se movimentar ajudava a acelerar a ação do jogo e que era mais fácil enxergar o visor na relativa escuridão debaixo dos casacos. Schultz bolou uma estratégia marota contra o novato Robinson: jogava na configuração Pro I, mais lenta, mas mudava para a Pro II quando era a vez do parceiro. Assim, vencia todas as vezes. Quando estavam em carros separados, comemoravam os *touchdowns* apertando os botões de microfone dos rádios para transmitir bipes eletrônicos de vitória pelo ar.

Schultz e Robinson estavam tão absortos no jogo que não perceberam quando um homem se aproximou do carro. O sujeito bateu no vidro da janela.

"Vocês estão prontos?", John Gacy perguntou. "Tô indo."

• • •

No sábado, a primeira tarefa de Tovar foi apurar as informações dadas pela mãe de John Szyc. Conversou com Harry Belluomini, investigador de Chicago, sobre o roubo no qual o carro de Szyc foi utilizado. Na época, Belluomini tinha ouvido de vizinhos que Szyc era gay e teria ido para Colorado. O investigador revelou a Tovar que não tinha visto o carro envolvido no roubo nem conversado com o proprietário. Tovar checou com autoridades de trânsito no Colorado se haviam emitido alguma carteira de motorista ou registro de veículo para John A. Szyc. A resposta foi negativa.

Tovar ligou então para a polícia de Cicero para saber mais sobre o caso de agressão no qual Walsh teria — segundo a mulher dele — se envolvido. Os únicos registros disponíveis sobre Walsh diziam respeito a três delitos de trânsito, inclusive direção perigosa após fugir da polícia. Além disso, a carteira de motorista dele constava como suspensa, mas, ao checar o número no sistema, Tovar descobriu que o documento ainda era válido. Ou a polícia de Cicero era descuidada com os registros, ou havia informação falsa contaminando nossa investigação. Estava na hora de ouvir a versão de Walsh da história.

Quando Ryan e Tovar foram buscá-lo em casa, foram recebidos na porta pela mulher dele, que contou aos policiais que Dick tinha saído com os amigos e se embebedado. Ela duvidava que fosse conseguir acordá-lo. Lançando um olhar à sala de estar, os policiais viram latas de cerveja espalhadas por todo o lado. Decidiram que não adiantava insistir e ficaram de voltar mais tarde.

Pickell e Adams tiveram mais sorte. Estavam interrogando Richard Raphael, um parceiro de negócios de Gacy, em um restaurante próximo a uma obra em Aurora. Raphael contou aos policiais que abrira meses antes sua própria construtora, a Raphco. Gacy, a quem conhecia havia nove anos, era superintendente da firma. Os dois — enfatizou — não eram sócios: Raphael pagava ao empreiteiro 675 dólares por semana, mais mão de obra e material, e era com esse dinheiro que Gacy remunerava seus próprios empregados.

Na segunda-feira, relatou Raphael, Gacy tinha faltado a uma importante reunião com clientes farmacêuticos, agendada para 19h. O empreiteiro telefonou uma ou duas horas antes do encontro confirmando sua presença. Raphael lhe disse que pediria uma pizza e, enquanto o esperava, ligou diversas vezes para o número dele, mas caía sempre na secretária eletrônica. Tentou de novo às 22h30 e deu ocupado. Cinco minutos depois, Gacy telefonou de volta dizendo que tinha furado o pneu do carro e estava preocupado com o tio moribundo.

Não estava com cabeça para tratar de negócios. Raphael falou que tornaria a entrar em contato pela manhã.

Na terça-feira, a conversa continuou, os dois tomaram café da manhã juntos e depois visitaram a farmácia dos clientes. Gacy lhe contou que tinha esquecido a agenda na Nisson e admitiu ter mentido sobre o pneu furado. Só não queria atender ao telefone. Mais tarde, foram à casa de Gacy e, no escritório, encontraram Gordon Nebel, que ia lá duas vezes por semana fazer a contabilidade do empreiteiro. Foram interrompidos por um telefonema da polícia, que, segundo Gacy, queria ouvir Raphael como testemunha.

Na quarta-feira, Gacy tinha ficado de resolver uns assuntos na rua e supervisionar a reforma de uma farmácia na North Avenue. No entanto, para surpresa de Raphael, Gacy lhe telefonou às 14h30 dizendo que estava na delegacia e, com frases desconexas, pediu ao parceiro — cujo pai era advogado — que arranjasse alguém para defendê-lo. Por volta das 22h30, Raphael foi à casa de Gacy, que se queixou de que a polícia apreendera revistas gays, comprimidos, maconha e uma agulha hipodérmica — que, conforme afirmou, era usada por um inquilino seu que sofria "ataques de plasma". Também o chateava que tivessem arrancado um pedaço do carpete por causa de uma mancha de sangue, segundo ele deixada por um dos instaladores ao se cortar durante o serviço.

Raphael disse aos policiais que, desde esse dia, Gacy vinha se mostrando temeroso e fora de si. De todos os empregados dele, só sabia o nome Walsh, Gray e um tal de Ed Hefner. A rotatividade era grande demais. Sabia que Walsh e Gray tinham morado com ele, assim como outros jovens. Acrescentou ainda que a relação entre os dois não ia além dos negócios. Julgava que o outro não estava a sua altura em termos de nível social, e considerava que a maioria de seus parceiros era "mais profissional". Descreveu Gacy como um *workaholic* que gostava de contar vantagem.

...

Chris Gray estava trabalhando na obra de Aurora e, após interrogar Raphael, Pickell e Adams conversaram com ele no restaurante. Quando viram que estava disposto a cooperar e tinha muito a dizer, os policiais pediram que fosse à delegacia para um depoimento formal. O interrogatório começou por volta das 14h, na sala de reuniões do segundo andar.

Gray era um jovem de 21 anos que tinha abandonado os estudos no Ensino Médio e servido um ano no exército. Começou a trabalhar para Gacy no fim de 1976, depois de conhecê-lo pegando carona. Não tardou a se mudar para a casa do empreiteiro, a quem pagava um aluguel de 25 dólares por semana.

Os policiais perguntaram se ele tinha notado algo estranho no comportamento do patrão.

"Ele foi logo se assumindo, disse que era um cara de mente aberta", contou Gray. "Eu disse que também era, mas achei que a gente tava falando de mulher. Acabou que era o contrário. Ele diz que não tem nada errado na bissexualidade, e que, se Deus não quisesse homem fazendo sexo com homem, não teria colocado os órgãos lá e tal." Gray observou, porém, que não sabia de nenhum homem com quem Gacy tivesse mantido relações sexuais.

O jovem descreveu Gacy como esforçado e dedicado, mas algumas vezes despreocupado demais. "Tem hora que é o cara mais tranquilão do mundo, superpaciente. Mas tem hora que tá com o pavio curto e perde a paciência fácil", relatou. Segundo ele, muitos funcionários deixavam o trabalho porque "não gostavam da cobrança. John é tão perfeccionista que beira à implicância".

De vez em quando os dois saíam juntos, e muitas vezes iam ao Good Luck Lounge, em Chicago, onde Ed Hefner, outro empregado de Gacy, servia bebidas. Uma vez, em uma viagem a Missouri, Gray deixou Gacy em um motel com uma mulher a quem o apresentara e "depois disso, só ouvi rumores", disse. De acordo com o jovem, Gacy já tinha saído com outras mulheres e contava sobre suas experiências sexuais, como todo homem costuma fazer. Gray soube da boca do próprio empreiteiro que ele tinha sido preso por sodomia, e foi levado a acreditar que "tinha alguma coisa a ver com filmes pornô e prostituição".

Segundo o funcionário, o trabalho nas obras correu normalmente até quarta-feira, quando John não apareceu. À tarde, quando Gray foi à casa dele deixar as chaves da caminhonete, encontrou os policiais e soube que Gacy estava na delegacia. Por volta de 23h, tentando falar com Walsh, ligou para o número de Gacy, que atendeu. O patrão estava chateado e não queria falar pelo telefone, então foi buscá-lo, e os dois saíram para comer sanduíches e tomar café. Foi então que Gacy revelou o que tinha acontecido.

"Ele se sentia inseguro sozinho em casa sem saber se a polícia estava lá ou ia voltar. Então eu fiquei lá mais ou menos uma hora arrumando as coisas e ouvindo ele reclamar da bagunça", contou Gray.

"Ele comentou se deu falta de alguma coisa?", perguntou Pickell.

"Comentou", confirmou Gray. "Algemas, comprimidos, revistas de sacanagem, essas coisas."

"Ele falou pra que usava as algemas?"

"Naquela hora, não. Mas eu já tinha visto. Gacy usa elas em eventos beneficentes, atuando como palhaço em hospitais, essas coisas."

"Ele disse quais comprimidos sumiram?"

"Preludim." Gray disse não saber se ele tinha receita para aquela medicação. Achava que o patrão tomava os comprimidos para controlar o peso.

"Ele ficou andando pela casa?", perguntou Adams.

"Ficou, sim", respondeu Gray.

"Aonde ele foi?"

"Foi pro vão debaixo da casa."

"Você viu ele descendo?"

"Vi."

"O que ele fez lá?"

"Bom, ele viu a lama no chão e reclamou. Aí desceu pro vão e deu uma volta agachado lá dentro, com uma lanterna na mão. Só deu uma conferida e depois subiu de volta."

Depois de inspecionar o sótão, Gacy o levou para casa por volta das duas da manhã. No caminho, passaram pela delegacia para ver se o carro ou a caminhonete dele estavam no estacionamento. Pretendia reavê-los se estivessem, mas não estavam.

Na quinta-feira de manhã, Gacy veio buscá-lo com o furgão e disse que, como não tinha conseguido reaver os veículos, teria que alugar um carro. Gray levou o furgão para a obra e voltou à casa do patrão por volta das 23h para descarregar material. Na sexta-feira de manhã, Gacy lhe disse que tinha passado a noite na irmã e perguntou se a polícia entrara em contato.

"Você tem algum motivo para acreditar que o sr. Gacy está implicado no sumiço do garoto?", Adams perguntou.

"Olha, o John é uma pessoa engraçada", disse Gray. "É meio convencido e vive em um mundo de fantasia. O que é fato e o que é ficção cabe a cada um decidir, mas ele diz que trabalha para a máfia e que já armou pros outros."

"John fez alguma declaração sobre o envolvimento dele nesse caso?"

"Ele disse: 'Juro que não tive nada a ver com esse cara'." Gray fez uma pausa. "Sei lá. Imagino que um homem inocente ficaria meio bravo com a história, mas não abalado. Entendo que é uma acusação séria, mas por que ele ficaria chateado, nervoso, esgotado, passaria a noite na casa da irmã e teria medo até da própria sombra? Essa é minha opinião pessoal."

"Agora, no quesito violência", prosseguiu Gray, "eu e John saímos no braço algumas vezes. Ele é forte, mas, se o cara que sumiu tivesse se atracado com ele, acho que teria sido uma briga boa se o cara era pelo menos mediano. A aparência física do John... bom, ele não é tão forte quanto parece."

Adams perguntou se Gray já tinha visto alguma coisa suspeita dentro ou fora da casa de Gacy.

"Ele tinha duas carteiras na garagem, com documentos dentro", disse Gray. "Uma carteira de motorista ainda tava dentro da validade. Acho que ainda faltava um ano pra vencer. Perguntei pro John se podia usar pra sair e beber, porque eu era menor de idade na época. Ele falou: 'Não, você não vai querer esses documentos.'"

"Por quê?", perguntou Pickell.

"Disse que eram de pessoas falecidas."

"Pode repetir?", o policial pediu.

"Falecidas. Que não estavam mais vivas."

"Você perguntou como ele sabia disso?"

"Não", respondeu Gray, "por causa do jeito misterioso dele. Uma vez, quando eu ainda morava lá, minha carteira sumiu com todos os meus documentos, fotos e tudo mais. Se ele queria criar algum efeito psicológico, eu não sei".

"O sr. Gacy alguma vez lhe mostrou artigos de joalheria?"

"Sim, ele me deu dois relógios. Eu tava chegando atrasado pela terceira ou quarta vez na semana e, depois de me dar uma bronca, ele me chamou no quarto e ficou remexendo numa caixa. 'Agora você não tem desculpa pra chegar atrasado', ele falou, e me deu um relógio. Eu disse: 'Valeu. Onde você conseguiu?' E ele: 'Com alguém que já morreu'."

Gray contou aos policiais que o relógio começou a atrasar, e ele o jogou no concreto fresco. Gacy, então, deu-lhe outro. Dessa vez, o funcionário não perguntou a procedência.

O rapaz assinou um termo autorizando a polícia a inspecionar o furgão da PDM no qual viera e entregou as chaves.

Houve um rebuliço na delegacia quando o perito Daniel Genty, incumbido de vistoriar o veículo, chegou trazendo um lenço de papel com uma mancha fresca de sangue. Gray explicou que o sangue era seu: tinha espremido uma espinha no carro, a caminho de lá.

Pickell e Adams foram levá-lo para casa. No trajeto, o jovem mencionou que Walsh tinha comprado um Plymouth Satellite de Gacy por 300 dólares e estava pagando em prestações. Não era um carro muito bom, opinou. "Dick foi feito de trouxa."

• • •

Havia uma maneira simples de determinar se o carro de Walsh era o mesmo que pertencera a Szyc: achar o veículo e ler o número do chassi no painel. Perguntei a Gray, enquanto estava na delegacia, onde poderia encontrar Walsh. Segundo ele, o colega devia estar trabalhando na reforma de uma drogaria perto da esquina da North Avenue com a Pulaski Road, em Chicago. Anotei então os números da placa e do chassi e parti para lá.

O Plymouth estava estacionado a meio quarteirão da loja. Como do outro lado da rua não dava para ver nenhum movimento no interior da drogaria, atravessei e olhei pela vitrine. Walsh estava nos fundos, a uns nove metros de mim, falando com Gacy.

Embora não soubesse disso, naquele momento eu era o único vigiando o empreiteiro. Presumi que Schultz e Robinson estivessem dentro da drogaria, quando na verdade continuavam montando guarda em frente à casa de Rohde.

Vendo o pessoal da PDM ocupado na loja, fui ao carro de Walsh checar o número do chassi. Eu me inclinei sobre o capô e olhei pelo para-brisa. O número com certeza não tinha sido adulterado. Tomei nota e voltei para meu carro, onde comparei os dígitos. Eram iguais.

Agora que não havia dúvida de que se tratava do mesmo carro, podíamos nos concentrar em descobrir como Gacy o obtivera, para começo de conversa. Era possível que todo o histórico de transações — de Szyc para Gacy e deste para Walsh — fosse perfeitamente legítimo. Afinal, havia relatos de que Szyc vendera o automóvel. Se não fosse nossa pesquisa ter revelado números discrepantes de chassi para o mesmo veículo, o assunto poderia ter morrido ali mesmo. Mas eu tinha acabado de comprovar que o número do chassi no documento não batia com o número no próprio carro — por um dígito. Por quê? Teria Gacy alterado o número no documento para encobrir seus rastros? Walsh estaria envolvido?

Liguei para a delegacia de um telefone público e contei a Bedoe minha descoberta. Ele, por sua vez, me informou que Gray ainda estava sendo interrogado, que Patrick Reilly — cuja carteira de motorista fora encontrada na casa de Gacy — seria trazido para depor e que a ex-mulher do empreiteiro estava chegando com o novo marido.

• • •

Horas depois, Bedoe e Kozenczak interrogaram a ex-mulher de Gacy, agora em um novo casamento. Explicaram a ela que estavam investigando o desaparecimento de um garoto e queriam informações sobre o passado do empreiteiro. Cathy Hull Grawicz (nome fictício) contou que tinha sido casada com Gacy de julho de 1972 a fevereiro de 1975. Os dois não tiveram filhos, embora ela tivesse duas filhas de um casamento anterior.

Os detetives perguntaram então à sra. Grawicz se ela e Gacy já haviam tirado férias juntos, calculando que isso talvez pudesse levar a alguma pista sobre o paradeiro de Rob Piest. A mulher mencionou que foram uma vez a Las Vegas, onde John trabalhara na adolescência. Na época, tinha brigado com o pai e ido de carro para lá. Conseguiu emprego em um necrotério. Bedoe e Kozenczak pediram mais detalhes, mas ela só sabia que John acabou voltando para casa depois de vários meses. Apesar dos desentendimentos com o pai, ficou bastante deprimido quando o velho morreu, alguns anos mais tarde, no dia de Natal. Desde então, ficava muito triste e às vezes chorava nessa data.

Tiveram uma vida conjugal conturbada. Uns seis meses depois de se casarem, ela começou a perceber que o marido levava rapazes para a garagem tarde da noite, e às vezes passava horas com eles. Uma vez, foi lá depois que John saiu de carro com um garoto e encontrou um colchão e uma luz vermelha no chão. Sempre que perguntava a Gacy o que acontecia por lá, ele se irritava e se recusava a responder.

Gacy lhe dizia que era bissexual, mas logo no início do casamento ela se convenceu de que estava mais para homossexual. Com menos de dois anos de casados, Gacy anunciou no Dia das Mães que seria a última vez que fariam sexo. Segundo ela, volta e meia encontrava suas calcinhas na garagem e via sinais de que o marido andava se masturbado.

Nessa época, revelou a sra. Grawicz, ela já considerava o divórcio, e só não levou a ideia adiante porque se preocupava com o sustento das filhas. Certa vez, durante uma briga, Gacy chamou-a de vagabunda. Quando ela rebateu, chamando-o de bundão, ele se enfureceu, atirou um castiçal em sua direção e só não bateu nela porque foi contido pela irmã. Também era comum que ele perdesse a cabeça por nada e atirasse móveis pela casa.

Os últimos quatro meses de casamento Gacy passou sozinho, trancado atrás de uma porta de correr nos fundos da casa. Não havia mais contato entre os dois. Por fim, ela pediu o divórcio alegando maus-tratos psicológicos. Gacy a processou. A ex-mulher não escondeu seu rancor pelo fato de Walsh ter se mudado para a casa logo após a separação: "Foi só eu botar os pés pra fora que ele se enfiou lá", segundo suas palavras.

Gacy continuou vendo a ex-mulher após o divórcio. A essa altura, era bem franco sobre sua orientação sexual. Certa vez, em um bar, angustiado, confessou: "Eu me sinto passando pro outro lado e não consigo evitar". O ex-marido descreveu para ela o tipo de homem que o excitava sexualmente: loiro e com um determinado formato de traseiro. Mais tarde, foram para a cama e, por mais que tentasse, ela não conseguia excitá-lo. "Desculpa", Gacy disse, aos prantos. "Pensei que tinha jeito, mas me enganei." "Você devia procurar ajuda", ela aconselhou. "Não, agora já é tarde", ele respondeu. Ela se sentiu mal por não poder ajudá-lo. Ainda gostava dele porque tinha sido um ótimo pai para suas filhas.

De acordo com a sra. Grawicz, Gacy queria subir na hierarquia do Partido Democrata, mas temia que a prisão em Iowa por "prostituição" atrapalhasse seus planos. Era óbvio que o envolvimento na política local era muito importante para ele, e ela achava que Gacy se habituara a usar sua influência como delegado distrital para se safar de encrencas.

A mulher sabia que ele tinha sido preso em Northbrook, em 1972, mas pensava se tratar de erro de identificação. Também estava ciente de um incidente com um rapaz, Jack Pyssler, que viajou com ele para a Flórida. De volta a Chicago, Pyssler foi à casa da família e deu uma coça em seu ex-marido, dizendo que ele o estuprara. Ouviu dizer ainda que Charles Itullo, funcionário de Gacy, foi encontrado morto em um rio. Lembrava que os parentes do rapaz tinham cobrado seu último salário. Quanto ao desaparecimento de Bukavitch, só sabia o que John disse ter ouvido da polícia: que o garoto tinha fugido. Isso já fazia uns três anos.

Cathy Hull Grawicz contribuiu com mais informações sobre Gacy do que esperávamos. Depois de mais de quatro horas de depoimento, Bedoe se desculpou com o sr. Grawicz por ter retido sua mulher tanto tempo e liberou o casal.

...

Schultz e Robinson ficaram quase contentes quando viram Gacy sair da casa do primo às 23h. Três horas jogando minigame tinham sido o bastante. Sem aviso prévio, o empreiteiro entrou no carro e partiu. Após uma rápida perseguição pelas ruas do noroeste de Chicago, Gacy estacionou no Good Luck Lounge e entrou.

Robinson parou do outro lado da rua, e Schultz em um terreno baldio. Era uma região de classe média baixa, com mais cara de fabril que de residencial. Uns bons minutos depois de Gacy entrar no bar, alguns clientes saíram, uns apontando para os policiais assobiando em sinal de desaprovação, outros olhando com cara feia.

Pouco antes da meia-noite, Gacy saiu de repente, entrou no carro, deu um giro rápido de 180 graus e acelerou em direção ao centro da cidade. Por algum tempo pareceu dirigir sem rumo, até que pegou a Pulaski Road no sentido norte. Em determinado ponto, essa estrada mergulha na diagonal por baixo de um viaduto ferroviário, desenhando uma curva fechada em S, com velocidade máxima indicada de 15 km/h. Na entrada da curva, Schultz perdeu o controle do carro e deslizou para a pista oposta. Conseguiu endireitar o carro acelerando, porém na mão errada. Agora, no topo do S, se aproximava de uma curva cega. Bem no momento em que jogava o carro para a direita, em uma derrapagem controlada, viu as luzes de outro carro vindo em sua direção. O veículo deu uma guinada brusca e saiu pela esquerda de Schultz, lançando-se aos solavancos sobre a calçada e a encosta. O policial reconheceu o slogan na porta do veículo: "Para servir e proteger — Polícia de Chicago". Pelo retrovisor, viu que o carro tinha parado e não vinha atrás dele.

Pouco depois da meia-noite, a equipe substituta se juntou à perseguição na Kennedy Expressway, e as três viaturas seguiram Gacy até Des Plaines, onde ele parou em um clube da organização fraternal Loyal Order of Moose [Ordem Leal dos Alces]. Ali, Albrecht e Hachmeister assumiram os carros usados na vigilância, e Lang levou a outra dupla de volta à delegacia. Como Albrecht tinha contatos na boate, os policiais decidiram entrar atrás de Gacy.

Usando calças jeans, foram confrontados pelo *concierge*. "Vocês são membros da Moose?" Albrecht explicou sua função e logo obteve a cooperação do funcionário. Era um homem de mais idade, policial da reserva. Levou os dois até uma mesa próxima à porta, na área de festas e recepções.

Gacy se movia pela multidão com grande entusiasmo, apertando mãos, beijando as mulheres, fazendo piadas. "O cara é a sensação da festa", comentou Hachmeister. "Chegou o queridinho da galera." Um funcionário da Moose foi até a mesa dos policiais e perguntou se a jogatina em algumas mesas era um problema. As apostas não eram altas, garantiu. Albrecht disse que tudo bem. Uma garçonete veio atendê-los.

"O que vão querer?", ela perguntou. "O sr. Gacy gostaria de pagar uma bebida aos senhores." De longe, Gacy os cumprimentou com um aceno de cabeça. Após fazerem o pedido, viram que o empreiteiro estava acompanhado de um homem que olhava fixamente para eles, com expressão raivosa. Depois que Gacy e seu acompanhante se dirigiram ao bar, os policiais acenaram para o *concierge*.

"Disfarça", disse Hachmeister, "mas conhecemos aquele cara ali, baixo, gordo. Não sabemos quem é o outro. Vê se consegue puxar conversa e descobrir o nome dele."

A garçonete trouxe as bebidas, e os policiais agradeceram. "O sr. Gacy disse que tem que cuidar dos guarda-costas", ela disse, sorrindo. Os dois seguiram Gacy até o lounge e ficaram perto do bar.

O *concierge* veio falar com os policiais e revelou que o sujeito carrancudo era Ed Hefner. Enquanto agradeciam, Gacy passou por eles e avisou: "Tô indo embora".

Os três saíram para o estacionamento. "Vocês conhecem algum lugar para comer aqui perto?", perguntou Gacy.

Albrecht sugeriu um restaurante a poucos quarteirões dali. "Beleza. Encontro vocês lá", disse o empreiteiro, e antes de sair com o carro, perguntou o nome deles.

Assim, à 1h30 de domingo, no Pot and Pan, Hachmeister e Albrecht conversaram pela primeira vez com John Gacy. Sentados em mesas vizinhas, os três logo se tratavam pelo primeiro nome. Gacy não perdeu tempo.

"Ei, vocês são do FBI?", perguntou. Os dois balançaram a cabeça negativamente. "Mas que babaquice", ele prosseguiu. "Por que estão me seguindo? Sabe, eu admito, vou muito à farmácia e uso medicação às vezes. É por isso que estão me seguindo?"

"Não. Somos da polícia de Des Plaines e estamos investigando um caso de desaparecimento", respondeu Hachmeister. "Não contaram nada mais. Botaram a gente na rua pra vigiar você, e é isso que estamos fazendo." Os dois tiveram a impressão de que o empreiteiro tentava lisonjeá-los — e, por tabela, a si próprio — transformando um simples caso local em assunto do FBI.

"Bom, não estou fazendo nada de errado", disse Gacy, indignado. "Meu advogado e eu marcamos um teste com detector de mentiras na terça. Vou limpar meu nome.

"Eu não sei porque vocês estão me seguindo", ele continuou, encolhendo os ombros roliços. "Sou palhaço. Palhaço profissional. Vou a hospitais divertir crianças. Vocês estão batendo na porta errada." Era Gacy quem falava a maior parte do tempo. O monólogo se voltou para seu meu estado de saúde. Reclamou da dificuldade que tinha para realizar atividades físicas intensas em razão de um problema de coração — como se dissesse ser incapaz de machucar uma mosca.

"Jesus", exclamou o empreiteiro, "até leucemia eu tenho. Só me restam quatro anos de vida."

Albrecht e Hachmeister se mostraram compreensivos, depois começaram a fazer perguntas. Para onde viajava? Onde passava as férias? Gacy disse que tinha um terreno perto de Spooner, Wisconsin, e outros em Minnesota, Nevada, Flórida e Arizona.

Gacy foi afável durante toda a conversa e, quando terminaram de comer, pagou a conta dos três. Do lado de fora, os policiais sugeriram continuar a conversa enquanto bebiam uma cerveja. Sem dizer nada, ele entrou no carro e partiu às pressas.

Foi a vez de Hachmeister e Albrecht serem apresentados ao Good Luck Lounge. Os policiais estacionaram em sentidos opostos; Hachmeister seguia atrás de Gacy, em direção à entrada quando, de repente, o empreiteiro deu meia-volta e correu para dentro de um furgão marrom parado em frente ao bar.

"Merda", disse Hachmeister, correndo de volta para seu carro, a uns trinta metros dali. "Estamos ferrados. Ele tá dentro daquele furgão", gritou para Albrecht, que tinha acabado de descer de seu veículo.

Mas o furgão não se moveu. Passados alguns instantes, Gacy saiu do veículo e entrou no bar. Os policiais o seguiram em meio a olhares hostis, cientes de que estavam fora de seu território, cercados de uma garotada barra-pesada, e sem seus rádios. Os dois se separaram. Gacy foi até os fundos e puxou conversa com várias pessoas. Lá pelas três da madrugada, uma moça que trabalhava no bar abordou Albrecht dizendo que já iam fechar e que ele teria que ir embora. Notando que tinham acabado de servir uma bebida a Gacy, o policial mostrou o distintivo e disse: "Estamos aqui a trabalho e não vamos embora".

Dez minutos depois, Gacy saiu sem avisar aonde ia. Era outra fuga apressada. Dessa vez quem ficou para trás foi Hachmeister, cujo carro estava virado para o outro lado. Albrecht seguiu Gacy até o PJ, outro bar no Northwest Side, enquanto dava instruções ao parceiro pelo rádio.

"Tomem cuidado", avisou Gacy quando entraram. "Aqui é barra-pesada."

O empreiteiro se sentou a uma mesa com duas mulheres. Albrecht ficou perto do bar, e Hachmeister, da pista de dança. Gacy mandou uma bebida para cada um. Passado um tempo, Hachmeister viu que um leão de chácara no palco o apontava para alguém. Albrecht entendeu o recado. Perguntou ao barman quem era o gerente, foi procurá-lo e explicou por que estavam ali. O homem disse que tudo bem e trouxe bebidas para os dois. Nesse meio-tempo, Gacy tinha mandado mais uma rodada para eles, e os policiais retribuíram pagando outra para a mesa dele. Às 4h, bem no momento em que o gerente mandava mais drinques, Gacy decidiu ir embora.

Àquela altura, o empreiteiro já estava ficando meio alegrinho por conta do uísque, e o mesmo valia para os policiais. Albrecht ia ao banheiro quando Gacy o chamou. "Essa é Jill Boquetóvski. Dá um beijinho de feliz aniversário nela, Mike". Enquanto Albrecht cumprimentava a mulher, Gacy saiu.

Do lado de fora, Hachmeister tentava manter Gacy ocupado até Albrecht sair. O empreiteiro agora fazia comentários sobre os dotes físicos das mulheres que tinham encontrado. Suas opiniões, em geral, eram exageradas. Às 4h30 foram a outro bar da vizinhança, o Unforgetable Lounge, que tinha uma clientela mais velha. Lá, Gacy apresentou os policiais a diversos conhecidos como guarda-costas. Às 5h, disse que conhecia um bar incrível em Franklin Park, na parte oeste da cidade.

Gacy saiu com o carro, e logo os policiais o estavam seguindo a 130 km/h. Chegando a Franklin Park, o empreiteiro desacelerou para cruzar a ferrovia e virou em alta velocidade à direita. No fim do quarteirão, deu uma freada brusca e, deslizando, parou o carro em uma vaga diagonal na contramão. Atrás dele, Albrecht pisou no freio e desviou para a direita. Hachmeister, por sua vez, perdeu o controle da direção ao fazer uma guinada sobre os trilhos, e o carro deu dois giros completos, patinando no asfalto escorregadio, e foi parar diante de uma vitrine, a centímetros do veículo conduzido por Gacy.

O bar estava fechado. Gacy voltou para o carro e saiu bem mais devagar que de costume. A uns trinta metros de onde quase tinham batido, passaram por uma viatura parada em um cruzamento. O ocupante sequer se mexeu. Pelo visto dormira durante todo o incidente.

Faltando pouco mais de uma hora para o nascer do sol, Gacy parou em um restaurante Golden Bear perto de casa.

"Que merda!", reclamou Hachmeister ao descerem dos carros. "Alguém vai acabar se machucando. Se não um de nós, algum pobre coitado na rua. É melhor prestar atenção no volante." Gacy não falou nada.

No restaurante, começou a fofocar sobre os irmãos Torf. Parecia querer desviar a conversa para outro assunto que não ele mesmo. Depois de fazer algumas piadinhas, Gacy ficou sério.

Disse aos policiais que, embora fosse duro com os empregados, pagava bons salários. Seu nível de exigência era alto. Era paranoico com isso, um chefe implacável. Levou dois anos para treinar Dick Walsh, mas agora pagava a ele 400 dólares por semana. O rapaz era como um filho para ele.

"Gosto de contratar garotos", explicou Gacy, "porque posso treiná-los para trabalhar como quero. Se contrato um cara mais velho, ele já tem vícios." Emendou que gastou muito tempo treinando um jovem, com um bom salário, mas ele simplesmente sumiu. Nesse ponto, Gacy fez uma pausa e olhou para os policiais como se esperasse uma reação, então prosseguiu. Disse que Walsh tinha morado com ele — pagando um aluguel de 25 dólares por semana —, assim como outros jovens funcionários seus. Observou, no entanto, que precisava parar com essa prática, pois os vizinhos estavam começando a pensar que era homossexual.

O empreiteiro disse sentir orgulho de como construíra seu negócio, que no início era reformar banheiros e cozinhas. Agora, dedicava-se inteiramente a prédios comerciais. Comentou sobre estratégias de marketing para drogarias: quais itens deveriam ser vistos primeiro, as marcas de cigarro que deviam ficar no nível dos olhos, como guiar os consumidores pela loja para que chegassem à seção de medicamentos. Afirmou que era dono de sete empresas e que tinha uma renda anual de 70 mil dólares. "Se alguma coisa acontece comigo, eu não perco nada. Todo o meu patrimônio está no nome das minhas empresas. John Gacy não vale grande coisa, mas as empresas de John Gacy valem muito."

Eram quase 6h. Se Gacy estava cansado, não demonstrava. Se estava embriagado após beber quase a noite inteira, parecia continuar com a lucidez intacta. Sentado ali enquanto conversava e tomava café da manhã, dava impressão de ser um homem de energia ilimitada, tanto em termos físicos como mentais.

Usando um tom mais arrogante, Gacy indagou aos policiais se de fato não estavam trabalhando para o FBI em uma operação antidrogas.

"Não somos do FBI", garantiu Hachmeister. "Estamos aqui porque um garoto desapareceu. Alguém deve suspeitar que você sabe de alguma coisa."

"Olha, eu só falei com esse garoto uma vez", retrucou Gacy. "Se ele entrasse aqui agora, eu nem reconheceria ele." Acrescentou que também estava preocupado com o rapaz, mas não tinha o que fazer. Seus advogados, avisou, tentavam obter uma liminar para suspender a vigilância policial.

"Sei que é o trabalho de vocês", disse, "mas não posso ficar de braços cruzados e por isso contratei um guarda-costas." Ele encarou bem os policiais, um de cada vez. "O nome dele é Nick. Só digo o seguinte: é melhor terem cuidado, porque ele tem uma Magnum 357 e despacharia um de vocês sem pensar duas vezes."

"Então cadê ele esse tempo todo?", perguntou Albrecht.

"Vocês não viram porque ele sabe seguir as pessoas", respondeu.

Gacy disse ainda que tinha influência em Norwood Park, onde era um dos "graúdos". Afirmou ser primo de Tony Accardo, uma figura conhecida no submundo do crime em Chicago.

Hachmeister entrou na brincadeira. "Ô John, se você acha que eu, Mike, Schultz e Robbie somos os únicos te seguindo, você não sabe de nada."

Gacy ficou pensativo por alguns instantes. Depois, colocando o prato de lado, mudou a conversa para assuntos internacionais, economia e questões de moralidade.

"Se tem uma coisa que me chateia", comentou, "é gente tirando vantagem de mim. Se eu pago alguma coisa para alguém, espero que a pessoa também pague alguma coisa para mim depois. Não gosto de garoto que trabalha pra mim e só espera que eu desembolse a grana."

Naquele dia, os policiais pagaram o café da manhã de John Gacy.

KILLER CLOWN

RETRATO DE UM ASSASSINO
TERRY SULLIVAN
PETER MAIKEN

DOMINGO, 17 DE DEZEMBRO DE 1978

"Eu quero aquele cretino do Walsh aqui hoje!" Era Greg Bedoe, berrando comigo ao telefone no domingo de manhã. "Manda o Kozenczak trazer ele aqui. Temos que tirar tudo a limpo e saber o quanto ele é próximo de Gacy."

Greg tinha razão, claro. Era preciso seguir as pistas enquanto estavam quentes. Faltava apenas uma semana para o Natal, e nenhum de nós teria folga até que o caso fosse solucionado. Com a ameaça de processo por constrangimento ilegal e a imprensa na nossa cola, estávamos ficando sem tempo. Quanto ainda restava era difícil prever, mas eu sabia que, nem que fosse para preservar nosso bem-estar psicológico, precisávamos concluir a investigação até o início das festas de fim de ano.

Assim que cheguei ao escritório, fui examinar os últimos relatórios policiais. Tovar e Sommerschield tinham interrogado Patrick Reilly, que inicialmente negou ter tido a habilitação perdida ou roubada, mas, quando os policiais lhe mostraram uma fotocópia do documento recuperado na casa de Gacy, acabou admitindo ter perdido a carteira em junho de 1976. Encontrou o documento dois meses mais tarde, no meio de umas almofadas, quando se mudava do dormitório da faculdade. Não sabia explicar o sumiço do documento e negou conhecer John Gacy. Reilly parecia pouco à vontade, e ambos os policiais achavam que estava mentindo. Questionado se faria o teste do polígrafo, respondeu que sim, mas depois desconversou. Sommerschield perguntou se conhecia alguém da comunidade gay, e Tovar, se ele era gay. "Claro que não", respondeu o jovem, entredentes. Os policiais o levaram para casa.

Pickell e Adams tinham conseguido falar com duas enfermeiras que confirmaram que um homem com a descrição de Gacy estivera no Northwest Hospital perguntando sobre o tio morto na segunda, por volta das 23h. Isso corroborava a história de Gacy, mas de forma nenhuma invalidava nossa teoria de que ele teria desovado o corpo de Rob na noite seguinte.

O tenente Kozenczak tinha descoberto algo interessante que os peritos deixaram passar. Ao examinar o porta-malas do carro de Gacy, encontrou filamentos com aspecto de cabelo humano. Entregou o material a Genty para análise laboratorial.

Tovar ainda tentava localizar John Bukavitch. Examinando a lista telefônica de Chicago, encontrou apenas um nome com grafia similar à informada por Cathy Grawicz e ligou para o número. O homem que atendeu disse que não havia nenhum John em sua família. Tovar ligou para a matriz em Chicago e, de novo, a busca no arquivo de pessoas desaparecidas não deu em nada. Cerca de uma hora depois, no entanto, a matriz ligou de volta: tinham o registro de um tal de John Butkovich, desaparecido em 21 de julho de 1975. Deram a Tovar o contato do policial que cuidara do caso.

Tovar seguiu a pista e descobriu que Butkovich se envolvera em um tumulto na casa de um amigo na noite anterior a seu desaparecimento. Era para ter se mudado para um apartamento no dia seguinte, mas não fez isso. O carro dele, com a carteira e a jaqueta dentro, foi encontrado a um quarteirão de onde morava. Circularam rumores de que tinha ido para Porto Rico traficar drogas. Após comunicar seu desaparecimento, a família recebeu uma chamada a cobrar de uma garota em Porto Rico dizendo que John estava lá e passava bem. A chamada era originada de um telefone público e foi impossível rastreá-la. O empregador de Butkovich, a PDM Construction Company, localizada na Summerdale Avenue, nº 8213, em Norwood Park, informou que o jovem tinha sido desligado da empresa.

•••

Mesmo tendo virado a noite com Hachmeister e Albrecht, Gacy já estava de pé recebendo um visitante às 9h10 de domingo. Nisso, o cachorrinho do empreiteiro escapuliu pela porta aberta, e o visitante saiu correndo pela rua atrás dele. Às 9h30, os dois agentes partiram, cada qual em seu carro. Gacy se dirigiu à drogaria em obras entre as avenidas North e Pulaski, e lá ficou até o início da tarde.

O turno era de Schultz e Robinson. Por volta das 14h, Robinson viu Gacy sair do local da reforma e entrar em um restaurante-lounge ali perto. Os policiais foram atrás do empreiteiro e o encontraram no bar bebendo cerveja e *schnapps* de hortelã-pimenta com Ed Hefner. Juntaram-se a eles e pediram café.

Como fizera com a outra equipe, Gacy puxou conversa com os agentes. Começou a pagar cervejas para eles e logo criou afinidade com Schultz, que dos dois era o que mais se interessava por trabalhos com maquinário. Assim como Gacy, Schultz também tinha um negócio de remoção de neve, e o empreiteiro começou a descrever seu equipamento e a reclamar por ter tido seus veículos apreendidos.

"Você não vai recuperar seu limpa-neve porque vou precisar das peças para repor as minhas", brincou Schultz, e acrescentou, aos risos: "Quem vai usar aquele danadinho sou eu."

"Pode ser mesmo", disse Gacy.

Pela hora e meia seguinte, Gacy manteve a conversa animada e amigável, enquanto continuava pagando cervejas para os policiais. Contou que já tinha sido chef de cozinha do time de hóquei Chicago Blackhawks e mencionou vários jogadores pelo nome, dizendo-se amigo deles.

Às 15h30, o gerente veio informar que havia uma ligação para Gacy, e que ele poderia atender no escritório. Depois que o empreiteiro se retirou, Schultz atravessou o corredor até o escritório e olhou para dentro. Gacy não estava lá. Voltou para alertar o parceiro, e os dois fizeram uma busca rápida no restaurante, depois saíram. Gacy tinha voltado à drogaria. Continuaram a vigiá-lo de dentro de um dos carros, estacionado em frente à loja. Passaram o tempo jogando.

Às 17h30, Gacy veio para fora e avisou que passaria em casa para trocar de roupa. Tinha que estar em um boliche em Schiller Park, no oeste de Chicago, às 18h.

"Nunca vamos conseguir chegar lá nesse horário", disse Schultz.

"Quer apostar?", perguntou Gacy em tom de desafio. Parou em casa só pelo tempo de vestir uma camisa florida e pegar a bola de boliche, depois voltou para o carro e ganhou a aposta.

• • •

Com base no que Chris Gray, Cathy Grawicz e Phil Torf haviam nos contado, suspeitávamos que Dick Walsh ainda tinha muito a revelar sobre Gacy. Era pouco antes de 14h quando Bedoe e Pickell começaram a interrogá-lo na delegacia, na sala de reuniões do segundo andar.

Walsh contou aos policiais que em 1976, depois de cursar dois anos no Ensino Médio, foi trabalhar para um amigo de Gacy que era encanador. O empreiteiro fez uma oferta melhor, e Walsh largou o primeiro patrão. Passara a ganhar 10 dólares a hora como carpinteiro na construção civil. Tinha morado com Gacy durante alguns meses no inverno do ano anterior, depois casou e mudou para um prédio que pertencia a seu sogro. Também já tinha morado em Cicero, onde sua mãe administrava um bar.

Descreveu Gacy como um sujeito que trabalhava feito uma máquina e gostava de ostentar dinheiro. Seu patrão, segundo seu relato, era uma pessoa muito solitária, e já tinha passado algum tempo na cadeia por se envolver com jogos de azar e prostituição. O pai de Gacy tinha morrido enquanto ele estava preso, mas a notícia só lhe fora dada um mês depois. Isso ainda o deixava enfurecido.

Bedoe pediu a Walsh que fizesse um relato de suas atividades com Gacy desde o início da semana. O rapaz contou que falou com o patrão por telefone na segunda, no final da tarde, mas não sabia do compromisso dele na Nisson. Na terça, ao voltar com o furgão à Summerdale, por volta das 21h30, encontrou a polícia na casa. Depois que os policiais foram embora, o empreiteiro falou por telefone com um comissário de iluminação pública sobre a assinatura de uns cheques. Gacy tinha ficado de lhe emprestar uns enfeites para árvore de Natal e, quando Walsh se prontificou a buscá-los no sótão, Gacy o instruiu de maneira enfática a ficar embaixo enquanto ele, de cima, lhe passava os enfeites. O rapaz colocou os enfeites no furgão. Os dois tinham planejado comprar árvores de Natal naquela noite. O empreiteiro disse que ia resolver um assunto e que o encontraria em seguida no lote de Rohde. Walsh saiu logo depois de Gacy, comprou uma árvore no lote e esperou até umas 23h. Gacy não deu as caras.

Walsh voltou à Summerdale e encontrou Gacy parado em frente à garagem. O empreiteiro entrou no furgão e sugeriu que fossem a um descampado ali perto, onde tinham ido cortar uma árvore no ano anterior. Walsh lembrou que, na ocasião, encontraram sete árvores cortadas e amarradas — possivelmente roubadas —, que acabaram levando e vendendo.

Quando chegaram lá, Gacy disse: "Aqui tá complicado. Vamos no lote do Rohde". Encontraram o lugar fechado. Walsh deixou Gacy em casa por volta das 23h30.

"Gacy estava escondido atrás do furgão quando você saiu?", perguntou Bedoe.

"Não", respondeu Walsh. "Ele só andou até o carro e arrancou. Não tinha nada pra esconder."

"Você mencionou pro Rohde que tinha polícia na casa do Gacy?", perguntou Bedoe. Walsh disse que não. "Você perguntou pro John o que a polícia fazia lá?"

"Ah, uma treta sobre um garoto desaparecido", Walsh respondeu de forma vaga. "John não sabia nada sobre ele."

Bedoe saiu da sala e desceu correndo as escadas.

"As equipes com cães ainda estão na rua?", perguntou a Kozenczak.

"Estão, sim", disse o tenente. "Vasculhando as reservas."

"Pede pra fazerem uma varredura em um descampado perto da casa do Gacy?" Kozenczak assentiu com a cabeça, e Bedoe voltou para o interrogatório.

Walsh receava perder o carro por conta de todo aquele interesse em John Gacy. Pickell indagou sobre a procedência do veículo. O rapaz disse que o comprara de um amigo de Gacy chamado Szyc, que estava de mudança para a Califórnia e queria passá-lo adiante. Certa manhã, contou, Gacy o levou à região norte de Chicago, onde encontraram o carro estacionado na rua. O empreiteiro lhe entregou as chaves e disse: "Dá uma volta, vê se gosta". Quando Walsh se interessou em comprar o veículo, Gacy disse que tinha pagado 300 dólares ao dono e propôs que o funcionário lhe desse o mesmo valor em prestações semanais de 50 dólares. Contudo, Walsh teve que pagar 200 dólares da dívida antes de levar o carro. Gacy providenciou o documento do veículo, em nome de ambos, e o entregou a Walsh quando os pagamentos terminaram, recomendando ao rapaz que comprasse placas novas, ou se meteria em problemas.

"Você sabe onde está Szyc agora?", Bedoe perguntou. Walsh deu de ombros. Califórnia? Não sabia, nem parecia se importar. Disse que achava Szyc um bundão.

Entrei na sala por um momento e vi que Bedoe estava espumando de raiva, convencido de que Walsh ainda ocultava informações.

"Sabia que John Gacy é homossexual?", perguntou, furioso, a Walsh. "Sabia?"

"Não, ele não é homossexual", o rapaz retrucou, impaciente.

"Tem certeza?", insistiu Bedoe, inclinando-se de forma ameaçadora sobre a mesa. "Tem certeza?", repetiu, e apontando para mim, explodiu: "Sabe quem é esse cara? É o promotor estadual. Se você não tomar jeito, é o cara que vai te processar."

Walsh continuou impassível. Sentei um pouco com ele e tive a impressão de que nos dizia: John Gacy também é um bundão, mas pelo menos ele me paga. O rapaz achava que controlava Gacy e que, se não estivesse por perto supervisionando tudo, o chefe não teria mais nenhum funcionário. Mantinha um bom relacionamento com o empreiteiro e um bom emprego para um cara com sua idade e suas aptidões. Era talvez por isso que o protegia.

Kozenczak veio avisar que as equipes com cães encontrariam os investigadores em um hotel da franquia Rodeway Inn, a poucos quarteirões da Summerdale. Os policiais levariam Walsh ao descampado onde ele e Gacy tinham ido na terça-feira à noite. Todos sabiam que o momento podia ser aquele. De forma consciente ou não, Walsh podia estar nos levando à sepultura de Rob Piest.

• • •

"Estão com fome?", Gacy perguntou.

Eram 21h30 e Gacy acabara de sair da casa de Chris Gray, que Schultz e Robinson tinham passado a última hora vigiando. A cerveja no boliche, à tardinha, abriu o apetite dos policiais. No intervalo entre um jogo e outro, Gacy apresentava Schultz e Robinson como guarda-costas ou colegas do ramo de construção. Durante os jogos, Gacy agarrava mulheres de seu time, sentava-as em seu colo e as apalpava. Depois, chamava os policiais de lado e fazia alusões do tipo "que bundas", "que peitos" e apontava para as mais "fáceis".

"Pode ter certeza que estamos com fome", respondeu Schultz. "Mas já chega de cachorro-quente e fast-food. Vamos pra um lugar decente."

"Conheço o restaurante perfeito", anunciou Gacy. "Os melhores bifes da cidade. O que vocês quiserem é por minha conta." Os policiais toparam com prazer.

Os clientes que tinham ido jantar já se dispersavam quando os três ocuparam uma mesa no Prime House, no Northwest Side. Diante do menu, os olhos de Schultz se fixaram no filé prime de 400 gramas.

Robinson também cogitava pedir algo "de sustância". Gacy falou sobre o cardápio do alto de sua vasta experiência no ramo de alimentação — afinal, tinha sido chef de cozinha dos Black Hawks. Também era, segundo disse, palhaço profissional. Divertia crianças em hospitais e orfanatos, além de se apresentar em festas particulares e inaugurações de restaurantes e sorveterias. As crianças o adoravam. Era difícil para um cara tão legal assim acreditar que a polícia estava atrás dele.

"Vocês acham que eu fiz coisa errada?", perguntou. "O FBI colocou vocês atrás de mim por causa de drogas?"

Os dois garantiram que não. Eram da polícia de Des Plaines, que investigava o sumiço de um garoto.

"Sei não", insistiu Gacy. "Deve ter mais coisa aí que um simples sumiço. Sabe, eu nem conhecia esse garoto aí. Acho que lembro quem é, mas não falei com ele. Se é quem eu tô pensando, falei com ele em outra ocasião, mas era novo demais pra trabalhar comigo."

Gacy disse que tinha contratado um investigador particular para encontrar o jovem e colocar um ponto final naquilo. Aquela vigilância policial prejudicava seu trabalho. As plantas da reforma que pretendia fazer na casa onde morava estavam todas em seu porta-malas. A polícia tinha arruinado não só aquele projeto, mas todos os outros. Ele estava de mãos e pés atados. Eles não podiam ao menos pedir a Kozenczak para devolver as plantas? Aliás, perguntou, com que tipo de armas vocês andam?

Robinson contou que andava com uma automática. Schultz, que guardava a arma em um coldre no tornozelo sob o jeans boca-de-sino, apenas admitiu que andava com uma, mas não deu detalhes.

"Bom, meu assassino de aluguel anda com uma Magnum 357", afirmou Gacy. "Não sei se vocês já viram o cara, mas é só eu estalar os dedos que ele acaba com vocês. Tá seguindo vocês o tempo todo."

Os policiais jamais contestavam diretamente as afirmações de Gacy. Em vez disso, davam corda. Quando ele não estava por perto, porém, desdenhavam de suas ameaças. Robinson diria mais tarde: "Do jeito como Gacy dirigia, não tinha como ninguém estar seguindo a gente. Tínhamos certeza absoluta disso."

Gacy mudou o rumo da conversa. Graças a sua criatividade como chef de cozinha, explicou, podia dar grandes festas temáticas em sua casa, para 400 ou 500 convidados. Elas aconteciam perto do feriado de Quatro de Julho, e ele providenciava tudo menos as bebidas. Em 1976, celebrou o bicentenário da Independência. Nos anos seguintes, explorou temas sulistas e italianos. Convidava vizinhos, amigos e parceiros de negócios, bem como gente influente na política. Afirmou que conhecia todos os juízes do condado, exceto um, e deu a entender que, se um dia se encrencasse, estaria em boas mãos.

Além de delegado distrital do Partido Democrata e comissário de iluminação pública, segundo disse, Gacy tinha sido assessor do prefeito Richard Daley, encarregado de supervisionar desfiles cívicos. Isso lhe permitiu fazer amizade com gente importante, inclusive com a primeira-dama Rosalynn Carter. Foi ele quem contratou os atiradores de elite que, do alto dos prédios, garantiram a segurança dela enquanto participava do Desfile do Dia da Constituição Polonesa. Em agradecimento, ela lhe mandou uma foto autografada dos dois juntos.

Palhaços adoram desfiles, disse Gacy enquanto terminavam de comer. Ninguém jamais questiona o que um palhaço faz. Pode chegar nas mulheres na surdina e apertar um peitinho que elas dão risada. "Sabem de uma coisa?", falou Gacy, olhando para um policial e depois para o outro. "Palhaço se safa até de assassinato."

...

No trajeto até o hotel, Pickell e Bedoe continuaram pressionando Dick Walsh. "Você já foi preso?", perguntou Bedoe.

Walsh admitiu já ter sido detido por cometer uma infração de trânsito e tentar fugir da polícia. Cumpriu a pena em liberdade condicional. Também se envolvera em um furto no inverno do ano anterior. Uma noite, sem dinheiro, pegou as placas de Szyc no porta-malas — das quais ainda não tinha se livrado — e as colocou no lugar das suas. Em seguida, foi até um posto de gasolina, abasteceu e fugiu sem pagar. O frentista anotou a placa e chamou a polícia. Ao rastrearem o número, as autoridades chegaram aos pais de John Szyc, que informaram que o filho e o carro estavam desaparecidos. Puxaram então o registro de propriedade do veículo e chegaram a Gacy, que passou um sabão em Walsh e o levou à delegacia para resolver a questão. A polícia mandou o rapaz se livrar das placas do antigo proprietário. E ele obedeceu.

As coisas tinham ficado nisso. Nos arquivos da polícia de Chicago constavam tanto as prisões de John Gacy quanto o desaparecimento de John Szyc, mas a única ligação conhecida entre os dois era a venda do carro, que a polícia não tinha nenhuma razão para questionar. Era verdade que a venda tinha ocorrido após os pais de Szyc comunicarem o desaparecimento, mas isso podia indicar que o jovem estava são e salvo.

O detetive assoberbado que atendeu a ocorrência estava mais interessado em esclarecer o roubo de dez dólares em gasolina, e conseguiu.

Já havia dois dias que seis equipes com cães farejadores e seus tratadores esquadrinhavam as reservas florestais da região em busca de marcas de pneu, lama e sinais de Rob Piest. Encontraram apenas uma possível pista na neve, que atingia dez centímetros de espessura. Um conjunto de marcas de pneu partia da Touhy Avenue e avançava cerca de um quilômetro ao norte por uma antiga trilha. Dentro da floresta, as equipes de busca encontraram duas poças barrentas a quinze metros uma da outra, onde o carro havia atolado. As marcas de pneu terminavam perto do rio Des Plaines. Diversas pegadas levavam da estrada ao rio. Tudo indicava que o carro tinha feito meia-volta e retornado pelo mesmo caminho por onde viera. Marcas perto da entrada sugeriam que o veículo tinha desviado da trilha e quase batido em uma cerca. Essa foi a única descoberta digna de nota depois de dois dias em campo.

Então, quatro equipes de busca e seus cães — Alexa, Guna, Willi e Banjo — encontravam os investigadores perto do Rodeway Inn e se preparavam para vasculhar o descampado de três quarteirões próximo à casa de Gacy. Walsh mostrou onde ele e o patrão foram tarde da noite na terça-feira. Os tratadores deixaram os cães cheirarem peças de roupa de Rob Piest, que tinham trazido em sacos plásticos. As equipes se dividiram, e a busca começou. Os cães trabalharam metodicamente, ora mostrando interesse em uns arbustos, ora avançando a um ritmo bem mais lento do que gostariam os policiais.

Bedoe deixou Walsh no carro com Pickell e se juntou a Lang e Kautz no descampado. Viram marcas de pneus enlameados vindas de uma rua que terminava na parte norte do terreno. Bateram nas portas das casas e falaram com uma mulher que lembrava ter visto um carro atolado ali algumas noites antes, mas não sabia descrever o veículo. Bedoe quis saber se fora na noite do dia 12, terça-feira. Depois de pensar por um momento, a mulher afirmou que tinha sido na noite em que um helicóptero passou fazendo a maior barulheira. Quinta-feira, disse Bedoe, abanando a cabeça. Os policiais agradeceram e foram embora.

Durante três horas, as equipes com os cães e os policiais vasculharam o descampado em meio ao frio e à escuridão. Não encontraram nada importante. Pickell, no entanto, conseguiu extrair mais informações de Walsh enquanto esperavam no carro. Mais cedo, o rapaz tinha repassado mentalmente a lista de ex-funcionários da PDM dos quais se lembrava. Mencionou cerca de quinze nomes, entre eles Gregory Godzik e Charles Itullo. Depois lembrou que um amigo seu chamado Peter também tinha trabalhado para Gacy, que oferecera 100 dólares ao jovem para que o deixasse fazer sexo oral nele. Walsh revelou ainda que tinha encontrado duas carteiras na garagem do empreiteiro, uma com uma habilitação da Califórnia, e em outra, uma de Illinois. Segundo ele, Gray também tinha visto essas carteiras.

Bedoe voltou para a delegacia com Lang e Kozenczak, que anunciou ter mandado Pickell levar Walsh para casa.

Furioso, Bedoe entrou em meu escritório e disse aos berros: "Kozenczak deixou o Walsh ir embora. Mais um pouquinho e eu fazia aquele desgraçado abrir a boca. Você tem que mandar trazer ele de volta!"

Eu sabia como ele se sentia. Embora não estivesse em posição de dizer ao departamento de Des Plaines como conduzir a investigação, ele estava certo.

"A gente traz ele de volta amanhã", falei. "Agora vamos ver os cachorros."

A polícia tinha estacionado dezesseis veículos na garagem da delegacia, entre eles o carro, o furgão e a caminhonete de Gacy. Todas as portas e os porta-malas estavam abertos. Um dos chefes da equipe de cães farejadores explicou que, depois de dar a cada um dos três cachorros uma das botas de Rob Piest para cheirar, os deixaria soltos para que fizessem suas próprias buscas pela garagem. O homem descreveu as várias reações que os animais poderiam manifestar caso sentissem o cheiro de Rob em algum lugar.

Os cães circularam lentamente pela garagem, cheirando todos os veículos, tanto os da polícia como os de Gacy. Nenhum reagiu ao furgão da PDM, mas demonstraram nítido interesse pela caminhonete com o limpa-neve acoplado. Por fim, uma pastora-alemã menorzinha se aproximou do Oldsmobile preto.

Senti um frio na espinha quando a cadela subiu no lado do passageiro e se deitou no assento. De acordo com seu tratador, aquela era a "reação de morte" — e a clara confirmação de que o carro de John Gacy tinha sido usado para transportar o corpo de Robert Piest.

• • •

Gacy tinha levado Schultz e Robinson para jantar em um lugar bacana. Agora, Albrecht e Hachmeister imaginavam que também iam se dar bem. Após pagar a conta no Prime House, Gacy foi deixar algumas plantas em uma obra na região norte de Chicago e disse a Schultz e Robinson que iam tomar coquetéis no hotel Marriott da Magnificent Mile, área nobre da cidade. A troca de turno, no entanto, interferiu nos planos, e Albrecht e Hachmeister presumiram que seriam eles os beneficiários da generosidade de Gacy.

Mas não era diversão o que o empreiteiro tinha em mente. Queria inspecionar um escritório para venda de passagens aéreas que ocuparia um espaço na área comercial do hotel, de frente para a Michigan Avenue, a principal via da cidade. Disse aos policiais que gostava de visitar obras à noite, quando havia menos movimento e agitação. Inicialmente, disse que o projeto era seu, depois, que só estava oferecendo seus serviços. À meia-noite de domingo, os policiais observaram o empreiteiro sacudir maçanetas e espiar entre os tapumes. Ainda não estava claro o que pretendia. Encontrou um segurança que, ou não tinha a chave, ou não queria deixá-lo entrar no local. Lá se foram os coquetéis no Marriott.

Em seguida, Gacy seguiu pela orla do lago rumo ao restaurante Little Sicily, na região norte de Chicago, cujo cozinheiro, segundo ele, lhe devia 4 mil dólares. O lugar estava fechado. Continuando o tour, Gacy em certo momento reduziu a velocidade até quase parar.

"Olha só isso", disse Hachmeister a Albrecht pelo rádio. Gacy espichava o pescoço para observar um jovem que caminhava pela calçada a sua direita. Contornou o quarteirão e continuou olhando insistentemente para o rapaz na rua pouco iluminada. Por fim, retomou a velocidade habitual. "Caramba, pensei que ele ia quebrar o pescoço secando aquele cara", comentou Hachmeister.

Gacy cruzou a cidade até chegar ao shopping Brickyard, na época ainda em construção. Parou na entrada e subiu lentamente uma rampa que dava para uma área de estacionamento. Os carros avançaram devagar entre trailers fixos para canteiros de obra e grandes pilares cilíndricos. O local estava deserto, e a única iluminação nas fachadas cobertas com tapumes vinha dos longínquos postes perto da entrada.

"Isso não tá legal. É melhor a gente recuar um pouco", disse Albrecht ao parceiro pelo rádio, certificando-se de que sua arma estava sobre o banco do carona. Hachmeister colocou a sua sobre o painel.

Se houvesse mesmo alguma verdade na história de Gacy sobre "Nick" e sua Magnum 357, era a ocasião perfeita para uma emboscada. Os policiais assumiram posições defensivas e ficaram observando Gacy de uma distância segura.

O empreiteiro saiu do carro e foi até um dos trailers. Tentava abrir a porta quando foi abordado por um homem. Os dois conversaram por um momento, depois Gacy voltou para o carro. "Deve ser um segurança", disse Albrecht pelo rádio. Gacy saiu do shopping e tomou a direção norte.

Aquele era só mais um serviço que considerava pegar, explicou Gacy aos policiais enquanto tomavam café da manhã em um restaurante Golden Bear no noroeste de Chicago. Era 1h, e Gacy assumiu um ar melancólico quando começou a falar sobre seus casamentos. Nenhum, segundo contou, tinha sido bom para ele. Considerava que "a vida de solteiro tinha suas vantagens", e mencionou uma viagem com Walsh para Nova York na qual pegaram "um monte de garotas". Por outro lado, acrescentou, "a vida de solteiro às vezes é muito solitária". Nesse momento, Hachmeister teve a impressão de que Gacy estava à beira das lágrimas.

Albrecht pediu licença para ir ao banheiro, e Gacy começou a contar a Hachmeister sobre seu trabalho como "palhaço profissional" e os muitos truques de mágica que fazia para as crianças. Mais uma vez, mencionou que palhaços adoravam desfiles cívicos e, olhando bem nos olhos do policial, declarou: "Sabe, Dave, palhaço se safa até de assassinato".

Quando Albrecht voltou, os policiais encaminharam a conversa para a propriedade de Gacy em Wisconsin, onde acreditavam ser possível encontrar o corpo de Rob Piest. Dessa vez, contudo, o empreiteiro disse que era Rohde, não ele, quem tinha uma propriedade perto de Spooner. Seu terreno, afirmou, ficava em Rhinelander, mas não deu a localização exata. Albrecht falou que costumava passar férias na região e perguntou sobre a cidade vizinha de St. Germain. O empreiteiro nunca tinha ouvido falar.

"Vou dizer qual é o lugar ideal", Gacy disse por fim. "É onde o Raphael mora. Fica a poucos minutos do centro de Glenview, mas são dois hectares de terra. Sempre que estou estressado e quero dar uma escapada, vou pra lá, pros fundos da propriedade dele. Fica bem isolada. A única parte ruim é que eu gostaria que ele botasse um pouco de cascalho, porque toda vez que vou lá, fico atolado na lama."

KILLER CLOWN
RETRATO DE UM ASSASSINO
TERRY SULLIVAN
PETER MAIKEN

SEGUNDA-FEIRA, 18 DE DEZEMBRO DE 1978

Quando cheguei a Des Plaines na manhã de segunda-feira, deparei com um grande alvoroço no Divisão de Investigações e um curioso diagrama desenhado em meu cavalete, no escritório de Kozenczak. Na noite anterior, o tenente tinha falado por telefone com uma mulher que em uma ligação anônima dissera que Gacy tinha matado cinco ou seis pessoas, inclusive Robert Piest, e que sabia onde os corpos estavam enterrados. Kozenczak já tinha despachado alguns de seus agentes para procurar as sepulturas, enquanto outros davam telefonemas. À primeira vista, era nossa pista mais interessante até então. Sentei com Bedoe e Kozenczak, que me contaram sobre a misteriosa chamada.

Era tarde da noite, e o tenente estava sozinho na Divisão de Investigações, examinando relatórios, quando recebeu a ligação anônima. A mulher descreveu vários pontos de referência ao redor das sepulturas: um incinerador, equipamentos de construção amarelos e vermelhos cobertos com plástico, um corpo de água, uma área arborizada, um prédio de tijolos vermelhos e uma cerca grossa de arame. Com base nessas descrições, Kozenczak esboçou um mapa em meu cavalete com caneta azul permanente, traçando não só os pontos de referência, mas também seis sepulturas no topo do desenho. Piest estaria enterrado na cova mais à direita.

Kozenczak cogitava que a mulher poderia ser uma amiga confidente de Gacy. Afinal, ela sabia que o empreiteiro tinha uma cicatriz em um dedo, fato confirmado pelos detetives após verificarem a planilha datiloscópica fornecida pela polícia de Northbrook.

Perguntei a Kozenczak se havia como telefonarmos de volta para ela. Não havia. Segundo ele, a mulher se recusou a dar o nome, mas disse que talvez ligasse de novo. Fiquei decepcionado por ele não ter rastreado a chamada, mas sabia que o processo era complicado, já que o sistema telefônico de Des Plaines é operado por uma empresa independente. Se a mulher tivesse telefonado de fora da zona residencial, seriam necessárias várias chamadas de duração considerável para efetuar o rastreio.

Bedoe questionou por que a mulher não detalhou um local específico. De acordo com Kozenczak, a testemunha se justificou dizendo que, se tivesse feito isso, Gacy saberia que ela falara com a polícia. Estava disposta a colaborar, mas precisava ter cuidado.

Lamentei que não pudéssemos falar com a mulher; ainda assim, a pista parecia válida e bastante promissora. A possível existência das seis covas era condizente com nossa recente teoria de que John Gacy era um múltiplo homicida. Já a menção à cicatriz no dedo nos dava indícios de que a testemunha falava a verdade.

O dado mais importante, porém, era que ela mencionara Rob Piest quando ainda não havia informações públicas conectando os dois. Deveria ser alguém próximo a Gacy, talvez uma parente. Quem sabe até a irmã, eu especulei. Sabíamos que ele tinha passado a noite de quinta na casa dela. Poderia ter se aberto com a mulher, que o denunciara porque temia pela segurança física do irmão. Obviamente, não ia querer que ele soubesse que o entregara. Ou talvez fosse a ex-esposa de Gacy, Cathy, uma tese menos provável.

Em todo caso, era preciso encontrar os pontos de referência descritos na denúncia anônima, e eles poderiam estar em qualquer lugar da área metropolitana. Deduzindo que uma busca com helicóptero seria a maneira mais rápida de avistá-los, pedi a Bedoe para ver se Cliff Johnson poderia nos ajudar novamente. Nesse meio-tempo, Bedoe ligou para o Departamento de Proteção Ambiental para obter uma descrição exata do incinerador mencionado na denúncia, enquanto os demais detetives faziam um levantamento de locais de obras onde estivessem estacionados equipamentos de construção.

Tovar e Sommerschield foram enviados a Glenview para dar uma olhada na propriedade de Richard Raphael. Era possível que houvesse maquinário pesado no local. Mais cedo, enquanto Kozenczak passava a informação sobre a denúncia anônima, todos fizeram um silêncio sepulcral quando Sommerschield comentou: "Caramba, Joe, parece até que essas coisas saíram da boca de uma vidente". A essa altura, ele esquecera sua indiscrição e estava contente por estar em campo, longe de sua principal responsabilidade: o fluxograma.

Raphael não estava em casa quando os policiais chegaram. A esposa dele, já de saída para resolver um assunto qualquer, comentou com os agentes que, apesar de pouco familiarizada com os negócios do marido, não achava que ele fosse proprietário de equipamentos de construção. Confessou ainda que não gostava de John Gacy, a quem definiu como um sujeito grosseirão. Por fim, se desculpou antes de sair e disse aos policiais que ficassem à vontade.

Depois de buscarem os pontos de referência na propriedade e na área de mata contígua, os policiais foram ao celeiro, onde encontraram Dick Walsh trabalhando. Tovar perguntou ao rapaz se ele sabia algo mais sobre Charles Itullo, o jovem que se afogara. Itullo não tinha endereço fixo, dormia no furgão, contou Walsh, acrescentando que outro ex-funcionário da PDM, que morava em Franklin Park, talvez tivesse mais informações, já que os dois costumavam beber juntos. O nome dele era Bruce Borc.

De volta à delegacia, Tovar conseguiu falar com Borc depois de várias ligações. Descobriu que Itullo tinha 27 anos e dirigia um furgão com placa do Texas. Havia se desentendido com Gacy e nunca mais retornara ao trabalho. Borc também soube por Gacy que Itullo havia se afogado. Além disso, segundo recordava, a grafia do nome dele era "Hattullo", e família do amigo vivia em Houston.

Tovar começou a ligar para autoridades e órgãos estaduais de Houston para buscar informações relacionadas aos nomes Itullo, Hattulo e outras possíveis variantes. Continuou tentando levantar registros sobre corpos sem identificação porventura encontrados em cidades ribeirinhas ao sul de Illinois. Os resultados eram desanimadores: ou lhe davam respostas negativas, ou diziam "vamos ter que verificar".

...

"Toda vez que vou lá, fico atolado na lama." Após ouvirem isso, Hachmeister e Albrecht tiveram a certeza de que o corpo de Rob Piest seria encontrado em alguma parte da propriedade de Raphael, em Glenview. Por volta das 2h30, antes de dar boa-noite aos policiais e ir para casa, Gacy anunciou que pretendia ir a Glenview na segunda ou terça-feira, e se demorou um instante para ver a reação de Albrecht. Mais tarde, sentados em uma das viaturas, os agentes debatiam o assunto enquanto jantavam bolinhos recheados e iogurte. Por fim, decidiram passar a informação adiante.

Albrecht foi atrás de um telefone público. Não conseguiu falar com Lang, então ligou para a casa de Kozenczak. O tenente não deu muita bola ao relato de Albrecht; de qualquer forma, achava que a propriedade de Raphael já tinha sido conferida. No entanto, queria que Albrecht tomasse notas. O policial foi até o carro e pegou um caderninho amarelo. O tenente falou então sobre a denúncia anônima e descreveu alguns dos pontos de referência. Queria que Albrecht investigasse um antigo ferro-velho perto da casa de Gacy.

O agente foi ao local e identificou pontos de referência similares aos que Kozenczak havia mencionado. Rabiscou um esboço do que viu, depois ligou para o tenente para descrever suas descobertas. Kozenczak respondeu que não era o que ele procurava, mas prometeu conferir o desenho de Albrecht pela manhã. Enquanto isso, Hachmeister tentava sem sucesso falar com o parceiro pelo rádio. Estava irritado, julgando ter sido deixado de fora de algo importante.

Albrecht finalmente ligou de volta, uma hora mais tarde. "Onde diabos você tava?", Hachmeister perguntou.

"Acho que Joe anda falando com uma vidente", comentou Albrecht, contando onde estava e como Kozenczak tinha descartado a teoria deles. Os dois passaram o resto da madrugada especulando sobre o que poderiam encontrar na lama em alguma parte do terreno de Glenview.

Às 8h45, Gacy saiu de casa, entrou no carro e foi em alta velocidade até o escritório de Sam Amirante, seu advogado, em Park Ridge. Hachmeister estacionou nos fundos do prédio, e Albrecht encostou na frente bem na hora que o outro advogado de Gacy chegava. LeRoy Stevens reconheceu Albrecht da visita de seu cliente à delegacia na quarta-feira anterior e foi até a viatura.

"Sullivan vai tirar vocês da vigilância", avisou, "e, se não fizer isso, eu mesmo tiro." Albrecht ouvia educadamente o advogado, sem responder.

"Aliás", acrescentou, "acabei de ficar sabendo que o garoto dos Piest ligou de Milwaukee e está bem." Fez uma pausa enquanto Albrecht o olhava com frieza. "A propósito, ele tinha um histórico de delinquência?"

"Não, não tinha", grunhiu Albrecht enquanto Stevens lhe dava as costas e caminhava até o prédio.

Às 11h, Gacy retornou para casa. Pouco depois do meio-dia, os agentes foram substituídos por outra equipe, e no caminho de volta para a delegacia, Hachmeister perguntou a Lang se investigariam a propriedade de Raphael. Alguém já tinha ido até lá, contou o sargento, e isso bastava por enquanto.

A equipe de vigilância acabaria visitando a propriedade mais cedo do que Hachmeister imaginava. Logo após a troca de turno, Gacy comunicou a Schultz e Robinson que ia à casa de Raphael. O empreiteiro parecia ao mesmo tempo irritado e apreensivo. Explicou que um furgão tinha sido arrombado na noite anterior e que precisaria ir a uma obra levar ferramentas para sua equipe. A caminho de Glenview, os agentes se perguntaram por que Gacy estaria tão agitado. Concluíram que Walsh lhe contara sobre a visita de Tovar e Sommerschield a Raphael naquela manhã, e que isso o incomodara. Schultz e Robinson começaram a enxergar um padrão naquele corre-corre: para saber o que acontecia, Gacy sempre os levava aos lugares que o pessoal de Des Plaines tinha acabado de investigar.

Depois de percorrer a Tri-State Tollway a mais de 160 km/h, Gacy pegou uma saída em Glenview e seguiu para a casa de Raphael. Walsh ainda trabalhava no celeiro. Gacy puxou o funcionário de lado, e os dois ficaram cochichando a curta distância dos policiais. Depois, enquanto caminhava por uma rampa em direção ao carro de Walsh, Gacy escorregou e caiu no gelo. Ficou no chão por alguns instantes, gemendo, depois se levantou devagar e foi até o porta-malas do carro, de onde tirou uma furadeira e umas plantas baixas.

Às 13h30, disse aos policiais que ia ao escritório de LeRoy Stevens, na região noroeste de Chicago. Gacy visitava os advogados com frequência cada vez maior. Era evidente que ser vigiado pela polícia o deixava bem estressado.

A caminho de Chicago, Gacy parou na sede da Aliança Nacional Polonesa. Segundo ele próprio dizia, era um dos membros mais importantes da organização. Schultz decidiu atravessar a rua para tomar um café enquanto aguardava Gacy. Bem na hora em que fazia o pedido, Robinson avisou pelo rádio: "Vamos. Ele tá indo."

A parada seguinte de Gacy foi no consultório de seu médico, para pegar uma receita. "Ando com uma dorzinha no peito por causa de um problema cardíaco", explicou aos policiais, acrescentando que ultimamente vinha tomando Valium para combater o estresse.

A seguir, os agentes ficaram quase três horas na sala de espera do escritório de LeRoy Stevens enquanto Gacy se reunia com o advogado. Pelo andar da carruagem, muito em breve saberíamos se de fato processariam a polícia por constrangimento ilegal.

Às 17h, Gacy reapareceu e disse: "Vamos indo. Temos que ver uma pessoa." Minutos depois, chegaram ao Coach's Corner. Gacy encontrou Ed Hefner no bar e, após uma breve conversa entre os quatro, o empreiteiro pediu aos policiais para dar uma olhada no joguinho de futebol americano que tanto jogavam. Schultz foi até o carro buscar o minigame, e nesse intervalo Walsh chegou e se juntou ao grupo. Ficou vários minutos no bar ao lado de Gacy e Hefner, depois os três foram para junto da máquina que vendia cigarros e ficaram conversando em particular. Chegaram a sair por alguns instantes, mas logo voltaram. Gacy se mostrava inquieto.

"Não vão me deixar na mão, seus putos", ele falou para Walsh e Hefner. "Vocês estão em dívida comigo." Schultz e Robinson tentavam ouvir o resto da conversa, abafada pelo som alto da jukebox e a balbúrdia dos frequentadores que se divertiam no bar após o trabalho.

"... e o quê?", ouviram Walsh perguntar ao patrão enquanto os três voltavam para o bar. "Enterrado como os outros cinco?"

• • •

Depois de passar a manhã com Lang, procurando em vão pontos de referência condizentes com os descritos na denúncia anônima, Bedoe voltou para a delegacia e viu que haviam chegado duas mensagens pelo LEADS. Eram informes sobre corpos encontrados boiando no rio Des Plaines, em resposta às consultas realizadas pelo departamento logo após o casal Piest reportar o desaparecimento do filho. Os informes já aguardavam providências havia dois ou três dias. Bedoe notou que datavam de antes do sumiço de Rob, mas decidiu investigar mesmo assim. Àquela altura tínhamos quase certeza de que Gacy fizera múltiplas vítimas.

Um policial do condado de Will relatou a Bedoe que o corpo de um jovem identificado como Frank Landingin havia sido encontrado no dia 12 de novembro. Estava sem roupas, com um pedaço de pano enfiado na boca e apresentava sinais de abuso sexual. Segundo apuraram, Landingin era homossexual.

Por meio de James Reeves, técnico em necropsia do condado de Grundy, Bedoe soube que o corpo de um jovem fora encontrado no verão anterior. O cadáver, despido e em estado avançado de decomposição, foi avistado por um capitão de barca. De acordo com Reeves, a vítima tinha vinte e poucos anos e traços orientais, com mãos e pés bem pequenos. Não apresentava lesões por arma de fogo. A única marca no corpo era o nome "Tim Lee" tatuado no braço esquerdo em letras maiúsculas de 2 cm de altura.

Constatei, irritado, que a polícia havia negligenciado uma das provas recolhidas na casa de Gacy: o recibo que Kozenczak encontrara no lixo. Presumiram que era do dono da casa e deixaram por isso mesmo. Pedi a Kozenczak que mandasse alguém à Nisson para averiguar de quem exatamente era o pedido. Eu já tinha trabalhado em uma drogaria desse tipo quando adolescente e sabia que as lojas mantinham um livro de registros para identificar os pedidos dos clientes. Se o recibo fosse referente a um pedido de Gacy, essa informação deveria constar lá. Além disso, quem poderia garantir que as fotos em si não continham alguma pista útil?

Adams e Pickell foram à Nisson e voltaram de mãos vazias. "Não querem entregar o caderno", disseram. "Precisam dele para dar baixa nos outros recibos."

"Deus do céu!", exclamei com rispidez. "Traz para cá e a gente tira uma xerox para eles."

O laboratório de criminalística relatou que, como o frasco marrom encontrado na casa de Gacy estava vazio, não foi possível identificar seu conteúdo prévio. Perguntei então à auxiliar de laboratório se, a julgar pelo cheiro, poderia ter contido clorofórmio. Ela respondeu que sim, e eu falei que seria muito útil se pusesse isso no laudo.

Sommerschield descobriu que Matthew Cooper (nome fictício) — o outro jovem cuja habilitação provisória fora recuperada na casa de Gacy — estava morando com os pais. Depois de vencerem a resistência do pai do garoto, Sommerschield e Tovar conseguiram levá-lo à delegacia para depor. Os agentes explicaram a Matthew que encontraram em poder de Gacy não apenas a habilitação dele, mas várias outras, e queriam saber se havia uma razão por trás dos furtos.

De início, Cooper nem sequer admitiu conhecer John Gacy e alegou ter perdido a habilitação. Chegou a contar uma história bastante inverossímil para respaldar o que dizia. Durante uma pausa no interrogatório, Tovar foi falar com Bedoe, que aconselhou: "Bota pressão. Diz pra ele que não somos bobos e que vai arranjar problema se não abrir o bico."

Por fim, Cooper admitiu que Gacy lhe havia oferecido carona uma vez. Os dois deram um passeio de carro enquanto dividiam um baseado e acabaram na casa do condutor do veículo. Lá, segundo Cooper, o empreiteiro quis pagar para fazer sexo oral nele, e o rapaz topou. Depois do ato sexual, tomou um banho, e Gacy o levou para casa. Agora eu sei onde você mora, Gacy comentou durante o trajeto. Cooper presumiu que Gacy tinha mexido na sua carteira e pegado o documento enquanto ele estava no chuveiro. Ele não registrou a perda da licença provisória porque já estava para tirar a habilitação definitiva.

Enquanto a sra. Szyc passava o fim de semana examinando outra leva de pertences do filho, nós conseguimos recuperar algumas coisas de Chris Gray que acreditávamos que também pudessem pertencer a John Szyc. Assim, no final daquela tarde, Tovar e Adams foram à residência da família Szyc levando fotos de uma camisa e de um relógio que Gacy dera a Gray. Perguntaram à sra. Szyc se ela reconhecia os objetos. Depois de olhar as fotos por um momento, a mulher afirmou que aquelas coisas não eram do filho e entregou aos policiais uma bolsa marrom com alguns documentos do jovem, entre os quais o manual e o certificado de garantia da TV e um folheto do fabricante do rádio-relógio que haviam sumido do apartamento dele. Tovar folheou os papéis a caminho da delegacia.

"Que esquisito", comentou.

"O quê?", perguntou Adams.

"John Szyc tinha uma TV preto e branco Motorola."

"Tá, e daí?"

"Vi uma dessa no quarto do Gacy."

• • •

Schultz e Robinson ainda estavam atordoados com o comentário de Walsh ("Enterrado como os outros cinco?"), quando Gacy os surpreendeu com um convite para jantar em sua casa. Depois de uma parada no Hagen's Fish Market, onde o empreiteiro comprou alguns quilos de perca e camarão, os três rumaram para Summerdale por volta das 18h30.

Pelo cheiro na cozinha, os policiais logo deduziram que o cachorro fizera as necessidades no chão. Gacy abriu a porta dos fundos, colocou o animal para fora e recolheu os jornais sujos. Depois, pôs o peixe no micro-ondas e se dirigiu ao bar na sala de jogos, onde ofereceu bebidas aos convidados. Em seguida, trouxe álbuns de fotografia e exibiu fotos em que aparecia ao lado de Rosalynn Carter e do prefeito de Chicago Michael Bilandic, além de outras tiradas em seu casamento e nas festas temáticas que organizava, demorando-se nas imagens com personalidades políticas. Mais tarde, levou os agentes para um rápido tour pela casa, mostrando suas fotos de palhaço, e em seguida expôs projetos detalhados para a adição de um segundo andar à sala de jogos. Enquanto o anfitrião falava dos políticos importantes que conhecia, Schultz e Robinson devoraram quase todo o peixe. Schultz se perguntava: como Gacy podia ser tão gordo, se nunca comia?

O empreiteiro deixou o cão voltar para dentro e pediu licença para ouvir os recados na secretária eletrônica e dar alguns telefonemas. Os policiais notaram que o animal ficava apenas na cozinha e não se aventurava pelo resto da casa. Gacy retornou e anunciou: "Vamos voltar no Raphael. Tenho que fechar a folha de pagamento."

No caminho, Gacy passou rapidamente no apartamento de Walsh "pra ele saber onde é o trabalho amanhã", e em outra obra. Chegaram à casa de Raphael por volta das 21h.

Depois de quase uma hora jogando no minigame, os policiais resolveram parar para um café. Robinson perdeu no cara e coroa e foi atrás de um restaurante. Encontrou um a cerca de dois quilômetros. Embora estivesse de jeans, a garçonete reparou no rádio em cima do balcão.

"Pra policial a gente não cobra café", ela disse. Robinson agradeceu e deixou uma gorjeta de 50 centavos. De volta ao carro, ouviu a voz de Schultz pelo rádio: "Sebo nas canelas que ele tá indo". Robinson meteu o pé no acelerador e já estava a 150 km/h quando ouviu uma sirene. Pelo retrovisor, viu uma luz vermelha piscando. Era um policial de Glenview: tinha sido pego no radar de velocidade. Robinson freou bruscamente, saltou do carro no acostamento e, agitando o distintivo diante dos faróis da viatura parada atrás dele, gritou: "Polícia de Des Plaines. Assunto oficial. Ligue para a minha delegacia." Em seguida, entrou de volta no carro e arrancou. O outro policial não o seguiu.

"Olha que injustiça!", Robinson resmungou pelo rádio. "Gacy dirige que nem louco e eu que sou parado pelos tiras?!"

"Ele está indo pra casa", avisou Schultz.

Os policiais encarregados de vigiar Gacy notavam que seu comportamento vinha mudando e se tornava cada vez mais elusivo. Apesar da marcação cerrada, ele tinha oportunidades de sobra para despistá-los, e nem sempre nas pausas para o café. Como os agentes faziam uso pesado dos rádios, as baterias nunca estavam totalmente carregadas, e volta e meia precisavam parar para pegar outros. Além disso, quando estavam fora do alcance dos transmissores de Des Plaines, os aparelhos não serviam para falar com a central de rádio, e os policiais eram forçados a procurar um telefone. Já a equipe da madrugada, quando não enchia o tanque dos carros na garagem municipal, tinha que encontrar um posto de gasolina e abastecer sempre que possível. Pelo menos o pessoal do departamento de contabilidade era compreensivo: embora nem sempre tivessem tempo de pegar o recibo, os agentes eram reembolsados por todos os gastos que informavam.

Robinson os alcançou quando já chegavam à Summerdale. Gacy convidou os policiais a entrarem, mas eles recusaram. Daquele momento em diante, avisou o empreiteiro, eles deveriam parar na entrada, em frente à garagem — os vizinhos estavam começando a reclamar da sua presença na rua.

Schultz e Robinson ficaram jogando futebol americano no minigame e conversando sobre o comentário de Walsh no Coach's Corner.

"Já pensou se o Gacy enterrou corpos debaixo desses arbustos todos?", disse Schultz, apontando com a cabeça para a grossa cerca viva que margeava a entrada para carros.

"Vai ver é por isso que estão crescendo tão bem", brincou Robinson.

Gacy saiu pisando firme em direção ao carro.

"Aonde você tá indo?", perguntou Schultz.

"Vem comigo", Gacy respondeu, seco.

O empreiteiro saiu acelerando fundo e se embrenhou por ruelas ainda escorregadias com poças d'água e gelo derretido. A 100 km/h, ele lutava para manter o controle do carro, que dançava na pista e saía de traseira. Schultz e Robinson foram ficando cada vez mais para trás. Por fim, vários quarteirões à frente, os policiais viram os faróis do carro girando descontrolados; o automóvel deslizou de lado por uns cem metros e foi se chocar contra um montinho de neve na faixa de grama junto à calçada. Quando o alcançaram, Gacy já tinha contornado a situação e retornado à pista. Seguiu até o Resurrection Hospital, em Chicago.

Ao sair do hospital, quase uma hora mais tarde, Gacy estava mais calmo. Disse aos policiais que tinha ido ver o filho de Sam Amirante, que estava internado ali. Segundo afirmou, estava muito preocupado com o estado de saúde do menino.

...

O acesso de raiva que Gacy teve ao sair de casa havia sido provocado, imagino eu, pela descoberta de que Walsh estava novamente na delegacia. Contrariado por não ter tido mais tempo com Walsh no domingo à noite, Bedoe saíra com o sargento Joe Hein, da polícia do condado, para buscar o rapaz. Walsh não entendia todo aquele interesse nele. Exasperado, jurou que já havia falado tudo que tinha para falar. Bedoe, no entanto, estava convencido de que, por alguma razão, o rapaz não queria dizer tudo que sabia sobre John Gacy.

Greg ficava bem mais à vontade com Hein do que com o pessoal de Des Plaines. Entre outras coisas, por sentir que podia falar mais grosso com uma testemunha que não cooperasse. Os dois policiais conduziram Walsh até uma sala de interrogatório, tiraram os paletós e as gravatas e continuaram de onde tinham parado no domingo.

Perguntaram se Gacy tinha amigas mulheres. Walsh conhecia só uma, que tinha uns trinta anos de idade e uma filha de dez; vira os dois juntos meses antes. Achava que a mulher morava perto de Gacy.

Em seguida, perguntaram o que sabia sobre a casa de Gacy. Segundo Walsh, o imóvel estava no nome da mãe dele, a quem ainda devia uns 8 mil dólares. A garagem, disse, era usada sobretudo para guardar equipamentos e materiais de construção. Questionado se já tinha descido ao vão sob a casa, Walsh admitiu que fora lá com Gacy no verão de 1977 para espalhar uns dez sacos de cal no chão. A bomba de esgotamento não estava funcionando direito, e o mau cheiro impregnava a casa inteira.

Sabia algo sobre as algemas e a tábua com furos? De acordo com o jovem, Gacy usava as algemas para fazer o truque de prender as próprias mãos e depois soltá-las. O número devia fazer parte de suas apresentações como palhaço. Já a tábua, lembrou, vinha com correntes presas nas extremidades, e Gacy a guardava embaixo da cama. Achava que servia para manter as pernas de uma pessoa separadas durante o sexo anal, mas nunca a vira em uso.

O policial Bedoe sentiu que estava progredindo com Walsh, e repassou nos mínimos detalhes tudo que já havia sido falado, mas não conseguiu arrancar mais nada do rapaz, que a tudo respondia com seu habitual sarcasmo e arrogância. Greg não achava que ele mentia, mas também duvidava que estivesse sendo completamente franco. De pé, curvou-se de forma ameaçadora sobre o jovem e disse: "Olha, se você tá metido nisso, diz logo que agora é sua chance. Se você e John Gacy estão envolvidos em alguma coisa, qualquer coisa, eu quero saber. Se não disser nada agora e a gente pegar o Gacy depois, aí já vai ser tarde e não vai ter mais acordo." Walsh foi inflexível: não sabia de mais nada.

Enquanto Walsh era interrogado, me informaram que a mãe dele estava na sala de espera e protestava aos brados. Fui até lá e me deparei com uma mulher de corpo largo e cabelos ruivos flamejantes, acompanhada de um sujeito de aspecto durão, que não dizia nada, mas lançava olhares ameaçadores. Eu me apresentei como promotor auxiliar, e a mulher me interpelou: O que estávamos fazendo? Por que tínhamos prendido seu filho? Expliquei que estávamos conduzindo uma investigação, e neguei que o filho dela estivesse preso. Então ele vai embora comigo, a mãe disse, e ameaçou chamar um advogado. Para ganhar tempo, falei que ia pessoalmente cobrar uma posição dos investigadores.

Greg ainda dava uma dura em Walsh. Ele me viu pelo vidro e, com uma furtiva piscada de olho, me indicou que estava progredindo.

"Sabe qual é o teu problema, Dick?", ele disse. "Ou você e Gacy estão metidos em algum troço ilegal e você não quer confessar, ou você é gay e não quer que isso se torne público por causa da tua esposa. Se for esse o problema, eu te garanto que o assunto morre aqui nesta sala. Mas desembucha!"

Walsh não disse mais nada. Bedoe e Hein expuseram, em detalhes, as circunstâncias da condenação de Gacy por sodomia em Iowa, porém não revelaram o que descobriram sobre o registro do carro de Szyc: antes disso, precisávamos saber qual era o nível de envolvimento de Walsh. Nesse meio-tempo, o guarda a quem a sra. Walsh não parava de amolar veio dizer que a mulher exigia ver o filho. Como Dick não capitulava, Bedoe mandou chamá-la.

Fora da sala de interrogatório, Bedoe explicou à mulher que a polícia suspeitava do envolvimento de Gacy no desaparecimento de Rob Piest, e que Dick poderia ter sérios problemas caso estivesse escondendo alguma coisa. A sra. Walsh receava que o empreiteiro estivesse ameaçando seu filho, pois isso já acontecera. Sua aversão por Gacy era evidente.

Segundo ela, Dick havia dito a Gacy no verão anterior que se não recebesse um aumento, o denunciaria ao sindicato dos carpinteiros. O patrão o desencorajou a fazer isso. Se insistisse, algo de ruim poderia acontecer a ele ou sua família. Ao saber da ameaça, a sra. Walsh foi à casa de Gacy acompanhada de um amigo, que sacou um revólver calibre .38 e o enfiou na boca do empreiteiro. "Se alguma coisa acontecer ao meu filho ou à família dele", ela avisou, "você está morto!"

Bedoe levou a Sra. Walsh à sala de interrogatório e a deixou a sós com o filho. Os dois falaram por quase meia hora e, quando ela saiu, Bedoe viu pela porta que Dick estava com os olhos inchados.

"Ele disse que não teve nada a ver com o desaparecimento do garoto", declarou a sra. Walsh, "e eu acredito."

"Claro, a senhora é mãe dele", disse Bedoe. "Mas nós ainda temos algumas perguntas." A mulher disse que ia esperar.

Bedoe e Hein reforçaram o que já havia sido dito e perguntaram a Walsh se tinha algo mais a declarar. Ele fez que não com a cabeça. "Vamos nos falar de novo, Dick", garantiu Bedoe. "Pensa bem."

• • •

Antes de o dia terminar, uma notícia boa. Pickell e Adams tinham conseguido o livro de registros da farmácia Nisson. Era um formulário de folha única, fornecido por uma empresa de Wisconsin chamada Sundance Photo, Inc., o laboratório que a drogaria usava para processar os pedidos. O documento listava por número de série e nome do cliente os envelopes com filmes fotográficos que a Nisson tinha enviado ao laboratório entre os dias 2 e 14 de dezembro. Havia cerca de trinta entradas.

O número de série do recibo encontrado no lixo de Gacy era 36119. Exatamente o mesmo número que constava na penúltima entrada do registro, referente a um pedido de 11 de dezembro, em nome de Kim Byers.

KILLER CLOWN
RETRATO DE UM ASSASSINO
**TERRY SULLIVAN
PETER MAIKEN**

TERÇA-FEIRA,
19 DE DEZEMBRO DE 1978

Às 8h40, Gordon Nebel chegou para trabalhar na casa de Gacy, e Hachmeister escreveu mecanicamente o nome "Johnson" no bloco de anotações ao seu lado. Não que não reconhecesse Nebel, mas era cedo, e ele ainda estava meio grogue de sono depois de quase nove horas de monótona vigilância.

Meia hora depois, Gacy saiu de casa emburrado e caminhou depressa até as viaturas. Albrecht já reconhecia seu modo característico de andar: quase não mexia o tronco e eram as pernas que impulsionavam o corpo.

"Vocês são um baita pé no saco", ele disse.

"O que a gente fez agora?", retrucou Albrecht.

"Eles estão sendo bem agressivos", disse o empreiteiro.

"Eles quem?", perguntou Albrecht.

"Não quero vocês aqui na rua. Já dei permissão pra vocês usarem a entrada da garagem porque os vizinhos estão ficando de saco cheio." Os policiais relutavam em aceitar a oferta de Gacy tanto por temerem pela própria segurança como para não serem acusados de cercear sua liberdade de locomoção.

"E outra, quem é Vande Vusse?", continuou.

"Vande Vusse? Ele é sargento e primeiro comandante de turno." Na quarta-feira da semana anterior, quando Gacy foi à delegacia depor, Vusse estava lá.

"Bem, você e Vande Vusse vão ser os primeiros citados no processo", anunciou Gacy, enfiando as mãos nos bolsos das calças e acrescentando que tinha dado falta de algumas ferramentas na garagem — em um tom que sugeria que os agentes sabiam algo a respeito. Queixou-se de que ainda aguardava a devolução das plantas da casa. Por fim, se virou dizendo que ia sair, mas que antes precisava descarregar o porta-malas.

"O que tem lá dentro?", quis saber Albrecht.

Antes de seguir para casa, Gacy olhou para o policial e disse com um sorrisinho sarcástico: "Duas garrafas de birita e três cadáveres".

Minutos depois, Gacy saiu mais uma vez e foi até o carro de Hachmeister. Comunicou que ia a Waukegan e deu indicações do caminho. Hachmeister explicou que ele olhava para o bloco de notas sobre o banco do passageiro.

"Ah, então a viatura do Johnson também tá aqui", comentou Gacy.

Hachmeister explicou que tinha anotado errado, mas o empreiteiro não acreditou.

Depois de arrancar com o carro, Gacy seguiu pela Tollway no sentido norte, costurando pelo tráfego em alta velocidade e só reduzindo um pouco quanto avistava carros com antenas de rádio PX — ao que parecia, estava anotando as placas. Conforme se aproximavam da saída para Waukegan, Gacy acelerou e trocou para a última faixa à esquerda. Quando os policiais se posicionaram atrás dele, o empreiteiro deu uma guinada repentina à direita e cruzou a pista a tempo de pegar a saída para a Grand Avenue. Os agentes foram margeando a rodovia e o seguiram até uma drogaria em obras no lado norte da cidade.

No estacionamento, Albrecht viu Gacy vindo em sua direção. A uns seis metros da viatura, ele parou e disse: "Sei que tem uma escuta no teu carro que vai gravar tudo que eu disser, então sai daí. Quero falar contigo." Albrecht desceu e, enquanto os dois adentravam a drogaria, o empreiteiro falou: "Vi o colega de vocês na Tollway. Foi por isso que peguei aquela saída do nada. Queria despistar ele."

Dentro da loja, o farmacêutico chamou a atenção de Gacy pelo atraso.

"Como assim?", disse o empreiteiro, elevando a voz. "Não faz nem 24 horas que você me viu." O farmacêutico olhou para ele com a expressão confusa.

Um funcionário falou de trás do balcão: "John, tem uma ligação pra você. É Gail." Gacy pegou o telefone, disse "alô" umas duas vezes e desligou logo depois. Não tinha ninguém na linha, explicou a Albrecht, embora não tivesse dado tempo para a pessoa do outro lado responder.

Cerca de meia hora depois, Gacy saiu pelos fundos da drogaria. Ao avistar Hachmeister, rapidamente se abaixou como se pegasse algo do chão, depois voltou para dentro da loja. Passados alguns minutos, saiu pela porta da frente, dizendo a Albrecht que precisava pegar uma ferramenta em uma locadora de equipamentos ali perto.

"Olha, eu não tava tentando fugir de vocês", ele disse a Hachmeister, que tinha se deslocado para a frente da loja. "Tava só pegando uma coisa lá fora."

Após sair da locadora, continuou mantendo distância do carro de Albrecht. Em certo momento, confidenciou aos agentes que esperava um pouco de consideração por ele caso fossem prendê-lo. Pediu que lhe permitissem ligar para seu advogado. Disse estar preparado para a prisão, pois o dinheiro para a fiança já tinha chegado de fora do estado. Afirmou ainda que, como sua vida andava em risco, os policiais estavam sendo seguidos. Olhou para Albrecht: "Ei, Mike, você não tá usando escuta, tá?", perguntou, e então se aproximou do policial e começou a revistá-lo.

• • •

Greg Bedoe me pressionava para que preparasse outro mandado de busca. O que Gray e Walsh nos haviam revelado sobre as carteiras e documentos na garagem de Gacy o convencera de que precisávamos revistar a residência de novo. Ele tinha certeza de que encontraríamos coisas bem úteis para a investigação. Mas eu queria esperar. Bedoe usava a clássica argumentação: "A gente precisa de acesso. Você é advogado. Dá seu jeito." Visto que já tínhamos conseguido cercar Gacy por todos os lados, eu rebatia: "Melhor não meter os pés pelas mãos; vamos trabalhar um pouco mais".

Falei com Tovar e me aborreci ao saber que ainda não tinha averiguado os nomes na agenda de Gacy. Naquela manhã, contudo, ele tinha outra coisa em mente. Estava intrigado com a semelhança entre a TV que sumiu da casa de Szyc e que estava no quarto de Gacy. Depois de confrontar suas anotações com as de Kautz, que tinha feito um inventário de objetos encontrados na casa do empreiteiro, os dois concluíram que poderia ser o mesmo aparelho. Nos papéis entregues pela sra. Szyc não havia uma imagem do televisor, só o número do modelo. Tovar planejava conseguir um folheto ilustrado do fabricante, e depois conferir com os peritos se a TV de Gacy aparecia em alguma das fotos tiradas durante a busca.

O detetive ligou para o laboratório de criminalística do condado, na Maybrook Drive, e solicitou uma cópia da foto do quarto de Gacy. Quando ele chagasse lá, já estaria pronta, foi a resposta. Tovar ligou então para a filial da Motorola em Schaumburg. A mulher que o atendeu não podia ajudá-lo e lhe disse que teria que ir pessoalmente ao escritório. Uma vez lá, foi informado de que a fabricante não tinha mais nada a ver com aparelhos de televisão. Essa divisão pertencia agora à Quasar, cujos escritórios ficavam em Franklin Park. Revoltado, Tovar voltou para a delegacia e ligou para o serviço de atendimento ao consumidor. Falou com um homem chamado George Dattilo, que explicou que aquele modelo específico de TV tinha sido fabricado em 1974 e prometeu passar na delegacia com um panfleto descritivo.

Robinson e Schultz chegaram à delegacia horas antes de assumir o turno. Precisavam de ajuda. Após tantos dias e noites de perseguições em alta velocidade, receavam que as viaturas não fossem aguentar. Robinson já tinha retirado uma de circulação. Segundo a filosofia deles, contanto que o motor ficasse intacto, o carro podia ser batido à vontade. Já ficava claro, porém, que a velha e castigada frota da Unidade Delta estava com os dias contados. Eram veículos que simplesmente não tinham condições de rivalizar com o Volaré alugado por Gacy. Os policiais queriam máquinas que, nas palavras de Robinson, "estivessem tinindo" e aguentassem o tranco da vigilância. Havia no departamento diversos veículos que atendiam essas especificações, mas estavam cedidos a agentes veteranos que não estavam dispostos a arriscar seus preciosos automóveis em uma disputa com Gacy. Lang já tinha tentado, sem sucesso, pegar viaturas emprestadas com outros departamentos do condado e do estado. Agora, Schultz e Robinson levavam o problema a Kozenczak. Para a alegria dos dois, o tenente disse que pegassem o telefone e buscassem um carro compatível.

A resposta das concessionárias e locadoras logo desanimou a dupla. Em primeiro lugar, os carros de alto desempenho não estavam disponíveis para locação, e reservas de curto prazo estavam fora de cogitação. Quando souberam que os veículos seriam usados em uma investigação de homicídio para perseguições em alta velocidade por zonas decadentes de Chicago, as concessionárias educadamente se recusaram a fazer negócio. Era uma pena, mas Schultz e Robinson teriam que se contentar com o Batmóvel e outras latas-velhas com adereços de lata de cerveja. Antes de partirem com Lang para iniciar o turno, pediram a Kozenczak que continuasse a pesquisa.

Tovar chegou à Divisão de Investigações com a foto colorida do quarto de Gacy e o folheto da Quasar. Bedoe, eu e um grupo de detetives nos reunimos para analisar as imagens. Ambas mostravam um televisor bege de doze polegadas. Eram idênticos. O folheto chegava a ser engraçado: a imagem simulada na tela da TV exibia o rosto de um palhaço.

...

Schultz tinha acabado de acomodar uma sacola com quatro cafés grandes com creme e açúcar no banco do carro quando o rádio estalou. "Já estamos indo", disse Robinson. "Vamos pegar a Tollway." Era pouco depois do meio-dia quando Gacy deixou, às pressas, a drogaria em Waukegan. Na esperança de interceptá-lo, Schultz acelerou por uma rua transversal que cortava uma área residencial e desembocou na Grand Avenue. Olhou para os lados. Nem sinal de Gacy ou Robinson.

Virou para oeste e passou sua localização pelo rádio.

"Você tá na nossa frente", disse Robinson. Schultz pisou no freio e deu uma guinada de 180 graus. Para sua sorte, o trânsito estava leve. Conforme acelerava, sentiu uma quentura e depois uma ardência na coxa direita. Era o café que tinha derramado. Enquanto tentava endireitar a sacola, dois carros passaram zunindo na direção oposta.

"Passamos agorinha por você", Robinson avisou pelo rádio. Schultz freou e deu outra guinada. O café se esparramava pelo banco e se infiltrava nas pequenas rachaduras do velho forro de vinil. Aos palavrões, o policial tentou em vão se esquivar da poça quente que havia se formado sob suas coxas.

"Ele tá a mais de 160", comentou Schultz. "Pra que essa pressa toda?"

"Por incrível que pareça", disse Robinson pelo rádio, "Gacy me disse que chegaríamos no escritório do advogado dele às 13h." Nenhum dos dois duvidava que fariam com facilidade o trajeto de 56 km em meia hora.

Enquanto trafegava pela US 41, Schultz mantinha os olhos grudados no Volaré e na sequência de semáforos verdes à frente, mas teve a atenção distraída por um movimento no espelho retrovisor. Atrás dele, ao longe, o carro de Robinson estava envolto em uma espiral de fumaça azulada. Ao que parecia, o retentor da transmissão tinha quebrado, e o motor estava afogando e queimando fluido.

"O que você fez com o carro?!", gritou Schultz.

"Que se dane. Só paro quando ele morrer de vez." Mais à frente, o sinal fechou, e os veículos foram se aproximando depressa.

"Larga ele aqui perto do sinal", sugeriu Schultz.

"Libera espaço pra mim que já chego", respondeu Robinson enquanto parava no acostamento coberto de neve. Depois, com o rádio na mão, correu para o carro de Schultz. Embora o sinal já estivesse aberto, Gacy desceu com calma do próprio carro e andou até a viatura para ver o que estava acontecendo.

"O que vocês estão fazendo?", perguntou.

"Seu filho da mãe!", gritou Robinson. "Vou levar uma suspensão de cinco dias sem pagamento por estragar aquele carro." Com as calças ensopadas de café com creme, Schultz abaixou o vidro e encarou o empreiteiro como um Dobermann raivoso. Os dois o esculhambaram pela imprudência e ameaçaram levá-lo para a cadeia. Parado no meio da estrada, enquanto os carros desviavam dele pelos dois lados, Gacy parecia um menino de escola levando bronca. Porém, quando ficou claro que os policiais não o prenderiam, Gacy fez pouco caso da situação. Já tinha ouvido tudo aquilo antes.

"Mas eu não passei de 90!", se defendeu. Os agentes discordaram com veemência. "Olha, se não acreditam em mim, porque um de vocês não vem comigo?", propôs.

"Ótima ideia", disse Robinson, e saiu batendo a porta, com o rádio na mão. Foi andando firme até o carro de Gacy. "Quero ver você fugir de mim agora, babaca."

Robinson acomodou seus 1,95 m obliquamente no assento para ficar de olho em Gacy. Até então, os agentes nem sequer o haviam revistado ou sabiam se portava arma. Mas Gacy se mostrava afável. Abandonara a hostilidade de antes e tentava compensar o incômodo causado aos camaradas policiais. Se seu detetive particular conseguisse encontrar logo o garoto, lamentou, eles poderiam parar logo com aquela besteira...

Uma voz no rádio de Robinson o interrompeu. "Ron", disse Schultz, "dá uma olhada no velocímetro dele. Quanto tá marcando? Se ainda tiver em 90, esse carro tem que ir pra oficina. O meu tá em 135."

Robinson conferiu e respondeu: "Você tá certo."

Gacy aliviou o pé do acelerador no percurso pelo Northwest Side. Ele tagarelava a maior parte do tempo, enquanto Robinson bancava o bom ouvinte. Não era muito diferente das outras vezes que conversaram em bares e restaurantes, exceto que agora estavam a sós, e a mão de Gacy repousava em seu joelho.

• • •

Depois da frenética perseguição na Kennedy Expressway e a prisão de Don Morrill na sexta-feira à noite, o pessoal de Des Plaines sabia muito bem que Ron Rohde, o amigo de Gacy, não era do tipo que levava desaforo para casa. Baixinho e musculoso, com barba cheia e ruiva, Rohde tinha quarenta e poucos anos e trabalhava no ramo de concretagem. Via-se que era um homem de princípios, que gostava de ficar na dele e não se intrometia na vida de ninguém. Diziam que tinha corrido com um martelo na mão atrás de um inspetor de Chicago que pedia suborno, e depois o deixara coberto de concreto. Parecia não ter medo de nada. Quando chegou à delegacia para depor, na terça-feira, os policiais o abordaram com cautela.

Até aquele momento, Rohde tinha sido leal a Gacy, mas havia coisas na relação dos dois que o irritavam — e ele obviamente estava de saco cheio de ser vigiado pela polícia. Não gostava que Gacy dissesse que era seu "melhor amigo", e ficou roxo de raiva quando revelamos que o empreiteiro havia dito a Gray e Walsh que ele era seu empregado.

"Eu nunca trabalharia praquele filho da puta", bradou Rohde com sua voz áspera. "Ele tem sorte que eu passo serviço pra ele!" Rohde era um empreiteiro independente que de tempos em tempos prestava serviços de concretagem para Gacy, e só.

Seu acesso de fúria na Divisão de Investigações nos divertiu por um tempo, mas já era hora de dar um basta. "Senhor!", eu disse com rispidez. "Estamos em uma delegacia."

Rohde amansou na mesma hora e até pediu desculpas. Mostrou-se muito educado e cordial depois disso. Bedoe e Lang o conduziram à sala de interrogatório.

Uma vez lá, confirmou tudo que Walsh havia nos contado sobre as atividades de Gacy na terça-feira à noite. O empreiteiro ficou de assinar uns cheques e depois encontrar Walsh no lote de árvores de Natal, mas não apareceu. Entretanto, afirmou a Rohde que não tinha culpa pelo sumiço do garoto.

A propriedade dele em Wisconsin, segundo sondou Bedoe, ficava a sete horas de carro de Chicago. Portanto, a sepultura de Rob não poderia estar lá — Gacy não teria como fazer a viagem de ida e volta na mesma noite.

Quando tinha visto Gacy pela última vez antes da noite de 12 de dezembro? John tinha ido a uma festa que ele e a esposa deram no início de dezembro, contou Rohde. Acabou ficando bêbado, e alguém teve que levá-lo para casa. Gacy era fraco para bebida: era só tomar duas ou três doses que já ficava "alegrinho", comentou.

Já tinha visto Gacy brigar com alguém? *"O John brigando!"*, exclamou Rohde, gargalhando com prazer. "Até parece! Ele é um frango!" Um tempo atrás, contou, Gacy lhe devia dinheiro. Ao ligar para a casa dele para perguntar quando pagaria, ouviu uma desculpa esfarrapada. Rohde o ameaçou dizendo que se não pagasse logo ia se ver com ele. "Acha que tá falando com quem?", retrucou Gacy, batendo o telefone. Rohde chegou bufando na casa do empreiteiro e bateu com força na porta. Walsh — por quem ele nutria aversão — foi atender.

"Me dá o meu dinheiro, caralho", Rohde berrou para Gacy.

"Dá o fora daqui senão eu chamo a polícia", Gacy berrou de volta.

"Aproveita que tá no telefone e chama uma ambulância então", disse Rohde, e deu um murro na boca de Gacy. Depois se virou e socou Walsh também, só para garantir.

Rohde parecia convencido de que Gacy não tinha ligação com o sumiço de Rob Piest e, embora não tivessem a mesma convicção, os dois policiais não duvidaram da boa-fé do homem. Quando Bedoe perguntou se ele era gay, ficou com a impressão de que a testemunha voaria no seu pescoço.

"Olha, o Gacy pode até ser seu amigo, mas a gente não botaria dois caras na cola dele e não traria você e outras pessoas até aqui por nada", disse Bedoe.

No final do interrogatório, Rohde admitiu que a polícia devia saber o que estava fazendo. Era evidente que ele também gostaria de saber que diabos estava acontecendo.

•••

Depois de sair de Waukegan, Schultz tentou inúmeras vezes contatar a central para comunicar a quebra da viatura de Robinson. Toda vez que transmitia a mensagem pelo rádio, recebia a mesma resposta: "Central para unidade, não estamos ouvindo". Quando o policial gritava para se fazer ouvido, isso só exaltava mais os ânimos de ambos os lados.

Lang recebeu a primeira mensagem quando levava Albrecht e Hachmeister de volta à delegacia, mas julgou que podia ser vantajoso deixar Robinson com Gacy, então seguiu seu caminho. Os dois passageiros estavam furiosos por ficarem longe da ação, mas acharam melhor não questionar a decisão do comandante da Unidade Delta.

Gacy foi com Schultz ao escritório de LeRoy Stevens. Depois que Gacy entrou, o policial aproveitou para ligar para a central de um telefone público do outro lado da rua, dentro de um banco. Ao sair, levou um susto: o carro de Gacy sumira — e tampouco havia sinal de Robinson.

Quando viu Gacy sair às pressas, Robinson tentou de todo jeito avisar Schultz, mas as baterias do rádio estavam fracas demais, e o sinal não chegou. Diante da vaga que Gacy tinha desocupado, Schultz ficou pela primeira vez agradecido pelo estilo de dirigir do homem que vinha seguindo: o empreiteiro havia deixado marcas fundas de lama ao sair com o carro, e dava para ver que tinha dobrado à esquerda na movimentada Milwaukee Avenue. Schultz virou para noroeste, e depois de dirigir por mais ou menos um quarteirão avistou o carro de Gacy estacionado em frente ao restaurante Gale Street Inn.

Lá dentro, encontrou Robinson, Gacy, Stevens e a secretária do advogado. Todos estavam pedindo bebidas e comida. "Quer comer alguma coisa?", Stevens perguntou.

"Não", rosnou Schultz. "Vou tomar só um café." Somente agora, naquele ambiente aquecido, ele tinha esperanças de secar a calça jeans encharcada de café. Estava com fome e teria pedido comida, mas tinha poucos dólares no bolso e se preocupava com a conta.

"Qual o problema, parceiro?", perguntou Robinson. "Não quer almoçar?"

"Estou tão puto com essa gente que perdi o apetite", disse Schultz, e levantou para ligar de novo para a central. Queria perguntar a Kozenczak se tinha conseguido arranjar carros melhores. A resposta do tenente: não tive tempo. Schultz ficou emburrado durante o resto do almoço, e seu humor não melhorou quando Stevens pagou a conta.

De volta ao escritório de Stevens, depois de uma hora e meia de reunião, advogado e cliente reapareceram e anunciaram que iam ao centro da cidade, de metrô. Eram 16h. Gacy e Schultz deixaram os carros no estacionamento da estação mais próxima, Jefferson Park. Conforme o trem avançava ruidosamente pela faixa central da Kennedy Expressway, Schultz acenou com a cabeça na direção do trânsito engarrafado em pleno horário de pico, e comentou que era muito mais fácil controlar Gacy daquele jeito. Stevens o recriminou por ter perdido a cabeça com o empreiteiro mais cedo.

Gacy desceu no Daley Center, edifício que abriga repartições públicas da cidade, do condado e do estado. Stevens seguiu em frente, dizendo que precisava fazer compras de Natal e voltaria para encontrá-los mais tarde.

No saguão do prédio, um homem acenou para os policiais e cumprimentou Gacy calorosamente, desejando-lhe feliz Natal. Era William Scott, procurador-geral do estado de Illinois.

Gacy tomou um elevador até o andar onde funcionava a sede do Departamento de Urbanismo. Segundo explicou, tinha que pegar uns papéis de que Stevens precisava para transferir algumas de suas propriedades para a empresa. A repartição estava fechada. Robinson bateu na porta de vidro até alguém responder, exibiu o distintivo e disse: "Assunto urgente da polícia". Gacy conseguiu os papéis.

Os três homens foram andando até o Daley Plaza, um vasto espaço público adjacente ao edifício. A grande árvore de Natal de Chicago já estava totalmente iluminada na praça e, entre ela e a taciturna escultura de Picasso, se via um campo cristalino de esculturas de gelo retratando um veleiro, o Papai Noel com suas renas e alegorias natalinas. Gacy explicou aos policiais como eram feitas as esculturas: blocos de gelo eram fundidos com água em um congelador e depois formões e plainas eram usados para moldar a estrutura. Quando era chef de cozinha, Gacy dizia ter conhecido vários dos escultores, que também atuavam no ramo alimentício.

Fazia frio, e eles decidiram tomar um café enquanto aguardavam Stevens. Atravessaram a praça, abarrotada de engravatados correndo para pegar o ônibus ou trem ou fazer compras de Natal de última hora na State Street, a um quarteirão dali. Na esquina da Randolph com a Dearborn, o tilintar dos sinos do Exército da Salvação se misturava ao ruído do tráfego, e acima das calçadas cheias, as marquises iluminadas das outrora imponentes salas de cinema anunciavam os filmes em cartaz: *Black Jack*, *Black Belt Jones*, *Big Bad Mama* e *Toolbox Murders*.

Gacy e os policiais decidiram pedir sanduíches também. Na fila do caixa, Gacy virou-se para Schultz, que era o último, e disse: "Você paga". Schultz tinha no bolso só o suficiente para pagar a conta. Enquanto comiam, Gacy contou que tinha reformado aquele restaurante e subornado fiscais para fazerem vista grossa para as irregularidades.

Na volta, ao cruzarem outra vez a praça, Gacy comentou: "Sabe qual foi o grande erro deles? Despejaram o concreto no lugar errado. Tiveram que refazer a fundação." Robinson e Schultz se entreolharam, sem entender nada. Do que ele estava falando?

Encontraram Stevens em frente ao Daley Center, tremendo de frio. "Onde vocês se meteram?", ele perguntou quando os três se aproximaram. Schultz e Robinson notaram que, embora tivesse dito que ia fazer compras de Natal, o advogado não carregava nenhuma sacola.

Embarcaram em um vagão lotado do metrô. Dentro do túnel, o ar cheirava a umidade e borracha queimada. Na estação seguinte, o trem ficou vários minutos parado até que o condutor anunciou que, em razão de problemas mecânicos, seguiria direto para Jefferson Park. Vários passageiros desembarcaram. Os policiais se sentaram de frente para Gacy e Stevens, no lado oposto do corredor.

Quando o trem se pôs em movimento, Stevens sugeriu em alto e bom som que Gacy devia considerar a possibilidade de tirar umas férias. Seu cliente tirou um grande maço de notas, a maior parte de cem dólares, e começou a contar. Discutiram possíveis destinos: Little Rock — onde Gacy poderia visitar a mãe —, Palm Springs, Bélgica. Os policiais entraram logo no espírito da conversa.

"Tá mesmo pensando em viajar, John?", perguntou Schultz. "Se tiver, lembra que te falei pra comprar três passagens."

"Tudo bem se não quiser pagar, John", acrescentou Robinson. "Eu tenho cartão de crédito, a gente pode te acompanhar a qualquer lugar." Gacy deu risada, e em seguida ele e advogado abriram um jornal e ficaram conversando com o rosto escondido pelo resto da viagem.

De volta a seu escritório, Stevens pediu a ajuda dos policiais para carregar caixas de bebidas que daria de presente de Natal. Como nem todas couberam no seu porta-malas, solicitou que pusessem o restante no de Gacy. O advogado partiu sozinho; Gacy e os policiais pararam no Coach's Corner para uma cerveja antes de o empreiteiro resolver ir para casa.

Ao saírem do restaurante, dirigir era um desafio. A temperatura estava caindo, e o vento leste que soprava do lago trazia neblina e uma geada. Uma fina camada de gelo cobria as ruas. Até Gacy, numa rara concessão, ia mais devagar.

Robinson estava no carro com Schultz, e no caminho para a Summerdale os dois especularam sobre os planos de viagem de Gacy. Chegaram à conclusão de que naquela tarde, em vez de ir às compras, Stevens fora a uma agência de viagens providenciar passagens para seu cliente, que parecia ter Little Rock como destino preferido.

Calado e com um sorriso irônico no rosto, Shultz ouvia Robinson reclamar da bagunça no carro. No restaurante, o colega tinha ficado lá sentado como o rei Farouk, se empanturrando às custas de LeRoy Stevens. Agora podia deixar a buzanfa de molho no café por um tempinho.

• • •

"Cacete, você sabe que é a mesma TV!", disse Bedoe, batendo na minha mesa. Vai começar, pensei. O policial machão queria arrombar a casa do suspeito para checar o número de série. Por mais que eu admitisse que os televisores de Szyc e Gacy eram idênticos e que isso era uma estranha coincidência, para obter outro mandado de busca assinado por um juiz ainda faltava algo essencial: provas de que um crime havia sido cometido. Até aquele momento, não tínhamos encontrado nenhum vestígio de Rob Piest, e nossa melhor pista era a denúncia anônima recebida por Kozenczak. Eu ainda aguardava o relatório de Cliff Johnson, que sobrevoara de helicóptero a área de busca para procurar os pontos de referência descritos pela informante.

Parecia plausível que Szyc tivesse estado na casa de Gacy, mas carecíamos de provas. Aliás, mesmo que ficasse comprovado que Gacy havia se apossado da televisão de Szyc, isso não provava que o jovem estivera na casa — ainda que decerto ajudasse a conseguir o mandado. De qualquer jeito, eu concordava que era importante descobrir o número de série do aparelho de TV de Gacy.

Os agentes que vigiavam o empreiteiro pareciam os mais indicados para a tarefa, já que passaram a ser convidados a entrar na casa. Falei a Schultz e Robinson que pegassem o número caso surgisse a chance, mas que tomassem cuidado para não serem pegos. Os dois gozavam da confiança de Gacy, o que já era útil por si só; criar alguma indisposição com ele só sabotaria a investigação.

Além disso, tínhamos que descobrir mais sobre Gregory Godzik — que, assim como Szyc, teria sido visto após ser dado como desaparecido. Também precisávamos continuar tentando encontrar parentes de Butkovich e Hattulo. E falar com Kim Byers, depois que descobrimos ser dela o recibo encontrado no lixo de Gacy. Tudo caminhava para um segundo mandado de busca, mas, do ponto de vista legal, ainda havia um longo caminho a percorrer.

Tovar e Kautz passaram a tarde quase toda se ocupando da investigação sobre Hattulo e ligando para os contatos registrados na agenda de Gacy. Alguns nomes apareciam assinalados com um "H", que os agentes presumiram ser de "homossexual". Esses amigos e conhecidos, quando contatados, relutavam em falar. Os policiais suspeitavam que a maioria era gay.

Em uma consulta ao Departamento de Segurança Pública do Texas, Tovar descobriu uma carteira de motorista emitida para um indivíduo chamado Charles Antonio Hattula, nascido no início dos anos 1950. O endereço no cadastro era de Houston. De acordo com a companhia telefônica, o telefone da residência não constava na lista. Tovar falou então com a polícia do condado de Harris, com sede em Houston, que ficou de mandar alguém à casa para perguntar sobre Hattula.

De posse da grafia que parecia ser a correta, Tovar fez uma pesquisa no sistema de microfichas e descobriu que Hattula tinha uma habilitação emitida em Illinois, com endereço de Chicago. O documento expirou em abril de 1978, sem que fosse solicitada a renovação. Uma consulta à polícia de Chicago revelou que Hattula havia sido preso por posse de maconha na cidade e também em Freeport, Illinois. Tovar obteve então a confirmação definitiva de que o nome era aquele: na folha corrida de Hattula constava vínculo empregatício com a PDM. O detetive partiu para a matriz de Chicago, entre a 11th e a State Street, para pegar a ficha e a foto de Hattula.

Cerca de meia hora mais tarde, Kautz recebeu uma ligação da polícia do condado de Harris. Tinham conseguido falar com a tia de Hattula, segundo a qual o sobrinho se afogara no Dia das Mães de 1977, em Freeport. As autoridades de lá informaram a Kautz, por telefone, que Hattula tinha caído de uma ponte sobre o rio Pecatonica e que sua morte foi considerada acidental.

• • •

Debaixo da garoa, Schultz e Robinson esperavam Gacy destrancar a porta da cozinha quando ouviram o cachorro latindo no quintal. Olharam em volta e viram o animal amarrado a uma estaca.

"John, quem foi que deixou o cachorro aqui fora com esse tempo?", perguntou Schultz, indignado.

"Tive que prender ele hoje de manhã, e depois não tinha ninguém aqui pra soltar", justificou Gacy.

Schultz o repreendeu pela crueldade, mas ele não deu ouvidos. Já dentro de casa, o empreiteiro andou depressa até a porta da frente e a fechou. Os agentes sentiram o mesmo cheiro da noite anterior, quando viram Gacy limpando a sujeira do cão. Naquela noite, porém, a cozinha estava limpa — o cachorro ficara o dia todo do lado de fora. Apesar disso, a casa fedia tanto quanto antes.

Depois de discutir sobre como fariam para pegar o número de série da TV, a dupla decidiu o seguinte: Schultz exploraria a casa enquanto Robinson distraía o anfitrião, que facilitou a vida deles ao conduzi-los à sala de jogos. Robinson foi ao bar e pediu a Gacy que lhe preparasse uma bebida. Se isso não o ocupasse por tempo suficiente, pretendia lhe pedir que demonstrasse um truque de cartas. Estavam fazendo justamente isso quando alguém chamou na porta. Era Wally Lang, trazendo outra viatura para Robinson. Lang entrou e Schultz pediu licença para usar o banheiro.

Passou de novo pela cozinha. Até ali, tudo bem: Gacy, que pelo visto preferia receber os visitantes na parte mais nova da casa, não insistiu para que ele usasse o lavabo junto ao bar. Schultz respirou fundo antes de avançar pelo corredor. No escuro, espiou para dentro da sala das plantas com pinturas de palhaço nas paredes, depois prosseguiu até o banheiro no meio do corredor. Ligou a luz e o exaustor, e em seguida puxou a descarga para encobrir qualquer barulho. Graças a sua última visita, sabia que o bar, onde Gacy estava naquele momento, ficava do outro lado da parede.

Foi depressa ao quarto de Gacy, passou pela cama e chegou à cômoda na parede oposta. O televisor estava exatamente onde a foto da perícia mostrava. O policial acendeu o isqueiro e se curvou para examinar a parte detrás do aparelho, mas não conseguiu encontrar o número de série. Com crescente ansiedade, afastou um pouco a TV e movimentou a chama de um lado para o outro até que finalmente encontrou a sequência numérica, mas era difícil ler os números sob a luz bruxuleante. Repetiu-os para si mesmo até memorizá-los, depois voltou quase correndo para o banheiro.

Deu descarga outra vez, abriu a torneira e, enquanto deixava um pouco de água escorrer pela pia, sentiu um bafo de ar quente subindo do registo perto do vaso sanitário. A caldeira de calefação tinha acabado de ser acionada, e um odor terrível invadia o banheiro. Com base em sua própria experiência com reparos domésticos, Schultz imaginou que havia um vazamento na tubulação, e a ventoinha de calefação estava puxando ar do espaço logo abaixo.

...

Eu me informava sobre o progresso das buscas com o helicóptero e os cães farejadores quando Bedoe veio falar comigo com um entusiasmo renovado:

"Interrogamos Ed Hefner", ele contou. "Tem umas duas ou três semanas que ele fez umas escavações pro Gacy debaixo de uns alicerces de concreto. O lugar fica numa casa em Norridge, ele só não lembra exatamente onde."

Aquilo era interessante: um buraco fresco no chão, perto de bases já existentes de concreto, podia ser bem o tipo lugar onde Gacy desovaria de um corpo. Bedoe queria sair logo com Hefner para encontrar a casa. Por mim tudo bem, mas antes queria saber o que mais tinham descoberto no interrogatório.

Hefner, segundo me contou Bedoe, havia trabalhado para Gacy por mais ou menos um ano. Conheceu o empreiteiro quando ele levou a esposa ao Good Luck Lounge, onde Hefner servia bebidas. Gacy planejava abrir um bar, e o chamou para dirigir o negócio. Por uma série de razões, a parceria não foi para frente, mas o barman não achou ruim. Cansado de recusar as propostas sexuais de Gacy, chegou a ameaçá-lo com uma surra se encostasse a mão nele. Contou ainda que dois ou três dias antes entreouvira o empreiteiro dizer a Walsh em uma obra: "Não toca nesse assunto com ninguém".

Nesse momento, houve uma comoção geral na Divisão de Investigações. Alguém anunciou: "Gacy fugiu!". No escritório de Kozenczak, o rádio vibrava com as vozes agitadas de Schultz e Robinson, que relatavam que Gacy os despistara e poderia estar a caminho do aeroporto. Estava indo para Little Rock, talvez, ou até saindo do país, para a Bélgica. Pedi aos detetives que procurassem as companhias aéreas e fizessem uma lista de voos prováveis.

"O O'Hare tá dentro da nossa jurisdição?", perguntou Kozenczak.

Tive que pensar rápido antes de responder. "Eles estão subordinados ao judiciário", blefei. "Parem o maldito avião!"

...

Lang já tinha ido embora, e Schultz voltado à sala de jogos, quando Gacy falou ao telefone: "Ligo pra você em cinco minutos". Sem dizer palavra aos dois policiais que o observavam, o empreiteiro pegou o casaco e disparou porta afora, indo direto para o carro. Schultz e Robinson o seguiram pela Cumberland, no sentido sul. Pouco antes de chegar a um cruzamento movimentado, Gacy virou depressa em um beco atrás de uma drogaria. Então, com os policiais em seu encalço, se enfiou entre o prédio e uma caçamba de lixo que, pelo visto, tinha deslizado no gelo e ido parar no meio do beco. Schultz pisou no freio e, derrapando, embicou na mesma passagem. O para-choques e as laterais traseiras do carro rasparam contra a lixeira e a parede, mas ele conseguiu passar. Percebendo que o Ford velho e grandalhão que Lang deixou com ele não caberia ali, Robinson decidiu contornar o prédio pelo outro lado. Encontrou Schultz em frente à drogaria. Gacy tinha evaporado.

Fizeram uma busca rápida no estacionamento da loja e no do supermercado em frente. Nenhum sinal do empreiteiro. Correram para o lote de árvores de Natal, depois de volta à casa de Gacy, e por fim ao posto Shell onde ele costumava abastecer. Na certa iria pegar um avião, pensaram. Robinson parou o carro e subiu no de Schultz. Os dois pegaram a via expressa e seguiram a toda velocidade para o aeroporto. No caminho, a central avisou pelo rádio: havia um voo da Delta partindo para Little Rock em alguns minutos, do portão H-8-B.

Os policiais entraram correndo no terminal cheio de turistas. No acesso à área de embarque, explicaram rapidamente seu propósito aos seguranças, que olharam desconfiados para os dois, em especial para Schultz, com o jeans manchado de café. Um dos guardas disse que precisaria falar com seu chefe antes de deixá-los passar.

Robinson olhou para Schultz. "Que se dane essa merda!", exclamou, e os dois dispararam pelo saguão, desviando de passageiros que chegavam e com vários seguranças gritando atrás deles.

No portão, Schultz ficou tranquilizando os seguranças enquanto Robinson consultava o funcionário da companhia aérea. Na lista de passageiros não constava ninguém com o nome Gacy, e não havia embarcado no avião nenhuma pessoa com jaqueta de couro preta. O funcionário sugeriu que fossem ao balcão principal do terminal. Lá, os atendentes conferiram pelo computador as reservas da Delta e de outras companhias áreas que operavam no O'Hare. Não encontraram ninguém chamado John Gacy em nenhum dos voos.

Desanimados, Schultz e Robinson voltaram à viatura a tempo de ouvir a voz de Lang pelo rádio: "O carro tá no lote. Venham agora pra cá." O tom do sargento já dizia tudo. A mensagem subentendida era: como vocês fizeram essa cagada?

Lang não se opôs à decisão da equipe de ir ao aeroporto, mas duvidava que Gacy estivesse lá. Não muito depois de Schultz e Robinson conferirem o lote, Lang e Sommerschield passaram pelo local e, bingo, lá estava o carro de Gacy, parado bem embaixo de um poste de luz. Gacy batia papo com Rohde e parecia muito satisfeito consigo mesmo. "Eu não tava tentando despistar ninguém", garantiu a Lang. "Sério. Estacionei perto da drogaria e fiquei lá esperando."

Quando Schultz e Robinson chegaram, Lang disparou, mordaz: "Vocês conseguem ficar de olho nele agora ou eu preciso ficar aqui pra garantir?". Schultz murmurou que eles sabiam se virar sozinhos. Lang e Sommerschield seguiram Gacy até sua casa, enquanto Schultz e Robinson foram buscar a outra viatura.

...

Só conseguimos interrogar Kim Byers ao anoitecer, depois que ela saiu de uma reunião da equipe de natação da escola. Sim, o recibo das fotos era seu, e ela se recordava de ter preenchido o papel na noite do dia 11. Explicou que estava com frio, e por isso pegou o casaco de Rob emprestado. Um tanto envergonhada, admitiu que tinha colocado o recibo no bolso da jaqueta na esperança de que Rob notasse e viesse falar com ela.

Essa era a peça que faltava no quebra-cabeça, e com isso um segundo mandado de busca estava praticamente garantido. Agora tínhamos a certeza absoluta de que Rob Piest estivera na casa de John Gacy.

...

Após o longo dia de trabalho, Schultz e Robinson ficaram contentes que já era meia-noite e seu turno chegava ao fim. Gacy tinha acabado de levá-los ao restaurante Mr. K's, perto da casa dele, quando Albrecht e Hachmeister chegaram de carona com Lang para substituir os colegas. A dupla se sentou ao lado de Gacy em um banco estofado comprido. O empreiteiro estava falante como sempre.

Afirmou que estava pedindo 750 mil dólares no processo judicial que movia contra a polícia de Des Plaines, no qual citava Albrecht e os demais agentes. Reclamou que seus direitos civis haviam sido violados, e que por isso seus advogados iriam, nas palavras dele, "indiciar" todos os detetives do órgão. Mas logo desceu o tom e começou a falar sobre seu trabalho como palhaço, que segundo ele era totalmente voluntário. Usava o nome Pogo. Também já tinha se vestido de Tio Sam em uma das festanças que costumava dar no verão. Emendou que já comparecera a eventos voltados para o público bissexual e que nunca presenciou nada de errado. Era da opinião de que as pessoas deviam fazer o que bem entendessem, desde que não violassem os direitos dos outros e não coagissem ninguém a nada. No seu trabalho, revelou, tinha conhecido muitos farmacêuticos homossexuais, mas sempre buscou se certificar de que não incomodassem seus empregados.

Gacy afirmou que sempre manteve uma relação formal com os funcionários, e que por causa disso nenhum deles o conhecia de fato. Era um patrão rigoroso, e não permitia que fumassem maconha no trabalho. Havia recomendado a todos que cooperassem com a investigação e até pagou pelo tempo que passaram na delegacia. Por fim, comentou que Walsh e Gray eram "pegadores".

Depois de um relato minucioso, "quase minuto a minuto", de cada ação sua na noite em que Rob Piest desapareceu, Gacy contou aos policiais sobre sua vida de homem de negócios em Waterloo, Iowa, na década de 1960. Na época, era dono de três franquias do KFC, um motel e uma firma de design de moda. No motel, operava um serviço de prostituição que atendia tanto gays quanto héteros. Também organizava exibições de filmes pornográficos e, em festas particulares, contratava garotas que dançavam nuas e faziam programa. Nessa época, conforme contou, concorreu ao cargo de vereador na chapa do Partido Democrata, mas os republicanos lhe armaram uma arapuca, o xerife o apunhalou pelas costas e ele acabou preso por "favorecimento à prostituição". As autoridades pegaram pesado com ele. Foi condenado e teve que cumprir pena. Para piorar, sua primeira esposa pediu divórcio e lhe arrancou 160 mil dólares, além da casa e três carros. Ele ainda conseguiu ficar com 40 mil, mas teve que arcar com as custas do processo.

Após retornar a Chicago, Gacy continuou, foi preso no meio de uma madrugada acusado de tentativa de agressão e delitos de depravação sexual. Tudo porque deu carona a um sujeito que queria fazer sexo oral nele. Gacy afirmou ter parado o carro e largado o cara no meio da via expressa. No fim, a acusação foi retirada porque o homem negociava mercadorias roubadas e ninguém acreditou na versão dele.

Gacy disse que estava estressado e que cogitava uma viagem de avião.

"Marca pra depois da meia-noite, assim a gente pode ir contigo", ironizou Albrecht.

"Pode ser pro Havaí?", debochou Hachmeister.

Gacy voltou para casa por volta da 1h. Hachmeister parou o carro em uma rua lateral, enquanto Albrecht ficou na Summerdale, em frente à casa de um vizinho. A chuva gelada caía forte sobre as viaturas e turvava os vidros das janelas. Uma hora se passou. Albrecht viu então os faróis de um carro pelo retrovisor. O veículo parou, e instantes depois uma porta bateu. O policial olhou no espelho de novo, mas o automóvel tinha sumido. Saiu e olhou para a rua. Estava vazia. Voltou para dentro da viatura. O único som era o da chuva.

Uns vinte minutos depois, viu dois carros dobrando a esquina atrás dele. Os dois desligaram os faróis e pararam a cerca de vinte metros. Um cara grandalhão saiu do primeiro carro, e mais outro do segundo. Albrecht viu o homem mais próximo mexer no cinto. Os dois caminhavam em direção à viatura, um pela rua e o outro pela calçada. A janela encharcada pela chuva só deixava entrever silhuetas. Albrecht pegou o rádio.

"Acho que temos companhia, Dave", ele disse, sacando a arma que levava na cintura.

Hachmeister percebeu o espanto na voz do parceiro. Ligou o motor e contornou a esquina com os faróis apagados. Já na Summerdale, acelerou e parou enviesado, com a frente virada para a outra viatura, de maneira que não ficasse exposto ao descer. Mas os homens já estavam junto do carro de Albrecht, com os rostos iluminados pela luz de um poste distante: eram Bedoe e Hein, que tinham saído para tomar umas cervejas.

Albrecht xingou os policiais do condado enquanto punha a arma de volta no cinto. Os dois entraram no carro de Albrecht, e Hachmeister se juntou a eles. Bedoe contou aos colegas que ele, Hein, Kozenczak e Kautz haviam saído com Hefner em uma busca inútil por ruas escorregadias, durante horas a fio, atrás da tal casa com o buraco recém-escavado perto de bases de concreto. Não acharam que Hefner mentia, mas ele não se lembrava de jeito nenhum onde ficava a casa. Desanimados, Bedoe e Hein pararam em um bar, depois decidiram fazer uma nova busca por conta própria. Encontravam-se a cada meia hora em pontos previamente combinados. Foi outra perda de tempo.

Bedoe recomendou aos policiais que vigiavam Gacy que o pressionassem sempre que tivessem oportunidade. Todos sabiam que o empreiteiro odiava ser chamado de "bundão" e que a morte do pai era um assunto que o deixava abalado. Era preciso fazer menção a essas coisas nos momentos certos, para minar a confiança de Gacy até levá-lo ao limite. Bedoe avisou à dupla, porém, que o empreiteiro poderia surtar e reagir de forma inesperada às investidas. Ele não se enquadrava no perfil clássico do suspeito de homicídio e poderia ser bastante perigoso. "Tomem cuidado", disse Bedoe.

Por volta das 3h, Hein começava a cabecear de sono, então sacudiu o torpor do corpo e partiu em sua longa viagem para casa. Bedoe continuou colocando a dupla a par da investigação. Albrecht e Hachmeister ficaram gratos, já que nunca tinham tempo suficiente para compartilhar informações com os demais envolvidos. A conversa foi murchando aos poucos até cessar completamente. Sobraram apenas os sons dos pingos gelados de chuva tamborilando sobre o carro e dos roncos de Greg Bedoe no banco traseiro.

KILLER CLOWN
RETRATO DE UM ASSASSINO
TERRY SULLIVAN
PETER MAIKEN

QUARTA-FEIRA, 20 DE DEZEMBRO DE 1978

Era o décimo dia da investigação sobre o desaparecimento de Rob Piest, e nosso desgaste era visível. Aqueles que conseguiam dormir duas ou três horas antes de levantar ainda no escuro se consideravam sortudos. As poucas refeições que comíamos escandalizariam qualquer nutricionista. Em geral, sequer comíamos. Como observou Greg Bedoe, muitas vezes olhávamos para o relógio às 20h e lembrávamos que não tínhamos nem almoçado. Ele próprio perdeu mais de seis quilos durante a investigação.

Os agentes da vigilância tinham no máximo oito horas de folga. Ao chegarem em casa, podiam tomar umas cervejas e conversar com as esposas, interessadíssimas em ouvir as aventuras do dia. Quando enfim se deitavam, ficavam rolando na cama, com a cabeça a mil. Com o estresse das perseguições frenéticas em mau tempo e a sensação constante de ameaça, relaxar era quase impossível.

Todos tinham suas queixas. A Unidade Delta já não dispunha de viaturas em condições de uso. Robinson e Albrecht reclamavam por terem ficado com o Ford grandalhão, mas era a raspa do tacho. Com as concessionárias, não dava para contar. Até a comunicação pelos rádios portáteis era um problema. Os agentes pediram a Lang que arrumasse alguns carros emprestados com o condado, mas o sargento não fez isso. Repetidores espalhados pelo condado eram responsáveis por amplificar o sinal desses aparelhos, expandindo sua área de alcance. Mas para isso os policiais dependiam de baterias novas, e se ressentiam com Lang por não as providenciar, já que eles próprios não tinham tempo de comprá-las em meio ao corre-corre. Na delegacia, os operadores da central de rádio já não aguentavam ouvir os gritos dos agentes da vigilância, que não conseguiam se fazer entender.

Mas o que era talvez a principal reclamação dos agentes da vigilância era a falta de informação sobre as atividades uns dos outros. Quando rendiam os colegas, mal havia tempo para falar com eles. Além do mais, sentiam que Lang contava muito pouco sobre a investigação interna. Um dia, após cumprirem o turno, Albrecht e Hachmeister adentraram a Divisão de Investigações à caça de informações e foram confrontados por Lang: "Vão pra casa e descansem um pouco", aconselhou o sargento, "ou tiro vocês do caso". Os dois sabiam, claro, que Lang pensava no bem deles, mas se irritaram por serem deixados de fora. A solução foi fazer visitinhas a Kozenczak quando Lang não estava por perto. O tenente compartilhava com toda a boa vontade o que sabia e sempre se interessava pelo trabalho deles. Tal tratamento, no entanto, parecia não se estender a seus próprios agentes, que também se sentiam no escuro. Alguns achavam perda de tempo buscar os pontos de referência descritos pela mulher anônima.

Depois que alguns membros da equipe de vigilância reclamaram com Kozenczak, o tenente ligou para Lang e lhe disse que passasse menos tempo na delegacia e mais com seus agentes em campo. Além do mais, a presença de dois chefes no escritório gerava certa confusão. Muitas vezes, Lang cuidava de assuntos que competiam a Kozenczak e, ao tomá-los para si, poderia estar causando um curto-circuito no fluxo ordenado da comunicação e excluindo o tenente do processo.

Na minha visão, Kozenczak e Lang buscavam cada qual encontrar seu nicho de atuação na operação. Kozenczak reivindicou a denúncia anônima como seu território e se concentrou nisso. Já Lang demorou um pouco mais para encontrar seu lugar. Passados os primeiros dias, concluiu acertadamente que sua presença na equipe de vigilância não era necessária; três carros seguindo Gacy só provocariam congestionamentos. Naquela etapa, depois de se reunir com um psiquiatra, ele optou por uma abordagem mais psicológica do suspeito. Sempre que Gacy o procurava durante uma das duas trocas diárias de turno, Lang não se deixava influenciar por seu estado de espírito. Se o empreiteiro estava de bom humor e puxava conversa, Lang era lacônico e indiferente. Horas depois, se desculpava: "John, peço desculpas pelo que disse. Foi o cansaço". Certa vez, quando Gacy declarou que não tinha inclinação para a violência, Lang levantou a camisa, revelando um colete à prova de balas, e disse: "John, nunca duvidei que você fosse capaz de violência".

A investigação era onerosa e drenava os recursos do departamento inteiro. A Divisão de Infância e Juventude, a Unidade Delta e a Divisão de Investigações estavam envolvidas no caso Gacy a ponto de terem praticamente abandonado outras atividades. Como os detetives da divisão ficavam de plantão de dezesseis a 24 horas por dia, as horas extras se acumulavam e ameaçavam causar uma grande sobrecarga no orçamento de final de ano. O que mais temíamos, porém, aconteceu naquela manhã, quando retornei uma ligação de Sam Amirante, advogado de Gacy. "Ajuizamos a ação", ele informou. "A audiência está marcada para sexta de manhã."

• • •

"Cai fora! Estamos indo!", avisou Albrecht, sacudindo Bedoe no banco detrás. Greg estava desorientado, o que era compreensível, já que tinha acabado de acordar dentro de uma viatura naquela manhã nublada de quarta. "O que tá acontecendo?", ele murmurou.

"Gacy tá saindo", disse Albrecht. "Você tem que ir embora." Gacy estava mesmo de saída. Hachmeister havia dado a volta até a frente da casa e estacionado na entrada. Quando o empreiteiro deixou a residência, às 8h15, não disse nada aos policiais. Só entrou no carro, engatou a primeira e foi saindo como se tencionasse bater na viatura de Hachmeister. O policial foi forçado a sair de ré para a rua, mas cometeu o erro de virar o carro para leste, mesma direção para a qual estava virado o carro de Albrecht, e a mesma que Gacy que costumava tomar. Naquele dia, porém, foi para oeste.

Enquanto Hachmeister manobrava o carro com dificuldade na rua escorregadia, Gacy avançou a toda velocidade pela trilha de sulcos gelados que recortavam a avenida e logo estava no outro quarteirão. Hachmeister foi atrás, mas dois carros vindo no sentido contrário o forçaram a esperar. Nesse meio-tempo, Albrecht tentava expulsar Bedoe da viatura e mudar de sentido na rua. Partiu instantes depois, deixando o colega plantado no meio da rua, atônito e com os olhos turvos de sono.

Gacy tomou a direção norte e disparou pela Cumberland. Alguns quarteirões à frente, se deparou com duas faixas de carros parados em um sinal vermelho. Desviou então pela esquerda e, invadindo a contramão, costurou a fila no cruzamento. Quando Hachmeister chegou à Kennedy Expressway, parou no viaduto e olhou para os lados. Nenhum sinal de Gacy. Foi ao posto Shell a poucos quarteirões dali. Ninguém o tinha visto.

Albrecht, por sua vez, pegou a via expressa no sentido oeste, lembrando que Gacy tinha dito dias antes que pretendia ir em breve à casa de Raphael, em Glenview. O policial colocou o giroflex no painel, depois pegou o rádio e comunicou seu destino a Hachmeister.

Embora tivesse o endereço de Raphael, Albrecht não conhecia Glenview muito bem. Depois de encontrar a rua certa, ficou olhando os números nas caixas de correio até que viu uma casa grande cercada de árvores. O carro de Gacy estava estacionado na entrada.

Mal tinha encostado o carro quando Gacy saiu, tirou uma foto dele e da viatura e voltou para dentro. Depois, Raphael foi falar com ele. Estava muito curioso sobre a investigação. Albrecht se esquivou dizendo que o trabalho da polícia era sigiloso e perguntou se também podia parar na entrada da garagem da casa.

"Eu não ligo", disse Raphael, "mas John não vai gostar."

Gacy saiu de novo. Depois de caminhar alguns passos, escorregou no gelo e caiu de costas no chão. Raphael foi correndo até ele. "Melhor você dar um pulinho aqui. Ele se machucou", avisou o dono da casa. Albrecht se aproximou e viu que as pálpebras de Gacy tremiam, como se ele tivesse dificuldade de as manter fechadas.

"Anda, John, levanta daí", disse Albrecht. "Você tá legal." Com a ajuda de Raphael, Gacy levantou, relutante, com a mão apoiada na lombar, e caminhou lentamente de volta para a casa. Hachmeister tinha alcançado o parceiro e chegado bem a tempo de testemunhar o tombo. Por um momento, ficou contentíssimo: se Gacy sofresse um ataque cardíaco, não precisariam mais vigiá-lo.

Gacy e Raphael saíram de carro e pararam em um restaurante. Os policiais ficaram em outra mesa. Depois que todos tomaram café da manhã, os dois homens foram a uma loja de ferragens. Saíram com dez sacos de sal e colocaram tudo no porta-malas de Gacy. De volta à casa de Raphael, descarregaram a carga e começaram a espalhar o sal na entrada para carros.

"Como estão as costas, John?", perguntou Albrecht. Gacy fechou a cara, sem responder nada.

Ao ir embora, o empreiteiro voltou a dirigir de forma imprudente, apesar das péssimas condições do tempo. Os policiais tinham reparado que, quando Raphael estava no carro, Gacy dirigia com cuidado. Agora, no entanto, parecia querer descarregar toda sua raiva e frustração no volante conforme cruzava Niles em alta velocidade.

Parou no estacionamento de uma loja da Sportsmart que estava reformando. Depois de passar uns minutos na frente do estabelecimento com Albrecht, Hachmeister resolveu vigiar os fundos. Assim que ele chegou ao beco atrás da loja, Albrecht viu Gacy saindo e avisou ao parceiro pelo rádio. Hachmeister acelerou, depois reduziu para virar na esquina do edifício. Para seu horror, uma carreta estacionada na diagonal bloqueava o caminho. Ele pisou no freio, mas os pneus não aderiram ao asfalto escorregadio. Ao ver a carroceria do veículo se aproximando pelo para-brisa, Hachmeister mergulhou embaixo do painel. O capô da viatura se chocou com força contra o chassi do caminhão. Milagrosamente, o carro parou antes que o vidro frontal fosse atingido. Hachmeister voltou a se sentar e tentou puxar o carro de ré, mas não adiantava: estava preso debaixo do outro veículo. Uns homens que desembarcavam mercadorias do caminhão olharam com curiosidade para ele, depois retomaram o trabalho. O policial desceu do carro, mostrou o distintivo e conseguiu que o tirassem dali ainda a tempo de alcançar Gacy e Albrecht no posto Shell.

No caminho, Gacy passara em alta velocidade por áreas escolares cheias de crianças. Agora, ele e Albrecht estavam tendo uma discussão acalorada, à qual Hachmeister se juntou com prazer.

"Eu só ando rápido porque vocês também pisam fundo", protestou Gacy. "A culpa é de vocês." Sem notar a falta de lógica do no que dizia, entrou bufando no posto. Saiu de lá mais calmo e até pediu desculpas aos agentes: "Olha, não é nada pessoal, minha bronca não é com vocês. Sei que estão fazendo seu trabalho. Mas é que eu tô ficando atrasado com as minhas coisas." Não havia dúvida de que ser vigiado o desgastava.

Após passar em casa, Gacy saiu para cuidar de vários assuntos e fez uma visita à sede do Partido Democrata em Norridge. Pouco depois das 13h, encontrou-se com Chris Gray e a namorada na loja de roupas onde ela trabalhava e levou o casal a um restaurante próximo. Os policiais se sentaram à parte. Hachmeister pediu uma rodada de bebidas para Gacy e o casal. Depois do almoço, saiu para dar um telefonema para Lang. Na hora de fechar a conta, as cinco comandas foram entregues a Albrecht.

Em seguida, Gacy e Gray foram a um bazar no Northwest Side, para onde Lang levou Robinson e Schultz para que fizessem a troca de turno. Os três conversavam perto das viaturas quando Gacy saiu da loja e os fotografou. Os agentes presumiram que o empreiteiro estava coletando material para seu processo contra a polícia.

"Ei, John. Deixa eu ver isso aí", disse Robinson, vendo o homem retirar uma foto impressa da câmera. Ele se negou a mostrá-la. "Qual é, John, só quero autografar pra você."

O rosto de Gacy se iluminou. "Pode mesmo assinar pra mim?", perguntou. Robinson confirmou com a cabeça. Ainda desconfiado, o empreiteiro segurou a foto enquanto o policial assinava. "Pra meu bom amigo John. Com carinho, Ron."

Uma dessas fotos renderia a Albrecht muitas provocações dos colegas. Àquela altura, era evidente que Gacy tinha certa predileção pelo agente, de cabelos loiros claros e belas feições de traços germânicos. A foto mostrava Albrecht debruçado na janela de uma viatura, do lado de fora, conversando com um colega no banco do motorista. "Olha a foto que Gacy tirou... da bunda do Mike!", os outros falavam, dando risada.

• • •

Não era segredo que havia uma ação judicial a caminho, e agora o cronograma estava definido. Tínhamos menos de dois dias para solucionar o caso. Sam Amirante havia me trazido uma cópia da petição inicial e, tal como os agentes da vigilância me haviam relatado, Gacy pleiteava uma indenização de 750 mil dólares.

Amirante, que eu conhecia bem pelo seu trabalho como defensor público, tentou de todas as formas nos persuadir a interromper a vigilância para evitar o processo. Chegava a me ligar várias vezes ao dia dizendo: "John é um cara legal. Já trabalhei com ele na política. Já esteve até na minha casa, com meus filhos. Seus agentes estão só atormentando ele."

Minha reação, claro, foi tentar ganhar tempo. Dizia que um processo seria um desperdício de tempo, que só tínhamos mais umas coisinhas para amarrar.

Na ação, Gacy citava a administração municipal de Des Plaines e diversos policiais, entre os quais o superintendente Lee Alfano, Kozenczak, Vande Vusse e Albrecht, além de outros agentes que ele sequer conhecia. Queixava-se de que, na quarta-feira anterior, a polícia desrespeitara seus direitos ao retê-lo na delegacia durante cinco horas sem permitir que falasse com seu advogado. Também reclamava da busca em sua casa, da apreensão de seus carros e da presença ostensiva da equipe de vigilância, que o assediava, detinha seus amigos e arruinava seus negócios. Por conseguinte, segundo a petição, Gacy sofreu graves aflições psicológicas, foi privado de usar seus bens pessoais, teve a reputação prejudicada, precisou arcar com gastos extras e teve violados seu direito à liberdade, à privacidade e à proteção contra buscas e apreensões arbitrárias. A ação pedia um mandado de afastamento para coibir o constrangimento ilegal por parte da polícia.

Os advogados de Gacy poderiam facilmente obter um mandado temporário de afastamento à nossa revelia, sem que nem pisássemos no tribunal. A lógica por trás da lei é a de que um pequeno período de avaliação dos procedimentos não prejudica ninguém. Ao final desse prazo, o juiz pode analisar o mérito de um mandado permanente. Nesse caso, ninguém além de nós sairia prejudicado. Se Gacy conseguisse nos afastar por dez dias, seria o fim da investigação.

A ficha de acompanhamento na petição revelava que a ação tinha sido ajuizada na Corte Federal do Distrito na tarde anterior. Pelo menos agora eu sabia onde LeRoy Stevens tinha feito compras de Natal.

O empenho de Tovar em localizar Jeffrey Rignall — o jovem que no início do ano havia prestado queixa contra Gacy por agressão — finalmente deu resultado naquela tarde de quarta-feira: o detetive estava com o advogado de Rignall ao telefone e me pediu que falasse com ele. O representante legal informou que seu cliente estava na Flórida e nos censurou por não o procurar antes. Não se opôs a que interrogássemos Rignall, desde que pagássemos a viagem dele a Chicago. Não me informou o número do rapaz, mas prometeu repassar qualquer recado.

Decidi deixar o assunto em suspenso, já que, antes de qualquer coisa, precisaria de autorização para os gastos com passagem aérea, e ninguém na promotoria estava a par da investigação. Além disso, nosso principal objetivo naquele momento era obter outro mandado de busca, e o depoimento de Rignall não ajudaria nisso. Contudo, eu queria tirar logo a limpo a alegação do jovem de que, para desmaiá-lo, Gacy usou um pano embebido em algum fluido — talvez clorofórmio. Somando isso à garrafinha marrom apreendida na casa do empreiteiro, tínhamos pistas interessantes sobre sua maneira de agir.

Outra pista que passou desapercebida foi a observação, feita por Cathy Grawicz, de que na adolescência Gacy trabalhara em um necrotério de Las Vegas. Seria ele necrófilo e teria sido demitido por esse motivo? Tovar ligou para a polícia de Las Vegas pedindo que levantassem junto aos necrotérios da cidade possíveis registros da contratação de Gacy. Ouviu como resposta que seria necessária uma solicitação por escrito antes de tomar alguma providência. Tovar enviou mensagens de teletipo, mas pelo resto do dia não recebemos notícias de Las Vegas.

Bedoe, Tovar e Ryan começaram a preparar intimações para obter acesso ao histórico telefônico e creditício de Gacy. As companhias telefônicas são obrigadas a manter relatórios detalhados de ligações locais por seis meses para o caso de dúvidas relativas a faturamento. Esses registros mostram todos os números discados do telefone do assinante para qualquer outra linha na mesma região metropolitana. Nosso palpite era que esses dados nos ajudariam a preencher algumas lacunas na investigação.

Enquanto isso, prosseguiam os interrogatórios. Robert L. Zimmerman, que trabalhava no posto Shell, confirmou já ter estado na casa de Gacy. Foi convidado uma vez para uma grande festa, e várias outras para jogar sinuca. Zimmerman contou a Tovar e Adams que, em uma ocasião, Gacy quis fazer uma aposta com ele e outro empregado antes de uma partida: se perdesse, pagaria um boquete para o vencedor ou uma quantia combinada. Zimmerman teria dito ao empreiteiro que aquilo não o interessava e foi embora. O homem disse ainda aos policiais que Gacy vendia drogas.

Eu estava na expectativa de saber se Schultz tinha conseguido o número de série do televisor de Gacy e se a sequência batia com a da TV de Szyc. No entanto, o relatório do policial não dizia nada de novo: com a pressa e o nervosismo, Schultz havia memorizado o número do modelo.

• • •

No caminho para o centro da cidade, com Gray ao volante, Gacy parou em uma empresa de calefação a noroeste do Loop. Os policiais observaram que o estilo de dirigir de Gray era fortemente influenciado pelo de seu chefe — ou então estava só recebendo ordens.

Gacy voltou trazendo um pote de amendoins para os agentes. A viagem prosseguiu com destino à prefeitura. Gacy desceu do carro e entrou no prédio. Gray e os dois policiais deram a volta no quarteirão. Gray parou para tomar um refrigerante, e Schultz foi junto. Robinson acabou se perdendo dos outros e só avistou o carro de Gacy depois de dar umas quatro voltas no quarteirão. O empreiteiro saiu do prédio uns vinte minutos depois e entrou no carro pelo lado do passageiro. Antes de deixar o Loop, Gray — que transitava na faixa da esquerda de uma rua de mão única — fez uma curva abrupta à direita, e Robinson e Schultz fizeram o mesmo, criando uma grande confusão no cruzamento.

A parada seguinte de Gacy foi em uma drogaria no norte de Chicago. Gray saiu de lá vinte minutos depois, disse que o patrão estava em clima de festa e que, como os policiais vinham se comportado bem, queria contratar uma prostituta para todos naquela noite. Gray achava que o empreiteiro bancaria tudo. Ótima ideia, exclamaram os agentes, entusiasmados, e partiram rumo ao bar designado como ponto de encontro.

No caminho, Schultz e Robinson trocaram ideias pelo rádio e concluíram que era uma armadilha. Na certa, Gacy queria criar uma oportunidade para tirar fotos comprometedoras e chantageá-los. "Não se preocupe", disse Robinson. "Já que Gacy vai pagar a conta, ele deve ir primeiro. Já faz nove dias que ele tá sem mulher — para quem fala tanto de bundinhas e peitinhos, não faz sentido."

Eles estacionaram em frente ao bar, e Gray entrou. Pouco depois, uma ruiva de aspecto desleixado surgiu de um beco. Gray retornou, falou com Gacy, e os dois abordaram a mulher na calçada.

"Não deviam deixar essa daí sair na rua sem coleira", Robinson comentou com o parceiro.

Gray veio falar com os policiais. A moça estava pedindo mais dinheiro do que John queria pagar. Festa cancelada.

Gacy deixou Gray no caminho e foi para casa. Como não convidou os policiais a entrarem, eles ficaram no minigame. Meia hora depois, Gacy saiu bufando de raiva.

"Dessa vez seu chefe foi longe demais", ele reclamou, indignado. "Passou de todos os limites. Está acabando com meu negócio e minha vida. De agora em diante, não vou dizer aonde estou indo." Entrou depressa no carro e arrancou a toda velocidade. Na Kennedy, o empreiteiro atingiu 160 km/h, e Schultz já se preparava para tirá-lo à força da rodovia quando ele virou na Lawrence Avenue. Estava indo para a casa de Walsh. Uma mensagem de rádio da central explicava o motivo da fúria de Gacy: Dick Walsh estava na delegacia e seria interrogado outra vez.

• • •

Tovar e Ryan foram incumbidos de pegar Walsh e levá-lo para a delegacia. Não era a primeira vez que faziam isso, e esperavam que Walsh abrisse mais a guarda daquela vez. Fosse qual fosse o desfecho do interrogatório, Kozenczak estava disposto a submetê-lo ao polígrafo. Dentro da viatura, Walsh insistiu não saber de nada e disse que estava tão indignado que procuraria um advogado.

Na sala de interrogatório, os detetives pegaram pesado com Walsh. Para tentar arrancar alguma coisa, disseram que Gacy falava pelas suas costas. Também aludiram à pena de morte e indicaram que ele poderia ter que depor em juízo caso estivesse envolvido. Fizeram perguntas sobre Rob Piest. Walsh se manteve firme por quase duas horas. No trecho final do interrogatório, os policiais deram uma colher de chá para o rapaz. Não era bom que estivesse muito agitado antes de passar pelo detector de mentiras. Por sugestão do sargento, os policiais o levaram para jantar. Ele pediu capa de filé.

Com todos de volta à delegacia, Kozenczak assumiu o lugar dos detetives e, em uma aposta ousada, resolveu pôr as cartas na mesa. Revelou a Walsh tudo que tínhamos descoberto e achado melhor guardar na manga: você está dirigindo o carro de um cara que está desaparecido — e que acreditamos estar morto. Encontramos o anel de formatura do mesmo cara na casa de Gacy e, no quarto, uma TV igualzinha à dele. Kozenczak não parou por aí, e avisou ao rapaz que lhe perguntaria, no exame de poligráfico, se mantivera relações sexuais com Gacy.

Walsh desandou a chorar. Quando finalmente recobrou a compostura, afirmou não saber nada sobre John Szyc. Na cabeça dele, o carro tinha sido roubado; pelo menos foi o que Gacy lhe dissera. Walsh aceitou passar pelo detector de mentiras.

O teste se focou no desaparecimento de Rob Piest. Kozenczak perguntou ao rapaz se ele tinha alguma responsabilidade ou participação no ocorrido, e se ajudara a transportar ou ocultar o corpo de Piest. Perguntou ainda se sabia do paradeiro da vítima. Walsh respondeu "não" a todas as perguntas.

Ao falar comigo mais tarde, Kozenczak ficou em cima do muro. Por um lado, achava que Walsh dizia a verdade, mas admitia que os resultados do teste eram difíceis de interpretar. Em seu relatório oficial, o sargento declarava que, devido às "reações erráticas e inconsistentes" registradas no polígrafo, não tinha condições de "emitir uma opinião definitiva" quanto à veracidade das respostas de Walsh.

Quando soubemos pelos agentes em campo que Gacy rumara para a casa de Walsh soltando fogo pelas ventas, Greg sugeriu a Lang que apertássemos o cerco: "Vamos deixar ele mais puto ainda e trazer ele de novo pra cá".

O blefe é uma estratégia bastante usada pela polícia ao interrogar uma testemunha. Eles dizem a Fulano que Beltrano deu com a língua nos dentes e que agora a polícia sabe todos os detalhes sórdidos da história, e que se Fulano não colaborar e contar o que sabe, vai ficar em apuros. Naquela noite não precisamos blefar. Bedoe e Lang abriram o jogo com Gray, assim como Kozenczak fizera com Walsh: o carro de Szyc, o anel, a televisão, as passagens de Gacy pela polícia.

"Olha aqui a ficha dele, Gray", falou Greg, inclinando-se sobre a mesa. "Tá vendo o que diz aí? Sodomia. Sabe o que isso quer dizer? Dez anos de cana. O que o Gacy te falou, que mostrou filmes pornôs ilegais pra uns garotos aí? É tudo balela."

Para dar um ar mais oficial à encenação, eu entrei na sala junto com os policiais. Certo, Chris, chega de brincadeira. Não estamos brincando. Até o promotor está aqui.

Gray relatou um episódio ocorrido durante os dois meses que morou com Gacy. Ambos estavam bebendo tarde da noite, comemorando o aniversário de Gray. O patrão queria lhe mostrar o truque das algemas: algemou a si próprio, se virou e *plim* — estava livre. "Sua vez, Chris." Bêbado, Gray até relutou um pouco, mas acabou se deixando algemar. "Beleza, e como é que faz?", perguntou, sem conseguir soltar as mãos.

"O truque, meu caro", disse Gacy, cheio de malícia, "é ter a chave." Ensandecido, Gacy agarrou as algemas pela corrente e começou a arrastar Gray pela sala, ao mesmo tempo em que soltava uns grunhidos. Por fim, o rapaz se desvencilhou dele e derrubou o empreiteiro com um chute na cabeça. Em seguida, conseguiu reaver a chave e se soltou. Quando Gacy se levantou, já estava mais calmo e não voltou a falar das algemas.

Em outra ocasião, Gray quebrou, por acidente, uma estátua pintada pelo pai de Gacy. O empreiteiro ficou possesso e ameaçou matá-lo. O jovem se trancou no quarto e ficou lá até que o dono da casa se acalmasse.

Decidiu se mudar de vez depois de uma noite em que Gacy quase arrancou suas calças. Embora os dois tivessem ido se deitar cada um em sua cama, Gacy não parava de chamá-lo do próprio quarto: "Chris, Chris, você sabe o que eu quero", ele ficava dizendo com uma vozinha estridente. Até que invadiu o quarto dele e falou: "Você não tem ideia do que sou capaz. É bom você me dar logo o que eu quero." Em seguida, pulou na cama com ele e, nas palavras do rapaz, "por pouco não rasgou minha calça".

"Calça?", estranhou Greg. "Você dormia de calça?"

"Não tinha outro jeito", argumentou Gray, explicando que o dono da casa de tempos em tempos invadia o quarto dele no meio da noite com uma ereção e tentava enfiar o membro nele. Uma noite, os dois se engalfinharam. Gray derrubou Gacy no chão, subiu em cima dele e estava prestes a esmurrá-lo quando o empreiteiro se rendeu e simulou um desmaio. Depois, levantou e caminhou até a porta. "Você não sabe brincar", falou ao sair, soltando uma risadinha estranha. Farto daquilo, Gray decidiu não morar mais com John Gacy.

Os policiais redirecionaram as perguntas para a busca na casa de Gacy, ocorrida uma semana antes. De acordo com Gray, seu patrão receava encontrar policiais escondidos na casa e lhe pediu que desse uma olhada no sótão. "Vá você", ele teria respondido. Acrescentou que Gacy se zangou com a lama no carpete, perto da porta do closet, e desceu até o vão sob a casa.

"O que diabos tem lá embaixo?" perguntou Bedoe. "Você já desceu lá?"

Duas vezes, disse Gray: uma para espalhar cal e outra para cavar.

Todos na sala o encararam, intrigados. Cavar para quê?

Porque Gacy falou que tinha muita umidade lá embaixo, e ele precisava instalar uns canos, explicou Gray. O empreiteiro colocou estacas para sinalizar onde era para cavar, e ele e Walsh desceram para fazer o serviço.

"Mostra pra mim onde vocês estavam cavando", disse Bedoe, entregando ao rapaz um bloco de papel e um lápis. Gray fez um desenho identificando a bomba de esgotamento e as valas que abriu.

Em dado momento, Gacy teria enfiado a cabeça pelo alçapão e berrado: "Aí não! É pra cavar exatamente onde eu falei!" Gray tinha pegado um atalho e se desviado da linha traçada pelo patrão.

Olhei para o desenho de Gray. Se Gacy tinha problemas com umidade, as duas ou três valas aberta por Gray não faziam sentido porque obviamente não escoariam nada para dentro da bomba. Qual era a largura das valas?, eu perguntei. Quinze, vinte centímetros talvez?

"Não, mais ou menos meio metro", disse Gray.

"E a profundidade?"

"Por aí também."

Perguntamos se chegaram a instalar algum cano. Não. Sabia que destino Gacy dera às valas? Também não.

"O que tinha no lugar onde você tava cavando, quando desviou da marcação?", perguntou Bedoe.

Só um montinho de terra, segundo Gray. Devia ter uns 15 cm de altura, chutou.

"E de comprimento?", perguntou Bedoe.

"Mais ou menos desse tamanho", disse Gray, indicando a mesa diante dele — que tinha cerca de 1,5 m — e apontando no desenho onde vira montinhos similares.

Greg trocou um olhar comigo, e a expressão no rosto dele dizia tudo: "Cristo do Céu, será que eles estão no vão?" Posteriormente, ele diria que os cabelos de sua nuca se arrepiaram quando Gray mencionou a mesa. Eu pensei na experiência de Gacy trabalhando em um necrotério. Ele estaria esquartejando corpos e enterrando os restos embaixo da casa? As peças começavam a se encaixar. Pessoas desaparecidas, garotos cavando buracos, cal. Se o problema de Gacy era água represada, por que as valas de escoamento eram tão grandes, por que não se conectavam à bomba de esgotamento e por que não havia encanamento nenhum? Uma coisa era certa: Gacy escondia algo lá embaixo, e tinha medo que descobríssemos.

Eu sabia que Bedoe pularia na minha jugular no instante em que o interrogatório terminasse, implorando por um mandado de busca. Tínhamos apenas um dia antes da audiência do processo por constrangimento ilegal. Depois disso, nossas chances de fazer outra busca na casa de Gacy eram quase nulas. Eu planejava chamar Bedoe e Hein para tomar uma cerveja e acertar os ponteiros. Até lá, precisávamos pegar leve com Gray: ele poderia ir correndo para o chefe e contar todos os detalhes do interrogatório. Pelo jeito, porém, era pouco provável que isso acontecesse. Estávamos convencidos de que, dali em diante, Gray cooperaria totalmente conosco. Chris Gray nos assustou na mesma medida que nós o assustamos. Quando ele deixou a delegacia naquela noite, não acho que tivesse quaisquer dúvidas de que, na nossa visão, John Gacy era um assassino perigoso.

• • •

Quando Tovar e Ryan levaram Walsh para casa, por volta das 21h, Gacy ainda estava lá esperando por ele. O rapaz estava com tanto medo do empreiteiro que pediu aos detetives que o acompanhassem ao apartamento. Eles foram, mas Gacy não ficou nada contente com a presença dos policiais. Disse que arranjaria um advogado para Walsh, sem o qual o rapaz não voltaria a testemunhar. Quando os ânimos esfriaram, Tovar e Ryan foram embora.

Meia hora depois, às 23h45, Gacy saiu. Para onde vamos agora?, Schultz e Robinson perguntaram.

"Vamos fazer uma longa viagem", ele respondeu por entre os dentes. "Qual a distância?", indagou Schultz. "Não estou com muita gasolina."

"Azar", respondeu Gacy, entrando no carro e arrancando. Pelos cálculos dos policiais, o empreiteiro chegou a 160 km/h na via expressa antes de virar na Touhy Avenue e seguir por Des Plaines na direção leste.

Schultz avistou um dos poucos postos ainda abertos àquela hora e avisou a Robinson que *precisava* parar para abastecer e que faria o possível para alcançá-los depois. Parou cantando pneu junto da bomba e colocou o equivalente a 7 dólares de combustível no tanque. Depois largou a mangueira de gasolina e o dinheiro — tudo o que tinha — no chão e entrou de volta no carro. Quando o frentista apareceu gritando, Schultz já tinha dado no pé.

A viagem terminou no escritório de Sam Amirante, em Park Ridge. LeRoy Stevens tinha acabado de chegar e disse aos policiais que Gacy ficaria uns quinze minutos. Lang chegou pouco depois da meia-noite com Albrecht e Hachmeister.

Antes de voltar para a delegacia, Lang, Schultz e Robinson pararam para um café. O sargento fez um relato do último interrogatório, destacando as valas que Gray cavou para Gacy no vão sob a casa e o fato de o empreiteiro ter repreendido o rapaz para não cavar nos vários montículos de terra espalhados pelo local e que, segundo Lang, os investigadores suspeitavam se tratar de sepulturas.

Em casa, sentado em frente à árvore de Natal que seus filhos haviam decorado, Schultz bebia uma cerveja e pensava na história de Gray. De repente, se deu conta de que conhecia muito bem aquele cheiro que tinha sentido no banheiro de Gacy, na noite anterior, vindo do registro hidráulico. Já o sentira várias vezes, sempre no mesmo lugar: o necrotério do condado.

KILLER CLOWN
RETRATO DE UM ASSASSINO
TERRY SULLIVAN
PETER MAIKEN

QUINTA-FEIRA, 21 DE DEZEMBRO DE 1978

A reunião entre Gacy e os advogados já extrapolava os quinze minutos previstos. O escritório de Amirante ficava na parte da frente do edifício, e os policiais podiam ver as luzes acesas, mas nenhum movimento. Era quase 1h quando Albrecht decidiu percorrer bares e restaurantes da área para ver se o empreiteiro havia saído para fazer um lanche com os outros dois homens. Como não havia muita coisa aberta em Park Ridge, uma região sem comércio de bebida alcoólica, o policial foi de carro até o bairro próximo de Edison Park. Depois de conferir em vários estabelecimentos, parou em um, onde encontrou um colega de folga e uma garota da central de rádio e ficou para tomar uma cerveja com eles. Hachmeister ficou irritado quando Albrecht voltou sem trazer uma cerveja para ele.

Às 2h, ainda não havia movimento no escritório. Albrecht decidiu subir e bater em uma das janelas. No momento em que se aproximava do prédio, Amirante veio até a porta e convidou os policiais a entrar.

Os advogados foram muito solícitos. Ofereceram café e uma garrafa de Canadian Club aos policiais e os ajudaram a carregar cadeiras para o corredor para ficarem mais confortáveis. De onde estavam, dava para ver o interior da sala mais próxima da saída pelo vidro da porta. Após assegurarem a Albrecht e Hachmeister que Gacy continuava no escritório, os advogados voltaram para dentro e trancaram a porta. Os policiais só vislumbraram o empreiteiro uma vez. No entanto, viam os advogados andando sem parar lá dentro, em camisas com as mangas dobradas e gravata afrouxada.

Por volta das 3h, os policiais bateram no vidro e acenaram para os advogados. Explicaram que já tinha um tempinho que não viam Gacy, e o trabalho deles era vigiá-lo. Os advogados ficaram visivelmente nervosos e desconversaram. Como vamos saber que o Gacy tá aí dentro?, perguntaram os policiais. Não se preocupem, disse um dos advogados, ele tá dormindo nos fundos.

Albrecht e Hachmeister se entreolharam e deram início a uma espécie de esquete não ensaiado. "Cara, você não devia ter deixado ele dormir", disse Hachmeister. Stevens e Amirante olharam confusos para ele.

"Ele é um ogro quando acorda", explicou Albrecht. "Fica piradinho."

"A gente já viu como ele fica de manhã", continuou Hachmeister. "Se ele tá dormindo, é melhor ficarem longe, porque não dá pra saber o que o cara vai fazer."

A julgar pelo nervosismo inicial dos advogados e a duração da reunião, os policiais deduziram que Gacy havia revelado algum fato novo. Agora, vendo o advogado arregalar os olhos durante a encenação, eles tiveram a certeza que tinham tocado em um ponto sensível.

Stevens e Amirante concordaram depressa em trazer o empreiteiro para a sala mais próxima. Sumiram dentro do escritório por alguns minutos e depois reapareceram carregando cautelosamente um Gacy semiadormecido. O homem caiu no sofá e retomou o cochilo. Os advogados saíram novamente para o corredor.

Amirante sugeriu aos policiais que bloqueassem o carro de Gacy com as viaturas. Stevens, fumando um cigarro, comentou que o cliente andava dizendo coisas muito estranhas. Era melhor atirar nos pneus do carro dele se tentasse ir embora. Hachmeister disse que, obviamente, não podiam fazer nada do tipo: se Gacy quisesse sair com o carro, nada o impedia. Por que estavam tão preocupados? Stevens respondeu que não podiam dizer nada, mas que era melhor não deixarem Gacy ir. Os policiais perceberam que o cigarro que ele fumava estava apagado.

Cerca de uma hora mais tarde, os advogados anunciaram que sairiam, um por vez, para tomar banho, trocar de roupa e se preparar para o dia que começava. Stevens foi primeiro. Sentado de frente para o sofá onde Gacy dormia, Amirante folheava um livro de direito, mas não estava lendo de verdade. Por um bom tempo, se limitou a olhar fixamente para o empreiteiro.

Enquanto isso, sentados no corredor, os policiais mantinham a vigília. Naquele momento eram a plateia, esperando os atores do outro lado do vidro começarem o espetáculo. De vez em quando, se levantavam e caminhavam pelo corredor silencioso, então paravam junto à janela e olhavam para Gacy. O homem jazia de barriga para cima no sofá, braços estendidos, camisa branca amarrotada e calças de fazenda. Uma barba rala e grisalha cobria suas bochechas. Dormia inquieto, roncando, com a boca semiaberta. Havia malícia em seu semblante mesmo durante o sono.

Por volta das 4h30, Albrecht decidiu espantar o tédio. Tinha ficado sem cigarros e queria um café. "Vamos falar pro Sam que eu preciso sair e você tem que ir pro carro por razões de segurança, que assim a gente se fala pelo rádio", sugeriu ao parceiro.

Amirante ficou apavorado e implorou que ficassem. Ele mandaria pedir comida, cigarros, café, o que quisessem, desde que não fossem embora. Por que não?, perguntaram os policiais. Fiquem aí, ele insistiu. Os dois saíram mesmo assim, até para testar a reação do advogado. Na entrada do prédio, olharam para trás e viram Amirante ocupando o lugar deles no corredor.

Albrecht retornou cerca de meia hora depois. Eram mais ou menos 5h30 quando Stevens voltou e Amirante partiu. Enquanto andavam pela sala mais próxima da saída, os advogados olhavam para Gacy desconfiados e se mantinham longe do sofá. Depois que o colega foi para casa, Stevens juntou-se aos policiais no corredor.

Nenhum dos agentes gostava do advogado. Achavam que ele se considerava o rei da lábia e não apreciavam seu jeito empertigado. Gacy queria ficar em um hotel naquela noite, mas, conforme informou Stevens, foi aconselhado a ficar no escritório. Claro, levariam o caso de assédio à Corte Federal do Distrito pela manhã. Stevens disse ainda que Gacy ficou chateado quando ouviu que talvez não conseguissem suspender a vigilância. Apesar disso, o advogado fez o pedido habitual: por que vocês não nos poupam trabalho e param com tudo logo? Advogados e policiais trocaram farpas, uns falando bem e outros mal do homem que dormia do outro lado do vidro. Era mais um jogo de gato e rato para descobrir o que cada uma das partes sabia. Falamos com a segunda esposa de Gacy e ela disse que o John é um cara fantástico, Stevens dizia. E Albrecht rebatia: John é um puta mentiroso. E assim a coisa ia.

Depois que Stevens voltou para dentro do escritório, Albrecht deitou no corredor e adormeceu. O dia clareava, e as pessoas que entravam no prédio olhavam desconfiadas para o homem esparramado no chão com uma arma para fora do jeans azul. Hachmeister o acordou.

Amirante retornou por volta das 8h. Vinte minutos depois, os advogados acordaram Gacy com cautela. Os policiais saíram do prédio e ligaram os carros. O empreiteiro também saiu, apressado. Ignorando a presença dos dois, entrou no carro e arrancou. Chegando a um sinal de parada na Devon Avenue, virou à esquerda, e Albrecht colou atrás dele antes que o fluxo intenso de veículos chegasse ao cruzamento. Mais uma vez, Hachmeister ficou para trás.

O destino de Gacy era um posto Shell cujo proprietário, John Lucas, se referia a ele e sua escolta policial como o "comboio do circo". No começo, o empreiteiro dizia a Lucas que os policiais eram seus "guarda-costas". Mas o dono do posto entendeu do que se tratava após Gacy dizer a um frentista: "Vou despistar essa galera, dá uma olhada". Antes via Gacy como um empresário responsável, que pagava pontualmente contas mensais de 300 a 400 dólares, mas agora estava ressabiado.

Hachmeister parou, saltou do carro e xingou Gacy por dirigir daquele jeito, colocando a vida de crianças em risco em áreas escolares movimentadas. Sem o habitual rompante de arrogância, Gacy ficou imóvel, com os ombros curvados e a cabeça baixa. Foi pisando manso até Albrecht e implorou: "Quer pedir pro Dave parar de gritar comigo?". Albrecht lhe disse que ele de fato estava abusando e que se não andasse mais devagar seria preso.

Gacy caminhou até as bombas de gasolina, operadas por um jovem chamado Lance Jacobson. Tirou do bolso um saco plástico transparente com cigarros enrolados à mão e cutucou o frentista com o cotovelo. O jovem disse que não estava interessado. O empreiteiro pareceu surpreso. Em seguida, os dois entraram na loja do posto; os policiais foram atrás. Gacy disse que queria falar com Lucas a sós. Albrecht e Hachmeister voltaram para perto das bombas e viram Gacy deslizar o pacote para dentro do bolso de Jacobson. Dessa vez, o jovem não ofereceu resistência. Gacy começou então a trocar uma série de gestos calorosos de despedida com Lucas, apertos de mão duplos e tapinhas nos ombros. Albrecht sugeriu a Hachmeister que ficasse para trás e deixasse Gacy perceber. O empreiteiro saiu da loja, entrou no carro e partiu, com Albrecht atrás. Hachmeister ficou perambulando pelo posto.

Lucas entregou ao policial o pacote que Jacobson tinha acabado de lhe passar. Era maconha.

"Eu não queria aceitar", garantiu o jovem. "Falei que ele tava louco, e ele me disse: 'Toma. É o fim da linha. Esses caras vão me matar'."

Gacy tinha dito a Lucas para não colocar mais nenhuma despesa em sua conta, "a não ser que seja minha".

"Nós fomos bons amigos", Gacy tinha dito. "Você é como um irmão. Não tô aguentando." E se despediu.

Após o cruzamento, Albrecht viu Gacy espichar o pescoço para ver por que Hachmeister tinha ficado para trás. Acabou desviando da pista e indo parar no acostamento enlameado. Pisou às pressas no freio e tentou voltar devagar para a pista, mas o carro atolou. As rodas giravam de forma frenética, jogando lama, cascalho e gelo para todo lado. Por fim, ganhou tração o suficiente para voltar à pista e fez um giro de 180 graus.

Hachmeister viu Gacy voltando e colocou a maconha no bolso. Começou a falar da transmissão do carro com Lucas, que pegou logo a deixa. Gacy chegou correndo.

"Por que a demora, Dave?", perguntou. "Algum problema?"

O policial disse que não, que só estava pegando umas dicas sobre manutenção de carros.

"Bem, quando estiver pronto me avisa", disse o empreiteiro, impaciente.

O "comboio do circo" seguiu viagem, fazendo uma breve parada na Summerdale. Gacy entrou e saiu logo de casa, não menos despenteado e com as mesmas roupas de antes. Foi à casa de Rohde, ficou cerca de meia hora e disse outro adeus emotivo na porta. Rohde chamou Gacy, mas ele não voltou. Estava chorando.

De volta ao posto Shell, os policiais acompanharam de dentro dos carros outra rodada de apertos de mão e tapinhas nas costas. Lucas olhou constrangido para os dois homens. Gacy dava a impressão de que ia desmaiar a qualquer momento.

Na via expressa, a cabeça do empreiteiro começou a cambalear. Parecia um bêbado ao volante. Receando que pudesse tentar o suicídio batendo em um pilar da ponte, Albrecht emparelhou com ele. Viu que Gacy segurava algo contra o queixo, pensou que ele estivesse fazendo a barba e buzinou. O empreiteiro ergueu a cabeça e olhou para Albrecht, que viu de relance o objeto na mão dele: um rosário.

Gacy saiu da via expressa em Lawrence e virou na direção sul. Perto de um depósito de madeira, reduziu a velocidade, e Albrecht teve tempo de olhar em volta. Viu materiais de construção, cascalho, equipamento pesado — os pontos de referência que Kozenczak o tinha mandado procurar! Tudo ali batia com a descrição do tenente. Tinha tudo para ser o lugar indicado pela informante. Justamente quando contava sua descoberta a Hachmeister pelo rádio, Gacy acelerou. Minutos depois estava na casa de Chris Gray. Na rua, Dick Walsh tirava ferramentas do porta-malas de um carro e as atirava no chão.

"Entra", disse Gacy. "Quero te falar uma coisa."

"Não!", respondeu Walsh, categórico. "Estou cheio de problema com a minha esposa, minha mãe, minha família. A polícia tá todo dia aqui. A gente não aguenta mais. Não tenho mais o que falar contigo, não!", e continuou empilhando ferramentas no meio-fio.

"Por favor", Gacy implorou. "Pode ser a última vez que você vai me ver."

Walsh o ignorou por um momento, depois finalmente cedeu. Gacy não ficou muito tempo na casa de Gray. Quando saiu, Albrecht perguntou o que estava acontecendo.

"Ele tá muito chateado", respondeu o rapaz, voltando para o carro. "Não quero arrumar mais problema."

Gacy saiu com Gray, foi até os policiais e disse que precisavam encontrar Stevens no Di Leo's, um restaurante na região noroeste de Chicago. Se importavam se ele fosse dirigindo? Não se importavam, mas recomendaram prudência a Gray.

Era meio-dia quando chegaram ao restaurante, cujo estacionamento estava lotado. Gray parou em frente a um posto de gasolina do outro lado da rua, ensanduichado entre as duas viaturas. Lang tinha acabado de chegar com Schultz e Robinson e, enquanto Gacy foi falar com o advogado sob o toldo do restaurante, os policiais fizeram a troca de turno. Hachmeister e Albrecht pegaram o carro de Lang para voltar à delegacia. Gacy ainda falava com Stevens quando Gray foi até o veículo onde estava Schultz. Parecia atordoado.

Gacy estava muito deprimido, disse ao policial. Tinha tomado comprimidos a manhã toda. Estava se despedindo de todo mundo. Agora era a vez de Stevens.

"Deprimido por quê?", perguntou Schultz.

"Acho que não dormiu", respondeu Gray, "e disse pros advogados que matou mais de trinta pessoas."

Os olhos de Schultz se arregalaram. "Para onde ele vai, depois daqui?", perguntou, exaltado.

Segundo Gray, Gacy queria ir ao cemitério se despedir do túmulo do pai. "Estou morrendo de medo desse cara tentar se matar e me matar junto. Por favor, não perde a gente de vista!"

Schultz pegou o rádio e chamou Lang: "Solicito que volte imediatamente. Tenho informações importantes." Vendo que estava com pouca gasolina, o policial deu ré até uma bomba vazia no posto.

Gray foi até o carro de Robinson e repetiu o que tinha dito a Schultz, reiterando que temia por sua própria segurança. A conversa foi interrompida por Gacy, que voltava do restaurante: "Vamos", disse ao rapaz.

Robinson entrou em seu carro, que estava parado em frente ao de Gacy, e torceu o corpo para ver que direção Gray tomaria. O rapaz manobrou e seguiu em frente. Robinson se posicionou logo atrás.

"Não desgruda dele!", disse a voz de Schultz pelo rádio. Robinson olhou pelo retrovisor: o parceiro ainda estava abastecendo.

• • •

Na madrugada de quinta-feira, quando Albrecht e Hachmeister começavam a vigília noturna no escritório dos advogados de Gacy, eu disse a Hein e Bedoe que tínhamos elementos suficientes para outro mandado de busca. Só não estava disposto a redigi-lo tão tarde. Achava melhor descansar primeiro. Em vez disso, fomos tomar cerveja e conversar sobre nosso progresso até então.

Tínhamos quase certeza de que Gacy se livrou do corpo de Rob na noite de terça-feira, 12 de dezembro — quando chegou horas atrasado à conversa com Kozenczak —, e, quando finalmente apareceu, tinha lama nos sapatos. Contudo, no dia seguinte, a equipe de busca não encontrou nenhum sinal de escavação no vão sob a casa, que aliás não se encaixava na descrição da informante anônima. Sabíamos, pelo que Gray nos contou, que havia algo naquele vão — existiam indícios de autoria e materialidade para uma busca, e talvez encontrássemos alguns corpos. Mas a versão dele não revelava nada sobre Rob Piest. Por outro lado, tínhamos o recibo das fotos, que confirmava a presença de Rob na casa de Gacy logo após seu desaparecimento.

Fomos e voltamos no assunto. Sempre que um de nós pensava ter montado o quebra-cabeças, alguém dizia: "Pois é, mas e...?" e nos confrontava com uma evidência contraditória. Além disso, estávamos sob pressão, a apenas um dia da audiência do processo por constrangimento ilegal e uma provável liminar de afastamento. Era preciso agir. Eu disse a Hein e Bedoe que voltaria a trabalhar no mandado de busca às 8h.

Sob a luz clara da manhã, o recibo das fotos ainda parecia nossa melhor cartada. Eu esperava que o envelope com as fotos de Kim Byers saísse naquele mesmo dia. Pretendia mandá-lo ao laboratório de criminalística para compará-lo ao canhoto e ver se batiam. Isso nos daria a vantagem jurídica de ter o relato de Kim corroborado por especialistas. O argumento conclusivo, no entanto, estava bem debaixo do meu nariz, na delegacia de Des Plaines.

Um dos meus assistentes, Larry Finder, e Kozenczak disseram que Schultz tinha acabado de revelar algo muito interessante. Após uma noite insone, Schultz chegou à delegacia de manhãzinha na esperança de encontrar o tenente, a quem queria contar sobre o cheiro que tinha sentido no banheiro de Gacy dois dias antes.

O relato dele sem dúvida nos ajudaria a conseguir o mandado, mas eu precisava ter certeza de que tínhamos uma base jurídica sólida. Schultz estava na casa de Gacy legalmente? Sim, tinha sido convidado a entrar. A jurisprudência recente sobre a maconha havia endurecido as normas quanto ao que um policial podia dizer sobre odores na qualidade de especialista. Perguntei como era o cheiro, onde o sentira antes, quantas vezes e assim por diante. Um juiz poderia questionar, por exemplo, como ele sabia que não eram pombos mortos. Os quarenta e tantos anos de visitas de Schultz ao necrotério do condado me convenceram. Vamos redigir o mandado, decidi.

Bedoe começou o rascunho, mas o cansaço era tanto que o texto saiu cheio de erros. Além disso, eu sabia que precisaríamos de orientação jurídica especializada. Sentei-me com Finder, um bom advogado, e expliquei em linhas gerais nosso objetivo. Identificaríamos Rob Piest como vítima e especificaríamos o crime como homicídio. O canhoto do recibo seria o principal indício de autoria, e o relato de Schultz sobre o odor de morte respaldaria nossa tese. Kozenczak assinaria a queixa-crime. Anexaríamos o primeiro mandado como prova de que um juiz já dera crédito à nossa investigação.

Nesse meio-tempo, Kozenczak soube que a Nisson havia recebido o envelope com as fotos de Kim Byers e enviou Adams e Pickell para buscá-lo. Quando comparei as bordas rasgadas do envelope com as do canhoto, não tive dúvidas de que eram pedaços do mesmo papel. O cientista forense George Dabdoub, do laboratório de criminalística, emitiu um laudo no mesmo dia com a confirmação. Prestativo, Dabdoub também opinou que a garrafinha marrom obtida na primeira busca tinha um cheiro parecido com o de clorofórmio.

Pelo rádio no escritório de Kozenczak chegavam vozes agitadas. Gacy quase escapulira outra vez e agora era perseguido pelas três viaturas da equipe de vigilância.

• • •

Ao receber a mensagem urgente de Schultz, Lang voltou em disparada para o restaurante. Pouco antes de chegar ao posto de gasolina, Gray e Robinson passaram por ele na direção oposta. Enquanto Lang manobrava, Albrecht saltou para fora do carro e correu atrás da viatura de Schultz, que já se afastava das bombas de gasolina. Com pancadinhas no porta-malas, conseguiu fazer com que Schultz parasse e entrou. O parceiro explicou depressa o que Gray tinha lhe contado e depois passou os detalhes ao sargento pelo rádio. Lang e Hachmeister ocupavam agora a terceira viatura na caçada. Enquanto tentava operar o rádio, Schultz dirigia de maneira tão errática que Albrecht pegou o aparelho e disse a ele que se concentrasse na direção. Schultz atravessou o movimentado cruzamento da Elston com a Milwaukee a 96 km/h.

Com receio de que Gacy tentasse o suicídio, Lang pediu orientações à delegacia pelo rádio: deveriam prendê-lo? Após alguns instantes, Kozenczak respondeu: "Se tiverem motivo para uma prisão, podem prender. Caso contrário, fica a critério de vocês." Lang disse que não tinham base para isso.

"Temos a maconha!", disse Albrecht de repente. "Deve estar com o Dave." Àquela altura, Schultz já tinha alcançado as outras três viaturas. Trocou de faixa, acelerou e, quando conseguiu emparelhar com o carro de Lang, Albrecht gritou para Hachmeister, que estava no banco do passageiro:

"Dave, cadê a maconha?" Muitos pedestres observavam desconfiados o novo e ainda maior comboio do circo.

"No meu bolso", respondeu Hachmeister, e explicou o incidente no posto de gasolina a Lang, que depois repassou a história a Kozenczak pelo rádio.

Nós monitorávamos a conversa na delegacia. Kozenczak se virou para mim como se dissesse: E agora? Ah, meu Deus, pensei. O mandado de busca estaria pronto dali a duas ou três horas, e eu tinha certeza de que garantiria uma prisão por homicídio mais tarde. Por outro lado, naquelas circunstâncias, era possível que Gacy matasse alguém ou cometesse suicídio. Se o detivéssemos por causa da maconha, eu teria que enfrentar os advogados dele. Conseguiríamos mantê-lo preso? A pressão era enorme. Os cinco ou dez segundos que fiquei ali, processando todas as variáveis em minha cabeça, pareceram uma eternidade. Por fim eu disse a Kozenczak: "Tá bem. Prendam ele."

Às 12h15 daquele 21 de dezembro de tempo limpo e ensolarado, na esquina da Milwaukee com a Oakton, em Niles, os quatro agentes da vigilância e seu comandante se lançaram sobre a presa. Ao longo de oito dias e noites, as duas equipes monitoraram o suspeito, cada uma convencida de que levava ligeira vantagem sobre a outra, de que seria sua a glória final de colocar as algemas em Gacy. Desde o início, o empreiteiro jogava os policiais uns contra os outros, dizendo aos agentes da manhã que eram incríveis, enquanto os outros eram uns idiotas. À noite, os papéis se invertiam. Agora, porém, toda rivalidade desaparecia enquanto os cinco encenavam o ato final do drama policial para uma plateia espantada de motoristas e clientes de um McDonald's.

Schultz fechou Gray pela esquerda. Robinson e Lang pararam atrás do carro, e os cinco agentes cercaram o veículo, com Robinson e Hachmeister já mostrando as armas.

Robinson abriu a porta do lado do passageiro. "Sai do carro, John. Você tá preso", comunicou o policial enquanto encostava a pistola no ouvido direito de Gacy. Hachmeister, em geral comedido, se aproximou e soltou uma torrente de palavrões. "Te pegamos, bundão", disse cuspindo as palavras.

Surpreso e magoado, Gacy respondeu: "Qual é o problema? O que que eu fiz?"

Os policiais debruçaram Gacy sobre o porta-malas do carro e o revistaram. Hachmeister apreendeu alguns comprimidos em um recipiente sem rótulo. Robinson algemou Gacy e o colocou no banco traseiro do carro de Schultz. Gray foi instruído a acompanhá-los no carro do empreiteiro. Então, como se fossem a procissão triunfal da história infantil "Pedro e o Lobo", seguiram para a delegacia.

No caminho, Gacy falava como alguém traído por seus companheiros. "O que está acontecendo?", perguntava repetidas vezes. "Poxa, já somos amigos tem tempo. Não dá pra abrir o jogo comigo?" Schultz, que dirigia ao lado de Albrecht, disse que não era nada pessoal, mas tinham ordens de não falar com ele naquele momento. Tudo seria explicado na delegacia. Em seguida, como era de praxe, Albrecht informou Gacy de seus direitos.

Hachmeister e Robinson foram ao posto Shell ouvir a versão de Jacobson sobre o incidente com a maconha e levá-lo à delegacia para prestar depoimento. O rapaz disse que inicialmente recusou os baseados, mas, enquanto contava o troco para outro cliente, Gacy pôs o pacote em seu bolso. Em vez de fazer uma cena, esperou o empreiteiro ir embora e entregou o pacote a seu chefe.

Na delegacia de Des Plaines, o clima era de empolgação com uma pitada de confusão. Não esperavam John Gacy tão cedo e, agora que ele estava lá, não sabiam muito bem *por que* o haviam detido. Enquanto Kozenczak fazia uma reunião em sua sala para expor os fatos e obter uma visão mais clara da situação, Robinson tirava fotos e colhia as impressões digitais de Gacy.

Embora considerasse preferível que tivessem adiado a prisão para manter os advogados de Gacy longe pelo maior tempo possível, eu estava satisfeito com aquele desfecho. Fornecer maconha era crime, e eu sabia que com isso seria possível segurar Gacy até a execução do mandado de busca. Também tínhamos o frasco sem rótulo com quarenta comprimidos — ao que tudo indicava de Valium — que Hachmeister apreendera com ele. Mesmo que os advogados pressionassem por sua soltura, ainda dava para mantê-lo preso por umas 36 horas por suspeita de assassinato.

Foi então que um mau funcionamento nos nossos equipamentos, em vez de nos atrapalhar, acabou ajudando. Em Illinois, todo suspeito de cometer um crime, ao ser detido, tem as impressões digitais colhidas e enviadas por fax a Springfield, onde são comparadas com os arquivos de Illinois e com os do FBI para garantir que a polícia está com a pessoa certa sob custódia. Além disso, um suspeito não pode ser liberado sob fiança até que as impressões sejam recebidas e colocadas no arquivo para consulta futura. Naquele dia, o fax de Des Plaines estava com defeito, o que veio bem a calhar, já que atrasou a entrada de Gacy na prisão.

Lang queria tentar algo diferente caso tivéssemos que liberar Gacy e voltar a vigiá-lo. Dias antes, havia me procurado com a proposta de instalar um rastreador no carro do empreiteiro. Trata-se de um dispositivo que emite um sinal constante que pode ser facilmente monitorado. O aparelho seria de grande ajuda nos momentos em que Gacy driblava a vigilância, e permitiria aos policiais dirigir a velocidades mais moderadas. Para instalar o equipamento, claro, seria necessária uma autorização judicial.

Em meio a tanta agitação, não pude correr atrás da autorização, mas Lang tomou a iniciativa e providenciou com o Departamento de Segurança Pública de Illinois para que Springfield nos mandasse uma unidade. O aparelho chegara naquela mesma tarde.

Lang e Schultz aprenderam a manejá-lo em um curso relâmpago de uma hora, quando o normal seriam quarenta. Depois instalaram o dispositivo no carro de Albrecht e disseram a ele e Hachmeister que dessem o fora. Se desse certo, seria possível encontrá-los. Hachmeister, fulo da vida porque não tivera tempo de terminar a papelada relacionada à prisão de Gacy, achava que o rastreador era perda de tempo e acatou a ordem sob protestos.

Os dois policiais foram até uma faculdade ali perto, estacionaram e esperaram. Lang e Schultz os encontraram rapidamente. Em seguida, Albrecht foi para um edifício-garagem — que se erguia feito a muralha da China entre a ferrovia e a zona de prédios comerciais na região central de Des Plaines — e subiu vários patamares. Localizá-los foi mais difícil devido à interferência da estrutura do edifício. Hachmeister disse que estava de saco cheio e foi embora a pé. Atravessou os trilhos até a delegacia, onde continuou a cuidar da papelada. Lang finalmente encontrou Albrecht e o despachou em uma última viagem. Acharam o policial de novo, dessa vez tomando café na casa do irmão. Lang concluiu que o rastreador estava pronto para ser usado, caso fosse necessário.

Depois que Robinson terminou de fichar Gacy, eu disse a ele e a Schultz que se sentassem com o amigo deles, ouvissem o que tinha a dizer e o deixassem o mais à vontade possível. Os policiais lhe disseram que sabiam que alguma coisa grave o perturbava e que, se quisesse desabafar, prometeriam ser bons ouvintes. Gacy disse que não queria falar naquele momento, mas, quando fosse a hora, queria que Schultz conduzisse o interrogatório. "Vai lá e dá um jeito", ele avisou, "caso contrário não falo nada pra ninguém — e tenho muita coisa pra falar." A pedido do empreiteiro, o policial ligou para LeRoy Stevens e sugeriu que o advogado ligasse para Amirante.

Mais tarde, foi a vez de Jim Ryan se sentar a portas fechadas com Gacy em uma sala de interrogatório. Na maior parte do tempo, jogaram conversa fora, e Gacy parecia descontraído. Faltavam apenas quatro dias para o Natal, e o empreiteiro disse que odiava feriados. Ryan mencionou Rob Piest, cujos familiares estavam arrasados e teriam um Natal melancólico. Gacy disse que compreendia, mas que não havia nada que pudesse fazer por eles.

Estávamos correndo contra o tempo para terminar o mandado de busca. Embora o fornecimento de maconha fosse uma justificativa sólida para prender Gacy, eu não via muita possibilidade de detê-lo por suspeita de assassinato, já que nos faltava um corpo como prova material. Naquele momento, tudo dependia do que encontraríamos no vão sob a casa.

Continuei revisando o mandado, tentando deixá-lo perfeito. Liguei para o juiz Peters, que iria embora às 16h30. Tinha certeza de que a petição não estaria pronta até esse horário. Seria preciso tirá-lo de casa para assiná-la.

Quando Sam Amirante chegou à delegacia, nossa conversa correu como eu esperava.

"Porque prenderam o cara agora?", ele perguntou.

"Maconha", respondi.

Sam sacudiu a cabeça. "Olha, vocês só estão caçando mais problemas", ele disse. "Nós já ajuizamos a ação. Amanhã mesmo vai estar na Corte Federal do Distrito. Esses caras vão arranjar encrenca segurando ele aqui. Isso só configura mais constrangimento ilegal."

Sam me encheu de perguntas sobre o que planejávamos fazer. Mantê-lo na delegacia? Ir à casa dele? Estava sondando para ver o quanto sabíamos. Como já tínhamos terminado de fichá-lo, quis ver o cliente.

Amirante passou cerca de uma hora com Gacy. Enquanto isso, a atmosfera na Divisão de Investigações ia ficando carregada de expectativas em relação à busca. O vão sob a casa era nosso alvo principal, claro. Tovar, no entanto, estava obcecado com a televisão, cujo número de série ainda não tínhamos conseguido obter. Tive uma nova reunião com os detetives que participariam da operação, para orientá-los. Depois disse a Greg para avisar aos peritos e investigadores do condado que ficassem de sobreaviso.

Finalmente, cheguei ao texto que queria e o li para Peters por telefone, para garantir. Agora, só precisava ser datilografado novamente e receber um número. Eu estava explicando a Kozenczak como chegar à casa do juiz Peters quando me avisaram que Amirante queria falar comigo. Era urgente.

"Gacy está tendo um ataque!", ele me disse, nervoso. Seu cliente tinha dores no peito e no braço esquerdo e estava com dificuldade para respirar. Tovar e eu nos viramos para o rádio e dissemos em uníssono: "Chamem os paramédicos!". Minutos depois, ouvimos sirenes lá fora, e os socorristas chegaram correndo. Deitaram Gacy em uma maca, colocaram uma máscara de oxigênio sobre seu rosto e por fim o conectaram a um dispositivo de telemetria para que a equipe médica do Holy Family Hospital monitorasse seus batimentos cardíacos. Pickell foi junto na ambulância para fazer a segurança. Com um alarde de luzes piscantes e sirenes estridentes, partiram noite adentro. "Que bênção!", pensei.

"Viu só o que estão fazendo?", disse Amirante. "Vocês vão *matar* o homem!"

KILLER CLOWN
RETRATO DE UM ASSASSINO
TERRY SULLIVAN
PETER MAIKEN

"DAVE, EU QUERO ESCLARECER AS COISAS"

Um dos meus auxiliares na promotoria, Bill Ward, ficou intrigado com a tentativa de Gacy de visitar o túmulo do pai no cemitério de Maryhill em Niles. Viu pegadas na neve, perto da sepultura, que levavam à lápide, e atrás dela várias covas recém-cavadas, cobertas com tábuas. Ward se deu conta, animado, de que o entorno praticamente coincidia com os pontos de referência do diagrama no escritório de Kozenczak. Quando Bill voltou e descreveu o que tinha encontrado, topei voltar ao cemitério com ele outra hora naquela tarde de quinta-feira, assim que pudéssemos.

Não tivemos tempo até o mandado de busca ficar pronto, e nem pude tirar uma hora ou duas para fazer compras de Natal como planejara com Brett, o menino de onze anos que eu apadrinhara pelo programa Big Brothers Big Sisters.[1]* Brett e seu amigo George ficaram sentados na delegacia observando as atividades com grande interesse. À tardinha, eu e Bill colocamos os meninos no meu carro e fomos ao cemitério. Quando chegamos, George travou.

---

1   Programa no qual crianças em risco são orientadas por mentores voluntários que fazem o papel de irmãos mais velhos. [NT]

"Em cemitério é que eu não entro de jeito nenhum!", anunciou.

"Vai ficar no carro?", perguntei.

"Não, cara, não me deixa aqui", ele disse.

"Por que esse medo todo?"

"Se você se perder", disse George, "eles conseguem te achar. Mas não me enxergam no escuro." Entramos num acordo com promessas de andar de mãos dadas.

Assim que chegamos ao local, pensei: agora sim! Os pontos de referência batiam direitinho. Liguei a lanterna para iluminar uma área à beira de um laguinho e vi sinais de concreto recém-lançado coberto com palha. Lá estavam as covas recém-cavadas, justamente como Bill tinha descrito. Sem dúvida era esse o lugar que a informante anônima tinha em mente — o mesmo para onde Gacy nos levava antes de ser preso. Tínhamos acabado de decidir adiar as investigações até de manhã, para não apagar as pegadas, quando fomos interrompidos. Chegara pelo rádio de uma das viaturas de Niles que nos acompanhavam uma mensagem urgente dizendo para ligar para a delegacia. Kozenczak tinha voltado da casa do juiz Peters com o mandado de busca assinado, e o caminho estava livre para voltarmos ao nº 8213 da Summerdale. Consegui alguém para levar Brett e George para a casa e parti para a residência de Gacy.

Na delegacia, a Divisão de Investigações era como uma área de concentração de tropas antes da guerra. Bedoe se virou para Larry Finder e sugeriu que viesse junto. Larry não quis. Sua avó estava fazendo almôndegas com molho agridoce para o jantar. Não podia fazer essa desfeita. Além disso, duvidava que fôssemos encontrar alguma coisa, mas pediu que Greg ligasse em caso de necessidade. "Bem, homens de pouca fé, vocês vão se arrepender", disse Bedoe ao sair.

Robinson recebeu a notícia enquanto levava Chris Gray para casa. Gray tinha cooperado. Depois de levar o carro de Gacy para a delegacia, continuou esperando pacientemente. Estava bastante abatido, e o mínimo que podíamos fazer era lhe dar uma carona. Schultz chamou Robinson pelo rádio, a caminho da Summerdale. "O mandado está assinado", avisou ao parceiro. "Estamos indo para a casa do Gacy."

De seu carro, Kozenczak interrompeu rispidamente a transmissão, dizendo a Schultz que não queriam que aquilo fosse parar nas ondas do rádio. Era uma questão de tempo até a imprensa aparecer.

A casa na Summerdale estava rodeada por uma frota de viaturas policiais, tanto caracterizadas como descaracterizadas, algo inédito naquela rua tranquila. Três dúzias de policiais ainda visitariam o local antes de a noite terminar. A propriedade foi tomada por agentes da polícia de Cook, que tinham jurisdição em áreas que não eram públicas, e mais carros chegavam a cada minuto. A informação extraoficial era que, se só o corpo de Rob Piest fosse encontrado, o caso continuaria com a polícia de Des Plaines. Se houvesse mais cadáveres, a responsabilidade passaria a ser da polícia do condado.

Dentro da casa, os policiais removeram o alçapão que levava ao vão subterrâneo. O chão estava inundado; o cabo elétrico que alimentava a bomba de esgotamento estava solto. Um dos policiais ligou-o de volta na tomada. Mais acima, na sala com as fotos de palhaço e as plantas, uma plateia ansiosa esperava o nível da água baixar. Schultz apontou a lanterna para a abertura e depois para um emaranhado de fios que chamou sua atenção. Eram cabelos castanhos claros que tinham ficado presos embaixo do piso. Observando o closet acima do alçapão, os policiais viram que o varão de cabides tinha sulcos na madeira semelhantes àqueles deixados por um cabo de âncora em um poste de amarração de navio.

Enquanto isso, outros agentes vasculhavam a residência em busca de provas. Tovar e Kautz foram diretamente à suíte principal para comparar os números de série da televisão e do rádio-relógio. Giraram a TV na cômoda de Gacy e leram o número na placa de identificação. Era o aparelho que pertencera a John Szyc. Os policiais checaram o rádio. Mesma coisa. Schultz, Adams e outra meia dúzia de agentes fizeram uma busca meticulosa na garagem e no barracão de trabalho anexo. Acharam carteiras e identidades, bem como bijuterias e pedaços de madeira que pareciam manchados de sangue. Kautz descobriu mais documentos de identificação no sótão. No salão de jogos, Tovar encontrou um objeto que ninguém queria examinar muito de perto: um enorme vibrador incrustado com matéria fecal.

Também foram achadas fotos em que Gacy aparecia ao lado do prefeito de Chicago Michael Bilandic e da primeira-dama Rosalynn Carter. Um policial descontente com o cenário político murmurou que esperava que encontrassem o marido dela no vão. A temporada do humor negro tinha começado.

No escritório junto à sala com as fotos de palhaço, os policiais encontraram um monte de canetas esferográficas que Gacy tinha obviamente distribuído como brindes: faziam propaganda da PDM, de suas festas de verão e de sua candidatura à presidência de uma divisão regional da JC.[2*]

Depois de deixar a bomba de esgotamento ligada por cerca de dez minutos, os investigadores decidiram se aventurar pelo vão sob a casa. O perito Daniel Genty estava curioso sobre Gacy desde que visitou a residência dois anos antes, como policial, buscando pistas sobre uma adolescente fugida de casa. Durante a investigação, tinha ajudado a vistoriar os carros de Gacy e pedido para ser incluído na equipe de buscas caso conseguissem outro mandado. Dessa vez estava colocando macacão e botas de bombeiro, se preparando para descer com o investigador Phil Bettiker, um especialista em explosivos que já tinha atuado como perito criminal.

Uma vez lá embaixo, Genty foi engatinhando para o lado leste até um ponto exatamente embaixo da cozinha, onde viu tufos de cabelo saindo do chão. Ao apontar a lanterna refletora para o lado sudeste, percebeu uma longa depressão que lembrava o leito seco de um lago com rachaduras na cobertura amarelo-acinzentada de cal. Nas bordas havia falhas que revelavam uma linha fina de terra no perímetro da depressão. Algo tinha feito a cal assentar. Arrastando-se de bruços, passou por cima de um tubo preto de drenagem que descia do banheiro e chegou até o canto sudoeste da casa, onde o chão estava molhado e esponjoso. Levantou as botas e iluminou várias poças que ainda restavam. As duas menores eram de água limpa. Uma terceira continha um líquido arroxeado no qual fibrilavam centenas, talvez milhares, de vermezinhos vermelhos e filiformes, de uns dois centímetros, como criaturas em uma piscina de ondas. Quando iluminava a poça, os vermes logo se escondiam na lama.

Genty se ajoelhou, apoiou a lanterna na lateral do corpo e enfiou a pá no chão. Depois de puxar dois punhados de terra, viu bocados esbranquiçados de uma substância saponácea que emergia na superfície da água turva e que identificou como carne adipocera — tecido do corpo humano alterado quimicamente até virar uma espécie de banha após imersão em água. Chamou Bettiker para ver.

---

2 Junior Chamber of Commerce [Câmara Júnior do Comércio], mais conhecida como JC, uma organização internacional sem fins lucrativos dedicada ao desenvolvimento de jovens profissionais. [NT]

A escavação recente cheirava a esgoto. Acima dos investigadores, o assoalho estalava sob os passos de policiais que revistavam um quarto, e partículas de poeira e teias de aranha, desprendidos pelo movimento, flutuavam diante do facho da lanterna. Genty continuou cavando até que, a uns quinze ou vinte centímetros de profundidade, a pá provocou um som áspero, como se tivesse batido em um cano de esgoto. O perito remexeu um pouco a lama e finalmente trouxe o objeto à tona. Parecia um osso de antebraço, fisgado na altura do cotovelo. Alguns fios de cabelo tinham ficado presos na ferramenta. No momento em que desencavou o osso, o tecido remanescente estava rosado. Após alguns instantes em contato com o ar, ficou cinza.

Genty se virou para os policiais que espiavam pelo alçapão.

"Podem denunciar!", ele avisou.

"O quê?", perguntou Kozenczak.

"Encontrei."

"Como assim, encontrou um corpo?"

"Isso."

"É o Piest?"

"Acho que não. Tá aqui há muito tempo, já."

Bettiker pediu mais luz, e Karl Humbert, que estivera fotografando a casa, levou outra lanterna refletora para baixo. No instante em que foi ligada na tomada, as outras luzes no vão estouraram, deixando os três investigadores totalmente no escuro.

Enquanto os policiais no térreo procuravam a caixa de disjuntores, os três homens no vão se sentaram de cócoras em meio ao breu. O cheiro estava se tornando insuportável, e eles se atrapalhavam para vestir as máscaras antiodor. Trabalhando de macacão perto do quadro de distribuição de calor, Genty e Bettiker tinham começado a transpirar, e agora aguardavam sentados na escuridão fedorenta enquanto ouviam Tovar, do alçapão, imitar o pio de uma coruja.

Cinco minutos depois, a luz voltou.

Genty levou ao alçapão uma pá cheia com seus achados e ficou de pé.

"Que diabos é *isso*?", várias pessoas perguntaram.

"É um corpo", respondeu Genty.

"Como é que você sabe?"

"Tá vendo o cabelo preso aí?", Genty disse, apontando.

"Melhor chamar o médico legista", sugeriu um dos policiais do condado.

"Acho que esse lugar tá cheio de garotos", avisou Genty, abaixando e voltando para dentro do vão. Os três homens foram para o lado nordeste. Depois de tirar várias pás de lama, Humbert acertou algo sólido e puxou. Era uma rótula de joelho. A seguir, foram para o lado sudeste, onde Humbert desenterrou dois ossos longos, provavelmente da parte inferior de uma perna. Estavam totalmente pretos. Os investigadores decidiram aguardar a chegada do legista do condado, dr. Robert Stein, antes de mexer nos restos mortais. Eles saíram pelo alçapão.

Bettiker notificou o tenente Frank Braun, da polícia do condado, que supervisionaria pessoalmente a extração dos corpos, já que a magnitude do trabalho àquela altura ficou clara. Genty ligou para seu supervisor, o sargento Donald Des Re Maux, que ficou incrédulo quando o legista contou que eles podiam ter achado três corpos humanos e que, de acordo com um informante, poderia haver outros três enterrados embaixo da casa. Contudo, Des Res Maux, que tinha comandado a divisão de perícia criminal da polícia do condado no começo da década de 1970, confiava que sua equipe era plenamente capaz de atuar com autonomia e profissionalismo na sua ausência. Planejava viajar de férias de manhã cedo.

"Você vai viajar mesmo?", perguntou Genty, de pé ao lado do telefone, com as botas e o macacão sujos de lama.

"Claro", disse Des Re Maux. "Você é que vai tratar disso."

Mais ou menos às 23h, o dr. Stein chegou acompanhado de seu investigador, Frank Flannigan. Como médico legista, era o trabalho de Stein examinar os restos mortais, primeiro para determinar se eram humanos, e depois para declarar a vítima legalmente morta. Normalmente, trabalhava no Instituto de Patologia Forense Morris Fishbein, o necrotério de Cook. Naquela noite, no entanto, depois de ouvir o relato conciso de Braun — "Doutor, acho que esse é dos grandes" —, achou melhor ir ao local.

Stein vestiu um macacão descartável e entrou no vão com os investigadores, que lhe mostraram a rótula de joelho encontrada no canto nordeste.

"Sim", disse Stein, com sua voz aguda. "Parece mesmo um corpo humano." Humbert trouxe os ossos compridos. "Ah, com certeza é", afirmou Stein.

"Tem outro ali", avisou Genty. "Quer ir lá ver?"

"Não, já tá bom", disse Stein. "Já é suficiente. Já sei do que se trata."

Ficaram vários minutos sentados no que parecia a base sem uso de um alicerce. Passearam os fachos de luz pelo chão do espaço subterrâneo e pelas fundações da casa. Apenas a parte da frente, que fazia parte da planta original, tinha sido construída sobre o vão. A sala de jantar e a área de lazer nos fundos, erguidas sobre vigas apoiadas no chão, pareciam adições mais recentes. Saíram pelo alçapão e foram para a sala de jantar, onde se reuniram ao redor da mesa.

Stein anunciou que queria que a extração dos corpos fosse feita com o esmero de uma escavação arqueológica — ou seja, removeriam a terra ao redor dos restos mortais e depois eles seriam retirados com cuidado. O maior problema estava na execução do trabalho. O espaço era baixo demais, e ninguém esperava que os peritos fossem cavar ajoelhados. Alguns de nós cogitaram levantar a casa de suas fundações e movê-la para outro lugar. Alguém sugeriu escavar pela lateral da construção, a partir de um nível mais baixo. Também pensamos em arrancar o piso. O problema suscitava questões jurídicas e as complicações de ter que restaurar a residência às suas condições originais. Adiamos as decisões sobre o assunto para a manhã seguinte. A questão da segurança foi levantada, e decidimos postar policiais do condado dia e noite na casa, além de isolá-la contra invasões. Discutíamos como evitar que informações vazassem à imprensa antes que Gacy fosse formalmente acusado, quando de repente ouvimos uma comoção na porta. Tovar e Ron Russell, da polícia do condado, tinham interceptado um visitante. A maioria de nós o reconheceu, apesar de não ser um membro da comunidade policial: era Jay Levine, do Canal 7.

• • •

Enquanto a polícia fazia a busca no nº 8213 da Summerdale Avenue, Gacy se submetia a um exame minucioso no Holy Family Hospital, em Des Plaines. Os médicos, entretanto, não encontraram sinais de ataque cardíaco, e seus auxiliares opinavam com franqueza que o paciente, observado muito de perto, estava só fingindo. Pouco depois das 22h, Gacy foi liberado sob a custódia de Pickell e Hachmeister.

Kozenczak tinha acabado de dizer a Hachmeister por telefone que corpos tinham sido encontrados na casa de Gacy e que era necessário vigiá-lo de perto. Hachmeister apertou as algemas nele com gosto e disse às enfermeiras que, se achavam que tinham se divertido aquela noite, que esperassem então até ver o noticiário no dia seguinte. O policial enfiou Gacy — que, para ele, estava mais para uma bolha de gelatina ambulante — no banco traseiro do carro de Pickell e em seguida entrou também.

Na delegacia, Pickell entrou com o carro na garagem da área de segurança, junto ao prédio principal, onde Albrecht se encontrou com eles. Enquanto levavam Gacy para dentro, Hachmeister desandou a falar.

"Muito bem, seu bundão, acabou a brincadeira", o policial disse. "Você tá preso por homicídio. Achamos os corpos."

Fizeram uma revista íntima para ver se ele carregava alguma droga, sem desconsiderar o efeito humilhante do ato. Segurando seu rosário, Gacy ficou parado, sem reação, com os ombros caídos e a barriga protuberante. Tomaram suas roupas e lhe entregaram o uniforme que usaria como detento. Gacy pediu que o deixassem ficar com o rosário. A permissão foi dada. Quando o empreiteiro se sentou no banco baixo da sala de segurança, Albrecht leu num cartão os direitos dele. Gacy confirmou que tinha entendido, depois leu e assinou, com as mãos trêmulas, uma declaração de renúncia de direitos. Hachmeister foi chamado e saiu.

Gacy suspirou e disse a Albrecht que sabia estar liquidado desde que falou com os advogados na noite anterior. "Vocês desceram no vão?", ele perguntou baixinho. Albrecht fez que sim. "É pra isso que servia a cal", ele revelou.

"Como assim?", perguntou Albrecht.

"A cal era pra umidade do esgoto — e pro que vocês encontraram lá", explicou, acrescentando que havia quatro Johns diferentes, e que ele não conhecia a personalidade de todos.

"Quantos corpos estão lá embaixo?", perguntou Albrecht.

Gacy sacudiu a cabeça. "Não sei direito", disse.

"O garoto da Nisson tá lá?"

"Não, ele não tá lá", respondeu, acrescentando que seria difícil dar uma localização exata, mas saberia encontrá-lo.

Hachmeister acenou para Albrecht pelo vidro da porta e, quando o parceiro saiu para o corredor, disse que Lang não queria que falassem com Gacy.

"Ele assinou a renúncia! Não tem problema!", retrucou Albrecht, indignado.

Eu tinha acabado de voltar da Summerdale, e, quando Hachmeister me falou da ordem de Lang, não hesitei em ignorá-la. "Volta lá pra extrair o máximo possível dele", pedi ao policial.

Quando a dupla voltou para falar com Gacy, Hachmeister abrandou o tom. Não queria ser excluído de futuras confissões.

"John, desculpa ter explodido", disse o policial. "Estou sob pressão e perdi um pouco a cabeça."

"Tudo bem, eu entendo", respondeu Gacy. Levantou o olhar para Hachmeister. "Dave, eu quero esclarecer as coisas", garantiu. "Já sei que acabou a brincadeira. Usei a cal pra encobrir o cheiro. Os corpos estão há muito tempo lá embaixo. E tem mais fora do terreno."

Os policiais olharam para ele por um momento, sem dizer nada. "Mas por que você matou essas pessoas?", perguntou Hachmeister.

Gacy parecia imerso nos próprios pensamentos. Por fim, declarou: "Sou bissexual, não homossexual. Nunca usei força. Foi sempre com consentimento. Nunca forcei ninguém, porque não tenho força pra brigar — até porque tenho problema no coração."

O empreiteiro ia se tornando menos introspectivo, e retomou a atitude questionadora. "Quem mais tá na delegacia?", perguntou. "Tem mais gente envolvida."

"Direta ou indiretamente?", indagou Albrecht.

"Diretamente", disse Gacy. "Eles participaram."

Os policiais perguntaram de quem se tratava.

"Meus colaboradores", Gacy respondeu.

"Está falando de Walsh e Gray?", perguntou Hachmeister.

"Isso, Walsh e Gray", ele confirmou. "O Gray tá aqui?" Antes que os policiais pudessem responder, Gacy tinha outra pergunta: "Como vocês sabiam que tinha cadáveres no vão?"

"John. A gente estava na vigilância. Não sabemos o que os outros estão fazendo, e não vimos o mandado de busca."

Gacy se endireitou e olhou nos olhos de Albrecht. Sua velha arrogância tinha voltado. "Mike, você sabe que não vou ficar muito tempo na cadeia", ele falou. "Não vou passar nem um dia na cadeia por causa disso."

"Explica melhor essa conversa", pediu Albrecht. Gacy deu de ombros.

Schultz entrou na sala. "Bem, John, imagino que você tem muita coisa pra desabafar", ele começou dizendo. "Ainda quer falar com a gente?"

Gacy respondeu que tinha muito a dizer, mas pediu que fossem para outra sala, porque estava com frio. Os homens pegaram cadeiras e se mudaram para a sala vizinha, onde ficava a central telefônica.

"John, onde está Rob Piest?", perguntou Schultz. Gacy olhou confuso para ele.

"O garoto da Nisson", Albrecht interveio.

"Ah. Eu não sabia o nome dele", respondeu Gacy. "Não, ele não tá no vão."

"E onde ele tá?", indagou Hachmeister.

"Não sei", disse Gacy. "Não carreguei ele."

"E quem carregou?"

"Não posso dizer", falou o empreiteiro. "Mas vocês vão descobrir quando LeRoy chegar. Ele sabe. Contei tudo pros meus advogados ontem à noite."

"Sabe, John, você não precisa falar com a gente se não quiser", avisou Hachmeister.

"Sei disso", garantiu Gacy.

"John, lembra de quando seu pai morreu?", Albrecht perguntou. Gacy disse que sim. "Você não pôde ir ao enterro, né?" Gacy confirmou. "E o pessoal da prisão só te informou depois que ele já tinha sido enterrado. Não foi perto do Natal?" Gacy assentiu com a cabeça e falou que tinha ficado muito aborrecido com aquilo. "Bem, é por isso que queremos achar o corpo de Rob Piest — para a família."

"O corpo tá num lugar que fica a uma, uma hora e meia de carro daqui", revelou Gacy. "Mas vocês nunca vão encontrar."

"Bem, é só você me dizer onde tá", propôs Albrecht, "e se eu não conseguir encontrar, vou te dizer, John, que não consegui encontrar, e que você tinha razão." Albrecht percebeu na mesma hora sua sintaxe truncada e se arrependeu de ter quebrado o ritmo do interrogatório. Hachmeister veio em seu auxílio.

"O corpo tá acima do chão ou enterrado?", perguntou.

"Acima do chão", respondeu Gacy.

"Como ele morreu?", perguntou Hachmeister.

"Todos foram estrangulados", afirmou Gacy. "Nenhum deles foi torturado." Explicou então como conseguia que suas vítimas algemassem a si mesmas e depois revelava que o truque era ter a chave.

Quanto a Rob Piest, o empreiteiro disse ter colocado uma corda no pescoço do jovem e torcido duas vezes quando o telefone tocou. Rob ainda estava de pé quando Gacy saiu da sala para atender. Quando voltou, estava no chão, convulsionado, todo molhado de urina. Gacy pegou o corpo e o colocou em cima da cama. "Nessa hora", falou, "senti que ele tava morto."

Às 23h30, o sargento Lang apareceu na porta e disse que teriam que se mudar para outra sala, fora da área de segurança. Uma vez realocados, Gacy anunciou que a conversa terminaria em quinze minutos.

"Nós não te pressionamos, né, John?", perguntou Hachmeister.

"Não, tudo que falei foi de livre e espontânea vontade." Mencionou então "Jack", uma de suas outras personalidades, e comentou que Jack não gostava de homossexualidade. Schultz, intuindo que o empreiteiro preparava o terreno para alegar insanidade mental, procurou mudar logo de assunto.

"Mas por que matar?", perguntou.

"Porque os garotos vendiam o corpo por 20 dólares. Eles que se mataram", disse Gacy.

"Como se estrangulariam sozinhos?", indagou Schultz.

"Por causa do que faziam", justificou Gacy. "Eles puseram a corda no próprio pescoço. Eles que se mataram."

"Mas por que você não enterrou todos embaixo da casa?", Schultz perguntou. Seu tom era de admiração: "Seu plano era ótimo. Ninguém te descobriria."

"Por causa do meu problema no coração", disse Gacy. "Eu não conseguia mais cavar sepulturas. Além disso, não tem mais espaço no vão."

Lang voltou às 23h45 e pediu para falar com os policiais. O interrogatório tinha terminado.

Na Divisão de Investigações, os três agentes da vigilância relataram o que tinham descoberto, ao mesmo tempo em que reclamavam das interrupções de Lang. Enquanto isso, Greg Bedoe e Earl Lundquist, outro policial do condado, mostravam a Gacy fotos de algumas das possíveis vítimas. Ele identificou três jovens pelo nome: Butkovich, Godzik e Szyc ("o cara com o nome engraçado. Vocês vão morrer de rir com essa história"). Após alguns minutos, no entanto, Gacy declarou que só falaria mais na presença dos advogados. Os policiais responderam que ele provavelmente seria orientado a se calar depois de falar com os advogados, e tentaram persuadi-lo a continuar. Gacy não arredou o pé. "Meus advogados trabalham para mim", ele justificou. "Eles vão fazer o que eu disser. Podemos esclarecer muita coisa, chegar ao fundo dessa história, mas quero que meus advogados estejam presentes."

Apesar de ser bem mais de meia-noite, a delegacia estava movimentada. Pela Divisão de Investigações perambulavam promotores auxiliares, policiais do condado e até patrulheiros noturnos de Des Plaines, que tinham sido dispensados às 23h45. Alguns policiais discutiam sobre como extrair os corpos na Summerdale, enquanto outros catalogavam provas e escreviam relatórios sobre os acontecimentos do dia. Enquanto eu tentava destrinchar as ocorrências caleidoscópicas das últimas 24 horas, comecei a pensar em conseguir outro mandado de busca pela manhã para garantir que a operação de extração dos corpos estivesse dentro da legalidade.

Além disso, me envolvi em um jogo de gato e rato com Sam Amirante. O advogado de Gacy estivera na casa durante a busca, e Bedoe o mandou embora de uma maneira não muito educada. Portanto, ele não estava a par das nossas descobertas. Na delegacia, nas duas ou três vezes que nos falamos, um tentava descobrir o que o outro sabia. Até que decidi abrir o jogo e falei que tínhamos encontrado corpos. Sam se sentou, boquiaberto, desviando o olhar e balançando a cabeça, incrédulo. Eu sabia que Gacy lhe havia feito uma confissão na noite anterior; Sam com certeza esperava que eu dissesse que seu cliente andava mentindo.

LeRoy Stevens chegou, e os dois advogados foram conduzidos à sala onde seu cliente estava. Enquanto os três conversavam, tentei traçar nossa estratégia. Sabíamos que Gacy queria falar, mas não sabíamos se os advogados dele deixariam.

Eu tinha um estenógrafo de prontidão, caso Gacy decidisse prestar um depoimento formal, mas estava relutante. Gacy poderia colocar o que quisesse em seu relato — inclusive toda a questão de múltiplas personalidades —, e seus advogados poderiam exigir que fosse feito um registro oficial. Nesse caso, eu seria forçado a decidir se aceitava o risco para a acusação ou se prescindia de novos depoimentos, o que também trazia desvantagens: embora não estivéssemos buscando uma confissão nessa etapa, queríamos informações que nos ajudassem a encontrar Rob Piest e outras vítimas.

Enquanto esperávamos notícias dos advogados, procuramos decidir quem tomaria um eventual depoimento de Gacy. Todos queriam tomar parte dos procedimentos, mas a seleção tinha que ser restrita, de preferência aos policiais que gozavam do apreço e da confiança de Gacy. Depois de mais ou menos uma hora, o suspense acabou, quando Amirante saiu e anunciou, relutante, que John queria falar.

Felizmente, ele não pediu um estenógrafo. Decidimos mandar os quatro agentes da vigilância — Bob Schultz, Ron Robinson, Dave Hachmeister e Mike Albrecht, que tomaria notas —, além de Greg Bedoe e Earl Lundquist, representando a polícia do condado.

Em uma salinha de reuniões, sentado em uma mesa ao lado de seus dois advogados, John Gacy começou a depor aos seis policiais. Eram 3h30.

Segundo Gacy, tudo começou em 1974. Desde então, tinha assassinado trinta ou 35 rapazes, todos homossexuais ou bissexuais, todos prostitutos. Todos foram à casa dele voluntariamente, e todos foram assassinados lá. Já tinha perdido a conta de quantas havia enterrado no vão. Jogou os últimos cinco rapazes, mortos em 1978, no rio Des Plaines, a sudoeste de Chicago, da ponte na rodovia Interstate Highway 55. Achava que um deles tinha caído em uma barca. Todos, com exceção de um, ele matou enrolando uma corda no pescoço, dando dois nós e depois apertando a corda, como um torniquete, com um pedaço de madeira. Algumas vezes teve que apertar o nó mais de uma vez quando as vítimas davam sinal de vida. Em duas ou três ocasiões fez "dobradinha" — quando matava duas pessoas na mesma noite. Algumas das vítimas tinham convulsões por uma ou duas horas depois do "truque com a corda". Dentro do vão, ele ou encharcava os corpos com ácido ou derramava cal neles e os enterrava em covas rasas de trinta centímetros. Outras vezes, empilhava um em cima do outro. Jogava os pertences das vítimas no lixo. Avisou que os investigadores não conseguiriam encontrar todos os corpos — ele teria que mostrar onde estavam.

Os ouvintes não emitiam nenhum ruído. O único som era o do lápis de Albrecht riscando o bloco de anotações. Alguns policiais estavam sentados à mesa, outros de pé, e outros ainda sentados no chão da sala minúscula, apoiados contra a parede. Gacy falava como se fosse uma autoridade. Volta e meia se reclinava na cadeira e fechava os olhos. Tinha superado o cansaço, e suas palavras pareciam confiantes. A sala era toda de John Gacy, exatamente como ele queria.

Rob Piest não sabia o que o esperava, disse Gacy, mas queria dinheiro fácil. Fora até o carro dele para perguntar sobre um trabalho temporário de verão, dizendo que faria quase qualquer coisa para ganhar dinheiro — mas era mentira, disse Gacy sinistramente. Mais tarde, na casa do empreiteiro, o garoto estava com a mão na maçaneta quando falou: "Puxa, achei que você ia me matar". Gacy contou aos policiais que foi nesse momento que decidiu que o garoto não sairia vivo de lá. Rob perguntou por que Gacy estava colocando a corda no pescoço dele. Por que ele perguntou?, indagou o empreiteiro em uma pergunta retórica. Porque era burro, simples assim. Contou como tinha sido interrompido pelo telefone enquanto estrangulava o jovem, depois relatou a visita ao Northwest Hospital e à casa da tia, tal como fizera no depoimento da semana anterior.

Depois de dormir a noite inteira ao lado do cadáver, Gacy levantou às 6h e o transferiu para o sótão. Lá o cadáver permaneceu até durante a visita, na terça-feira, dos dois policiais, "Babaca" — como chamava Kozenczak — e Pickell. Depois que foram embora, ele tinha acabado de levar o corpo para baixo quando ouviu a campainha da porta dos fundos. Deixou o corpo no corredor e foi atender. Era Walsh, chamando-o para irem comprar uma árvore de Natal. Gacy disse que não podia ir, e o empregado foi embora. Em seguida, o empreiteiro levou o carro para os fundos, embrulhou o corpo em um lençol laranja e o colocou no porta-malas. Nessa hora, lembrou, estava "doidão".

Dirigiu no sentido sul da Tri-State Tollway até a Interstate 55. Ao chegar à ponte sobre o rio Des Plaines, viu uma barca passando embaixo e seguiu em frente. Depois fez o retorno e voltou na direção oposta. Quando começou a ouvir informes em seu rádio PX sobre uma viatura descaracterizada na ponte, deu meia-volta outra vez. Fez diversas ultrapassagens até concluir que os informes deviam estar se referindo a ele. Parou e jogou o corpo por cima do parapeito.

No caminho de volta para a cidade, descartou o lençol. Não sabia por que fizera isso, já que não havia sangue no tecido. Perdeu o controle do carro na Tri-State e caiu em uma vala. Um caminhão parou, mas o motorista não conseguiu ajudá-lo. Gacy suspendeu o carro com o macaco e pôs o estepe embaixo de uma roda, mas não conseguiu sair. Voltou para dentro do carro e logo caiu no sono. Por volta das 2h, um guincho parou e tirou o carro de lá. Foi até a delegacia de Des Plaines para falar com o "Babaca", mas descobriu que ele já tinha ido embora.

Gacy descreveu seus encontros com várias outras vítimas. A vítima anterior — Joe, de Elmwood Park — curtia sadismo e *bondage* e pediu 20 dólares a mais pelo que fez. Gacy só queria um boquete. Joe também foi parar no rio depois de ficar no porta-malas. Outra vítima, segundo Gacy, puxou uma faca, pegou dinheiro da carteira dele e depois disse que queria mais sexo. A atitude enfureceu o empreiteiro, que primeiro mostrou uns truques de mágica ao jovem e depois enrolou a corda no seu pescoço. Ele foi enterrado no vão.

Segundo Gacy, sua primeira vítima morreu esfaqueada. Ele era casado na época; a mulher estava fora. Os dois homens fizeram sexo, depois foram dormir. Ao acordar, o jovem foi para cima dele com uma faca e o atingiu com a lâmina no braço direito. Os dois lutaram, e Gacy conseguiu tirar a arma dele. Por fim, esfaqueou o sujeito até a morte e o enterrou embaixo da casa.

Muitos anos antes, segundo seu depoimento, Gacy tinha levado para casa um travesti, que dançou para ele. "Ele era muito esquisito", disse o empreiteiro. "Deus não pôs gente no mundo pra fazer isso." Gacy leu para ele um versículo da Bíblia: "Ainda que eu ande pelo vale da sombra da morte, não temerei mal algum". Torceu a corda duas vezes, depois terminou de ler o Salmo 23 para a vítima antes de dar o apertão derradeiro na corda.

Gacy contou que levou dois rapazes para casa uma vez. Disse a um deles que enrolaria a corda em seu pescoço três vezes, para que ficasse com o pênis ereto, e depois faria sexo oral nele. Torceu a corda até o jovem morrer. Foi ao outro quarto e avisou ao segundo rapaz que seu amigo estava morto. O garoto não acreditou. Gacy o levou algemado ao primeiro quarto e o estrangulou em frente ao corpo do amigo.

Vez ou outra um policial perguntava alguma coisa, mas na maior parte do tempo era Gacy quem falava, de forma ininterrupta e fria, sem transparecer remorso. A princípio fazia reiteradas e enfáticas alusões a Jack Hanley, sua "outra" personalidade. "Isso você tem que perguntar pro Jack", argumentava ao responder a uma pergunta. Ou dizia, como uma reflexão tardia sobre seus próprios comentários: "Isso quem falou foi o Jack". Conforme prosseguia, no entanto, mencionava "Jack" cada vez menos, e então passava um tempão sem citá-lo. Em dado momento, Stevens fez uma pergunta e acrescentou: "Não é mesmo, Jack?" Gacy nem registrou ter ouvido até que Stevens o chamasse de John.

Gacy disse que muitas vezes usava o nome Jack Hanley quando saía à caça de manhã cedo. Circulava por Bughouse Square, um parque na região norte de Chicago que já tinha sido ponto de encontro de radicais e esquisitões e agora tinha virado uma zona de prostituição homossexual. Dentro de seu carro preto, com os refletores ligados, vestindo sua jaqueta preta de couro, Gacy sempre convencia suas presas de que era policial, para que fizessem o que ele queria. Às vezes as ameaçava se identificando como Jack Hanley, o policial; às vezes dizia que podiam procurar por "Hanley" na prefeitura quando precisassem de ajuda.

Na Bughouse Square, Gacy não tinha que procurar muito para encontrar parceiros. Abordava algum jovem, oferecia um cigarro e perguntava se queria fazer uma festinha. A conversa passava então ao preço, que ia de cinco a 50 dólares. Gacy disse que teve encontros assim com 150 pessoas, e pagou todas as vezes. Emendou que nem sempre fazia sexo com os jovens que levava para casa. Às vezes só tiravam a roupa e ficavam conversando. Alguns tinham vidas sofridas. Esses, ele deixava ir. Até deu dinheiro para alguns. Quando faziam sexo, era sempre oral, a não ser que o parceiro consentisse fazer outra coisa. Nunca mexia com héteros.

Os livros apreendidos em sua casa, segundo Gacy, não eram seus. Ele não gastaria dinheiro nesse tipo de leitura. Só usava aquele material para estimular algumas de suas vítimas.

Ao longo dos anos, Gacy foi fixando um horário para a caçada. Depois de trabalhar o dia inteiro nas obras, às vezes até as 22h, saía tarde da noite. Depois de estabelecer os contatos, fazia sexo entre uma e três da manhã. Com exceção de duas vítimas, entre elas Rob Piest, todas morreram entre 3h e 6h.

Sobre uma coisa Gacy era categórico: ele *não* era homossexual. Na verdade, tinha grande medo de ser. Não gostava de gays, drags, nem dos bares que frequentavam. "Homem é homem", falou, "e, se não gosta de mulher, tem coisa errada com ele." Não curtia sadismo e masoquismo e achava que quem praticava essas coisas era muito estranho. Também não gostava de receber propostas. Uma vez enxotou um homem do carro porque ofereceu lhe sexo por 10 dólares. Gacy achou aquilo um insulto. *Ele*, John Gacy, era quem fazia as propostas. O dominador era sempre ele. Em relação aos que vendiam o próprio corpo, sentia o maior desprezo. Se mentiam para ele, ou eram gananciosos e tentavam extorqui-lo, sofriam as consequências.

Gacy mencionou Jeffrey Rignall e reconheceu que foi acusado de atacá-lo, embora não tenha dado muitos detalhes. Falou sobre seu envolvimento sexual com Gray e Walsh, que consentiam quando queriam algo dele. Contou sua versão da briga com Walsh no bar em Cicero, depois da qual foi hospitalizado. Descreveu os últimos momentos de uma vítima, provavelmente Szyc, que carregava o documento do carro. Disse que depois deu o veículo para Walsh.

O empreiteiro falou de outras vítimas, identificando-as ou por onde as conheceu ou de onde eram, mas disse que não conseguia lembrar de outros nomes além dos que os investigadores já tinham. Nesse sentido, Gacy ainda estava no controle, pois não deixava escapar nada. Disse, no entanto, que suas atividades não se restringiam ao vão da casa: John Butkovich estava enterrado na garagem.

Quando terminou o depoimento, mais ou menos uma hora antes de amanhecer, deixou o grupo de policiais atônito. Alguns estavam incrédulos. Trinta corpos. Seria possível? Ou Gacy estaria mentindo outra vez?

Bedoe não escondeu seu ceticismo. Aproximou-se do empreiteiro e pediu que relatasse de novo seu encontro com Rob Piest. Gacy manteve sua versão. O rapaz não tinha sido coagido a sair da Nisson com ele, e seu corpo de fato estava no rio Des Plaines. Um dos investigadores do condado ligou para a polícia estadual para ver se havia algum registro que corroborasse a história de Gacy de que tinha ficado preso na Tri-State Tollway na madrugada de 13 de dezembro. A resposta foi positiva. Assim descobrimos como a lama tinha ido parar no carro e no porta-malas do empreiteiro, e estávamos inclinados a acreditar que tinha jogado o corpo de Piest no rio.

Gacy estava agora na companhia da irmã mais velha em uma salinha de interrogatório. A seu pedido, um policial do condado a acordou e a trouxe de casa até a delegacia. A mulher chorava histericamente ao lado do irmão, implorando que dissesse à polícia tudo que sabia. Enquanto isso, Amirante, atordoado, andava sem rumo pelo corredor, e a força conjunta das polícias do condado e de Des Plaines planejava o próximo passo: a viagem à ponte na Interstate 55.

KILLER CLOWN
RETRATO DE UM ASSASSINO
**TERRY SULLIVAN
PETER MAIKEN**

"CÃES ATRÁS DO OSSO"

Larry Schreiner, que fora subdetetive em Chicago por muitos anos, naquela época era jornalista *freelancer*. Seus rivais diziam que era o tipo de cara que dormia com o rádio da polícia colado ao ouvido. Os repórteres que cobriam a investigação de crimes na região nunca ficavam frustrados por falta de material, e os acontecimentos daquela quinta-feira, 21 de dezembro, se tornariam mais um episódio lendário da crônica policial da cidade. Anoitecia, e Schreiner já preparava a reportagem bombástica do dia seguinte.

Ao ser contatado por um informante que tinha monitorado parte das transmissões de rádio naquela tarde, Schreiner já sabia alguma coisa sobre o caso Gacy. Como morava a poucos quarteirões da casa do empreiteiro, vinha acompanhando as transmissões da equipe de vigilância com crescente interesse. Lembrava-se também de um incidente em uma via movimentada, ocorrido um mês antes: seu carro foi fechado por outro, preto, com luzes vermelhas e brancas. Pensando que conhecia todos os políticos locais, consultou a placa e descobriu que o veículo estava registrado em nome da empresa PDM Contractors, localizada na Summerdale Avenue, nº 8213. Com o mesmo endereço agora sob vigilância, Schreiner viu uma matéria interessante começar a tomar forma.

Chegando à casa de Gacy pouco antes da meia-noite, o jornalista avistou um velho companheiro da polícia, que lhe disse: "Não posso falar nada, mas se eu fosse você, ficava aqui". Quando o grupo principal de investigadores foi embora, Schreiner bolou um esquema com o outro repórter na cena do crime, um fotógrafo *freelancer*. Enquanto o fotógrafo batia na porta da frente, Schreiner se esgueirou até a parte detrás da casa, ligou as lanternas refletoras de seu equipamento e fez algumas imagens pelas janelas com filme 16 mm. Depois, começou a sondar a vizinhança. Pela manhã, as imagens registradas por Schreiner apareceram em reportagens de Jay Levine no Canal 7 de Chicago e na rede ABC. O jornalista também entrou ao vivo no popular programa de rádio matutino da WGN de Chicago — apresentado pelo locutor Wally Phillips de 1965 a 1986 — falando do telefone em seu carro.

Na quinta-feira à noite, a redação do *Chicago Sun-Times* estava tendo dificuldades para conseguir informações confiáveis sobre o caso, então ligaram para a casa de seu repórter policial especial, Art Petacque, e pediram ajuda. Petacque sabia do desaparecimento de Piest por um colega que era vizinho da família, e deu alguns telefonemas. Conhecido por ter uma linha direta com a polícia do condado, conversou com uma fonte, que, por sua vez, entrou em contato com a polícia de Des Plaines e conseguiu o número de Gacy. Petacque telefonou para a casa do empreiteiro e falou com um policial do condado, um conhecido seu. O homem revelou que tinham achado dois corpos e que Gacy afirmara ter matado mais de trinta pessoas. Ao amanhecer, a edição final do *Sun-Times* alertava seus leitores para a história que dominaria a cobertura policial nas próximas semanas.

• • •

Na sexta-feira de manhã, quando Eugenia Godzik entrou na cozinha da modesta casa branca onde vivia com os pais no Northwest Side de Chicago, encontrou a mãe, que também se chamava Eugenia Godzik, em lágrimas. O rádio no balcão estava sintonizado no programa de Wally Phillips, que só falava em Gacy... corpos... Gacy.

"Gregory trabalhava pra esse homem", soluçava a sra. Godzik, angustiada. Gregory, um rapaz magro e bonito de dezessete anos, com longos cabelos loiros e olhos cinzentos, havia desaparecido fazia pouco mais de dois anos; na verdade, exatamente dois anos antes do desaparecimento de Rob Piest. Eugenia, a irmã seis anos mais velha, e os pais do jovem implicaram com ele por não os acompanhar à missa. Sabiam que Greg tinha acabado de fazer as pazes com a namorada, Judy Patterson, e planejava um encontro especial. As últimas pessoas a vê-lo, segundo relatos oficiais, tinham sido Judy e sua mãe, que se despediram dele na casa da garota pouco depois da meia-noite.

Como Rob Piest, Greg não tinha motivo para fugir. Era um garoto simpático, afetuoso e caseiro. Trabalhava desde o sétimo ano de colégio entregando jornal e cortando grama. No último ano do Ensino Médio na Taft High School, tinha se matriculado em um programa de trabalho educativo e planejava começar a faculdade no outono.

Também adorava animais e tinha muitos bichos estimação. Estava sempre cuidando de corvos feridos e gatos de rua. Para a irmã, era um cara fresco e sentimental. Chorava ouvindo "Auld Lang Syne"[1*] no Ano-Novo. Era muito afeiçoado à mãe, uma mulher de temperamento alegre que remendava de bom grado a jaqueta dos amigos do filho quando vinham de visita. Greg nunca saía de casa sem dar um beijo de despedida nela.

Embora tivesse passado um tempo brigado com Judy, era louco por ela e disse à mãe, entusiasmado: "Ela é a garota que eu amo, vou casar com ela". A mãe havia lhe dito para ir com calma, que ele era jovem ainda, e que o que tivesse de ser *seria*. Greg ficou eufórico quando Judy aceitou a reconciliação. Agarrou a mãe e dançou com ela, enquanto lhe contava sobre o encontro especial no sábado à noite. O garoto começava a se preocupar com sua aparência e pediu roupas e uma escova de cabelo especial de Natal. A família atendeu seus desejos. Agora, mais de dois anos depois, enquanto ela ouvia as notícias pelo rádio da cozinha, os presentes de Greg estavam em outro cômodo, ainda embrulhados.

Na manhã do dia 12 de dezembro de 1976, um domingo, Eugenia Godzik espiou o quarto do filho e viu que a cama ainda estava feita. Alarmada, correu até a sala de estar. Nenhum sinal de Greg. Telefonou para os amigos dele. Muitos tinham visto Greg e Judy pela última vez na noite anterior. A mulher ligou então para a polícia de Chicago e foi informada de que o departamento adotava a política de não fazer nada por 24 horas — afinal, os adolescentes fugiam aos milhares e, passado aquele período de um dia, muitos voltavam para casa.

---

1 Canção popular adaptada de um poema de Robert Burns que marca o início do novo ano em países de língua inglesa. [NT]

Mais tarde, no mesmo dia, a sra. Godzik estava em casa quando um amigo de Greg passou por lá e contou que alguém tinha visto o carro do garoto estacionado perto de uma *pet shop* em Niles. Era verdade: o Pontiac Catalina cor vinho ano 1965, que Greg tinha comprado por 80 dólares dois meses antes, estava lá, com as portas destravadas. Era uma indicação clara de que algo estava errado: o carro era o maior orgulho do jovem, e ele sempre o deixava trancado.

Os dois anos desde que Greg desapareceu foram de esperança e aflição para a família, em especial para a sra. Godzik, que, após o trabalho como supervisora da lanchonete de uma escola em Chicago, percorria cada avenida onde pensava ser possível encontrar o filho. Sem descobrir muita coisa com os amigos e colegas de escola de Greg, a mulher ligou para o patrão dele. Semanas antes de desaparecer, o rapaz chegou em casa com a notícia de que estava largando a madeireira onde trabalhava por 2,20 dólares a hora. Um empreiteiro chamado John Gacy lhe tinha oferecido 5,50 dólares a hora, além da promessa de trabalho no verão e a oportunidade de viajar para fora da cidade, onde o dinheiro era bem melhor, segundo diziam. A sra. Godzik não gostou nada da ideia de Greg trabalhar na construção civil e avisou que sair da cidade estava fora de cogitação. No entanto, Greg contou em casa como seu patrão era um cara legal, que se fantasiava de palhaço para entreter crianças e sempre dava uma Coca-Cola aos funcionários no fim do expediente. A mãe só ficou aborrecida de verdade com o novo trabalho do filho em uma ocasião, quando ele chegou tarde em casa, e a família já se sentava para jantar. "Onde você tava?", ela perguntou.

"Trabalhando na casa do Gacy", respondeu Greg. "A gente teve que cavar umas valas pra colocar canos."

Quatro dias após o sumiço do filho, a sra. Godzik telefonou para Gacy. O homem disse que Greg tinha deixado um recado dizendo que viria trabalhar no dia anterior, mas não aparecera.

"Como o senhor sabe que era o Gregory?", perguntou a sra. Godzik.

"Porque eu tenho a gravação", respondeu Gacy.

"A mensagem ainda tá gravada?"

"Não, eu apaguei."

Quando a sra. Godzik ligou de novo, Gacy disse que ainda devia dinheiro a Greg e que passaria lá para entregar a ela (o que nunca aconteceu).

Gacy tentou tranquilizar a mulher. "A senhora sabe como é essa garotada", comentou. "Eu contei pro Greg que fugi de casa quando tinha dezoito anos. Disse pra minha mãe que tava indo abastecer e sumi por sei lá quanto tempo. Vai ver aconteceu a mesma coisa com o Greg."

"Não é do feitio dele", comentou a sra. Godzik, angustiada.

"Não se preocupa, ele volta", disse Gacy.

Na última ligação para a casa do empreiteiro, quem atendeu foi um jovem, que já não via Greg fazia um tempo.

"O que você tá fazendo aí?", perguntou a sra. Godzik.

"Eu moro aqui", respondeu o jovem.

"Você não tem casa?"

"Não, não quero morar na minha casa."

"Mas sua mãe não quer você em casa? Eu não aguento ficar sem meu filho. Acho que seu lugar é em casa, não com estranhos."

"Ah, mas esse cara é bem legal comigo", respondeu o jovem.

As autoridades de Chicago realizaram diligências de rotina após o desaparecimento de Greg, mas não se mobilizaram muito depois que várias testemunhas da Taft High School informaram terem visto o rapaz. A polícia só procurou Gacy três meses depois. Certa vez, um jovem policial contou entusiasmado à sra. Godzik ter ouvido falar que um rapaz que batia com a descrição de Greg estava trabalhando em uma madeireira. Animada, a sra. Godzik foi conferir com os próprios olhos. Não era seu filho.

A mulher ligou para casas de ressocialização e todo tipo de instituição que pudesse acolher jovens fugidos de casa. A única a oferecer ajuda foi o Exército da Salvação. As demais a ignoraram, e ainda lhe disseram que ela não tinha o direito de solicitar informações confidenciais. Em desespero, a mulher recorreu a um detetive particular.

Anthony J. Pellicano Jr. era um homem esguio e narigudo, que certa vez declarou ao jornal *Chicago Tribune* ser "o melhor detetive da cidade". Pellicano estava na crista da onda. Ficou famoso revelando escutas ilegais, sua especialidade, e era reconhecido por ter encontrado o filho desaparecido de Yoko Ono. No dia em que a família Godzik o contratou para procurar Greg, o detetive deu outro golpe publicitário ao encontrar os restos mortais do artista Michael Todd, roubados dias antes de um cemitério em Forest Park. Ele fez a descoberta na presença da polícia e de um âncora de TV.

O sr. Godzik era despachante aposentado, e os rendimentos de sua esposa eram modestos. Os honorários de Pellicano pesariam no orçamento do casal. Contudo, acertaram um valor de 15 mil dólares, dos quais 5 mil seriam pagos em adiantamento e o restante quando Pellicano encontrasse Greg, vivo ou morto, dentro do prazo do contrato, que era de dois anos. "Não sei como vou te pagar 10 mil dólares", comentou a sra. Godzik ao detetive, "mas eu seria capaz de me matar de trabalhar pra você encontrar o Greg." A família juntou o que podia e pegou emprestado com a mãe da sra. Godzik o que faltava para completar os primeiros 5 mil.

Apesar da reputada competência de Pellicano, os Godzik estavam descontentes com ele desde o início. Embora o detetive tivesse avisado à família que não poderia prestar contas de cada passo seu, prometendo um relatório escrito apenas para quando sua missão estivesse cumprida, os Godzik sentiam que o profissional não se dedicava à investigação com a energia esperada. Achavam que Pellicano devia seguir as pistas fornecidas pelos amigos de Greg. O investigador diria mais tarde que tinha escolhido se guiar pelas informações recebidas de fontes na polícia. Os Godzik, por sua vez, insistiriam que haviam mencionado Gacy, enquanto Pellicano afirmaria que eles não só jamais o fizeram como teriam dito que Greg trabalhava em um posto de gasolina. A despeito de possíveis falhas de comunicação na época, a sra. Godzik continuou nutrindo grandes esperanças de que Pellicano encontrasse seu filho vivo.

Em meados de dezembro de 1978, Eugenia Godzik ficou triste ao saber do desaparecimento de Rob Piest. "Puxa, me sinto tão mal pela família", ela comentou com amigos. "Sei o que estão passando."

A última esperança veio no aniversário da sra. Godzik, um dia antes de as notícias sobre John Gacy tomarem conta do rádio. Ao chegar em casa de noite, depois de resolver um assunto qualquer, se deparou com a filha sentada na sala de estar na companhia de policiais. A boca da mulher se abriu em um sorriso radiante e ela perguntou ansiosa: "Minha nossa, vocês encontraram o Gregory?"

"Tenho más notícias", disse um dos policiais. "Sua casa foi roubada."

• • •

Com tímidos raios de sol a sudeste, um comboio de três carros partiu da delegacia em direção à ponte sobre o rio Des Plaines, na Interstate 55. Schultz tinha falado comigo antes, avisando que Gacy estava disposto a fazer a viagem, mas pedira um favor em troca: queria que a polícia o levasse ao cemitério de Maryhill para uma última visita ao túmulo do pai. "Fechado", eu disse a Schultz. Desde que fossem satisfeitos os requisitos de segurança, nos esforçaríamos ao máximo para atender ao pedido.

Faziam parte da comitiva Schultz e Robinson, Pickell, Bettiker e Sommerschield, além do próprio Gacy, seus dois advogados e sua irmã mais velha. O empreiteiro foi no carro de Schultz e Robinson. Cochilava o tempo todo e, nos momentos em que estava desperto, a conversa com os policiais era amena. Durante o percurso de oitenta e tantos quilômetros, o céu foi adquirindo um tom laranja brilhante ao leste, prenunciando que o dia mais curto do ano seria ensolarado e frio. Não tardou até que o fluxo de caminhões vindos da Costa Oeste se misturasse ao tráfego mais pesado da manhã.

Os veículos cruzaram a ponte na direção sul, depois pegaram o desvio na Arsenal Road para retornar às pistas no sentido norte. Uma patrulha da polícia estadual os esperava na ponte. Enquanto o patrulheiro desviava o trânsito, deixando apenas uma faixa livre, Gacy e a escolta policial desceram do carro. O vento soprava forte. Quando chegaram à quinta coluna estrutural, o empreiteiro parou, olhou por cima do parapeito baixo e apontou para a água, cerca de quinze metros abaixo. Robinson e Schultz o seguraram cada um por um dos braços, com receio de que saltasse. Gacy disse que havia sido ali que jogara o corpo de Rob Piest e outros quatro.

O rio sob a ponte tem cerca de noventa metros de largura. As margens estavam cobertas por camadas de gelo e neve, mas o curso principal estava livre. A superfície da água marrom, ligeiramente azulada, se encrespava com o vento forte que soprava do sudoeste. Enquanto os policiais espiavam por cima do parapeito, as longas sombras dos carros avançando contra o nascer do sol tremeluziam sobre eles. De repente, foram obrigados a voltar para os veículos.

O furgão de uma emissora de TV tinha estacionado a uns cem metros ao sul, e uma equipe de reportagem vinha correndo na direção deles com uma minicâmera. Os policiais empurraram Gacy para as viaturas e partiram às pressas. Enquanto se afastavam, olharam para trás e viram um repórter correndo ao lado da viatura do patrulheiro, tentando entrevistá-lo. Era Jay Levine.

Uma grande multidão de curiosos se aglomerava em frente ao nº 8213 da Summerdale, e a imprensa também estava lá em peso. A polícia tinha isolado a parte da frente da propriedade e erguido barreiras, restringindo o tráfego na rua a moradores e autoridades. Desde a busca, vários integrantes do alto escalão da polícia haviam passado pelo local. Nem sempre era possível reconhecê-los em uma cena do crime tão confusa, com várias jurisdições envolvidas. O subchefe Richard Quagliano, da polícia do condado, teve a entrada momentaneamente negada por um de seus próprios agentes, e o chefe Alfano, de Des Plaines, passou por situação semelhante. A casa já rangia sob os passos dos policiais de Des Plaines e do condado, e além do pessoal da medicina legal e da promotoria. Agora, os policiais de Chicago também começavam a aparecer para ver a terrível cena do crime situada tão perto de sua jurisdição.

Quando Robinson e Schultz chegaram com Gacy, o carro foi escoltado em meio à multidão na entrada até a garagem. Os repórteres e suas equipes se infiltravam pelas laterais dos jardins das casas vizinhas para ver o múltiplo homicida confesso. A polícia reagiu isolando toda a propriedade.

Cercado por vários agentes, Gacy foi levado à garagem e começou na mesma hora a se queixar da bagunça deixada pelos investigadores. Bettiker lembrou que ele estava lá para indicar a localização do corpo enterrado sob o piso. O grupo se dirigiu ao estreito barracão de trabalho voltado para sudeste. Ali, Gacy reclamou de novo da bagunça e foi arrumar prateleiras e armários. Os policiais notaram vários vidros com vaselina no meio do material de construção. Vendo que Gacy começava a mover ferramentas e barras de ferro de lugar, Bettiker mais uma vez lhe disse para se ater ao que viera fazer.

"O que você acha que tô fazendo?", explodiu Gacy. "Me passa alguma coisa pra fazer a marcação."

Um dos policiais entregou a ele uma lata de tinta spray preta. Não funcionava. Pegaram outra. O homem pintou então um grande quadrado no chão, com um X dentro. "Cavem aí", falou. Questionado se sabia quem era a vítima, respondeu: "John Butkovich". Assim como os outros, segundo Gacy, o jovem havia sido estrangulado. A cabeça estava voltada para o lado sul. O empreiteiro pegou uma marreta e deu pancadinhas sobre o ponto marcado, como que fazendo pontaria. Bettiker lhe disse que a polícia faria a escavação.

Então, em um gesto conciliatório, mandei que trouxessem Gacy para dentro, já que ele tinha manifestado preocupação com seu cachorro e suas plantas. O dono da residência explodiu de raiva quando viu a casa em desordem e rastros de lama no assoalho, dizendo que estava cooperando integralmente conosco. Já esperávamos algo assim, por isso o havíamos levado primeiro à garagem. Ficou andando para lá e para cá, tirou o casaco como se planejasse ficar, até que me cansei da palhaçada. "O que é que esse homem tá fazendo solto, passeando pela casa? Tratem de algemar ele!", gritei para dois policiais que passavam. Amuado, Gacy não deu mais informações. Mandei que o levassem de volta à delegacia.

Àquela altura, o número de telefone de Gacy, que não estava na lista telefônica, mas aparecia em seus muitos cartões de visita, tinha caído nas mãos de vários jornalistas, assim como de pentelhos que ligavam para passar trotes. Os policiais que atendiam às insistentes chamadas ouviam por um momento e batiam o fone no gancho, xingando. Braun pediu a Bedoe para providenciar uma nova linha.

Após a confissão noturna de Gacy, estávamos entorpecidos pela exaustão. Já não tínhamos dormido muito na semana anterior. Àquela altura, parte da equipe já trabalhava havia quase trinta horas sem parar. Estávamos no limite. Ainda assim, precisávamos seguir em frente. Eu voltei a Des Plaines.

Não podíamos manter Gacy detido por causa da maconha. Com o fim dos trâmites formais, ele poderia reivindicar a liberação sob fiança. Teríamos que indiciá-lo por homicídio ou liberá-lo. Mas seria possível prendê-lo pelo assassinato de Rob Piest sem um corpo, apesar da confissão de outros assassinatos? Se a medida fosse contestada pela defesa, poderíamos argumentar que o dr. Stein ainda não tinha identificado nenhum dos corpos e torcer para que o juiz negasse a fiança.

Foram necessárias muitas horas e inúmeros telefonemas para meus superiores, Larry O'Gara e Bill Kunkle, antes que a queixa-crime pelo homicídio de Rob Piest estivesse pronta para ser levada ao juiz. Lang e Ryan conduziram Gacy da delegacia ao Centro Cívico e subiram até a minúscula sala de audiências do juiz Peters no terceiro andar, se desvencilhando de jornalistas por todo o caminho. A sala tinha apenas dois bancos e estava apinhada de gente. Fui acompanhado de meus assistentes, Mike Corkell e Larry Finder, e Sam Amirante estava ao lado de Gacy, que parecia bastante abatido. O meu cansaço era tanto que eu mal conseguia pensar.

Kozenczak era a testemunha da promotoria. Primeiro, foi compromissado à denúncia que tinha assinado, acusando Gacy de assassinato. A audiência seguiu aos trancos e barrancos, provavelmente porque ambos os lados estavam exaustos. Argumentei contra a soltura de Gacy com base na acusação de homicídio e em seus antecedentes criminais. No fim, o juiz Peters negou a fiança, o que me deu um grande alívio. Peters marcou uma audiência preliminar para 29 de dezembro, a sexta-feira anterior ao Ano-Novo, e determinou que Gacy fosse transferido para a penitenciária de Cook. A pedido de Amirante

— segundo o qual seu cliente era "um indivíduo muito enfermo" —, Peters ordenou que o prisioneiro fosse enviado ao hospital Cermak, na ala médica da prisão. Não fiz objeções.

Um mandado de busca é válido apenas enquanto policiais permanecem no local, então manteríamos o nº 8213 da Summerdale sob a guarda da polícia 24 horas por dia até que o último corpo e a última prova fossem recuperados. Não valia a pena arriscar nossa posição, validada juridicamente, de que a polícia estava vistoriando uma cena de crime já conhecida. Para garantir nossa atuação em termos legais, pedi a Finder que preparasse mais dois mandados: um informando a confissão de Gacy de que enterrara um corpo na garagem e outro atestando a presença de restos mortais humanos embaixo da casa. Ambos foram assinados na tarde de sexta-feira.

Diante da necessidade imperiosa de encontrar o corpo de Rob Piest, minha providência seguinte foi organizar uma busca no rio Des Plaines a jusante da ponte da Interstate 55. O agente especial Wayne Fieroh, do Departamento de Segurança Pública de Illinois, ficou de conseguir um helicóptero vindo de Springfield. Em seguida, liguei para os xerifes dos condados de Will e Grundy, por onde o rio Des Plaines passa antes de se tornar parte do rio Illinois. O pessoal de lá, trabalhando em conjunto com os mergulhadores do corpo de bombeiros local, está acostumado a lidar com os corpos desovados em Chicago que descem pela correnteza. Mandei dois de meus assistentes, Frank Nolan e Bill Ward, para monitorar a operação.

No final da tarde, na parte de trás da delegacia, Finder viu Gacy sentado em uma das salas de interrogatório. O empreiteiro acenou para ele. Queria alguém para conversar. Finder alertou-o de que era promotor auxiliar e de que qualquer declaração que fizesse poderia ser usada contra ele na acusação.

"Você nunca me fez nada e eu nunca te fiz nada", disse Gacy, "então não tem nada que impeça a gente de conversar." Quando Finder perguntou se os seus advogados aprovariam, o empreiteiro disse que os dois trabalhavam para *ele*; portanto, se *ele* quisesse falar, falaria. Corkell entrou e Finder observou que, se fossem continuar a conversa, teria que ler seus direitos. O homem respondeu que já tinham lido tantas vezes que sabia de cor. O próprio Gacy tomou o cartão plastificado das mãos de Finder e leu.

Finder perguntava sobre Rob Piest quando LeRoy Stevens se juntou a eles. O advogado não fez nenhuma objeção a que Gacy falasse. O empreiteiro repetiu o apelo para visitar o túmulo do pai, e Finder concordou em repassar o pedido. Depois que Stevens saiu, o promotor auxiliar perguntou a Gacy se estava aliviado com sua confissão. Ele estava, mas também se sentia infeliz. Não falou mais nada. Finder deu dinheiro a um policial para comprar uma tigela de sopa para Gacy e depois saiu com Corkell.

Cerca de 45 minutos depois, na Divisão de Investigações, Albrecht avisou Finder que Gacy ainda queria conversar, dessa vez com os dois. O policial tinha acabado de transferi-lo para a área de detenção. Quando eles chegaram, o empreiteiro estava sentado no catre de sua cela.

"Oi, Larry", ele disse, com a expressão alerta. "Cadê minha sopa?" Finder disse que já deveria estar chegando. Estava prestes a alertá-lo outra vez sobre seus direitos, quando Gacy, impaciente, recitou-os de memória e começou a falar sobre Rob Piest.

Contou que tinha voltado à farmácia Nisson para buscar sua agenda, pois dependia dela para trabalhar. Enquanto deixava o estabelecimento, viu Rob Piest sair e acenou para que o garoto entrasse no carro. Piest lhe disse que queria conversar sobre uma vaga de emprego. Como o garoto afirmou que só dispunha de cerca de meia hora, Gacy sugeriu que falassem enquanto davam uma volta de carro.

O empreiteiro prosseguiu com sua versão dos acontecimentos daquela noite. Contou que tomou a direção de casa e, no caminho, comentou que era uma pessoa muito liberal, e Rob disse que também era. Gacy, então, perguntou ao garoto se teria relações sexuais com um homem. Rob achava que não. Mas, segundo o empreiteiro, quando perguntado se aceitaria fazer por muito dinheiro, o garoto respondeu que faria praticamente qualquer coisa por muito dinheiro. Gacy voltou a afirmar que era bissexual e que nunca havia forçado ninguém a fazer sexo.

Também disse que, ao chegar em casa, mostrou ao jovem alguns de seus truques de palhaço, inclusive o das algemas. Uma vez algemado, Rob ficou aflito, mas não tentou impedir que Gacy tirasse suas calças. O empreiteiro, então, tentou fazer sexo oral nele, e o garoto começou a chorar. Segundo Gacy, só faltava mostrar uma coisa a Rob: o truque da corda.

Finder pediu que explicasse o truque. O empreiteiro pediu um pedaço de corda.

"De jeito nenhum vou te dar uma corda, John", avisou Albrecht.

"Porra, não vou te matar", retrucou Gacy. "Vamos fazer o seguinte. Larry, enfia a mão entre as grades e fecha o punho." Finder obedeceu, relutante. "Agora faz de conta que sua mão é uma cabeça e seu punho é um pescoço." Gacy tirou seu rosário do bolso direito da calça, enrolou-o no punho de Finder e deu três nós em sequência. Em seguida, enfiou uma caneta entre o segundo e terceiro, dizendo ser igual ao pedaço de madeira que tinha usado de verdade. Depois de três ou quatro voltas rápidas, a vítima era estrangulada. Finder, que era judeu, comentaria mais tarde que a demonstração explícita de Gacy, associada a sua própria percepção quanto aos poderes místicos do rosário, havia deixado seus joelhos moles como gelatina.

Gacy disse que em seguida levou o corpo do rapaz para a cama e dormiu ao lado dele. Demonstrou aos dois homens como, na manhã seguinte, o jogou por cima do ombro e o carregou pela escada até o sótão.

Albrecht perguntou se tinha feito sexo anal com o cadáver. "Eu não", respondeu Gacy, "mas o Jack talvez."

"Jack fazia sexo anal com as vítimas?", quis saber Albrecht.

Gacy fez que sim com a cabeça e informou que Jack não conseguia ter ereção de outra maneira.

Albrecht perguntou como ele conseguia colocar a corda no pescoço das vítimas. Gacy respondeu que às vezes não era necessário — os próprios jovens colocavam, esperando ver um truque interessante. Após repetir seu relato anterior sobre como tinha se livrado do corpo de Piest, Gacy parou um momento para refletir. A agenda na Nisson, concluiu, fora o começo de tudo. Se não a houvesse esquecido, não teria matado Rob Piest e nada daquilo aconteceria.

Em seguida começou a narrar o encontro com a primeira vítima, a que disse ter esfaqueado em 1974. Conheceu o jovem no terminal de ônibus da Greyhound, no centro de Chicago. Queria andar pela cidade à cata de garotas. Depois de rodarem em vão, Gacy tentou descobrir se o acompanhante era bissexual. Perguntou se existia mais de um jeito de fazer sexo. Quando o jovem respondeu que podia ser entre dois homens, fingiu ignorância. O acompanhante disse que tanto um cara como uma garota podiam pagar um boquete, dava no mesmo. Foram até a casa de Gacy e transaram. Depois de matar o jovem na manhã seguinte, o empreiteiro enterrou o corpo no vão embaixo da casa e o cobriu com concreto.

Gacy contou que havia mantido relações sexuais com homens dentro de casa quando era casado. Quase sempre a esposa estava ausente, passando a noite com amigos ou viajando.

Albrecht perguntou se ele saberia descrever a localização precisa dos corpos no vão. O empreiteiro pediu permissão para desenhar um diagrama, e o policial lhe entregou uma caneta e um formulário em branco para listar os pertences dos prisioneiros. Enquanto desenhava no verso do papel, Gacy perguntou se Gray e Walsh já estavam presos também. Afirmou que os dois eram culpados por serem seus cúmplices, depois voltou atrás e disse que haviam apenas cavado valas. E, se achavam que ele usara cal para dissolver os corpos, estavam enganados, observou Gacy: o vão sempre teve mofo por causa da umidade, e ele se valia da substância para se livrar do cheiro.

O empreiteiro desenhou a primeira parte do diagrama de forma muito organizada, usando uma linha para assinalar cada cova. Indicou a parte concretada sob o qual a primeira vítima estava sepultada. Segundo Gacy, em algumas das valas havia mais de um corpo, e já não se lembrava quantos. Quando estava terminando o esboço, cerrou os punhos com força, fechou os olhos e ficou imóvel por quase um minuto. Depois relaxou, abriu os olhos e olhou para o diagrama. "O que está acontecendo?", perguntou. "Ah, parece que o Jack fez um desenho do vão." Finder e Albrecht acharam a coisa toda muito forçada e disseram ao empreiteiro que voltariam depois que ele descansasse um pouco. "O que foi que eu disse?", perguntou Gacy com um tom magoado enquanto os dois homens saíam. "O que eu fiz de errado?"

Cerca de uma hora mais tarde, Albrecht e Finder voltaram à área de detenção com fotos das duas vítimas cujos corpos haviam sido encontrados no rio Des Plaines. Ward as trouxera após participar da operação de busca. Ao virar no corredor, Finder pulou de susto e quase derrubou Albrecht: tinha visto o vulto de um homem em frente à cela e, ao primeiro olhar, pensou ser Gacy. Era o agente James Kinsella, guardando o prisioneiro, que dormia placidamente em seu catre.

Albrecht acordou Gacy e mostrou a ele as fotografias. Uma delas era de um tal de Frank Landingin, cujo nome aparecia em um comprovante de fiança encontrado na casa do empreiteiro. Gacy admitiu que conhecia Landingin de um bar em Franklin Park, mas negou que ele fosse uma de suas vítimas. E não fazia ideia de quem era o outro.

...

Após ouvir as notícias horripilantes pelo rádio, Eugenia Godzik pegou o telefone e ligou para o 911. Explicou por que receava que o irmão estivesse entre as vítimas enterradas embaixo da casa de Gacy e implorou ajuda. O atendente não tinha informações sobre o caso e tentou acalmá-la. Por fim, anotou o número dela e ficou de ligar de volta. Eugenia telefonou para uma de suas amigas e pediu para falar com o pai dela, que era detetive. O homem também não sabia nada a respeito, mas se comprometeu a verificar. Cinco minutos depois, o telefone dos Godzik tocou.

"Eugenia, a coisa é muito, muito séria", informou o detetive. "São muitos corpos. Avisa pro dentista de vocês já deixar a documentação do Greg separada."

Eugenia ligou para o dentista da família, John Davis, que ainda não tinha chegado ao consultório, mas ligou às 8h e prometeu que começaria a reunir o material necessário. Gregory tinha obturado um dente cariado pouco antes de desaparecer. O dentista arquivara as radiografias desse procedimento e da coroa de ouro implantada. Também fizera questão de guardar os moldes que havia tirado dos dentes de Greg, sabendo que o jovem estava desaparecido e que poderiam ser necessários para identificação.

O dentista ligou para a polícia de Chicago, que informou não ter envolvimento no caso. Então telefonou para a polícia do condado, que não sabia a quem ele deveria enviar o material. Também entrou em contato com a redação do *Tribune*, mas, em vez de ter sua pergunta respondida, foi solicitado a fornecer mais informações. Davis desligou e, por precaução, foi fazer cópias dos moldes.

Naquela noite, Davis recebeu um telefonema em casa de um homem perguntando se o dentista poderia encontrá-lo depois do jantar e lhe fornecer a documentação ortodôntica. Era Pellicano. Davis sabia que os Godzik tinham contratado um detetive particular, mas disse que não poderia entregar nada antes de conversar com a sra. Godzik.

Quando o dentista falou com a mulher, ela já não aguentava mais encarar a horda de repórteres acampados em sua porta, e para acabar com o suplício deu logo permissão para que a documentação fosse entregue a Pellicano. Davis, entretanto, sabia que a sra. Godzik estava sob forte estresse e ligou primeiro para dois amigos advogados. Como não encontrou nenhum deles em casa, decidiu tentar a polícia do condado novamente. Dessa vez, insistiu para falar com alguém envolvido no caso. Depois de esperar por um longo tempo, foi atendido por um sargento que lhe disse que em nenhuma circunstância ele poderia entregar provas a ninguém exceto a polícia do condado.

Minutos depois, Pellicano ligou novamente e pediu para encontrá-lo naquela mesma hora no consultório. Davis se recusou, e, na manhã seguinte, entregou o material a um investigador do condado.

● ● ●

Na manhã de sábado, fiquei assustado com as informações que pululavam na imprensa. Surgiam vazamentos de todos os lados: dos agentes do condado, de Des Plaines, talvez até de meu gabinete. Jay Levine elaborou a história por conta própria na primeira noite, mas, conforme admitiria mais tarde, foi um vazamento da polícia que o levou às pressas ao rio. Um dia depois, partes das declarações de Gacy e um monte de informações terrivelmente equivocadas começaram a aparecer na mídia. Essa enxurrada de vazamentos poderia comprometer o trabalho da promotoria.

Gacy continuava sob a custódia da polícia de Des Plaines, e Kozenczak estava com pressa para enviá-lo à prisão do condado. O departamento não tinha estrutura para alojar detentos por muito tempo, e menos ainda aqueles que atraem atenção da imprensa e causam problemas de segurança. Por isso o tenente aceitou prontamente a sugestão de que sua própria equipe levasse Gacy ao Cermak Hospital em vez de esperar que o furgão da polícia do condado viesse buscá-lo. Tovar, Ryan e Adams fariam o transporte.

Colocaram um carro de vigilância com placas de Indiana na garagem enquanto os guardas aprontavam Gacy. Nesse meio-tempo, Tovar anunciava o plano a vários membros da imprensa, o que seus colegas encararam como uma demonstração de interesse de aparecer na televisão. Quando as portas da garagem se abriram e Gacy foi colocado dentro do carro com a jaqueta cobrindo a cabeça, as câmeras estavam a postos.

"Olha só pra eles!", comentou Gacy, enquanto o carro avançava em meio à multidão. "Parecem cães atrás do osso." Após refletir um momento sobre sua notoriedade, perguntou se o âncora da TV local Walter Jacobson e o colunista Mike Royko tinham ligado para falar com ele. Não tinham. "São grandes amigos meus", afirmou. "Achei que fossem ligar." Uma caravana de repórteres se posicionou atrás da viatura; um dos veículos estava com uma câmera posicionada para fora do teto solar.

Gacy lembrou aos policiais que ainda queria ver o túmulo do pai. Tovar, que estava ao volante, pigarreou. Esperava que o assunto tivesse morrido.

"Olhe para trás, John", disse o policial. "Quer que tirem fotos de você e pisoteiem o túmulo do seu pai?" Gacy pensou por um instante. Deixa pra lá, ele disse por fim. Não daria a eles essa satisfação.

Gacy contou que se lembrava do dia em que Tovar entrou na delegacia e perguntou a Adams e Ryan qual era papel deles na investigação. O policial avisou ao empreiteiro que, se fossem falar sobre o caso, teria que ler seus direitos outra vez.

"Porra", resmungou Gacy, "já me disseram tantas vezes que eu já decorei." Tovar repetiu o texto mesmo assim e, em seguida, perguntou a Gacy sobre suas vítimas. Pelo que se lembrava, tinha jogado todas no rio, e Rob Piest foi a última.

"Quantas pessoas você matou?", perguntou Tovar.

"Eu disse pros meus advogados que foram trinta ou 35", respondeu Gacy. "Mas sei lá, podem ter sido quarenta, 45, vai saber!" Pelo retrovisor, Tovar viu Gacy sorrir com malícia.

"Você tem religião?", perguntou Adams. "Vai à igreja?" O empreiteiro disse que sim. Tovar perguntou sobre a vítima anterior a Rob Piest.

Gacy contou que se chamava "Joe não sei que lá" e achava que ele era de Elmwood Park. "Quem curte esse tipo de sexo", explicou o empreiteiro, "a gente só conhece pelo apelido." Era um carinha esquisito, que curtia masoquismo. "Mas eu cuidei dele", disse em um tom alegre. "Agi de acordo com a inclinação sexual dele." Gacy explicou que colocou o jovem sobre a tábua, curvando seu corpo e acorrentando os pulsos e tornozelos juntos. "Já que ele gostava de dor", justificou, "fiz meu melhor número nele." Tovar perguntou de onde ele tinha tirado a ideia da tábua. "Do Elmer Wayne Henley. O cara do Texas", respondeu Gacy, referindo-se ao jovem que atraía adolescentes para serem estuprados e mortos por Dean Corll.

Enquanto divagava, o empreiteiro olhou por cima do ombro. "Putz, se fosse eu dirigindo já teria dado um balão nesses caras faz tempo." Perguntou se tinham certeza de que Jacobson e Royko não tinham ligado para ele, e se a polícia estava cuidando bem da casa, tomando cuidado para não danificar nada.

Pelo espelho, Tovar via que Adams fervilhava de raiva com a petulância de Gacy.

"Rob Piest sofreu quando você matou ele?", perguntou o policial. O empreiteiro disse que não se lembrava e mudou de assunto.

Adams se voltou para ele, com um olhar duro. "Vou perguntar de novo: Rob Piest sofreu quando você matou ele?"

Gacy entendeu o recado. "Não, acho que não", respondeu, bem sério.

Ao chegarem à prisão do condado de Cook, entre as ruas 26th e California, os policiais foram informados de que eles próprios teriam que escoltar Gacy até as dependências do Cermak Hospital. Às 11h56 daquele sábado, 23 de dezembro de 1978, os dois entregaram a custódia do prisioneiro às autoridades do condado. Era o 23º dia do caso Gacy, e o departamento de polícia de Des Plaines nunca mais seria o mesmo.

...

Passado o Natal, a maioria concordava que era o pior fim de ano que de que tínhamos memória. Fisicamente, estávamos todos esgotados, mas era talvez a compreensão do mal que havíamos revelado que nos desanimava mais que tudo. Nem mesmo o triunfo da prisão parecia atenuar aquela violência emocional.

Na noite de sexta-feira, reuni minha equipe para conversar. Saímos para beber, mais para espairecer que qualquer outra coisa. O espectro dos jogos de poder já assombrava a Promotoria Estadual de Justiça. Meus chefes no centro da cidade tinham enviado um de seus principais advogados de tribunal, Bob Egan, para nos ajudar, e vários de meus assistentes me avisaram que nossa equipe estava prestes a ser colocada para escanteio. Provavelmente estavam certos.

A polícia de Des Plaines vinha enfrentando um problema semelhante, apesar de ter resolvido o caso. Desde que a polícia do condado assumiu o controle da cena do crime na Summerdale, eram as suas viaturas que eram exibidas com destaque na TV, e não as de Des Plaines, e eram também as suas atividades que ocupavam a maior parte da cobertura. A polícia de Des Plaines não sabia como reagir — eram novatos em comparação com o tarimbado departamento do condado, que dispunha de uma máquina bem azeitada, preparada para agradar a opinião pública.

Logo, dissensões internas e ciúmes entrariam em erupção dentro da própria corporação de Des Plaines, à medida que vários policiais começavam a tentar levar o crédito por resolverem o caso sozinhos. O departamento se dividiu em facções, e os agentes da vigilância desenvolveram uma rixa com os detetives e a divisão de patrulha, que estava ressentida com ambos.

Por ora, no entanto, a maioria de nós já estava satisfeita por ganhar uma trégua de dois dias e tirar o caso da cabeça o máximo possível. Havia sido um trabalho investigativo memorável e, apesar de algumas falhas, fiquei orgulhoso de nosso desempenho. Sem a perseverança dos detetives de Des Plaines, sem o cerco incansável da equipe de vigilância e o efeito psicológico que teve sobre Gacy, sem a perspicácia e a persistência dos investigadores Greg Bedoe e do sargento Joe Hein, nada teria sido possível.

Quando a caçada acabou, Bob Schultz foi para casa e se enfiou na banheira que a esposa tinha enchido para ele. Mergulhado na água quente e calmante, o policial se desmanchou em lágrimas. Chorou compulsivamente por dez minutos. E não foi o único.

Antes de colocar um ponto final naquela fase do caso, Greg precisava lidar com algo que o atormentava. No primeiro dia da operação na Summerdale, ficou observando os peritos trabalharem no vão embaixo da casa sem compreender a realidade dos ossos que traziam à tona. Irreconhecíveis, eram tudo o que outras pessoas diziam ser. Não significavam nada para ele. Na tarde de sábado, voltou para lá a fim tentar entender. Foi só quando viu um crânio humano que o policial compreendeu em seu íntimo que o lugar era um cemitério de homens que entraram na residência com vida.

Até John Gacy estava tocado. "Querida mamãe e família", escreveu numa carta na véspera do Natal de 1978, "por favor, me perdoem pelo que estou prestes a contar a vocês. Faz um bom tempo que estou muito doente (tanto mental como fisicamente). [...] Quem me dera ter tido ajuda mais cedo. Que Deus me perdoe [...]."

KILLER CLOWN

RETRATO DE UM ASSASSINO

**TERRY SULLIVAN
PETER MAIKEN**

O VÃO

Na manhã em que o caso Gacy foi noticiado, as autoridades de Washington, DC, anunciaram que custaria 4 milhões de dólares para transportar por avião os 911 corpos das vítimas do extermínio em massa ocorrido no mês anterior em Jonestown, na Guiana. Nossa tarefa era tão perturbadora quanto: precisávamos recuperar os corpos — só Deus sabe quantos — de vítimas enterradas embaixo da casa de John Gacy. Já havia gente fazendo alusões a dois outros casos de múltiplos homicídio: Juan Corona, condenado em 1973 na Califórnia por assassinar 25 imigrantes camponeses; e Elmer Wayne Henley Jr., condenado no ano seguinte no Texas por seu envolvimento em uma gangue que torturou e matou 27 rapazes homossexuais.

A comparação era sinistra, não só pela magnitude dos crimes. Ambas as condenações tinham sido revertidas por instâncias superiores mais cedo naquele ano, a de Corona em maio, e a de Henley, um dia antes da prisão de Gacy. Queríamos evitar erros na hora de recuperar e identificar os corpos. Os policiais do condado foram orientados a conduzir a operação com profissionalismo exemplar.

Logo ficou evidente que não se trataria de uma operação do tipo escavação arqueológica no Yucatán, com escovinhas de pelo de camelo e subsídios renováveis. A pressão que a imprensa e as famílias dos jovens desaparecidos faziam era enorme. Apesar disso, procedemos com muito cuidado. Os peritos deveriam prestar conta de cada passo do trabalho. O vão sob a casa seria dividido em quadrantes, e todos os restos mortais seriam descritos com precisão. Esperava-se que os peritos catalogassem toda e qualquer prova, humana ou não, por menor que fosse, mesmo que precisassem vasculhar cada centímetro cúbico de terra.

Quando um profissional especializado em transportar casas inspecionou o local, descartamos a ideia de erguer a casa. A tarefa exigiria bases de elevação, que obviamente interfeririam nas provas enterradas, e não havia espaço suficiente na lateral da casa para acomodar longas vigas horizontais. Além disso, o anexo dos fundos teria de ser separado do resto da construção, o que causaria um dano considerável. Achávamos que, depois de recuperar os corpos, ainda teríamos que colocar a residência de volta no lugar, nas mesmas condições. De qualquer maneira, erguer a estrutura significaria expor a escavação tanto às intempéries quanto ao público. Por fim, por conveniência e para manter tudo dentro da lei — e porque era o plano mais viável —, decidimos remover o assoalho para acessar o vão.

O sargento Ernest Marinelli, homem grande e extrovertido da área de inteligência, que na faculdade tinha trabalhado como carpinteiro de obras, ficou encarregado de lidar com as questões estruturais. Ele e sua equipe não demoraram a perceber que aquela construção antiquada dos anos 1950 era muito mais resistente que as contemporâneas; suas serras não conseguiam cortar o piso xadrez de carvalho. Pediram ajuda ao corpo de bombeiros de Rosemont e Chicago, que se prontificaram a trazer enormes serras movidas a gasolina. A casa inteira ressoava com o barulho ensurdecedor das lâminas vibrando e guinchando ao atravessarem madeira maciça, canos e cabos elétricos.

Na garagem, um grupo iniciou o resgate do corpo cuja cova Gacy havia assinalado com tinta spray. Usando um martelete e um compressor, os homens começaram a remover o piso de concreto. O espaço no barracão era tão apertado que lascas de concreto ricocheteavam nas paredes e acertavam os policiais. A fim de ampliar a área de trabalho, Earl Lundquist e Ron Russel derrubaram uma parede.

O conteúdo do freezer na garagem foi motivo de especulações quando os investigadores encontraram carne congelada e uma vasilha cheia de algo que parecia sangue. Stein mandou realizar testes sorológicos. No fim, a carne não era humana, e o "sangue" era só tomate cozido.

Dentro da casa, parte dos agentes transferiu os móveis e pertences de Gacy para o anexo nos fundos, enquanto outro grupo — o dos eletricistas amadores — trabalhava no vão reconectando os cabos que os bombeiros tinham rompido com as serras, para restabelecer a energia elétrica. Lundquist ficou de providenciar uma nova ligação de fornecimento, partindo do princípio de que Gacy não deveria cobrir gastos com luz e aquecimento enquanto sua casa era destruída. Os agentes arrancaram uma parede não estrutural entre a sala com as fotos de palhaço e o escritório, e retiraram um pedaço do assoalho no lado nordeste. Depois de removerem todas as vigas do terceiro andar, estavam prontos para dar início à recuperação dos corpos.

Os peritos Daniel Genty e Karl Humbert desceram ao vão e começaram a escavar a área onde a rótula do joelho fora encontrada. Toparam logo com um problema que os infernizaria durante toda a operação: o lençol freático. Assim que extraíram um pouco de terra, o buraco se encheu de água, e o solo virou basicamente lama. Testaram vários tipos de bombas submersíveis, mas não adiantava. A entrada das mangueiras entupia a todo momento com pedaços flutuantes de carne adipocera. Acabaram precisando tirar a água com as mãos.

Logo ficou claro que ferramentas maiores eram inúteis em tais condições, e que eles teriam de cavar manualmente. Como os ossos e o cascalho rasgavam as luvas cirúrgicas que costumavam usar, tiveram que recorrer a luvas de borracha mais grossa, que prendiam com fita nos pulsos para evitar que entrasse lodo. Enchiam baldes de plástico com lama e os alçavam para o térreo, onde uma equipe vasculhava o conteúdo em busca de fragmentos de ossos ou outras evidências que tivessem passado despercebidas. Os que trabalhavam sem luvas sentiram depressa a pele queimar por causa da cal usada por Gacy. Os homens esvaziavam os baldes nos fundos da casa, no quadrante correspondente, e planejavam passar a terra por peneiras finas quando secasse. Essa ideia acabou descartada dias depois; em vez de secar, a terra congelou em torrões sólidos.

Era impossível exumar os corpos intactos: os tecidos conjuntivos tinham se decomposto, e os restos esqueléticos do primeiro corpo, assim como da maioria dos outros, estavam desconjuntados. Os escavadores se limitavam a entregar aos peritos tudo que achavam ser material ósseo, e eles por sua vez colocavam os fragmentos na cesta de fritura de Gacy e os enxaguavam em um balde com água antes de passá-los a Stein. Já na fase inicial, era evidente que não seria possível recuperar a maior parte dos ossos menores dos dedos em meio àquele caldo lamacento. Só quando encontravam as vítimas ainda vestidas com meias ou sapatos conseguiam recuperar os ossos do pé intactos. Genty e Humbert extraíam os últimos restos do corpo nº 1 quando tiveram uma mostra clara do sistema compacto de sepultamento usado por Gacy, um problema recorrente que complicaria o trabalho de identificação: aos pés do primeiro corpo jazia o crânio de outro.

Ao final do primeiro dia, os policiais tinham recuperado um corpo e parte de outro. Os restos foram encontrados no barracão, sob o piso de concreto, exatamente como Gacy dissera. No entanto, o acúmulo de gás decorrente da decomposição era tão forte que Stein mandou suspender a operação para que a cova arejasse um pouco.

Mesmo quando escureceu e as decorações de Natal começaram a se acender na Summerdale, a multidão de curiosos e jornalistas não arredou pé. Dentro da residência, os policiais se lavavam na banheira de Gacy e iniciavam o que se tornaria um ritual diário de descompressão antes de ir para casa e retomar a vida normal. Descobriram que Gacy mantinha um estoque de suprimentos diversos em fardos: cereal para café da manhã, perfume, sabonetes, todo tipo de mercadoria comumente encontrável nas drogarias norte-americanas — inclusive cerveja. Ao fim da operação, os policiais tinham conseguido matar o estoque inteiro de quase duas dúzias de engradados de Old Milwaukee.

• • •

Embora o interesse da polícia por John Gacy não tivesse passado desapercebido pelos vizinhos, que acompanharam por uma semana as ações de vigilância, nada poderia prepará-los para o que estava acontecendo. Mas, apesar de reclamarem dos jornalistas pisoteando a grama e os arbustos, muitos adoravam ser empurrados para os holofotes como fontes instantâneas de notícias. Alguns chegavam a abrir suas casas a repórteres, e depois eram surpreendidos com contas de telefone altíssimas. Todos achavam que "deveriam ter imaginado" e desencavavam lembranças premonitórias. Um vizinho parou Lang e contou que, toda vez que passava com o cachorro em frente à casa de Gacy, o animal começava a cheirar os alicerces da construção. "Ah, se cachorro falasse", comentou ele.

A maioria dos moradores que se dispunha a falar considerava John um bom vizinho, embora uma parte visse com reservas suas inclinações sexuais. Um deles, Edward Grexa, irritava-se particularmente com o hábito do empreiteiro de tocar as pessoas. "Tira a porra da mão", ele explodiu em diversas ocasiões. Gacy sempre pedia desculpas. Até quando era casado, os vizinhos notavam que, nas festas que dava, ele se cercava de "meninos bonitos", e o fato de estar sempre acompanhado de rapazes adolescentes já selava o veredito na cabeça de muitos.

Apesar de tudo, ninguém suspeitava do lado obscuro de Gacy. Grexa, entre outros, já tinha feito comentários sobre a alta rotatividade de seus jovens colaboradores, mas o empreiteiro sempre tinha uma resposta pronta: "fulaninho voltou para o Texas", ou então "o moleque falava demais, e mandei ele embora". A vez em que alguém chegou mais perto da verdade, sem se dar conta, foi em um dia quente do verão anterior. Anthony DeLaurentis, o vizinho da frente, estava aparando a grama, e a cada hora que passava ficava mais difícil tolerar o fedor da água que Gacy despejava na rua com uma grande mangueira preta que saía do porão. Envergonhado, o empreiteiro explicou que sua fossa tinha entupido. Desculpou-se pelo mau cheiro e prometeu limpar tudo até o final da tarde.

Talvez tenha havido outros sinais, mas quem poderia tê-los interpretado? Em uma madrugada, por volta das 3h, Grexa olhou pela janela e viu Gacy penando para tirar um objeto pesado de dentro do carro. Não conseguiu ver o que era e voltou a dormir. Outra vez, viu o empreiteiro cavando tarde da noite no quintal, onde estava construindo uma churrasqueira de alvenaria.

"Ei, John", chamou Grexa. "Tá fazendo o quê? Cavando a própria cova?"

"Não sei qual a graça", respondeu Gacy.

Em um verão, Gacy disse a DeLaurentis que estava indo a Nova York construir uma sorveteria e lhe pediu que vigiasse sua casa enquanto estivesse fora. Uma noite, na cozinha de casa, os DeLaurentis se assustaram com um aparente grito de socorro. Correram para fora para averiguar. A rua estava deserta. O casal olhou em direção à casa de Gacy. A luz do quarto principal estava acesa, e uma silhueta larga se destacava contra a janela. Dias depois, DeLaurentis contou a Gacy o que tinha visto e perguntou se ele tinha ido mesmo a Nova York. O empreiteiro disse que sim, e que o sujeito que DeLaurentis dizia ter visto devia ser seu contador.

Apesar de, como dizia, ter problemas no coração, Gacy nunca parecia pegar leve no trabalho que fazia em casa, nem mesmo nos dias mais quentes, quando os vizinhos o viam carregar pedras no quintal ou surgir coberto de lama depois de trabalhar no vão embaixo da residência. Sempre emprestava ferramentas aos vizinhos e até se oferecia para ajudar. Rosemary Gosinski recordou uma vez em que o marido pegou uma serra emprestada com ele para derrubar uma árvore, mas não sabia usar. Gacy veio mostrar, depois subiu na árvore e começou a cortá-la sozinho. A mulher ficou preocupada, com medo de que o empreiteiro tivesse um ataque cardíaco. Sua gratidão desapareceu, no entanto, quando ele mandou a conta pelo serviço.

Os vizinhos nutriam simpatia pelo John Gacy que viam na época do Natal, quando os presenteava com presuntos e cestas de frutas, ou quando demonstrava sincera afeição pelos filhos deles. Ainda assim, havia sempre uma faceta de sua personalidade, meio prepotente, meio bajuladora, que os mantinha afastados. John Gacy parecia estar sempre perseguindo um padrão de civilidade que jamais alcançou. Os vizinhos eram sempre convidados para as enormes festas temáticas que dava (que vários consideravam um artifício para abatimento de impostos), mas a maioria preferia evitá-las porque reuniam de forma aleatória e um tanto embaraçosa desde figuras políticas locais a serventes de obras.

Essas demonstrações de sociabilidade, porém, nunca foram capazes de encobrir os indícios inquietantes de uma insegurança subjacente. Quando um parceiro de boliche o chamou de FDP, Gacy fez todo um discurso para defender a mãe do insulto. Quando DeLaurentis se mostrou insatisfeito com a reforma que Gacy fazia em sua sala de jogos, o empreiteiro primeiro adotou uma postura servil, depois começou a xingar os funcionários. Alden Jones recordou que Gacy ficava furioso quando outros homens dançavam com sua esposa. Os Jones conheceram Gacy quando ele entrou de penetra em uma festa deles, como se estivesse com os Grexa. Embora Gacy tenha sido simpático e prestativo — ofereceu ajuda para reformar o restaurante do anfitrião —, Jones nunca lhe deu confiança. Depois de um tempo, Gacy entendeu o recado e tirou Jones de sua lista de convidados, reconhecendo seu fracasso em cultivar um laço social desejado. "Ele queria ser aceito no meu grupo de amigos", contou Jones, "e nunca conseguiu."

...

Foi só no segundo dia da operação que Greg Bedoe soube que Gacy tinha feito um mapa do vão, e que ainda estava na delegacia de Des Plaines, sem uso. O policial sugeriu educadamente que o desenho poderia ser útil na escavação, e o levou consigo. O mapa se provou bem preciso em certa medida, embora o número de corpos reportado por Gacy estivesse errado em muitos pontos onde os restos estavam misturados.

No dia anterior, ao extraírem o corpo nº 1, Genty e Humbert encontraram o crânio de um terceiro corpo (os restos na garagem foram atribuídos ao corpo nº 2). Então, enquanto desenterravam os pés do corpo nº 3, encontraram o crânio de um quarto corpo enterrado mais abaixo. Seguindo a mesma lógica, voltaram depois à primeira cova e, como era de se esperar, descobriram os restos de mais um corpo em um nível mais profundo.

Para não misturar os restos de um esqueleto com outro, o perito Pat Jones criou um sistema que consistia em marcar a profundidade de um corpo traçando linhas com fita adesiva nas próprias luvas ou mangas da camisa. Ele afundava os braços somente até as marcas indicadas para evitar exumar os restos errados. Em um momento posterior, o perito Alan Kulovitz se deparou com dois esqueletos tão misturados que, ao desenterrar as colunas e as costelas, não teve remédio senão adivinhar a distribuição dos restos. Com um saco à sua esquerda e outro à direita, foi colocando punhados de restos ora em um, ora em outro. Mais tarde, soube pela equipe de identificação que havia colocado em um saco dois braços esquerdos, e no outro dois direitos.

Dias depois de serem recuperados, os corpos 3 e 4 foram identificados pela arcada dentária. O corpo nº 3 era de John Szyc, e o nº 4, de Gregory Godzik. Desde pouco depois de desaparecerem, cerca de dois anos antes, eles dividiam uma só cova — provavelmente aberta pelo próprio Godzik, quando Gacy o fez cavar "valas pra botar uns canos de drenagem".

Após a exumação dos quatro corpos, a operação foi suspensa na véspera de Natal e retomou no dia 26 de dezembro. A equipe de Marinelli arrancou mais uma parte do assoalho e das vigas, e restaurou parte dos pilares. Os peritos mais experientes se dividiram e formaram novas equipes. Todos cavaram um pouco, do supervisor noturno Dan Zekas e do capitão-tenente Al Taylor ao chefe da polícia do condado, Edmund Dobbs. Ampliava-se assim a exploração do espaço de 8,5 x 11,5 m.

Nos pontos onde os investigadores constatavam que o cascalho e o papel alcatroado do revestimento original do solo ainda estavam intactos, havia razoável certeza de que não encontrariam covas. Mas, nas áreas sedimentadas, onde o chão era macio, introduziam vergalhões na terra. Quando os retiravam, quase sempre exalavam cheiro de morte.

Com a continuação do trabalho, novas e perturbadoras evidências foram descobertas. Alguns corpos foram encontrados com marcas de corda no pescoço. Outros tinham tecido de roupa, quase sempre cuecas, dentro da garganta. Teriam algumas vítimas sufocado apenas com a obstrução na garganta? Ou, o que era mais alarmante, teriam algumas sido enterradas vivas? Na região pélvica de alguns cadáveres, os peritos encontraram corpos estranhos — um chumaço de pano em um caso, um frasco de remédio em outro — que Gacy devia ter introduzido no ânus das vítimas.

Quanto mais os policiais arrebentavam o piso e as paredes, mais desregulavam o sistema de aquecimento a ar e, com o entra e sai constante, a caldeira ficava ligada praticamente o tempo inteiro. Quem cavava no vão ora sofria com o calor excessivo gerado pelo ar quente que escapava dos dutos desconectados, ora recebia golpes de ar frio quando as portas eram abertas. Em poucos dias, quase todos os envolvidos já sofriam de alguma infecção respiratória.

Os peritos também receavam contrair doenças causadas por patógenos presentes nas covas. Qualquer mínima laceração, e o profissional era enviado ao hospital para receber uma dose de reforço da antitetânica. Os homens só se barbeavam à noite, pois assim não arriscavam expor algum corte aberto ao ambiente insalubre.

Os corpos em decomposição, quando descobertos, emitiam metano, também chamado de gás do pântano, e sulfeto de hidrogênio, que felizmente anestesiava o olfato dos peritos. Às vezes, quem estava no fosso ficava tão acostumado ao mau cheiro que precisava recorrer ao pessoal de cima, ainda com o nariz mais sensível, para sinalizar quando estavam perto de uma nova descoberta. Quando um corpo era desenterrado, começava a inchar com gás tão rápido que o dr. Stein era obrigado a abrir um corte no abdômen para aliviar a pressão interna.

Quando todos os restos discerníveis eram extraídos de uma escavação, Stein os examinava, declarava morta a vítima e lhe atribuía um número de identificação. Os peritos etiquetavam os restos e os sacos mortuários — geralmente o crânio era colocado em um saco interno para evitar perda de dentes —, depois os empilhavam perto da porta de entrada, onde permaneciam até serem recolhidos e transportados para o necrotério no final da tarde. No vão, só ficavam as estacas devidamente numeradas marcando o local onde o crânio de cada vítima fora encontrado. Dentro de bem pouco tempo, o buraco de onde o corpo tinha sido retirado estaria cheio de água escura.

...

Para o espanto de quem acompanhava o processo, todos os dias os policiais comiam um almoço farto. Como Genty costumava dizer, não há nada pior que mexer com algo nojento de estômago vazio. Para a maioria dos policiais, a escavação era um trabalho físico mais árduo do que estavam acostumados, e que despertava um grande apetite. Além disso, o almoço era uma oportunidade de relaxar e aliviar um pouco o estresse acumulado no fosso.

A cozinha era uma espécie de território neutro entre as fossas na parte da frente da casa e o posto de comando na sala de jantar e lazer, nos fundos. Lundquist usava o forno de micro-ondas de Gacy para esquentar a comida fornecida por empresas que entregavam refeições prontas. No início, a comida vinha das cozinhas que produziam refeições de bordo no aeroporto vizinho, o O'Hare, mas os agentes logo se cansaram do Frango à Kiev e do Bife à Granadina e passaram a pedir fast-food mais mundano e comida de delicatessen. Achavam muita graça quando um hotel da região mandava várias travessas de mini sanduíches no palito. Na hierarquia dos assentos na sala de jantar, os escavadores vinham primeiro, depois os carregadores de terra, e os demais por último.

Se a hora do almoço e o happy hour no fim do dia eram importantes válvulas de escape, o mesmo valia para o humor mórbido. Um eventual visitante talvez ficasse mais chocado com as piadas que saíam da boca dos policiais do que com o que visse no vão. Não que os homens fossem insensíveis, muito pelo contrário: o trabalho deles era tão carregado em termos emocionais que, para conseguir cumprir a tarefa, precisavam achar uma forma de dar vazão aos sentimentos represados. O sargento Des Re Maux, que tinha voltado de férias, ficava alerta para sinais de depressão. "Quando eles não estão brincando ou implicando um com o outro que nem uns patetas", dizia, "aí sim eu fico preocupado."

O resultado disso era uma piada atrás da outra, a maioria de muito mau gosto. Uma vez removidos todos os corpos, alguns policiais queriam pôr esqueletos de plástico no vão, instalar um piso de vidro e transformar a casa numa boate gay. Na hora do almoço, avisavam uns aos outros: Não joga osso de frango no fosso que o dr. Stein vai ficar doido! Alguém disse que trazia boas e más notícias. A má era que John Gacy tinha escapado da prisão. A boa: Timmy Long, o garotinho de vozinha irritante que vendia carros na televisão, estava

desaparecido. Todos sabiam, claro, que Gacy não daria festa no Ano-
-Novo porque não teria quem chamar: todos os convidados tinham
viajado para o além. Como dizia Pat Jones, era como assobiar fingindo despreocupação quando se está com medo.

Os policiais fizeram um bolão para apostar quantos corpos recuperariam ao todo. As estimativas iam de cinco a 24. Todos erraram
para baixo. Inspirados em um filme que estreava nos cinemas, fizeram camisetas que de um lado diziam "Os Invasores de Corpos, nº
803640" — os seis dígitos se referiam ao número do caso —, e do outro traziam o número "27" em algarismos grandes, fazendo referência à quantidade de corpos. (Essa cifra também acabou se revelando
inferior à da contagem final.)

Uma intensa troca de souvenires floresceu. Os policiais recolhiam
as canetas esferográficas com propaganda das festas ou da firma de
Gacy e os cartões de visita que o anunciavam como delegado distrital
do Partido Democrata a pedido de promotores e membros do judiciário, entre outros. A demanda por tijolos da casa também era grande.

Como uma derradeira lembrança de sua presença no local, os policiais usaram uma das paredes para criar um painel improvisado
com uma foto ampliada de Gacy, bandeiras da Polônia, consolos no
formato de caricaturas de Papai Noel e um pastor, e outros itens que
remetiam ao empreiteiro. Vários deles posaram para fotos formais
em frente ao painel, com capacetes debaixo do braço e a contagem de
corpos do dia escrita a giz em uma claquete de foto de ficha criminal. Quando o assunto era fazer piada, eles não poupavam esforços.

Depois da brincadeira, no entanto, a realidade se impunha. Do
começo ao fim da escavação, os peritos fotografaram as covas e os
restos mortais para se proteger contra erros futuros na identificação
das provas. Nos estágios iniciais, a operação foi filmada. Para assegu-
rar uniformidade e precisão, um dos melhores escrivães do departamento, Charles Pearson, ficou encarregado de registrar todas as atividades, fazer medições, numerar os corpos, desenhar a planta baixa
e preparar relatórios.

Nos fundos da casa, Lundquist e outros policiais vasculharam todos
os pertences de Gacy e separaram o que poderia ter valor de prova; o resto
foi embalado e enviado a um depósito. À medida que Marinelli e sua equipe arrancavam o piso e rasgavam as paredes e o isolamento, iam achando
mais evidências: um pedaço de gaze ensanguentada embaixo de um tapete
no quarto, mais documentos de identidade, mais revistas pornográficas.
Tudo era enviado ao laboratório de criminalística da polícia de Maywood.

A essa altura, o piso na entrada não passava de uma grade de vigas espaçadas, atravessada por uma tábua que servia de ponte. No dia em que o xerife Richard Elrod foi inspecionar o local, os policiais ficaram apreensivos. Apesar da lesão incapacitante que sofreu durante as manifestações violentas promovidas em 1969 pelo grupo de extrema esquerda The Weathermen, Elrod fez questão de cruzar de muletas a ponte estreita a fim de examinar o vão. Quando conseguiu chegar à cozinha, os investigadores respiraram aliviados e voltaram ao trabalho. Entre os visitantes daquela semana também estavam Dick Walsh e Chris Gray, que foram mostrar onde tinham cavado as valas. Nenhum dos dois parecia feliz por estar lá, mas ambos ficaram de olhos arregalados com o que viram. Inspetores do condado também vieram à residência verificar as condições de saúde e segurança e insistiram que todos usassem capacetes.

Depois de terem encontrado um corpo enterrado embaixo de uma laje de concreto, os investigadores suspeitaram que pudesse haver outros cadáveres sepultados em um misterioso bloco de cimento que ia de um lado ao outro do vão. Contudo, depois de examinarem a planta baixa e registros topográficos da propriedade, concluíram que se tratava de uma sapata da fundação original, concretada no local errado. Estava explicado o comentário fora de contexto que Gacy fizera a Schultz e Robinson na semana anterior, depois de lancharem no Daley Plaza.

Ao final de cada dia de trabalho, o dr. Stein, acompanhado de Dobbs ou do tenente Frank Braun, encarregado da operação, iam até os degraus da frente da casa e, como era de praxe, atualizavam a imprensa sobre a contagem de corpos. Entre o Natal e o Ano-Novo, o número subiu de quatro a oito, depois a quinze, então 21, e por fim 27. Os corpos eram colocados individualmente em uma maca de tela metálica e transportados por um grupo de policiais até o furgão que ficava à espera para levá-los ao necrotério. Para as legiões de repórteres e equipes de filmagem acampados do lado de fora, era o evento midiático do dia. Para os policiais que gostavam de aparecer, a chance de ganhar dez segundos de fama como carregadores de corpos no noticiário das 22h.

Os policiais de Des Plaines que acompanhavam o caso pela televisão se ressentiam com a espetacularização promovida pela polícia do condado. Foram todos deixados em segundo plano. Bem, quase todos: Tovar continuava na Summerdale como oficial de ligação da polícia de Des Plaines, e aparecia muitas vezes carregando corpos.

Seus colegas o acusavam de escolher a roupa — camisas polo vermelhas e azuis ou verdes e azuis — de acordo com o que pensava ficar melhor na TV em cores.

O horário da coletiva de imprensa, à noitinha, não convinha a todos. Art Petacque não demorou a conseguir os novos números de telefone da casa de Gacy e telefonava sempre para saber as novidades. Identificava-se como "tenente O'Malley" e pedia para falar com uma de suas fontes. "Um minuto, Art", respondiam os policiais que atendiam. Como tinha até meio-dia para fechar uma reportagem para a edição vespertina do *Tribune*, Ronald Koziol ligava para uma fonte dentro da casa e ouvia um enigmático "mais dois na porta" como uma prévia da contagem de corpos. Um repórter de um jornal de Detroit que tentou se valer da estratégia de ir entrando com toda tranquilidade na casa acabou preso.

Outra repórter do *Tribune*, Michael Sneed, depois de ser enviada à Guiana para cobrir o massacre em Jonestown, ligou para a redação do jornal com a matéria pronta e constatou, espantada, que ninguém estava interessado em falar com ela, até que finalmente soube pelo editor a notícia que tinha acabado de estourar.

"Jesus!", ela murmurou ao telefone, lembrando de uma conversa que havíamos tido na semana anterior. Eu já a conhecia de coberturas anteriores, e comentei que o caso em que trabalhava no momento poderia vir a se encaixar certinho em sua especialidade. Ela demonstrou interesse, mas estava com muita pressa: seu avião partiria para a Guiana dali a poucos minutos. Àquela altura, eu não podia dar maiores detalhes, então ela optou por voar à América do Sul para, em suas palavras, fazer "a matéria mais importante da minha carreira".

No final da tarde, a imprensa em frente à casa ficava atenta a toda e qualquer movimentação oficial. Sempre que um investigador abria a porta, mesmo que para tomar ar fresco, praticamente todos os refletores se acendiam, antevendo alguma atividade que valesse uma notícia. Ao perceber isso, Bettiker, acostumado a observar o mundo com olhos de desconfiança e um semblante sério e impassível, resolveu se divertir um pouco. Depois de encherem um saco mortuário com embalagens vazias de comida e bebida, ele e um colega saíram pela porta carregando despreocupadamente o volume. A frente da casa se iluminou como um estádio. Acompanhados pelas câmeras, os dois primeiro caminharam em direção ao furgão, depois, de repente, mudaram de rumo. Então, contando um, dois, três, atiraram o saco em uma caçamba de lixo e retornaram calmamente para dentro. Ao assistirem ao noticiário das 22h, os policiais que haviam de fato carregado cadáveres tiveram certeza de que o pessoal da TV tentara se vingar deles aproximando bem o foco e recortando seus rostos da filmagem.

Na sexta-feira depois do Natal, a contagem estava em 27 corpos (26 encontrados no vão e um na garagem). No sábado, os investigadores começaram a desmantelar a churrasqueira no quintal de Gacy, onde Edward Grexa tinha visto o vizinho cavando tarde da noite, mas o trabalho foi suspenso até que conseguissem equipamento apropriado para quebrar a base de concreto. No sótão, depois de removerem as tábuas do assoalho, encontraram mais revistas pornográficas, *bongs* para fumar haxixe ou maconha e uma bolsa com imitações de insígnias e distintivos da polícia. Do vão, no entanto, não saiu mais nenhum corpo. Cautelosos, os escavadores se perguntavam se o trabalho deles já teria chegado ao fim.

A operação foi suspensa por dois dias durante o Ano-Novo e, no último dia de 1978, as nevadas chegaram. Já tinham caído 76 centímetros de neve naquele inverno e, com a tempestade no feriado de fim de ano, a neve chegava a quase um metro de altura. Ao voltarem ao trabalho no começo de janeiro, os investigadores ficaram impedidos de fazer novas escavações do lado de fora por causa da neve e do solo congelado. Logo após a tempestade, uma massa de ar frio veio do Ártico e deixou Chicago com temperaturas mínimas inferiores a -18°C durante a primeira metade do mês. Portanto, seria necessário esperar uma trégua no tempo ruim para dar continuidade ao plano: cavar até todos terem certeza de que não havia mais corpos.

Homens do Departamento de Rodovias de Cook foram trazidos para escavar o vão até o substrato de barro. Antes de a terra ser removida pelo lado da casa em uma esteira transportadora, os peritos examinavam o conteúdo outra vez em busca de mais provas. Com base em declarações dadas por Gacy no Cemark Hospital, os investigadores procuraram embaixo do piso da área de serviço e encontraram um casaco azul de nylon com forro de pluma de ganso. Era de Rob Piest.

O tempo não dava trégua. Na sexta-feira, dia 12, voltou a nevar e continuou até domingo de manhã. O nível da neve aumentou em mais meio metro, paralisando a cidade. O aeroporto O'Hare ficou fechado no fim de semana, os trens do metrô pararam com os aparelhos de mudança de via e motores de tração congelados, as estradas foram obstruídas com acúmulos de dois metros de neve, e as escolas suspenderam as aulas por uma semana. Aquele janeiro — que ainda veria cair outros 33 centímetros de neve — bateria o recorde de mês mais frio e com mais neve na história de Chicago. O inverno inteiro seria recordista, com quase 2,5 m de queda de neve no total. Os telhados vergavam e vazavam, e alguns desabaram. As autoridades estavam alarmadas com a disparada na taxa de homicídios, que atribuíam a uma epidemia de ansiedade causada pelo confinamento prolongado.

Depois de tanta neve, a atividade na casa quase parou. Àquela altura, o trabalho basicamente se resumia em garantir a vigência do mandado de busca. Tudo indicava que o resto da tarefa precisaria aguardar até a primavera.

• • •

Entre quem se aglomerava em frente à casa de Gacy na semana seguinte ao Natal, o grupo que dava mais pena era o dos familiares dos desaparecidos. Não havia muito o que descobrir no local do crime, mas eles ignoravam esse fato. Empurrados pela horda de curiosos junto ao cordão de isolamento, mantinham vigília e os ouvidos atentos para o que repórteres e autoridades diziam.

Quando a escavação foi retomada, um dia após o Natal, uma jovem chamada Kari Johnston Betleg abordou um policial que montava guarda no perímetro de segurança e contou que o irmão dela, Rick, estava desaparecido havia dois anos.

Rick Johnston, um rapaz magro e de aspecto frágil, com 1,70 m de altura, teria começado o último ano do Ensino Médio em 1976. Praticara luta livre na época do Ensino Fundamental e, todas as manhãs, bem cedo, corria em volta do campo de golfe perto de casa, no distrito de Bensenville. Era ávido leitor de Tolkien. Preocupado com o meio ambiente, deplorava o uso desnecessário dos carros, que só entupiam as ruas, e fazia questão de se locomover de bicicleta para cima e para baixo.

No dia 6 de agosto de 1976, Rick estava com um ingresso para um show de rock no Aragon Ballroom, uma casa de shows na região norte de Chicago. Ele amava música e, depois de ter extraído dois dentes do siso, sentia que precisava se distrair um pouco. Como não havia transporte público direto para o local, Rick comunicou à mãe, Esther, que iria de bicicleta. Nem pensar, ela respondeu. Era longe demais, e a viagem seria muito perigosa. Rick fora poucas vezes a Chicago, e não sabia andar na cidade. Por fim, a mãe disse que o levaria de carro. Rick esperava encontrar uns amigos no show e voltar de carona.

Esther Johnston saiu com o filho na hora do rush e pegou a movimentada Lawrence Avenue no sentido leste. A mãe de Rick não ia ao Aragon desde os tempos das *big bands*, e ficou chocada com a degradação e a mudança no perfil demográfico da região. Ao chegarem à casa de shows, cogitou ficar por lá esperando, mas descartou a ideia: Rick estaria mais seguro no show do que ela andando de carro pela vizinhança. O garoto deu um beijo na mãe e concordou em ligar para ela ou Kari no caso de não conseguir carona. A mulher trancou as portas do carro e se preparou para a longa viagem de volta. Chegando em casa, passou pela cozinha e reparou em um livro aberto sobre a mesa. Era a Bíblia da família. Pelo visto, Rick a estivera lendo antes de sair.

Mais tarde, Esther Johnston deitou-se no sofá da sala para esperar o filho. Sempre fazia isso, em especial depois de se divorciar do pai de Rick. Quando deu meia-noite e o garoto ainda não tinha chegado, imaginou que ele tivesse parado para comer com os amigos. Às duas da manhã, ficou preocupada. Às quatro, começou a ficar apavorada, mas se conteve: Rick devia ter ido dormir na casa de um amigo.

Pela manhã, desesperada, Esther Johnston telefonou para os amigos do filho; nenhum tinha ido ao show. Às 11h, acionou a polícia de Bensenville. Foi informada do prazo de 24 horas para registrar um desaparecimento, mas os policiais mesmo assim foram à casa dela às 14h. "Se tivesse acontecido alguma coisa com seu filho, a senhora já estaria sabendo", disseram. Esther Johnston ligou para o outro filho, Greg, que veio de Galena, Illinois, para ajudar nas buscas. Os dois ligaram para hospitais e souberam de um rapaz cuja descrição batia com a de Rick. Greg foi verificar. Não era ele.

Naquela noite, Kari e Greg foram ao Aragon e mostraram fotos de Rick a policiais e seguranças. Eles não tinham visto o garoto, e avisaram aos dois que tomassem cuidado, pois aquela era uma região perigosa.

Depois de falar com as polícias de Chicago e Bensenville e com alguns jornalistas, a família se convenceu de que Rick tinha sido apanhado na rua por representantes da Igreja da Unificação. Fundado pelo evangelista coreano Sun Myung Moon, a seita atuava no entorno de Aragon e no distrito de Itasca, perto de Bensenville.

Os Johnston embarcaram em uma odisseia que duraria mais de dois anos. Como diria Kari, "era como se Deus tivesse posto a Igreja da Unificação no nosso caminho para a gente não ficar louco imaginando o que teria acontecido com Rick". Gastaram milhares de dólares em telefonemas, seguindo pistas e falando com outros pais na mesma situação ou com trabalhadores familiarizados com a seita. Contrataram até um detetive particular. Greg viajou ao Tenessee, à Pensilvânia e a Nova York atrás de informações. Toda vez que abordavam uma filial da igreja, eram barrados. Ao telefonar para o escritório da organização em Nova York, Esther Johnston começou a chorar, implorando por informações sobre o filho. O homem do outro lado da linha simplesmente riu. Quando mandaram uma intimação extrajudicial à sede, a resposta foi que a igreja não estava com Rick.

Se Rick tivesse sido de fato cooptado pelos moonistas, seria muito mais difícil trazê-lo de volta para casa depois que fizesse dezoito anos. A Igreja da Unificação tinha programado um grande comício em Washington, DC, para 18 de setembro de 1976, uma semana antes do aniversário do garoto. A família foi para lá acompanhada do pai de Rick e diversos amigos.

Vasculharam a multidão no shopping adjacente ao Monumento de Washington. Um policial com quem falaram prometeu tirar cópias e distribuir uma fotografia de Rick. Após conversar com um repórter que tinha se infiltrado na igreja mas acabou saindo ao saber que pretendiam mandá-lo para o Japão, a sra. Johnston ficou convencida de que Rick fora enviado para o exterior. Os Johnston examinaram os rostos limpinhos e apáticos dos crédulos até que, em meio à escuridão, fosse impossível enxergá-los. Mancando por causa de uma antiga lesão no cóccix, Esther Johnston atravessou lentamente o shopping enquanto caíam do céu as últimas fagulhas da queima de fogos orquestrada pelos moonistas. Sua garganta ardia por causa da fumaça. Estava deprimida e sabia que não encontrariam Rick ali.

Os Johnston nunca perderam a esperança de que Rick estivesse com os moonistas e fosse voltar um dia. Feriado após feriado, aguardavam um telefonema seu. Amigos do rapaz visitavam a família para oferecer ajuda e consolo. Um deles relatou o que tinha dito uma menina da escola, uma médium amadora: Rick estava embaixo de uma casa, em um lugar muito escuro. Estava descalço e com os pés muito frios.

Quando surgiram as notícias sobre John Gacy, não foi o nome do empreiteiro que sugeriu à sra. Johnston que sua busca talvez tivesse terminado, mas sim o fato de que a Summerdale Avenue ficava a menos de dois quilômetros ao norte da Lawrence Avenue. Esther Johnston confidenciou seus temores à filha: e se Rick pegou um ônibus na Lawrence Avenue até o ponto final e tentou seguir a pé, ou pegar carona, até chegar em casa? E se cruzou o caminho de John Gacy?

Assim, em 26 de dezembro de 1978, Kari foi à casa na Summerdale e contou sua história. O policial passou os detalhes e sugeriu a Kari que entregasse os registros médicos do irmão à polícia do condado.

Em uma sexta-feira, 29 de dezembro, às 14h05, Rick Johnston foi encontrado. Seu corpo foi o 23º a ser removido da casa de Gacy. Seus restos mortais foram encontrados embaixo da área de serviço, misturados aos de outro cadáver. A identificação foi feita no dia de Ano-Novo, às 10h, com base nas radiografias fornecidas pela família.

Depois do funeral de Rick, ocorreu um erro administrativo simples, porém devastador. No boletim de ocorrência, a polícia de Bensenville anotou a data do desaparecimento, 6 de agosto de 1976, como 06/08/76. Nos registros subsequentes, e agora também nos jornais e outras publicações, a data apareceu errada, como 8 de junho de 1976, ou seja, com o dia e o mês trocados.[1*] Por causa disso, ainda em luto, Esther Johnston foi vítima de uma difamação cruel: dizia-se que, sem pressa de encontrá-lo, tinha esperado dois meses para notificar o desaparecimento do filho.

---

1 Na notação de datas usada nos Estados Unidos, o número mês antecede o do dia. [NT]

KILLER CLOWN
RETRATO DE UM ASSASSINO
TERRY SULLIVAN
PETER MAIKEN

IDENTIFICAÇÃO

Após Gacy, já preso, confessar que havia jogado os corpos de suas últimas cinco vítimas no rio Des Plaines, voltamos a atenção para os corpos encontrados boiando nos condados de Will e Grundy. Um deles foi identificado como Frank Landingin, um homossexual com passagem na polícia por roubo e agressão. O cadáver foi descoberto por caçadores de patos em 12 de novembro. Seu nome aparecia em um comprovante de fiança encontrado na casa de Gacy, que reconheceu a foto do rapaz.

O outro corpo, com o nome "Tim Lee" tatuado no braço esquerdo, aguardava identificação desde que fora descoberto, em 30 de junho de 1978, pelo tripulante de uma barca na barragem-eclusa de Dresden Island. Embora o cadáver estivesse em estado avançado de decomposição, autoridades de Grundy tinham conseguido extrair suas impressões digitais. Buscas nos arquivos de Illinois e do FBI, no entanto, se revelaram infrutíferas. Periodicamente, a polícia local consultava Chicago e a Divisão de Segurança Pública vasculhava os próprios computadores, mas jamais encontraram registros de alguém desaparecido com esse nome.

Depois que Gacy foi preso, Bill Ward desenvolveu uma teoria interessante, embora insólita, que em sua opinião nos ajudaria a identificar o misterioso "Tim Lee". Desde que as autoridades de Grundy sugeriram que Lee era oriental, Ward, que encontrara o menu de um restaurante chinês entre os pertences do empreiteiro, estava convencido de que, se procurássemos direito, encontraríamos algum chef de cozinha asiático que tivesse conhecido o morto. Após dezenas de ligações inúteis para restaurantes chineses, Ward acabou admitindo que estava dando tiros no escuro.

No início de janeiro, uma matéria publicada no *Chicago Sun-Times* nos deu uma pista melhor: um jovem com o nome "Tim Lee" tatuado no braço era figura conhecida nos bares gays da região norte da cidade, onde se identificava como Timothy O'Rourke.

O condado de Grundy solicitou ao Departamento de Identificação Criminal de Illinois que comparasse as digitais de Tim Lee com as que tivessem registradas em nome de Timothy O'Rourke. Dessa vez, deu certo: as impressões coincidiram. Um repórter do jornal relatou a investigadores de Grundy que tinha localizado o pai de O'Rourke e que ele confirmou que o filho tinha uma tatuagem assim no braço. De acordo com o pai, o rapaz gostava de caratê e era um grande fã de Bruce Lee. Registros da arcada dentária e imagens de raio x confirmaram que o corpo tatuado era de fato o de Timothy O'Rourke.

Tão logo a matéria do *Sun-Times* foi publicada, o investigador Jerry Lawrence, de Chicago, recebeu um telefonema de uma transexual chamada Donita Ganzon, que não só se lembrava muito bem do jovem com a tal tatuagem como tinha informações a seu respeito. Segundo ela, O'Rourke mencionou que um cara chamado Gacy lhe prometera um emprego. Mais tarde, porém, comentou que achava que o homem o estava enrolando. Quando Ganzon perguntou ao garoto se Gacy era gay, recebeu apenas um sorrisinho como resposta. Um dia, pouco depois da meia-noite, O'Rourke saiu dizendo que ia comprar cigarros e nunca mais apareceu.

Frank Landingin tinha sido visto pela última vez por amigos na madrugada de 4 de novembro. Seu corpo foi encontrado oito dias depois. A causa da morte: asfixia. Com a boca amordaçada com a própria cueca, tudo indicava que Landingin inalara o próprio vômito. A autópsia também concluiu que, entre uma hora e uma hora e meia antes de morrer, a vítima fez uma refeição farta — a presença de brotos de feijão sugeria comida chinesa — e teve relações sexuais: as vesículas seminais estavam vazias.

Ao interrogar familiares e amigos, os investigadores descobriram que Landingin, de dezenove anos, era um jovem um tanto violento, que traficava drogas, estava metido com prostituição e com gangues da região norte de Chicago. Mesmo desempregado, sempre andava com dinheiro. No ano anterior a seu desaparecimento, chegou a ser preso umas seis vezes — um recorde —, quase sempre por agressão e roubo de carro. Embora os investigadores não tivessem estabelecido de imediato um vínculo claro entre Landigin e Gacy, o modo como o rapaz morreu — sobretudo a cueca na boca — e suas atividades marginais na região onde Gacy "caçava" sem dúvida indicavam uma provável conexão.

Em resposta ao nosso pedido de ajuda para encontrar o corpo de Rob Piest, as autoridades dos condados de Will e Grundy acionaram quartéis locais de bombeiros, que enviaram barcos no sábado antes do Natal. As embarcações partiram de um ponto situado bem acima da ponte na Interstate 55 e desceram o rio até Ottawa, Illinois, a uns 60 quilômetros. Um helicóptero emprestado do Departamento de Transportes de Illinois vasculhou a mesma porção do Des Plaines. Após o Natal, as buscas foram reforçadas por integrantes de um clube de mergulho local.

Não tiveram sucesso. Greg Bedoe, Frank Nolan e Bill Ward acompanharam o trabalho nos primeiros dias e falaram com guardas de comporta, tripulantes de barcos e antigos trabalhadores ribeirinhos. As variáveis eram tantas que achavam difícil encontrar o corpo antes da primavera. Também era possível que jamais o localizassem.

A princípio, os cadáveres atirados no rio afundam. Somente quando o processo de putrefação começa é que são produzidos gases suficientes para trazê-los à superfície. Contudo, era possível que a água fria mantivesse o corpo de Rob tão bem preservado que isso levaria meses para acontecer.

Outro fator a ser levado em conta eram as condições do corpo no momento da desova. A polícia de Will relatou casos em que cadáveres com *rigor mortis* tinham descido direto ao fundo do rio e ficado presos na lama, onde permaneceriam como estátuas a menos que fossem perturbados pelas hélices das embarcações.

As barcas eram outro problema. Os corpos podiam ficar presos nos cabos e engates do reboque. Teoricamente, um corpo saído de Illinois poderia acabar em New Orleans, ficar preso embaixo de uma barcaça atracada em um cais, ou ser completamente desmembrado pela hélice de um rebocador.

O gelo se acumulava nas barrancas, e perto dos canais, o fundo do rio era cheio de lixo, galhos e troncos submersos. Havia uma infinidade de lugares onde um cadáver podia permanecer oculto.

As perspectivas eram desanimadoras, mas em 28 de dezembro, uma quinta-feira, soubemos que um corpo tinha sido avistado de um rebocador a jusante da ponte. Se fosse Rob Piest, a descoberta ajudaria a condenar John Gacy por assassinato.

Bedoe, Hein, eu e Wayne Fieroh, da Divisão de Segurança Pública, estávamos na delegacia de Des Plaines quando telefonaram do condado de Will. Embarcamos os quatro na viatura descaracterizada de Fieroh e seguimos para sudoeste a uma velocidade que lembrava a época da vigilância.

O cadáver tinha sido visto pouco antes de escurecer, a cerca de 800 metros a jusante da ponte, por um dos tripulantes do rebocador. O barco ficou parado até a chegada de uma unidade do Corpo de Bombeiros de Channahon, que removeu o corpo e o levou a uma funerária em New Lenox.

Não seria fácil para mim e Greg Bedoe ver o cadáver, considerando nosso envolvimento com a família Piest — Rob era muito real para nós. Mesmo estando morto, eu me pegava imaginando como devia ser horrível ficar naquela água fria. Quando chegamos à funerária, autoridades do condado tinham colocado o corpo no porão. Já não era reconhecível devido ao inchaço e a pele descamada, mas aparentava ser um adolescente do sexo masculino, com cerca de 70 quilos. O intrigante era que parecia baixo, com menos de 1,60 m. Subi e perguntei ao legista adjunto, Karl Kurtz, se um corpo podia encolher. A resposta era que sim, de dois a cinco centímetros. Isso não explicava a discrepância: Rob Piest tinha 1,70 m.

Enquanto Bedoe e eu conversávamos em um canto, um dos policiais de Will perguntou se Piest era circuncidado. Ligamos para Kozenczak, que verificou. Sim, Rob fora submetido à circuncisão. O jovem sobre a mesa de exame, não. Aquele não era Rob Piest.

Dois dias depois, a vítima foi identificada pelas impressões digitais. Era James Mazzara, vinte anos, de Elmwood Park. Tinha passagem pela polícia de Chicago por posse de maconha e dano patrimonial, delitos registrados no ano anterior. Mandei Bedoe e Joe Hein falarem com a família.

Era uma noite de tempo ruim, e caía uma garoa congelante. Uma jovem abriu a porta: era a irmã de James, Annette. Como o pai não estava em casa, os policiais perguntaram pela mãe. Era óbvio que a família já esperava por más notícias. Os agentes contaram a Annette o ocorrido e esperaram enquanto ela falava com a mãe em italiano. As duas desabaram em prantos. A televisão na sala de estar transmitia o noticiário noturno. Uma foto de John Gacy apareceu na tela. A mãe falou em tom de urgência com Annette, que transmitiu a mensagem: "Foi ele, não foi?". Os policiais disseram que não sabiam.

Mais calma, Annette conversou com os agentes na cozinha. A família tinha visto James pela última vez no feriado de Ação de Graças. Quando ele não apareceu no Natal, suspeitaram que havia algo errado, porém não notificaram o desaparecimento. James morava em Chicago, mas Annette não sabia onde. Não tinham o telefone dele, e "Clark Street" era tudo que sabiam do endereço. Pelo que sabia, o irmão trabalhava na construção civil. No feriado, James lhe disse que não se preocupasse, pois estava bem. Na ocasião, mencionou o nome de um bar onde ela e uns amigos foram procurá-lo mais tarde. Era um estabelecimento barra-pesada, de clientela gay. Os policiais perguntaram se James tinha algum apelido. Segundo Annette, os amigos o chamavam de "Mo-Jo". A caminho da prisão, John Gacy dissera que sua penúltima vítima era "Joe não sei que lá", de Elmwood Park. "Mo-Jo" soava bem parecido.

...

A pedido da promotoria — e movido pelo seu "desejo de esclarecer as coisas" —, Gacy concordou em ser interrogado por um membro da minha equipe e policiais do condado na segunda semana de confinamento no Cermak Hospital. No dia 3 de janeiro, às 16h, Larry Finder, Greg Bedoe e Phil Bettiker entraram na biblioteca do hospital, que também servia de sala de reuniões e onde Gacy e Sam Amirante já os aguardavam. Frank Braun e Joe Hein se juntaram a eles mais tarde.

"Oi, Larry", disse Gacy, e todos trocaram apertos de mão. O empreiteiro estava barbeado e parecia animado. Sentou-se na cabeceira da mesa, com Amirante à direita, e os demais se acomodaram nas laterais.

"Dá pra acreditar nas baboseiras que a imprensa está inventando?", perguntou Gacy sem se dirigir a ninguém em particular. "Estão querendo cavar na Winston's Ice Cream Shop, na State com a Division, só porque eu trabalhei lá e alguém sentiu um cheiro ruim. Por isso eu queria falar com vocês — para não botarem a culpa em mim toda vez que encontrarem um corpo."

Seria tolice, falou, arrancar todo o concreto da sorveteria — não havia corpos lá. Finder assentiu com a cabeça, depois comunicou que Gacy não era obrigado a falar com a polícia e começou a ler seus direitos. Como fizera em outras ocasiões, o preso se antecipou à leitura e os resumiu por conta própria. Em seguida, começou a dar esclarecimentos sobre assuntos abordados em declarações anteriores e se aprofundou em outros a pedido dos interrogadores.

Afirmou que não chegou a fazer sexo com a maioria dos garotos de programa que abordava na Bughouse Square porque eles aumentavam o preço. Segundo Gacy, eram todos brancos. Nunca fazia sexo com porto-riquenhos e negros. Estimou que, nos cinco anos anteriores, tivera cerca de 1.500 relações sexuais — por isso, segundo disse, era tão difícil lembrar as identidades das 27 vítimas enterradas em sua casa. Com o tempo, os assassinatos se tornaram menos frequentes porque ele dava tão duro no trabalho de dia que estava muito cansado para "caçar" à noite. Confirmou que o "H" ao lado de alguns dos nomes registrados em sua agenda indicava que eram homossexuais. Declarou ter tido sua primeira relação sexual com outro homem aos 22 anos.

Indagado por que alguns corpos tinham a cabeça ou a parte superior do tronco cobertos por sacos plásticos, Gacy explicou que os colocava quando as vítimas começavam a sangrar pelo nariz ou pela boca. Confessou também que amordaçava as vítimas com uma meia na boca, mas nunca a cueca. O sangue no quarto acarpetado de verde, segundo contou, viera de um corpo que tinha pendurado no closet, de cabeça para baixo, pouco antes do segundo casamento. Às vezes, guardava cadáveres debaixo da cama, embora nunca por mais de 24h. Quando o vão embaixo da casa ficou cheio, cogitou colocar corpos no sótão, mas desistiu da ideia devido à possibilidade de "vazamento".

Os policiais pediram então que explicasse sua declaração de que as vítimas matavam a si próprias. Gacy falou que, quando colocava a corda no pescoço dos jovens, eles começavam a se debater, fazendo com que o laço se apertasse. Logo, as vítimas "matavam a si próprias". Questionado sobre o truque da corda, o empreiteiro explicou o procedimento e se ofereceu para demonstrá-lo em Braun. O tenente disse que recusava a oferta, e todos, inclusive Gacy, deram gargalhadas.

Entre uma baforada e outra no charuto A&C que Braun lhe dera, Gacy devorou pacotinhos de balas Certs e uma barra de chocolate Hershey's. Rejeitou o jantar do hospital argumentando que a comida parecia algo em que pisara na rua uma vez. Mais cedo, tinha dado bronca em Bedoe por trazer charutos não muito bons e avisara a Finder que não gostava de castanhas no chocolate.

Gacy disse que matava por dois motivos: quando a vítima cobrava acima do preço combinado ou fazia alguma ameaça — como contar aos vizinhos sobre suas atividades sexuais. Colocava na segunda categoria os que demonstravam remorso após consentirem com a relação. Mandava os empregados cavarem valas embaixo da casa para ter covas disponíveis. Em diversos momentos, referiu-se ao vão como seu "cemitério particular".

Sua relação com "Joe", de Elmwood Park, começou logo após o feriado de Ação de Graças. O jovem gostava de bater nele durante o sexo, mas Gacy não curtia sadomasoquismo. Joe tentou subir o preço após um programa de duração mais prolongada e ameaçou dizer aos vizinhos que tinha sido estuprado se Gacy não pagasse. O empreiteiro fez o truque da corda sem nem precisar amarrar as mãos do jovem e, na noite seguinte, atirou o corpo dele no rio. Quando lhe mostraram uma foto de James Mazzara, Gacy confirmou que poderia ser Joe, mas que se lembrava dele com cabelo mais curto.

Enterrou John Butkovich na garagem porque já havia ali uma vala para um cano de drenagem que não pretendia mais instalar. Os dois tiveram uma discussão sobre dinheiro na época em que o jovem estava querendo largar o emprego e ir para Porto Rico. Gacy alegou que o funcionário tinha colocado em sua conta um carpete para o próprio apartamento e não pagou. Por isso, o enfermeiro avisou que, se quisesse receber o salário, ele teria que trabalhar até o próximo dia de pagamento e reembolsá-lo pelo carpete. Naquela noite, Butkovich foi à sua casa com uns amigos e exigiu o dinheiro, mas foi embora depois que o patrão se recusou a pagar. Mais tarde, acabou se encontrando com Butkovich enquanto "caçava" em Chicago. O rapaz tinha apanhado em uma briga. Gacy o levou para casa e cuidou de seus ferimentos. Os dois retomaram a discussão, e Butkovich começou a bater nele. Por fim, o empreiteiro conseguiu acalmá-lo e mostrou o truque das algemas. O jovem ficou furioso e ameaçou matá-lo. Gacy fez então o truque da corda.

Disse também que não se lembrava de Jeffrey Rignall. A princípio, negou ter usado clorofórmio para dopá-lo, mas depois admitiu que talvez tivessem "usado juntos", de forma consensual. Afirmou que nunca usava clorofórmio nas vítimas, e que só tinha em casa porque alguns parceiros gostavam de usar para ficar chapados.

Declarou ter conhecido John Szyc, que descreveu como um travesti, na Bughouse Square. Aplicou-lhe o truque da corda porque ele cobrou mais de 20 dólares pelo sexo. Segundo Gacy, as bijuterias e perucas em seu guarda-roupa pertenciam ao jovem.

Quanto ao motivo que o levara a matar Rob Piest, afirmou não ter certeza. Narrou sua ida à farmácia Nisson naquele 11 de dezembro, quando convidou Rob a entrar no carro. Ao contrário do que noticiava a imprensa, não lhe tinha oferecido emprego. Propôs, isso sim, pagar 20 dólares para que o garoto o deixasse fazer sexo oral nele. Segundo Gacy, Rob não estava algemado, e o ato sexual só não se consumou porque o jovem não conseguiu ter uma ereção. Quando o jovem ficou assustado e disse que achou que Gacy fosse matá-lo, o empreiteiro tranquilizou-o dizendo que não havia o que temer. No entanto, ficou preocupado que o rapaz contasse o ocorrido a terceiros e decidiu matá-lo. Embora tivesse declarado mais cedo que o vão embaixo da casa estava cheio, nesse momento argumentou que "Jack" era o único que sabia por que tinha desovado o corpo de Rob no rio.

Em um sábado, tarde da noite, Greg Godzik precisava de carona, e Gacy foi buscá-lo. Foram para a casa do empreiteiro e fumaram maconha. Gacy teria convencido Godzik a fazer sexo oral nele. Depois do ato, o garoto teria ficado taciturno e se mostrado envergonhado. Por causa disso, segundo Gacy, "Jack" decidiu aplicar o truque da corda nele.

Ao ver a foto de Rick Johnston, Gacy lembrou que o rapaz era de Bensenville e que o pegara de carro em sua "área de caçada". O corpo, de acordo com o empreiteiro, tinha sido enterrado embaixo da casa.

Ao ver uma foto de Frank Landingin, Gacy alegou não saber quem era, embora tivesse reconhecido o jovem quando Finder lhe mostrou a mesma foto na prisão de Des Plaines. No entanto, reconheceu o comprovante de fiança e disse que tinha encontrado o documento na carteira da vítima depois de morta.

Matou pela primeira vez, confessou, em janeiro de 1972, e a segunda em janeiro de 1974, cerca de um ano e meio depois de se casar. Não assassinara ninguém durante o tempo em que a sogra morou com eles. Disse que não a suportava e que precisou obter uma ordem judicial para expulsá-la da casa. A informação divulgada na imprensa de que fora visto comprando um revólver procedia. A arma, segundo seu relato, pertencia à sogra, e ele a tinha enterrado sob os degraus da entrada porque armas o assustavam.

Após repetir que não havia corpos enterrados sob o acesso à garagem, Gacy sugeriu que os policiais consultassem Ron Rohde, que tinha despejado o concreto na parte frontal, e a empresa de pavimentação, que fizera o resto do serviço. Admitiu que vinha planejando, ao longo dos meses seguintes, resolver de uma vez por todas o problema do mau cheiro despejando uma camada de meio metro de concreto no vão sob a casa. Segundo ele, a única coisa atrasando a obra era a emissão do alvará de construção.

Finder perguntou sobre o livro que Gacy levava consigo, *Modern Currents in Political Thought* [Correntes Modernas de Pensamento Político].

"Leio um monte de coisa da pesada", respondeu o empreiteiro. "Política é poder. Poder depende de consentimento."

Ao final do interrogatório de quatro horas, um dos policiais perguntou se ele aceitaria participar de outras entrevistas para ajudar na identificação das vítimas.

Só se os funcionários da prisão o tratassem como um ser humano, foi a resposta de Gacy. "Teve guarda me perguntando como eu conseguia dormir em uma casa cheia de corpos", relatou, indignado. "Só faltou jogarem amendoins para mim, como se eu fosse um bicho no zoológico."

•••

Tão logo iniciada a operação na casa de Gacy, em 22 de dezembro, a polícia e o Departamento Médico Legal do condado começaram a se preparar para a tarefa de identificar os corpos. Levando em conta a primeira confissão de Gacy, esperávamos encontrar John Szyc, Greg Godzik e John Butkovich em seu "cemitério particular". Mas quem eram as outras vinte e tantas vítimas, e como tinham ido parar ali? Seriam adolescentes fugidos de casa que aceitaram ingenuamente a hospitalidade de Gacy, garotos de programa prestando o último serviço, ou apenas jovens que o empreiteiro tinha raptado nas ruas?

Por meio da imprensa local e nacional, pedimos informações a familiares e amigos sobre os garotos e jovens desaparecidos. Uma organização de Houston disponibilizou uma linha telefônica gratuita para jovens que tinham fugido de casa e desejavam informar às famílias que não estavam entre as vítimas de Gacy. Enquanto a polícia de Niles preparava a estrutura administrativa para lidar com o público, o necrotério do condado de Cook dava início ao trabalho de identificação dos restos mortais.

Stein chamou Charles P. Warren, professor de antropologia do campus de Chicago da Universidade de Illinois, para fazer o exame inicial dos corpos. Após analisar os ossos e seu padrão de crescimento (e, até certo ponto, também os dentes), um antropólogo físico é capaz de determinar sexo, raça, idade aproximada e altura. Warren elaborou formulários com essas informações e um mapa completo do esqueleto para cada conjunto de restos mortais, especificando qualquer característica osteológica incomum, como fraturas cicatrizadas, por exemplo.

Com base nas declarações de Gacy e nas descobertas de Warren e sua equipe, concluímos que a vítima padrão era branca, do sexo masculino, na faixa etária de treze a vinte e poucos anos. Famílias de pessoas desaparecidas fora desse perfil eram desencorajadas a enviar material. Se, após conversar com os pais de algum jovem por telefone, os investigadores acreditassem que ele se encaixava no perfil, aí sim eram solicitados o histórico médico e radiografias, de preferência dentárias.

Chegaram cartas de outros estados, relatos tocantes escritos por pais que viviam angustiados fazia anos. Outros, sem saber que a maior parte dos restos mortais não passava de esqueletos, telefonavam perguntando se alguma das vítimas tinha olhos azuis ou sardas. Algumas famílias — em especial as de apalachianos que viviam nos bairros da região norte de Chicago que circundavam a área onde Gacy "caçava" — eram de pessoas pobres, cujos filhos tiveram pouco ou nenhum acesso ao serviço de saúde, ou então desconheciam a existência de registros médicos. Alguns pais eram cooperativos, outros, não. Entre os que não eram, havia muitos obviamente incomodados com as implicações homossexuais do caso, e outros que se recusavam a admitir a possibilidade de os filhos terem sido enterrados embaixo da casa de Gacy.

Uma sala grande na sede da polícia do condado em Niles foi reservada para guardar provas do caso. Phil Bettiker, junto com Irv Kraut, policial do condado, e Jerry Lawrence, de Chicago, esvaziaram os recipientes com objetos apreendidos na Summerdale e os classificaram meticulosamente, item por item. Joias, bijuterias, chaves, broches e outros objetos diversos que poderiam ter pertencido às vítimas foram fotografados em cores. Se os parentes viam algo familiar no livro de fotos, os investigadores mostravam o item físico. A identificação de vários corpos foi corroborada por meio da associação com pertences pessoais. Uma jovem reconheceu a fivela do cinto do namorado e uma medalha religiosa que dera a ele pouco antes de seu desaparecimento, no início de 1978.

O investigador Paul Sabin desenvolveu um complexo sistema de arquivamento para laudos e radiografias que chegavam, e Bettiker e Lawrence foram atrás dos registros médicos que as famílias dos jovens desaparecidos demoravam a obter ou não conseguiam localizar.

Edward J. Pavlik, que viria a chefiar a equipe de odontolegistas responsável pela identificação dentária dos restos mortais, leu o anúncio de recrutamento para o caso no jornal antes mesmo de ser oficialmente convocado por Stein. Pavlik já havia sido consultor da polícia, do Departamento Médico Legal e do legista do condado. Diante da dimensão dos crimes, requisitou imediatamente a assistência dos colegas James Hanson, Ralph Remus e Jerry Kadlick. No sábado anterior ao Ano-Novo, a equipe iniciou os trabalhos.

Com os crânios já limpos, os profissionais primeiramente recolocaram os dentes que tinham caído no interior dos sacos mortuários. Alguns dentes caem após a morte, sobretudo os dianteiros, pois têm a raiz cônica e não há tecido conjuntivo para segurá-los. Naturalmente, todo dentista sabe o lugar de cada dente, e há apenas uma maneira de encaixá-los nos alvéolos. Ao todo, considerando todas as vítimas, faltavam 53 dentes.

Em seguida, Pavlik e sua equipe mapearam os dentes de cada vítima, anotando o estado das cinco superfícies de cada um. Há cinco possibilidades para cada uma dessas faces: saudável, comprometida, ausente ou recuperada, seja por preenchimento do canal ou restauração da coroa. Os dentes caídos após a morte que não puderam ser recuperados foram descritos como "PPM", perdidos *post mortem*. Examinando a mandíbula, os dentistas podem facilmente dizer se a perda se deu após a morte, pois nesse caso as bordas dos alvéolos ficam ásperas. Quando um dente vivo é removido, as bordas se arredondam à medida que o osso cicatriza e preenche o espaço.

Ao terminarem de mapear os dentes e tirar raios x, os odontolegistas compararam os resultados com os registros enviados. Pavlik traçou um mapa-mestre que listava cada vítima e a situação de cada dente, do número 1 ao 32. Se chegasse um registro mostrando um dispositivo prostético específico, por exemplo uma coroa no primeiro molar inferior direito, os dentistas podiam correr os olhos pela coluna correspondente àquele dente para saber se alguma vítima tinha feito o procedimento. Se notavam alguma semelhança, verificavam outra intervenção específica e assim por diante, até que a vítima fosse identificada ou o registro descartado.

Pavlik e sua equipe trabalhavam com três possibilidades: consistência, inconsistência e incompatibilidade. Quando tudo que viam na comparação era semelhante, havia consistência. No entanto, é possível que sejam encontradas cinco consistências e, ainda assim, os dentes comparados não serem da mesma pessoa. Cerca de metade da população dos Estados Unidos não tem os quatro dentes do siso, e maior ainda é o número dos que fizeram obturação de amálgama de prata em determinado molar. Contudo, chapas de raio-X permitem visualizar as peculiaridades de uma obturação que a tornam única: pontinhos, bordas irregulares, saliências etc. Odontologistas forenses podem chegar a uma identificação positiva com base na radiografia de um único dente obturado.

Inconsistências são diferenças explicáveis. Os exames *ante mortem* podem mostrar uma obturação de prata, e os *post mortem*, uma coroa de ouro — embora sejam intervenções diferentes, condizem com uma possível progressão de tratamento. O inverso, no entanto, seria uma incompatibilidade: um dente com uma coroa em 1963 não pode ter uma obturação em 1970. A descoberta de uma incompatibilidade é suficiente para descartar novas comparações.

Quando os dentistas dispunham dos registros necessários, o trabalho era realizado sem grandes dificuldades. O próprio Bettiker adquiriu experiência suficiente para fazer identificações não oficiais. Entretanto, o acesso à documentação apropriada se revelou difícil. Pavlik se surpreendeu com o fato de ter recebido menos de trezentas radiografias, levando em conta as dezenas de milhares de casos de desaparecimento reportados todo ano. Alguns registros eram antigos demais para que fossem úteis, como raios x tirados quando a maioria dos dentes do paciente ainda era de leite. Houve casos de dentistas que haviam passado o consultório — com as fichas dos pacientes — a outro profissional. Outros eram negligentes com seus arquivos de documentos, e enviavam fichas com dados obviamente errados. A maior dificuldade de Pavlik era obter material aproveitável das clínicas odontológicas. Certo dentista fazia anotações do tipo "envelope rosa", "envelope amarelo" etc. no registro de tratamento. Pavlik e sua equipe presumiram que, por algum motivo desconhecido, o profissional mantinha cópias em duplicidade dos prontuários.

Quando os registros disponíveis não eram suficientes para identificar as vítimas, Pavlik pedia ajuda aos investigadores, que apelavam para o trabalho de detetive à moda antiga. A mãe de um jovem desaparecido lembrou que o filho tinha sido internado em razão de um ferimento a faca na região torácica. O hospital ainda tinha a radiografia, em cuja parte superior aparecia uma pequena parte da mandíbula. Outra mãe lembrou que o filho deu entrada no hospital após cheirar cola. O raio-X do crânio do rapaz ainda constava no arquivo. Com base nessas chapas, os dois jovens foram identificados como vítimas de Gacy.

Stein contratou John Fitzpatrick, médico radiologista do Cook County Hospital, como consultor na identificação dos ossos. Fitzpatrick comparava radiografias *post mortem* das vítimas com chapas *ante mortem* enviadas à equipe, que também analisava em busca de características esqueléticas únicas.

Embora sejam feitas há mais de sessenta anos, identificações osteológicas não são tão comuns. Por isso, tendem a ser eclipsadas pela identificação dentária, que conta com a preferência das autoridades devido à ampla utilização e aos resultados praticamente incontestáveis. No entanto, os ossos podem apresentar anomalias de nascença ou adquiridas por doença ou trauma. Fitzpatrick buscava essas particularidades. O crânio, em especial os seios nasais, os processos transversos, a coluna vertebral, a trabécula, ou junção interna, dos ossos — todos possuem assinaturas individuais observáveis no confronto entre imagens radiológicas.

...

A revelação de que Gacy tinha passagens pela polícia em Chicago só fez aumentar o constrangimento da corporação, que reagiu da melhor maneira que podia, designando para o caso Jerry Lawrence — um de seus melhores detetives de homicídios —, cuja função seria facilitar a cooperação com os investigadores. O departamento de Chicago dispunha de um extenso arquivo sobre pessoas desaparecidas na região metropolitana, e Lawrence driblava a burocracia sempre que necessário, ainda que isso ocasionasse uma visita a seu oficial superior, Joe DiLeonardi, à época chefe da divisão de homicídios e mais tarde superintendente de polícia.

Quando as informações voluntárias sobre desaparecidos fornecidas pelos parentes e outras fontes começaram a escassear, os investigadores requisitaram à polícia de Chicago todos os registros de desaparecimento reportados de 1972 até a prisão de Gacy. Após uma pesquisa no sistema, a divisão de arquivo disponibilizou 45 mil relatos de desaparecimento de jovens que se encaixavam no perfil das vítimas de Gacy. Com a ajuda do investigador Ed Curtiss, de Chicago, os policiais iniciaram uma laboriosa apuração manual desses registros para saber a situação de cada caso e se a pessoa tinha sido encontrada. Muitos denunciantes haviam mudado várias vezes de endereço, outros não tinham telefone à época da ocorrência. Alguns casos, como o de John Szyc, acabavam arquivados quando testemunhas com graus variados de confiabilidade relatavam ter visto a pessoa desaparecida.

Após analisarem os registros financeiros de Gacy, sobretudo documentos de viagem e cartões de ponto, os investigadores elaboraram um mapa e marcaram com alfinetes todos as localidades onde o empreiteiro já havia trabalho no país. Depois disso, telefonaram para as polícias locais solicitando informações sobre desaparecidos. Essa apuração também nos ajudava a confirmar se Gacy estava em Chicago na época provável do assassinato de cada vítima conhecida.

Os investigadores conversaram com os amigos de alguns jovens desaparecidos e visitaram bares gays. Logo ficou claro que Gacy era bem conhecido na comunidade homossexual. Para alguns, era um "papa anjo", homem mais velho que só quer saber de rapazes. Muitos pensavam que era policial. Em um bar, os amigos de um jovem desaparecido se referiram a Gacy como "tira" e disseram que o rapaz, que era garoto de programa, tinha saído com o homem em um carro preto e esperava depená-lo.

Quando um jovem era identificado, os investigadores faziam uma verificação de antecedentes. Algumas vítimas de fato se prostituíam nas ruas, mas nem todas, de forma nenhuma. Mesmo assim, muitas famílias de rapazes desaparecidos temiam ser associadas com prostituição e homossexualidade e relutavam em se apresentar à polícia. Algumas de fato jamais o fizeram. Em junho de 1981, 24 vítimas de John Gacy haviam sido identificadas, a maioria pelo exame das arcadas dentárias. Os nove jovens desconhecidos foram enterrados em 12 de junho, em diferentes cemitérios. As despesas foram pagas pela Associação de Diretores Funerários da Grande Chicago, e cada lápide trazia uma simples inscrição: "Somos lembrados".

No fim, coube aos investigadores a dolorosa tarefa de falar com as famílias das vítimas identificadas. Algumas não conseguiam aceitar a verdade. Umas poucas reagiam de modo hostil à má notícia, agindo como se quisessem matar o mensageiro. A maioria, no entanto, estava preparada e aceitava resignada ou até aliviada com o fim do estado de incerteza.

Depois de contar aos Szyc que John tinha sido identificado como uma das vítimas, o agente Kraut precisou pedir ajuda à família para desatolar a viatura da neve. Quando ligou para Esther Johnston, a mulher chorou baixinho e perguntou se Rick havia sentido dor. Kraut tentou fazer o possível para reconfortá-la e garantiu que não.

• • •

Talvez confortasse um pouco a família Piest saber que Rob não estava entre os nove jovens não identificados. Depois que as buscas no rio durante o período do Natal não deram em nada, a família do garoto voltou a se mobilizar para encontrá-lo. Harold Piest tirou licença do trabalho e foi ao rio Des Plaines, onde fez inúmeras buscas por conta própria. A família recorreu à médium Dorothy Allison na esperança de que ela fornecesse alguma pista sobre o paradeiro do corpo. Certo dia, os Piest a levaram ao tribunal para que visse Gacy e, quem sabe, adivinhasse algo a partir da observação.

Quando a sra. Piest falou comigo sobre a ideia de contratar uma médium, respondi que ela deveria ir em frente caso isso fosse trazer alívio à família. Não acredito muito em videntes, e estava particularmente aborrecido com o assunto desde que soubera que a "informante anônima" de Kozenczak, cujas pistas tínhamos seguido ativamente — e em vão — na semana anterior à prisão de Gacy, era, na verdade, uma médium cuja ajuda ele solicitara. Eu considerava o fato de Kozenczak não ter nos contado nada na época uma violação de conduta imperdoável.

Com o degelo da primavera, se fazia urgente uma nova busca no rio. O gigantesco volume de neve derretida poderia fazer o rio transbordar e avançar grandes distâncias em direção a florestas e campos contíguos, aumentando imensamente a área de busca. Além disso, havia relatos de enormes troncos de árvore sendo carregados pela volumosa correnteza, atravessando as comportas e emergindo destroçados do outro lado. Nossa esperança de encontrar o corpo se esvaía depressa conforme o tempo mudava.

No dia 9 de abril, pouco antes do meio-dia, um homem que caminhava por uma trilha junto ao rio avistou um corpo boiando de bruços na água, a cerca de 1,5 m da margem e nove quilômetros a jusante da ponte na Interstate 55, e reportou o que viu ao guarda de comporta em Dresden. O funcionário ligou para a polícia de Grundy, que por sua vez acionou o Corpo de Bombeiros de Morris e um perito criminal.

Ficamos sabendo disso por meio de um dos atendentes da central em Grundy com quem tínhamos feito amizade durante a investigação, que me telefonou em caráter extraoficial para avisar que Braun já estava a caminho do local da ocorrência.

Combinei com Bedoe e Hein um ponto de encontro na Tri-State Tollway, e corremos para o rio Des Plaines no carro barato e econômico de Greg. Eu levava o giroflex portátil dele sobre os joelhos. Quando chegamos, Braun estava meio constrangido: sabia que o caso estava nas mãos da promotoria e que deveria ter nos avisado. Justificou-se dizendo que primeiro queria ter certeza de que não era um alarme falso.

O corpo, em estado avançado de decomposição, havia sido levado para uma funerária em New Lenox. Estava claro que precisaríamos dos registros da arcada dentária para fazer a identificação, então liguei para Kozenczak, que trouxe o prontuário odontológico de Rob. Não consegui entrar em contato com o dr. Stein, mas conversei com Pavlik e lhe pedi para trabalhar na identificação. O corpo foi radiografado em um hospital em Joliet. Junto com três outros dentistas, Pavlik comparou os registros. Por volta das 21h, todos concordaram que se tratava de Rob Piest.

Três dias depois da Páscoa, em um 18 de abril quente e ensolarado, Robert Jerome Piest foi sepultado em um mausoléu no gramado verde e ondulante do Cemitério All Saints. A missa fúnebre na Igreja Our Lady of Hope atraiu uma multidão de colegas de escola e amigos. A maioria dos policiais de Des Plaines envolvidos no caso também estava lá. No velório, depois que o caixão foi coberto de rosas vermelhas, a família me chamou de lado, junto com Greg e vários outros, e agradeceu o que tínhamos feito. Pela primeira vez na vida, fiquei sem palavras.

KILLER CLOWN
RETRATO DE UM ASSASSINO
TERRY SULLIVAN
PETER MAIKEN

RETRATO DE UM HOMEM PERVERSO

Quando Gacy chegou ao Cermak Hospital, o diretor da prisão do condado de Cook estabeleceu regras rígidas para sua reclusão. Para sua própria segurança, o empreiteiro foi isolado dos demais presos. Os funcionários não deviam ter contato com ele nem conversar a seu respeito, a não ser que fosse parte de suas atribuições diretas. Gacy logo se convenceu de que era um prisioneiro VIP e, numa carta a um amigo, gabou-se de seus "nove guarda-costas".

Embora estivesse quase sempre de bom humor, o empreiteiro se enfurecia com a cobertura da imprensa sobre seu caso, por considerá-la distorcida e mentirosa. Também começava a sentir o peso da solidão, o que expressou em uma carta a Ron Rohde, na qual também lhe agradecia por ter se dado ao trabalho de escrever. Dizia: "Minha vida é como [estar] em um túnel escuro, sem saber onde acaba ou se estou indo na direção certa". Em outra correspondência, refletia sobre as forças elementares do bem e do mal: "Desde que a sombra escura de Satanás desceu sobre mim, parece que meus amigos das horas fáceis fugiram. [...] Quando estava tudo bem e eu era generoso, todos viviam atrás de mim, mas assim que sou acusado e suspeitam de mim, correm e se escondem. Que Deus tenha misericórdia deles. [...] Se não fosse pela vontade de Deus, eu nunca teria me doado tanto, nem ajudado tanta gente. Ah, não sou nenhum santo, apenas um filho de Deus. Não me dou o direito de julgar os outros ou a mim mesmo."

Para os que o vigiavam, no entanto, Gacy não parecia nada humilde. Volta e meia se queixava do tratamento recebido. Certa vez, chamou um guarda apenas pelo sobrenome e deu a ele uma ordem ríspida. Continuava a se portar com arrogância: pediu ao padre Joseph R. Bennett, o capelão da cadeia, que solicitasse ao cardeal Cody, arcebispo de Chicago, que viesse visitá-lo, e comentou com Rohde que o delegado do condado, Richard Elrod, já lhe fizera uma visita social. Era mentira, claro.

Como material de leitura, Gacy pediu a Charles Fasano, que fazia a intermediação entre os prisioneiros e a administração, que trouxesse exemplares da *Playboy*, da *Hustler* e jornais, além de um livro sobre justiça penal. Também pediu uma Bíblia ao padre Bennett.

Sempre confiante na absolvição, Gacy falava da volta à liberdade e do fato de que precisaria de guarda-costas em tempo integral. "É causa ganha", disse a Rohde no telefone. "Pode apostar." Indagado sobre como os corpos tinham ido parar no vão, o empreiteiro respondia que viajava muito e que cinco ou seis pessoas tinham a chave de sua casa. Chegou a afirmar que seu advogado e o psiquiatra arrolado pela defesa não viam nenhuma dificuldade em conseguir a absolvição. Jurou que, uma vez livre, moveria processo contra todos que haviam violado seus direitos civis. Presumi que me incluísse nesse grupo.

Houve grande comoção quando os guardas o encontraram debaixo do próprio catre com uma toalha no pescoço, e alguns funcionários temeram que estivesse contemplando o suicídio. Ele negou ser essa sua intenção: estava apenas se refrescando, justificou, mas declarou a Fasano que, se o que a imprensa estava dizendo era verdade, não valia a pena viver. Ao padre Bennett, no entanto, Gacy desmentiu que tivesse qualquer pensamento do tipo.

Apesar da vida melancólica na cadeia, o empreiteiro às vezes amenizava sua situação. "Cancelei a festa deste ano", escreveu numa carta a Rohde. "Sei que você estava ansioso, mas, mesmo com o espaço extra fornecido pelo condado, não tem onde cozinhar."

Gacy já tinha nos contado bastante sobre seu *modus operandi*, suas atividades sexuais e algumas de suas vítimas. Segundo ele, eram garotos desencaminhados, que se vendiam, que o ameaçaram e que, portanto, causaram a própria morte. Apesar do horror das confissões, eu considerava a narrativa de Gacy um tanto fria e ensaiada. Com certeza omitia detalhes cruciais. Só conseguimos ouvir o outro lado da história depois de entrevistar vítimas que escaparam com vida. Os relatos de muitos jovens contradiziam o que Gacy tinha nos contado, e me fazia questionar se havia limite para a brutalidade daquele homem. Quase tão perturbadora era a confirmação de que sua conduta sádica e violenta continuou sem freio mesmo com as queixas prestadas à polícia por ao menos cinco vítimas conhecidas — três delas em Chicago. Gacy sempre se safava e, em seu último ano de liberdade, agia feito um valentão arrogante, certo de que sairia impune.

Enquanto investigava o passado de James Mazzara, Greg Bedoe descobriu que um homem chamado Arthur Winzel (nome fictício), que àquela época morava na Califórnia, tinha sofrido nas mãos de Gacy. Meses depois, Bedoe conseguiu localizá-lo em Los Angeles e falou com ele por telefone. Fomos de avião para lá a fim de entrevistá-lo. Seguimos de carro para Hollywood, onde soubemos que tinha largado o emprego em um bar gay. Fomos encontrá-lo em seu apartamento no dia seguinte, o levamos a um restaurante, e, enquanto comia, ele nos contou sua história.

Segundo Winzel, sua infância vivida em lares adotivos tinha sido difícil. Admitiu ter passagens pela polícia quando era menor de idade. Homossexual e garoto de programa, era também alcoólatra e consumia quase uma garrafa de destilados por dia. Depois de trocar Chicago pelo clima ameno do sul da Califórnia, ficou chocado quando soube por meio de um amigo gay, em janeiro, que John Szyc era citado entre as possíveis vítimas de Gacy. Winzel havia namorado Szyc e morado com ele por vários meses, antes de seu desaparecimento. Embora àquela altura já tivesse esquecido o nome do empreiteiro, reconheceu-o pelas fotos nos jornais que o amigo lhe mandara.

Em uma madrugada de outono, em 1977, o rapaz saía de um bar gay na região norte de Chicago quando um carro preto com dois refletores encostou na calçada. O motorista — John Gacy — abaixou o vidro e perguntou: "Quer ficar chapado?" Foram até a casa de dele, falando pouco no caminho. Lá, o empreiteiro conduziu-o ao bar. Greg pediu que Winzel descrevesse a sala de jogos e o layout interno da casa, o que ele fez sem cair em nenhuma discrepância. Gacy tirou um pouco de maconha da geladeira e enrolou uns baseados. Winzel deu algumas tragadas, e então o dono da casa ofereceu Valium e barbitúricos amarelos que guardava em um armário junto do bar. O rapaz notou que o empreiteiro não ingeria nenhum comprimido.

Sentado no sofá, o homem contou a Winzel que gostava de sadomasoquismo e lhe perguntou se sabia o que era. Ele sabia, mas se fez de desentendido. Gacy foi a outro cômodo, voltou trazendo um distintivo escrito "detetive" e disse que trabalhava na divisão de narcóticos. Perguntou se Winzel já tinha sido algemado durante o sexo. "Não", respondeu o rapaz, acrescentando que não gostava da ideia. Gacy sugeriu que fossem para o quarto. Enquanto acendia a luz do banheiro, mandou-o tirar a roupa. "Fica tranquilo", ele ficava repetindo, "não vou te machucar." Achando que Gacy era mesmo policial — ainda que dos mais pervertidos —, Winzel obedeceu. Não se falou em dinheiro.

Explicando que só conseguia ter orgasmo daquele jeito, Gacy algemou as mãos de Winzel atrás de suas costas e acorrentou seus tornozelos. Com o rapaz deitado de barriga para cima na cama, se sentou sobre ele, nu, e esfregou o pênis em seu abdômen. Então se levantou e disse: "Se você não obedece ao mestre, só resta um recurso". Winzel perguntou qual era. "A morte!", exclamou Gacy, pegando um pedaço de corda e um cabo de madeira de vinte centímetros de dentro do armário. Winzel, que estava ficando assustado, pediu para usar o banheiro.

O rapaz conseguiu passar as mãos por baixo das nádegas e trazer as algemas para a frente do corpo. Quando Gacy entrou no banheiro, Winzel disse que estava cheio daquilo e pediu para ser solto. O empreiteiro recostou na pia e, em tom calmo, garantiu que não ia machucá-lo. Gacy foi tão convincente que, minutos depois, Winzel se deixou algemar de novo com as mãos nas costas.

De volta à cama, Gacy procurou agir de forma bastante respeitosa e repetiu que só conseguia ter orgasmos daquela maneira. Pegou a corda, colocou-a em volta do pescoço do rapaz e deu dois nós. "Viu só?", ele disse. "Está frouxa."

Pedimos a Winzel que mostrasse como Gacy tinha amarrado a corda. Ele tirou um dos cadarços, deu dois nós e inseriu um pedacinho de madeira no segundo nó. Bedoe fez um sinal afirmativo com a cabeça. Era exatamente o "truque da corda" descrito por Gacy após ser preso.

Winzel logo se deu conta de que Gacy girava a madeira com empenho. Tentou dizer a ele para tirar aquela coisa de seu pescoço, mas a voz mal lhe saía. Àquela altura, já sabia que estava lutando pela vida. Desesperado, contorceu o corpo, escorregando as mãos para o lado esquerdo do corpo, e conseguiu agarrar um dos testículos e a parte interna da coxa de Gacy. Apertou com força. Com dores terríveis, o empreiteiro soltou o cabo de madeira. Winzel obrigou-o a retirar a corda antes de soltá-lo.

Enquanto se vestiam, Gacy ficou se queixando da dor. Depois, pegou um revólver de baixo calibre e disse: "Não ia machucar você. Se fosse te matar, usaria isto." Winzel pediu a ele que se acalmasse.

Gacy deixou Winzel em um hotel na região norte de Chicago. Lá, o rapaz mostrou a um amigo as marcas vermelhas no pescoço, nos punhos e nos tornozelos. Mais tarde, exibiu-as também a um barman de uma boate gay das redondezas. Depois que voltamos de Los Angeles, os dois confirmaram a Bedoe que tinham visto os vergões. Embora o empreiteiro tivesse dito seu nome verdadeiro a Winzel, o rapaz optou por não prestar queixa, pois na comunidade gay corria o boato de que Gacy era mesmo policial.

• • •

Ao contrário de Winzel, que era gay e fazia programa, Robert Donnelly era um jovem heterossexual de dezenove anos que tinha arranjado um emprego antes de continuar a faculdade. Após a morte do pai e do avô, foi hospitalizado por causa de uma crise de estresse, mas no verão de 1979 começava a colocar a vida em ordem. Mais à frente, receberia uma bolsa de estudos e um auxílio do governo para custear os estudos.

Depois de analisar os registros policiais de uma queixa prestada por Donnelly contra Gacy, eu entrevistei o jovem, que pintou o retrato mais arrepiante do empreiteiro até então.

Em 30 de dezembro de 1977, após tomar umas cervejas na casa de um amigo no noroeste de Chicago, pouco depois da meia-noite, Donnelly saiu caminhando até uma parada de ônibus. Um carro preto parou junto à calçada, com um dos refletores apontados para Donnelly. O motorista, mais tarde identificado pela polícia como John Gacy, pediu para ver a identidade do jovem. Quando Donnelly se debruçou na porta do passageiro para mostrar o documento, Gacy apontou uma arma para ele e disse: "Entra ou estouro sua cabeça". O empreiteiro vestia calças azuis-escuras, sapatos pretos e jaqueta preta de couro. Donnelly, que tinha visto a placa da PDM, presumiu que ele fosse da polícia e obedeceu. "Estende o braço", ordenou Gacy. "Vou te algemar."

"O que é que tá acontecendo?", perguntou o jovem.

"Cala a boca", disse o empreiteiro. "Se for esperto, vai ficar de bico fechado." Sempre que Donnelly começava a falar, Gacy mandava que se calasse. Quando chegaram à Kennedy Expressway, o homem parou o carro e gritou: "Pro chão!". Em sua casa, arrastou o rapaz pelas algemas até a sala de jogos e o empurrou no sofá. Ainda segurando a arma, Gacy saiu da sala e voltou vestindo jeans e uma camisa desabotoada.

"Tenho 35 anos", falou, indo até o bar e se servindo de uma bebida, "mas as pessoas não me respeitam." Gacy bebeu uns goles direto do gargalo, depois ofereceu ao rapaz, que recusou. "Toma assim mesmo", mandou o homem, atirando o líquido na cara dele. "As garotas são ingratas comigo, apesar de eu ter dinheiro", continuou Gacy. "As mulheres só ligam pra aparência, mais nada." Ofereceu bebida ao rapaz outra vez, que voltou a recusar. "Bebe mesmo assim, seu moleque mal-agradecido!", vociferou, agarrando Donnelly pela garganta e forçando a bebida pela sua goela. "Quando alguém te oferece alguma coisa, você aceita." Gacy pegou a arma, aproximou-se e desalgemou o rapaz. "Não quero atirar, mas se precisar eu atiro", avisou. "Esta casa tem isolamento acústico."

O dono da residência mandou Donnelly entregar os documentos e se sentar em uma cadeira. O rapaz entregou a carteira, e o empreiteiro remexeu nela sem afastar a arma. Fez perguntas sobre a vida do jovem, seu emprego e outras informações contidas nos papéis. Depois, falou para ele se sentar no bar e lhe serviu uma bebida. Deslizou as algemas sobre o balcão. "Ponha você mesmo", ordenou.

"E se chegar alguém?", perguntou Donnelly. Gacy o estapeou com as costas da mão.

"Eu te falei, as pessoas não me respeitam", disse com um tom de voz duro. "Você também não. Eu devia te matar agora." O homem derrubou Donnelly no sofá, sentou em suas costas e o puxou pelos cabelos. O jovem gritou. "Cala a boca!", bradou Gacy, batendo a cabeça dele no móvel. Em seguida, abaixou a calça de Donnelly, apartou à força suas pernas e o estuprou. O rapaz tentou se desvencilhar, em vão, e acabou desmaiando.

Após consumar o ato, Gacy segurou os ombros de Donnelly contra o sofá. "Se resistir agora, eu mato você", ameaçou. Levantou e mandou o jovem vestir a calça, depois o agarrou pelas algemas e o arrastou para o banheiro. A banheira já estava cheia. Empurrou o rosto do jovem contra a parede, colocou uma corda em seu pescoço e a torceu. "Não é divertido?", falou, ora torcendo a corda, ora batendo com a cabeça de Donnelly na parede. "Como está se sentindo?", perguntou. Então derrubou o rapaz no chão com uma rasteira, e, segurando a corda, obrigou-o a ficar de joelhos e enfiou a cabeça dele na água. Donnelly tentou prender a respiração e desmaiou.

Ao recobrar a consciência, estava no chão, nu e com as mãos algemadas junto às costas. Gacy estava parado na porta. "A gente tá se divertindo hoje, hein?", comentou, voltando a mergulhar a cabeça do jovem na água. Donnelly desmaiou outra vez. Quando acordou, Gacy estava sentado na privada. "Tá me procurando?", perguntou, rindo, e então se levantou e urinou nele. Depois, pegou um exemplar da revista *Penthouse* e lhe mostrou algumas fotos. "Gosta?", perguntou. Donnelly estava fraco e atordoado demais para responder. Gacy chutou-o nas costelas e enfiou a cabeça dele debaixo d'água. Mais uma vez, Donnelly desmaiou.

Depois que o rapaz recuperou os sentidos, Gacy arrastou-o para o quarto e voltou a derrubá-lo no chão. "Chegou bem na hora da sessão coruja", comentou, sentando-se em suas costas e puxando sua cabeça para trás. "Dá só uma olhada." Um filme gay estava sendo projetado na parede.

Terminado o filme, Gacy se perguntou em voz alta qual seria a próxima brincadeira. Mandou Donnelly se sentar, encostado na parede. Pegou uma cadeira, a arma e se acomodou de frente para o rapaz, com um pé sobre sua barriga. "Vamos brincar de roleta russa", falou, girando o tambor da arma. Apontou o cano para a cabeça de Donnelly e puxou o gatilho. *Clique.* Girou o tambor novamente. *Clique.* Conforme repetia o processo, sempre mirando na cabeça de Donnelly, mencionou que tinha matado umas garotas em Schiller Park. *Clique.* "Não é divertido matar garotas", contou. *Clique.* "Matar garotos é mais legal." BAM! "Rá! Você *morreu*!", gargalhou. A bala era de festim. Gacy agarrou Donnelly pelo pescoço e o estrangulou até que, pela quinta vez, ele desmaiou.

Ao acordar, ainda estava algemado e nu, e tinha uma mordaça na boca, presa atrás da cabeça. Gacy também estava sem roupa. Acariciou o jovem e mandou que se virasse. O jovem se recusou. "Faz o que eu tô falando", exigiu, e depois de agredi-lo com socos e forçá-lo a se virar, estuprou-o com um pênis de borracha até que ele perdesse os sentidos outra vez.

"Não é divertido gritar quando ninguém pode te ouvir?", perguntou quando Donnelly acordou, ainda amordaçado. Gacy começou a brincar outra vez com o consolo dentro do ânus do rapaz. Quando o jovem demonstrou estar sentindo muita dor, Gacy tirou a mordaça, mas avisou que não gritasse.

"Por que não me mata e acaba logo com isso?", murmurou o jovem.

"Estou chegando lá", respondeu Gacy. Donnelly gritou. O empreiteiro colocou a mordaça de volta no jovem até ele prometer que não faria aquilo de novo. Depois, comentou que ele estava com uma aparência péssima e o empurrou para o banheiro, onde o ficou observando tomar banho. Depois que o rapaz se vestiu, Gacy disse que dariam um passeio. "Vou te matar", avisou, e o golpeou de novo.

Gacy levou-o algemado para o carro. Já estava de dia. "Não acorda os vizinhos", disse. Dentro do veículo, mandou Donnelly deitar no chão. "Como se sente, sabendo que vai morrer?", perguntou.

Chegando à Marshall Field's, loja de departamentos onde Donnelly trabalhava, no centro, Gacy retirou as algemas de seus punhos. "Vou deixar você ir", anunciou, "mas se procurar a polícia, vou atrás de você." O rapaz desceu do carro, atordoado. Apesar da ameaça, Gacy não parecia preocupado. "A polícia não vai acreditar em você mesmo", falou, e foi embora.

Apesar da violência sofrida, Donnelly teve presença de espírito para anotar o número da placa de Gacy. O garoto ainda achava que a sigla "PDM" tinha algo a ver com a polícia. Quando o carro sumiu de vista, ele se virou e saiu correndo pela State Street no sentido norte. Um policial achou sua atitude suspeita e mandou que parasse de correr. Donnelly percorreu vários quarteirões e tomou o metrô na Grand Avenue. Procurou o primo em casa, mas, como não o encontrou, foi para a casa do tio, que ouviu o relato dele e o levou para a 20ª Delegacia de Polícia de Chicago. Lá, foi orientado a procurar a divisão de homicídios e crimes sexuais, onde prestou queixa e foi encaminhado a um hospital para receber cuidados.

Na noite de 6 de janeiro de 1978, John Gacy foi preso em casa por suspeita de conduta sexual desviante. Despreocupado, o empreiteiro chegou a convidar o investigador para entrar e beber enquanto aguardavam a chegada de outra viatura. O policial recusou. Gacy não tinha objeções a fazer à história de Donnelly, exceto que não houvera arma, nem uso de força. Segundo ele, a encenação de mestre e escravo sexual foi mutuamente consentida.

Após examinar o caso e entrevistar tanto Donnelly como Gacy, o promotor encarregado decidiu não oferecer denúncia. Acabou acontecendo exatamente o que Gacy dissera: "Não vão acreditar em você".

● ● ●

Começamos a nos preparar para o julgamento na primeira semana do novo ano. Foi um período agitado. A nevasca durante o período festas, embora fosse só uma amostra do que estava por vir, tinha trazido neve o bastante para tornar os deslocamentos fatigantes, em especial para nós que íamos de um órgão a outro para coordenar a acusação. E, como se não bastasse o clima, se armava uma grande polêmica em torno do conteúdo que era veiculado na imprensa.

Uma ordem de sigilo tinha sido decretada uma semana antes pelo juiz John White, da comarca de Cook. White proibira a divulgação de informações que pudessem lesar o direito de Gacy a um julgamento justo. Mesmo assim, os vazamentos eram abundantes. No dia 3 de janeiro, horas depois das declarações de Gacy no Cermak Hospital, reportagens sobre sua confissão já apareciam no noticiário. Eu sentia que essa situação poderia comprometer seriamente nosso trabalho e até inviabilizar uma eventual cooperação futura de Gacy na identificação das vítimas.

Infelizmente, Stein também fez comentários irrefletidos e inoportunos à imprensa. Quando o *Tribune* perguntou a ele que tipo de homem enterraria corpos debaixo da própria casa, o legista respondeu: "Um esquizofrênico, é claro". Na semana seguinte, porém, durante a gravação de um programa de rádio na WMAQ, declarou que um indivíduo que enterrava os corpos poderia ser mentalmente são e receber a pena de morte.

Amirante reagia de forma furiosa às declarações e aos vazamentos, e começou a formular petições solicitando que o xerife Elrod e o dr. Stein fossem intimados por desacato. No dia seguinte, acrescentou à lista o tenente Braun, o investigador Bettiker, o subdelegado Richard Quagliano e o repórter Art Petacque, do *Sun-Times*. Nós aprovávamos sem reservas, embora não abertamente, as ações de Sam.

Tive uma conversa amigável com Stein enquanto tomávamos café. O legista também temia comprometer o processo e concordou em medir suas palavras em futuras declarações à imprensa. Com a polícia do condado era outra história. Eu torcia por um puxão de orelha do alto escalão que pusesse fim aos vazamentos e nos unisse como equipe, mas, pelo que sei, isso jamais aconteceu. Tornei público que pretendia fazer uma acareação entre todos os participantes da entrevista no hospital para descobrir quem tinha falado com a imprensa. Houve muita inquietação e, claro, negativas de todas as partes. Ninguém jamais admitiu nada, mas ao menos as ameaças pareceram estancar o fluxo de informações não autorizadas.

O juiz White havia concedido a ordem protetiva em 29 de dezembro, uma sexta-feira. Apesar da forte segurança, com agentes da SWAT posicionados no telhado do Centro Cívico, Gacy não compareceu à audiência por preocupações quanto a sua segurança. Amirante solicitou que a única acusação de assassinato contra o cliente fosse rejeitada porque o corpo de Robert Piest não fora encontrado, e que ele fosse liberado sob fiança. White postergou a análise dos pedidos.

A equipe de acusação estava tomando forma. O promotor estadual Bernard Carey nomeou seu segundo assessor mais importante, William Kunkle, como chefe de acusação. Achei engraçado e fiquei lisonjeado quando Kunkle perguntou se me incomodava com o fato de ele trabalhar no caso comigo. Claro que não me incomodava, e achei bacana de sua parte perguntar. Eu o achava meio reservado, o que dificultava a aproximação, mas nos demos muito bem. Por um lado, era um homem calmo, sensível e com uma mente muito afiada. Mas também era um tipo grandalhão, forte, que adorava jantares finos e motocicletas. Entre os peixes grandes da chefia, era o que tinha mais experiência nos tribunais. Como eu estava no caso desde o início, era de se supor que continuaria na equipe. Bob Egan, que trabalhava na sede da promotoria e era um advogado versátil e bem-conceituado, seria nosso terceiro membro.

Àquela altura, com os procedimentos policiais ainda em curso, mal havíamos definido uma estratégia de acusação. O corpo de Rob Piest ainda não tinha sido encontrado, e não sabíamos o número de vítimas assassinadas, nem a identidade da maior parte dos jovens. Nossa principal preocupação, naquele momento, era manter o controle sobre os diversos elementos da investigação. Mas teve, sim, uma coisa que decidimos nessa fase inicial: que pleitearíamos a pena de morte.

Na segunda semana de janeiro, um júri de acusação do condado de Cook — a quem cabia decidir se havia indícios suficientes de crime para iniciar uma ação penal — denunciou Gacy por sete acusações de assassinato. As seis vítimas identificadas até então eram Butkovich, Godzik, Szyc, Johnston, Landingin e Mazzara. O empreiteiro também foi acusado de matar Rob Piest após cometer os crimes de estupro, sequestro qualificado e abuso sexual de menor. Pela lei de Illinois, um homicídio cometido durante a prática de outro crime é punível com a morte. Além disso, desde a entrada em vigor da pena capital, em fevereiro do ano anterior, condenados por dois ou mais assassinatos poderiam ser sentenciados da mesma forma. Os desaparecimentos de Rob Piest, Landingin e Mazzara tinham todos ocorrido após essa data.

No dia 10 de janeiro, durante uma audiência presidida pelo juiz Richard Fitzgerald em um tribunal lotado no Fórum Central de Chicago, Gacy ouviu Amirante negar cada uma das acusações. Uma divisória de vidro à prova de balas nos separava dos espectadores, e a segurança era rígida em todo o edifício. Eu não tirava os olhos de Gacy, que usava casaco marrom, camisa branca e gravata de bolinhas. O empreiteiro aparentava frieza e, quando foi mencionada a pena de morte, apenas olhou para o nada, indiferente.

Respondidas as imputações, Fitzgerald repassou o caso para o juiz Louis B. Garippo, que deu prosseguimento aos trabalhos ali mesmo, em vez de correr o risco de transferir Gacy para seu gabinete. O juiz ordenou a realização de um exame clínico-comportamental, a ser conduzido pelo dr. Robert Reifman, diretor adjunto do Instituto Psiquiátrico da Comarca de Cook, para aferir se Gacy estava apto para ser julgado e se estava mentalmente são na época em que os crimes foram cometidos. Reifman determinaria se o réu era capaz de cooperar com os advogados e de compreender as acusações.

Os advogados de Gacy, Sam Amirante e Robert Motta (ao que parecia, LeRoy Stevens prestava assistência jurídica para Gacy apenas em matéria civil) pediram o encerramento das escavações na propriedade do cliente em razão dos danos causados ao imóvel. Kunkle respondeu que as buscas terminariam quando os investigadores tivessem certeza de que não havia mais corpos no local. Garippo postergou a análise do pedido e negou a liberação sob fiança.

Os Piest estavam presentes. Sem que eu soubesse, foram acomodados atrás da divisória de vidro. Tentei trazê-los para dentro, mas um policial me avisou que, por razões de segurança, eles deveriam permanecer onde estavam. Era a primeira das muitas aparições do casal para acompanhar de perto o processo contra o homem acusado de matar seu filho.

Antes da audiência seguinte, tanto o Serviço Secreto dos Estados Unidos como a vasta comunidade polonesa em Chicago ficaram constrangidos com a publicação de uma foto encontrada na casa do empreiteiro em que ele aparecia apertando a mão da primeira-dama Rosalynn Carter. Gacy, que tinha organizado as três últimas edições anuais do desfile do Dia da Constituição Polonesa, teve a oportunidade de tirar a foto durante a visita da sra. Carter a Chicago em 1978. Na fotografia — em cuja dedicatória se lia: "Para John Gacy. Felicidades. Rosalynn Carter" —, o empreiteiro usava um broche com a letra "S", indicando que tinha autorização especial do Serviço Secreto para estar no palanque com a primeira-dama e, mais tarde, participar de uma recepção organizada para ela. O Serviço Secreto prometeu investigar como Gacy obtivera a autorização.

Em 30 de janeiro, pedimos autorização judicial para continuar escavando no nº 8213 da Summerdale. Até então, vínhamos atuando com base em mandados de busca, mas, dada a extensão dos danos à casa, queríamos mais amparo legal. Além disso, tínhamos o tempo do qual não dispúnhamos em dezembro para pedir uma audiência com o juiz. Contudo, Garippo deu uma semana à defesa para impugnar os mandados de busca, o que forçou a suspensão temporária das escavações.

Em nosso comparecimento seguinte ao tribunal, no dia 16 de fevereiro, a defesa questionou a prisão de Gacy por posse e distribuição de drogas e a validade dos mandados de busca. Garippo, contudo, indeferiu os pedidos para anular a prisão e revogar o mandado de busca expedido no dia da detenção.

A grande novidade da audiência foi anunciada pouco depois da entrada de Gacy. Em carta ao juiz, registrada nos autos do processo, o dr. Reifman declarou que, em sua opinião, o empreiteiro estava mentalmente apto a ser julgado.

Senti grande alívio quando, em 21 de fevereiro, Garippo julgou válidos todos os mandados de busca. No mesmo dia, o juiz assinou a ordem autorizando a retomada das escavações. No entanto, a região de Chicago ainda enfrentava um dos piores invernos da história. O recorde anterior de precipitação de gelo tinha sido superado em 12,5 centímetros, e ainda havia quase sessenta centímetros de neve no solo. De acordo com o calendário, faltava um mês para a primavera — mas, em Chicago, esperar que a mudança de estação ocorresse na data prevista era de um otimismo infantil. Mesmo que tivéssemos podido escavar enquanto aguardávamos a decisão, não teríamos ido muito longe.

No entanto, queríamos terminar logo o serviço. Era custoso demais manter doze homens guardando o local, afastados de outras funções. Dias depois, quando o clima deu uma melhorada, a polícia do condado começou a explorar a área. No início de março, desmancharam os degraus de concreto junto às portas deslizantes na parte de trás da casa e encontraram o revólver mencionado por Gacy. Uma semana depois, começaram a quebrar o pátio em volta da churrasqueira.

Dan Lynch, operador de máquinas pesadas do Departamento de Rodovias do condado, usou uma escavadeira hidráulica para remover uma camada de asfalto e outra de concreto. Genty e Marinelli se revezavam observando cada escavação à procura de provas pertinentes. Ao cavar embaixo do concreto, Lynch encontrou o solo ainda congelado, e começou a revolver com a pá as espessas camadas de terra semissólida. De repente, parou. "Tá sentindo esse cheiro?", perguntou a Genty. O perito entrou no buraco e cavoucou com as mãos. O odor que Lynch tinha detectado era, sem dúvida, de restos em decomposição. Os homens continuaram cavando manualmente até que, em um substrato macio, encontraram um corpo humano envolto em sacos plásticos. Havia uma aliança no dedo anelar do cadáver, a primeira indicação de que alguma das vítimas de Gacy era um homem casado. O investigador Irv Kraut, que testemunhou a descoberta, recorda ter sentido um calafrio quando os sinos de uma igreja vizinha repicaram bem no momento em que os sacos plásticos foram removidos.

A descoberta respaldava a continuidade das escavações, apesar das declarações de Gacy e das alegações de seus advogados de que estávamos só jogando verde para colher maduro. O empreiteiro afirmara que seu "cemitério particular" se limitava ao vão sob a casa e à cova no barracão. Ou não se lembrava mais, ou estava mentindo. A polícia do condado prosseguiu com o plano de cavar cada metro quadrado da propriedade, até a camada de barro sólido.

Em 15 de março, enquanto desmantelavam o interior da casa, os policiais acharam a carteira de motorista de Jeffrey Rignall debaixo de um armário na sala de jogos. No dia seguinte, uma semana após a descoberta do corpo perto da churrasqueira, Marinelli caminhava sobre as vigas do piso da sala de jantar, que estava sendo removido, quando por acaso viu uma pilha de telhas velhas um pouco mais abaixo e resolveu investigar. Ao cutucá-las com um pé de cabra, abriu sem querer um buraco no chão, por onde as telhas caíram. Após cavar um pouco, os policiais encontraram um osso de quadril, depois alguns ossos de braço. Debaixo do mesmíssimo piso sobre o qual tinham instalado seu centro de comando e almoçado todos os dias, descobriram o 29º corpo sepultado na residência. Seria o último, embora a escavação tenha prosseguido até que tivéssemos certeza.

Com a casa demolida por dentro, sem condições de ser ocupada, a polícia do condado instalou um trailer no gramado, perto da rua, de onde foi tocado o restante da operação. Após a remoção da portinhola de acesso ao vão, que seria usada como prova, não havia muito mais o que fazer além de esperar a autorização judicial para demolir o que restava da residência de Gacy.

Embora a ideia inicial fosse restaurar a casa ao estado original, fomos obrigados a descartar a ideia em razão das dificuldades fora do comum enfrentadas durante a coleta de provas. Ao acharem objetos escondidos em lugares cada vez mais improváveis, os investigadores tiveram que se certificar que tudo seria resgatado. Além disso, quando descobriram o sistema de sepultamento em camadas de Gacy, foram obrigados a cavar tão fundo — para não deixar passar nada — que enfraqueceram os alicerces da construção. A coisa chegou a um ponto em que seria mais econômico pôr a casa abaixo e construir uma nova.

A estrutura já não oferecia segurança e, como queríamos removê-la a fim de escavar todo o local, pedimos autorização judicial para derrubá-la. O juiz Richard Jorzak, da Vara de Habitação, ordenou que a residência fosse demolida em 27 de março, mas voltou atrás no dia seguinte, depois que Amirante e Motta reclamaram que LeRoy Stevens não os informara sobre a ação. Após quase uma semana de atraso, a justiça finalmente aprovou a demolição, e os trabalhos começaram no dia 10 de abril.

Os policiais haviam deixado intacta a via de acesso à garagem, pois o maquinário pesado precisava de uma base sólida para operar. Assim que recebeu sinal verde, Lynch acionou o equipamento, que já estava de prontidão, e começou a arrancar partes do telhado dianteiro. Nas duas semanas seguintes, a casa foi derrubada, os escombros removidos e o resto do terreno completamente escavado. Marinelli tinha amigos no ramo de terraplenagem que ajudaram a aterrar e nivelar o terreno.

Embora já fosse primavera, nada parecia crescer no terreno baldio antes ocupado por uma casa confortável e bem conservada. Nos dois anos seguintes, somente ervas daninhas e esparsas touceiras de capim brotaram do subsolo pedregoso que tinha servido de cemitério para 29 corpos. Enquanto se preparavam para partir depois de quatro meses na cena do crime, os policiais do condado fotografavam rotineiramente o terreno estéril. Terminada essa tarefa, os últimos agentes recolheram o equipamento e partiram. Genty fez a última anotação no registro policial: "Sem mais ações no momento".

Passado pouco mais de um mês, a mesma equipe de policiais do condado e funcionários do Departamento Médico Legal que tinha trabalhado no local do maior caso de múltiplos homicídios da história do país seria convocada para identificar e resgatar corpos em outro lugar próximo. Em uma tarde ensolarada no final de maio, o voo 191 da American Airlines com destino a Los Angeles decolaria de uma pista no O'Hare, perderia um dos motores e penderia de lado em um ângulo fatal, causando a morte de 275 pessoas. O pior desastre aéreo dos Estados Unidos aconteceria a menos de dez quilômetros da antiga casa de Gacy. Eu me lembro de ver o gigantesco DC-10 cair do céu enquanto almoçava no Tollway Oasis, a 1,5 km do aeroporto. Peguei carona com um patrulheiro até o local do acidente e passei o resto do dia ajudando policiais e bombeiros em uma tentativa inútil de resgate.

...

As conclusões do dr. Reifman, bem como as de outros médicos, nos permitiu formar uma compreensão mais clara do funcionamento da mente do homem que, até aquele momento, era acusado de sete assassinatos. Graças a entrevistas com familiares e pessoas de seu convívio, realizadas tanto pela acusação quanto pela defesa, estávamos começando a reunir as peças do mosaico que era o passado de John Gacy.

A. Arthur Hartman, psicólogo-chefe do instituto psiquiátrico forense do condado de Cook, concluiu que Gacy era, em um nível mais profundo, "muito egocêntrico e narcisista, com inclinação para o padrão antissocial e manipulador". O fato de o empreiteiro ter desenvolvido uma técnica para "tapear" (como ele mesmo dizia) ou iludir os outros nos negócios e na vida pessoal era um reflexo dessas características. Hartman também detectou em Gacy um "grave conflito psicossexual subjacente e confusão quanto à identidade sexual", fato ao qual atribuiu grande importância.

Para Hartman, a negação de culpa por meio da referência a "Jack Hanley" parecia ser "um mecanismo consciente de fuga. [...] Não foi possível observar nenhuma cisão cientificamente válida de consciência, memória ou identidade entre John Gacy e 'Jack Hanley'". A impressão diagnóstica do psiquiatra em relação a Gacy era a de uma "personalidade psicopática (antissocial), com desvio sexual". Hartman apontou ainda sinais de "personalidade histérica e traços secundários de personalidade compulsiva e paranoica".

Em meados do verão, recebemos os laudos do exame psiquiátrico realizado a pedido da defesa e por ordem do juiz Garippo. Como esperávamos, o psiquiatra escolhido por Sam Amirante, dr. Richard G. Rappaport, concluiu que Gacy "não gozava de sanidade mental na época do crime alegado". As constatações de Rappaport baseavam-se em 65 horas de entrevistas psiquiátricas conduzidas por ele próprio, além de relatórios médicos de outras consultas e entrevistas que havia solicitado.

Com base em um exame neurológico, um eletroencefalograma, uma tomografia computadorizada do cérebro e uma análise cromossômica, Rappaport concluiu não haver nenhuma evidência de doença orgânica no cérebro do paciente. O psiquiatra também descartou a teoria das personalidades múltiplas. Durante os cinco meses em que examinou Gacy, não detectou nenhum sinal "de que existisse mais de uma personalidade". Segundo ele, o empreiteiro usara o nome "Jack Hanley" como mero pseudônimo para evitar ser identificado.

Depois de analisar o extenso histórico médico de Gacy, a despeito dos ataques cardíacos, desmaios e convulsões relatados, Rappaport afirmou ser questionável que ele houvesse sofrido de "qualquer doença física real, de qualquer natureza". O diagnóstico do médico foi negativo para ataques cardíacos e lesão cerebral, e ele acreditava que os desmaios eram causados por ansiedade.

Segundo Rappaport, Gacy sofria de "organização de personalidade borderline de subtipo psicopática e episódios de esquizofrenia paranoide subjacente". Embora considerasse a última característica o aspecto mais grave da doença, não a via como dominante. A psicose da esquizofrenia paranoide, explicou, se manifestava quando Gacy estava em "situações particularmente estressantes", em especial quando consumia álcool ou drogas. "Nesses momentos, o paciente perde controle sobre suas defesas e, conforme a barreira das inibições é rompida, os conflitos psicológicos subjacentes se traduzem concretamente em atos de descontrole."

De acordo com o psiquiatra, Gacy apresentava, em alto grau, as seguintes características de personalidade borderline: "reações emocionais intensas (por exemplo, explosões de raiva) e comportamento hostil ou depressivo [...] depressão caracterizada mais por solidão do que por culpa ou vergonha [...] histórico de comportamento impulsivo [...] ausência de identidade integrada ou autoconceito [...] problemas com autoimagem e identidade de gênero; relacionamentos interpessoais e sexuais caóticos [...] uso de mecanismos primitivos de defesa egoica, como dissociação, identificação projetiva e completa negação".

Para embasar o diagnóstico de personalidade psicopática, Rappaport atribuiu ao paciente as seguintes características: "nível incomum de autorreferência [...] grande necessidade de ser amado e admirado [...] manipulador [...] amável na aparência, no fundo frio e implacável [...] ausência palpável de sentimentos de remorso e culpa [...] histórico prolongado e crônico de comportamento antissocial".

O médico considerou-o apto para ser julgado, porém concluiu que, se Gacy havia de fato cometido os assassinatos, respondia a "um impulso irresistível, cuja manifestação era possível devido à perda dos controles do ego sob a influência de álcool, drogas, fadiga extrema e o estresse causado por conflitos psicológicos internos. As vítimas eram representações desses conflitos. Era nessas ocasiões específicas que ele era incapaz de agir conforme a lei". Rappaport acreditava que, embora soubesse que esganar o pescoço de alguém poderia levar à morte, Gacy conseguia "convencer a si mesmo de que seu ato era justificado e, portanto, obedecia a seu código moral pessoal".

Após ter acesso aos relatórios do psiquiatra, começamos imediatamente a buscar provas contrárias. Com esse objetivo, recorremos ao prestigioso Isaac Ray Center, que fazia parte do Rush-Presbyterian-St. Luke's Medical Center. Gacy foi examinado por diversos profissionais da instituição, inclusive o diretor médico, o psiquiatra James L. Cavanaugh Jr.

Cavanaugh considerou relevantes os resultados de um encefalograma ao qual Gacy se submeteu sob efeito de álcool. O exame mostrou uma relação entre a bebida e a aparente incapacidade de recordar detalhes importantes sobre cinco dos assassinatos, e poucos ou nenhum sobre os outros 28. Durante 75 minutos, os médicos lhe deram 180 ml de uísque escocês com teor alcóolico de 50% enquanto registravam as imagens. Uma hora após o teste, Gacy vomitou e dava sinais claros de embriaguez. O exame ocorria no instituto psiquiátrico, mas Gacy começou a pensar que ele e Cavanaugh estavam em um quarto de hotel, onde tomariam mais uns drinques e depois sairiam para "caçar" um pouco. O empreiteiro pareceu não saber quem era o médico e acreditava que era dezembro de 1978. Interrogado, não se lembrava de nenhum dos crimes dos quais era acusado, nem de que estava preso havia quase onze meses. Após meia hora, tentou ir embora e teve de ser levado de volta ao quarto e fixado ao leito com cintas de couro.

Cavanaugh e seu chefe, o dr. Jan Fawcett, concluíram que os assassinatos cometidos por Gacy seguiam um padrão repetitivo que sugeria "um mecanismo psicológico ou de repressão mediante o qual ele tenta suprimir qualquer consciência de seus atos e se isentar de responsabilidade por eles, o que poderia explicar a 'vaga lembrança'" que tinha dos acontecimentos. Os dois também aventaram a possibilidade de que "o grau de embriaguez do réu fosse tão extremo que a lembrança do ocorrido poderia ter se perdido parcial ou totalmente em um 'apagão'", como o que ele sofrera no instituto.

No relatório final, os médicos declaravam que, na época dos assassinatos, Gacy não apresentava sinais de doença ou deficiência mental que o impedissem de compreender a natureza criminosa de suas ações ou de agir conforme a lei. De acordo com os profissionais, havia pelo menos quinze anos que Gacy vinha manifestando sintomas de "transtorno misto de personalidade", que incluíam características obsessivo-compulsivas, antissociais, narcisistas e hipomaníacas. O empreiteiro abusava do álcool e das drogas, e os crimes por ele perpetrados eram o resultado de "um distúrbio de personalidade cada vez mais pronunciado, associado a compulsões sexuais sádicas no âmbito de uma orientação homossexual cada vez mais prevalente".

"Ferido narcisisticamente na infância por uma figura paterna dominadora e às vezes brutal e pela incapacidade física de praticar esportes, [Gacy] nunca conseguia superar marcos psicossociais importantes, em parte devido a uma série de transtornos psicossomáticos. Cada vez mais obcecado pelo sentimento de fracasso (a todo momento enfatizado pelo pai), dedicou-se a uma carreira de trabalho produtivo", o que lhe trouxe retorno social positivo.

Entretanto, ao mesmo tempo, a raiva contra uma presumida impotência, por causa de uma autoimagem difusa e defeituosa, começou a se fundir com componentes sádicos em meio a um lento desenvolvimento da orientação homossexual. Essa orientação começou a se centrar em rapazes com os quais reencenava os sentimentos projetados de impotência e fracasso que continuava a experimentar. As conquistas homossexuais e sádicas eram muito mais gratificantes por meio do exercício do poder do que as experiências eróticas motivadas por necessidades sexuais não satisfeitas. O comportamento homicida tornou-se a expressão máxima de poder e controle sobre as vítimas tornadas indefesas [...]

A cada vítima assassinada, [Gacy] era confrontado com provas inegáveis do crime (um cadáver), no entanto, mantinha os mesmos padrões de comportamento. Enfim, passou considerar o assassinato socialmente aceitável por causa da natureza degenerada de suas vítimas (lixo humano) e da convicção cada vez mais egocêntrica de que nunca seria pego devido à própria esperteza em ocultar os crimes e uma crença desajustada de que seu comportamento homicida contribuía à sociedade.

Os médicos concluíram que Gacy "demonstra uma carreira pessoal de demasiado sucesso [e] a capacidade de manter relações interpessoais, manipular situações e controlar o entorno para ser visto como alguém que sofre de algum [...] distúrbio psiquiátrico grave. [...] Finalmente, como um típico sociopata, passou a encarar sua situação atual como o complexo subproduto da incompetência [ou] ardileza alheia, ou o preço que tem que pagar pela depravação moral de alguns rapazes com os quais teve a infelicidade de ter contato. Se tais racionalizações vierem a perder sentido, ou se ele, no futuro, começar a compreender melhor a psicodinâmica de seu comportamento ou chegar à conclusão de que a retaliação social é inevitável, é provável que contemple o suicídio como solução final."

• • •

Na opinião da irmã caçula, Gacy "era a cópia cuspida e escarrada do pai" em termos de temperamento, humor e hábitos de trabalho. O velho John Wayne Gacy — maquinista nascido em Chicago na virada do século, filho de pais poloneses — era um homem perfeccionista, generoso e esforçado, um pai rígido e um bom provedor. Era também um alcoólatra: alternava entre a personalidade do médico e do monstro, como diziam os filhos, e batia na mulher. Não demonstrava sentimentos, nem era capaz de retribuí-los. Foi visto às lágrimas apenas uma vez, quando o filho foi condenado à prisão em Iowa, acusado de sodomia.

Uma noite, quando o filho tinha dois anos e a esposa, Marion, havia acabado de voltar do hospital com as filhas de três semanas, Gacy chegou em casa e quebrou os dentes da mulher. Ela fugiu para a rua, enquanto o pequeno John e a irmã mais velha gritavam apavorados. O homem foi atrás da esposa e continuou a espancá-la, derrubando-a na calçada, até que a polícia finalmente intercedeu. Quando, já mais velho, John Jr. tentava acudir Marion nesses tumultos domésticos, o pai o chamava de filhinho da mamãe ou mariquinhas. Os filhos o amavam, mas, toda noite, na mesa de jantar, aguardavam cheios de medo que o pai acalmasse os acessos de fúria no porão. O velho Gacy então dava as caras, sempre bêbado, e era servida a refeição.

Quando criança, o pequeno John era carinhoso e adorava agradar. Como recorda uma vizinha, o menino gostava de ajudar a mãe a cuidar do jardim. Desde cedo trabalhava bastante. No entanto, era raro que satisfizesse às exigências do pai, cujo nível de habilidade manual o menino era incapaz de alcançar. Se cometia um erro, era chamado por ele de idiota.

Certa vez, Marion Gacy encontrou uma sacola cheia de calcinhas suas na varanda, onde John costumava brincar. Ele gostava do toque da seda ou do nylon na pele. Anos mais tarde, durante uma entrevista psiquiátrica, narraria uma ocasião em que mãe o fizera vestir uma calcinha sua para envergonhá-lo. A irmã caçula lembrou que, quando o pai ficou sabendo, bateu nele com uma tira de couro.

O próprio Gacy contou aos psiquiatras forenses que seu histórico psicossexual começou entre os seis e os dez anos, época em que a filha adolescente de uma das amigas da mãe tirava a roupa dele e o bolinava. Lembrou-se também de que aos oito ou nove anos brincava de luta com um empreiteiro que gostava de prender a cabeça dele no meio ou embaixo de suas pernas. Entre os dez e doze anos, levou uma surra do pai quando uma garota reclamou que ele e o irmão haviam tirado sua calcinha. Gacy disse que começou a namorar aos dezesseis e fez sexo pela primeira vez aos dezoito.

Aos vinte e poucos anos, Gacy preferia ter relações "normais" com as namoradas. Afirmou que não gostava de sexo oral porque não conseguia beijar na boca depois. Ficou chateado quando, aos 21 anos, teve seu primeiro pedido de casamento recusado; casou-se pela primeira vez um ano depois. Teve a primeira experiência homossexual após engravidar a esposa: segundo contou, ficou bêbado com um amigo, que fez sexo oral nele. Jamais conversou sobre sexo com o pai. Se soubesse que o filho era homossexual, na certa o teria matado, Marion afirmaria mais tarde. Gacy afirmou ter sido instruído pela mãe, segundo a qual o sexo era uma coisa bonita que jamais deveria ser imposta a ninguém.

Gacy era uma criança inteligente, mas nos últimos anos do primeiro ciclo do Ensino Fundamental era dado a sonhar acordado na sala de aula e passou a confrontar os professores. Começou a sofrer convulsões e desmaios, e de tempos em tempos acabava internado. Esses episódios se estenderam até a vida adulta. Às vezes, reclamava de falta de ar e dores no peito. Quando criança, os médicos o diagnosticaram com síncope recorrente, que mais tarde poderia levar a uma epilepsia psicomotora. Na adolescência, depois de uma crise convulsiva na casa de um amigo, Gacy recebeu a extrema-unção de um padre convocado às pressas. Embora nunca se tenha sabido a causa da enfermidade, muito menos como veio a ser curada, quem convivia com ele na idade adulta tendia a atribuir seus sintomas a um problema de coração.

Gacy concluiu o oitavo ano em uma escola técnica e continuou os estudos até a segunda série do Ensino Médio. Tirava notas máximas em inglês, excelentes em ciências e boas em matemática. Em geral, sua conduta era bem avaliada.

No Ensino Médio, desenvolveu sinais do que um de seus cunhados descreveria como uma "fixação" por uniformes. As duas irmãs mencionaram o trabalho dele em um órgão da Defesa Civil que lhe permitia se dirigir a locais de acidentes e incêndios com um giroflex azul no carro. O pai de Gacy, que tinha emprestado dinheiro para ele comprar o veículo, acabou se cansando de toda aquela correria e removeu a tampa do distribuidor, peça essencial no sistema de ignição dos carros mais antigos. Gacy, que àquela altura havia abandonado a escola, ficou aborrecido com a situação em casa e partiu para Las Vegas sem dar satisfações a ninguém.

George Wieckowski, gerente do necrotério Palm, em Las Vegas, recorda que Gacy trabalhava tanto na casa funerária como no serviço de transporte de corpos que eles ofereciam. Segundo Wieckowski, Gacy era um jovem educado e sempre disposto a ajudar. Achava improvável que tivesse muito contato com os cadáveres depois de descarregar as ambulâncias, e afirmou que nunca ouviu queixa dele.

De volta a Chicago, Gacy, então com vinte e poucos anos, encontrou na área de vendas o tipo de trabalho que traria à tona seu talento manipulador. Aceitou um emprego na companhia de sapatos Nunn Bush, que o mandou para Springfield, Illinois, onde sentiu o gostinho da militância política.

Enviado para estagiar como vendedor na loja de Springfield, Gacy conheceu ali a primeira esposa, com quem se casou após um namoro de nove meses. Concluído o estágio, foi promovido a gerente de departamento. Quando a esposa deu à luz o primeiro filho, Gacy ficou orgulhoso como qualquer pai. Um vizinho lembrou que ele era carinhoso e atencioso com o menino e parecia um pai devotado. Com uma nova família, a reputação de trabalhador dedicado e seu envolvimento com a JC, John Gacy parecia ter um futuro brilhante pela frente.

A busca pela ascensão profissional levou-o de Springfield a Waterloo, Iowa. Foi onde tudo começou a sair dos trilhos, onde as luzes de advertência se acenderiam, mas acabariam ignoradas.

KILLER CLOWN
RETRATO DE UM ASSASSINO
**TERRY SULLIVAN
PETER MAIKEN**

WATERLOO E O QUE HOUVE DEPOIS

Waterloo, Iowa, é a sede do condado de Black Hawk. Com mais ou menos 75 mil habitantes, é uma cidade pacata de fábricas e matadouros bem no meio do principal centro produtor de milho do estado. Assim como várias outras sedes de condado no Meio-Oeste dos Estados Unidos, o centro da cidade, com um ar dos anos 1920, abriga um fórum com arquitetura da virada do século XX, construído em pedra calcária e granito, de estilo renascentista, onde ficam os gabinetes do governo. John Gacy, a esposa e o filho se mudaram para essa comunidade predominantemente operária no início de 1966. Eu, Greg Bedoe e Joe Hein fomos lá, treze anos depois, para descobrir o que fosse possível.

Ao anunciar sua chegada para assumir a gestão de três filiais da rede Kentucky Fried Chicken na cidade, o jornal local *Courier* não deve ter checado a fundo o currículo de Gacy. A matéria informava dados biográficos um tanto exagerados; afirmava que Gacy tinha sido gerente de várias lojas em Springfield e que era formado em contabilidade e em gestão empresarial. Foi o sogro de Gacy, Fred Myers Jr., que o levou a Waterloo. Myers tinha adquirido franquias do KFC anos antes e precisava de ajuda para administrá-las. Apesar de nunca ter gostado de Gacy e de ter tentado, até o dia do casamento, persuadir a filha a não casar com ele, Myers fez a oferta como forma de conciliação e para estar perto da família e do neto. Para Myers, Gacy era charlatão e mentiroso. Ainda assim, Myers pagava-lhe bem — quase 15 mil dólares por ano, mais 20% do lucro líquido.

De posse de seu diploma da Universidade KFC, Gacy chegou a Waterloo pronto para deixar sua marca, e alardeava no trabalho como ia mudar as coisas por ali. Os funcionários, no entanto, não levavam Gacy tão a sério, e a maioria logo passou a vê-lo com antipatia. "Ele não era de nada", nos disse um deles. Apesar do tom empolado de Gacy, Fred Myers ainda era o chefe.

Já de início, Myers ficava irritado quando via que Gacy se passava por proprietário das lojas. O hábito de Gacy de dar frango de graça para os amigos da JC também o aborrecia. Segundo Myers, apesar de viver falando do tanto que fazia pelo negócio, Gacy na verdade não fazia quase nada. Além disso, acrescentou, teria "descido o pau em Gacy" e provavelmente o demitido se não fosse seu genro.

Gacy passou a frequentar a JC de Waterloo para socializar e angariar prestígio. Fez amizade depressa com Clarence Lane (nome fictício), que em breve se tornaria presidente da divisão local. Gacy falava abertamente com Lane sobre sua ambição de fazer carreira na JC e um dia chegar à presidência. Lane se impressionou com a disposição de Gacy para o trabalho e, uma vez presidente, se valeu de seu "talento natural na trapaça" para alavancar as adesões. Em um só dia, Gacy recrutou vinte novos membros.

Durante o mandato de Lane, Gacy foi capelão e incorporou cafés da manhã ecumênicos ao calendário cívico de Waterloo. Sua maior realização no cargo foi trazer o presidente nacional honorário e autor da doutrina da JC para a cidade. A foto de Gacy saiu no jornal (a legenda o identificava como "coronel", título dado por seus camaradas pela sua ligação com o KFC, fundado pelo coronel Harland Sanders), e os elogios que recebeu pela façanha lhe garantiram um lugar na disputa pela presidência no ano seguinte.

Lane calculou que Gacy tinha participado de 90% das mais ou menos cinquenta atividades oficiais da JC naquele ano. No entanto, o lado extraoficial da vida social na organização acabou sendo uma distração ainda mais instigante para Gacy e alguns colegas. Em meados dos anos 1960, Waterloo era uma cidade tolerante e liberal, e alguns membros da JC prosperaram nessa atmosfera. O grupo estava envolvido com prostituição, pornografia e outras atividades criminosas.

Para David Dutton, na época procurador do condado, o motel do qual Gacy dizia ser proprietário, e que era administrado por Lane, era o epicentro dessas atividades.

Gacy socializava bastante no bar do motel, e ele e Lane frequentavam uma casa noturna que tinha shows de strippers. De acordo com Lane, Gacy dormia com meio mundo naquela época, e os amigos o ouviam se gabar de ter feito sexo com uma das funcionárias e outras mulheres, quase sempre no motel. "Se fosse para acreditar em Gacy", comentou Steve Pottinger, um amigo próximo, "ele já tinha comido umas cem mulheres." Um de seus casos lembrou que ele era bom de cama, porém meio esquisito: quando ela se recusou a fazer sexo oral depois de terem tido relações, ele a teria sufocado.

Segundo Lane, Gacy agia "com certa indiferença" em relação à esposa. Para Pottinger, ele a "controlava". Outros amigos notavam que em público não havia demonstração de afeto entre os dois. Em diversas ocasiões, com a mulher presente, ele a oferecia a outros homens em troca de favores. Outras vezes, quando fazia a oferta sem ela saber, o preço que estipulava era um boquete.

Myers nunca entendeu o que Gacy fazia com o dinheiro que ganhava, sobretudo quando soube que sua esposa estava ajudando a filha a pagar as contas da casa. Presumiu que Gacy estivesse envolvido com jogos de azar. Sabia, no entanto, que uma das atividades que o mantinham fora de casa até tarde da noite era a chamada Patrulha dos Comerciantes, da qual fazia parte: uma espécie de força de segurança cooperativa que protegia os estabelecimentos dos próprios membros de invasões.

"Fissurado por coisas de polícia", segundo a ex-esposa, Gacy encontrou seu lugar no grupo. Segundo recordou a mulher, ele tinha grande interesse por veículos de emergência, que seguia a toda velocidade com seu giroflex portátil. Gacy gostava que os outros pensassem que tinha influência na polícia e, de acordo com Lane, entregava frango frito de graça para policiais e bombeiros, várias vezes por mês, a fim de estreitar laços com as autoridades.

Gacy levava os empregados homens das lanchonetes para patrulhas noturnas, firmando-se assim como uma figura de poder na visão dos jovens. Russel Schroeder, um ex-funcionário, disse que Gacy queria estar o tempo todo no controle e que sempre carregava um revólver. Schroeder e outros ex-funcionários recordam que Gacy os levava para roubar autopeças enquanto monitorava a frequência da polícia pelo rádio. Buzinava sempre que uma viatura se aproximava.

Embora estivesse a pouco tempo na cidade, muitos já tinham opinião formada sobre Gacy. Para Donald Voorhees, antigo congressista da legislatura estadual de Iowa e membro da JC, Gacy "teria conseguido ser bem-sucedido em qualquer empreendimento". Na JC, era visto como um membro de grande inteligência e dinamismo, com a força de vontade que toda organização valoriza para levar a cabo seus projetos mais importantes. Para Lane, ele era também um homem caridoso que no Natal dava dinheiro e frango a crianças carentes.

Havia, no entanto, um outro lado. Dutton enxergava Gacy como uma "criança tentando se dar bem no mundo dos adultos". O certificado que lhe conferia o título honorário de "coronel de Kentucky" era muito importante para ele. Por isso, adorava que os amigos o chamassem de "coronel". Disse a Lane que também era coronel da "Brigada do Governo de Illinois". Na opinião de Voorhees, Gacy era um sujeito arrogante e prepotente, metido a sabe-tudo. Para muitos outros, era um fanfarrão que tentava ganhar status falando de dinheiro e contatos importantes.

Dutton atribuía a proeminência de Gacy em uma organização como a JC a sua "habilidade singular de manipular e bajular os outros". Sempre agradava aos influentes por meio de favores. Myers conhecia bem o talento de Gacy para a autopromoção; no entanto, via o genro como alguém que, embora desprovido de carisma, sabia dizer aos outros o que queriam ouvir.

Para Dutton, Gacy era um homem de foco que planejava suas ações de maneira impecável. Se achava que podia intimidar alguém, fazia isso. "Ele queria dominar todo mundo", Pottinger diria mais tarde. "Uma vez eu disse que o problema dele era colocar o ego acima de tudo na vida."

Robert Beener, o chefe de polícia, considerava Gacy um frouxo. Não gostava de receber ordens, e tudo tinha que ser do jeito dele. O xerife, Robert Aldrich, frisou que Gacy nunca confrontava adultos. Adolescentes, talvez, mas nunca adultos. Também jamais admitia sua culpa quando algo dava errado. De acordo com Dutton, sempre atribuía a responsabilidade a alguém que "queria derrubar ele". O temperamento explosivo fazia dele um mau perdedor. A esposa lembrou de uma vez em que jogavam carta com amigos e, ao perderem, Gacy deu um escândalo e jogou as cartas e o dinheiro no chão. Segundo ela, a raiva não passou mesmo depois de irem para casa, e culminou numa espécie de convulsão. Ele teve que ser levado às pressas para o hospital.

Gacy escolhia cuidadosamente as táticas de acordo com o propósito que tinha em mente, usando técnicas agressivas de venda quando era pertinente, e manipulação nos demais casos. "Conseguia se adaptar a qualquer situação", diria Dutton. "Era um verdadeiro camaleão."

Embora Gacy contratasse jovens de ambos os sexos para as lojas, aproximava-se somente dos rapazes. Fundou um clube na área recreativa do porão de casa, onde, mediante o pagamento de uma mensalidade, os garotos podiam consumir cerveja ou outras bebidas alcoólicas. Como muitos eram menores de idade, achavam o arranjo conveniente. Gacy tinha uma mesa de bilhar, e pelo visto foi ali que bolou a estratégia de desafiar os garotos para um jogo "em troca de um boquete". Quando a tática não funcionava, tentava uma abordagem pseudocientífica: o governador de Illinois, segundo dizia aos rapazes, o havia encarregado de conduzir experimentos sexuais, alguns heterossexuais, mas a maioria homossexual, pelo bem da ciência. Tinha até um certificado atestando que era membro de um comitê de educação sexual. Dava palestras aos jovens sobre moralidade sexual, nas quais dizia que não era problema ter relações homossexuais se as partes envolvidas acreditassem não estar fazendo nada errado. Aos heterossexuais irredutíveis, prometia os serviços de sua esposa, contanto que recebesse sexo oral deles — era parte do acordo. Aos mais intransigentes, dizia de maneira ameaçadora que tinha contatos em Chicago que poderiam dar cabo de quem ele quisesse. Dessa forma, Gacy manipulava e intimidava os integrantes do segundo de seus dois principais grupos de convívio em Waterloo, na definição de Dutton: a JC e os rapazes que trabalhavam para ele.

• • •

No verão de 1967, Edward Lynch tinha dezesseis anos e trabalhava para Gacy de cozinheiro e lavador de pratos em uma das lojas. Embora Lynch não fosse membro do "clube", Gacy convidou-o uma noite para ir a sua casa ver uns filmes, jogar sinuca e beber uns drinques. A esposa estava no hospital após ter dado à luz o segundo filho do casal. Depois de várias partidas de sinuca, Gacy propôs o boquete, como sempre fazia, e se irritou quando Lynch ganhou o jogo e recusou o prêmio. Sugeriu que fossem para o andar de cima. Na cozinha, pegou uma faca de trinchar e mandou Lynch "entrar no quarto". Encurralou o jovem, e os dois se engalfinharam na cama. Ao notar que tinha provocado um corte no braço direito de Lynch, Gacy se conteve, pediu desculpas e foi pegar um curativo.

Voltaram ao porão. Lynch quis ir embora, mas Gacy insistiu em mostrar alguns de seus filmes pornográficos. Depois, apareceu com uma corrente e um cadeado, e disse: "Deixa eu tentar um negócio". Acostumado a receber ordens de Gacy, Lynch deixou-o acorrentar suas mãos atrás das costas. "Consegue se soltar?", o homem perguntou. A resposta foi não. Gacy acomodou o rapaz em uma cadeira de encosto, sentou-se em seu colo e começou a se esfregar em suas coxas. O jovem recolheu as pernas, derrubando-o no chão. Gacy trouxe então um catre para o quarto e atirou Lynch em cima dele. Depois, colocou outra corrente nos pés do jovem e começou a enforcá-lo. Lynch tentou se desvencilhar, mas perdeu o controle da bexiga. Decidiu fingir desmaio e permaneceu imóvel no chão. Gacy largou o pescoço dele e ficou preocupado quando não se mexeu. "Você tá bem?", perguntou ao rapaz, que estava atordoado. Concordou em levá-lo para casa.

Ao falar com um amigo sobre o ataque, Lynch se surpreendeu ao ouvir que o outro rapaz, que se chamava Donald Voorhees Jr., também já tinha se estranhado com Gacy. Embora não fosse empregado em tempo integral, Voorhees fazia vários bicos para Gacy e se interessou quando o patrão disse a ele que poderia ganhar uns 50 dólares ajudando em uma pesquisa do comitê de educação sexual. Voorhees tinha quinze anos.

No decurso de vários meses e em diversos locais, inclusive na casa de Gacy e no motel, Gacy forçou Voorhees a receber sexo oral. Muitas vezes embebedava o menino com uísque ou vodca antes do encontro. Mas ele mesmo não bebia. Depois dos "experimentos", Gacy interrogava Voorhees, indagando sobre seus sentimentos e reações. Em geral, lhe dava vários dólares de "presente".

A situação confundia Voorhees, que começou a se sentir culpado. Gacy, no entanto, o advertiu a não falar dos "experimentos" com ninguém, e o ameaçou mencionando seus contatos no crime organizado de Chicago. Por fim, tanto Voorhees como Lynch ficaram tão angustiados que decidiram contar aos pais.

Voorhees fez a revelação à família após Gacy ser mencionado na mesa de jantar. Donald Voorhees, o pai, conhecia Gacy por meio da JC e tinha travado contato com ele em diversas ocasiões. Agora que estava subindo na organização, Gacy cogitava se candidatar à presidência local e pediu a Voorhees que gerenciasse sua campanha. Voorhees, que nessa época concorria à presidência estadual da JC, suspeitou que

Gacy estivesse tentando tirar vantagem de seu prestígio. Em todo caso, estava pensando no assunto e contou à família sobre o convite. O filho implorou a ele que não aceitasse — e toda a história de sua relação com Gacy veio à tona.

Tanto Lynch como Voorhees, o filho, prestaram depoimento à polícia em 11 de março de 1968. Voorhees, o pai, exigiu ao procurador do condado, Roger Peterson, que denunciasse Gacy. O júri de acusação ouviu o testemunho dos dois jovens no dia 8 de abril.

Em 2 de maio, Gacy foi submetido duas vezes ao polígrafo. Afirmou que não tinha praticado atos homossexuais com ninguém e que estava dizendo a verdade. O examinador, tenente Kenneth Vanous, detectou reações "indicativas de mentira" e concluiu que Gacy "não dizia toda a verdade". Na procuradoria do condado, corria a piada que a única coisa que Gacy tinha acertado no teste foi o próprio nome. Na semana seguinte, o júri de acusação o denunciou por sodomia.

Gacy continuou a negar culpa e tentou difamar os acusadores. Muitos jurados se convenceram e acreditaram em sua inocência.

Em julho, Gacy requisitou um novo exame no polígrafo, dessa vez realizado pela prestigiosa firma de Chicago John E. Reid and Associates. Gacy respondeu com negativas a quatro perguntas sobre envolvimento sexual com Voorhees. Ao identificar "consideráveis perturbações emocionais, indicativas de mentira", o examinador concluiu que o homem não dizia a verdade. Por fim, Gacy voltou atrás em sua história, afirmando que tinha pagado para ter relações com Voorhees.

Apesar dos resultados dos dois testes de polígrafo, nada de mais aconteceu nas semanas seguintes à audiência preliminar. O júri estava dividido entre Voorhees e Gacy, e o acusado tinha muitos apoiadores, tanto dentro como fora da JC, onde acreditavam que ele era vítima de armação. Para complicar, Gacy afirmava ter informações comprometedoras sobre vários funcionários da polícia envolvidos nas atividades do motel. Por essa razão — sem falar no frango grátis —, acreditava-se que as autoridades não queriam que o caso fosse para a frente. Pelo fim do verão, tudo parecia indicar que, não fosse a imprudência de Gacy, o assunto acabaria encerrado.

Na madrugada de 30 para 31 de agosto, Gacy estava fazendo a ronda rotineira pelos estabelecimentos comerciais da vizinhança na companhia de um de seus funcionários, Russell Schroeder, um jovem grandalhão de dezoito anos que jogava futebol americano e basquete. Gacy nunca tinha feito propostas sexuais a Schroeder, mas andava curioso para saber se ele já havia se metido em alguma confusão. Naquela noite, no entanto, a conversa girou em torno dos estabelecimentos que estavam vigiando — e invadindo.

Ao chegarem a uma loja de materiais de construção, a Brown's Lumber Company, Gacy pegou uma barra de metal que deixava junto ao banco do carro e arrombou a porta. Mandou Schroeder pegar o dinheiro da máquina de refrigerante e, enquanto apanhava uma lata de verniz e uma extensão elétrica, falou como era fácil invadir qualquer lugar com sua barra de metal.

Por volta das 6h, ao deixar Schroeder no local onde tinha estacionado o carro, Gacy comentou que um garoto chamado Donald Voorhees, que depunha contra ele na justiça, andava espalhando mentiras a seu respeito. Estava procurando alguém para dar uma surra nele. Schroeder não deu muita atenção, mas, dias depois, ao levar um pé na bunda de uma menina, falou com Gacy, que lhe sugeriu extravasar a raiva e frustração em Voorhees. O patrão mostrou a foto de Donald em um anuário e ofereceu, em troca do serviço, quitar a dívida do carro de Schroeder, de uns 300 dólares. O garoto aceitou e recebeu do homem uma lata de spray de pimenta.

Schroeder descobriu o horário e local em que o garoto tinha aula e o abordou pouco depois das 15h, se apresentando como representante de um programa social para jovens patrocinado pela escola, e perguntou se Voorhees queria dar um passeio até um local onde ele tinha um esconderijo de bebidas. Voorhees topou, e eles foram de carro até um parque arborizado à margem do riacho Black Hawk. Schroeder saiu do carro e começou a conduzir Voorhees para dentro do parque. De repente, se virou e disparou o spray no rosto do garoto, que se contorceu de dor e correu às cegas, tentando tirar o produto dos olhos. Por fim, Voorhees chegou ao riacho, encharcou o rosto com a água e perguntou o que estava acontecendo. Schroeder disse que alguém o havia acusado de roubar "uns carros". Voorhees negou. "Tá bom", disse Schroeder, "vou te levar pra casa."

Enquanto Voorhees subia a barranca do rio, Schroeder voltou a atacá-lo com o spray e bateu nele com um bastão. Os dois se engalfinharam, e Schroeder tentou afogar o menino, que conseguiu se soltar e correu para um milharal próximo. Como não conseguiu achá-lo, Schroeder entrou no carro e deu uma circulada pelas estradinhas da área. Por fim, resolveu voltar para a cidade. Depois de tomar um banho, partiu para a casa de Gacy por volta das 18h30. O homem não ficou nada contente em vê-lo — e tampouco queria ser visto com ele.

Pegou o spray de pimenta e disse ao rapaz que não queria saber de nada do que tinha acontecido. Schroeder foi embora.

Nesse meio-tempo, Voorhees chegou a uma fazenda na cidade vizinha de Hudson e ligou para a polícia. A princípio, os policiais não acreditaram na história dele, mas se convenceram ao verem os sinais de confronto no parque e comunicaram o incidente ao xerife.

Depois de ser identificado por Voorhees em uma foto, Schroeder foi levado à delegacia para depor e disse que um homem que conhecia apenas como "Jim" tinha lhe pagado 10 dólares para dar um susto em Voorhees, que teria roubado seus pneus. Contudo, negou o ataque e afirmou nunca ter visto nenhum spray de pimenta. Mais tarde, Gacy lhe disse que a polícia não poderia provar nada — era a palavra de Voorhees contra a dele. O homem manteve contato com Schroeder para saber se continuava fiel ao relato inicial e, na segunda-feira da semana seguinte, prometeu ao rapaz que ele ou o sogro o ajudariam com os honorários do advogado.

Acontece que Schroeder não aguentou a pressão e, na tarde do mesmo dia, na presença do pai e de um advogado, admitiu ter mentido no depoimento e falou toda a verdade. O envolvimento de Gacy foi revelado, e sua motivação para mandar espancar Voorhees ficou evidente. Peterson, procurador do condado, apresentou três queixas contra Gacy relacionadas ao ataque e, na quinta-feira, depois que Schroeder o implicou na invasão à loja de materiais de construção, Gacy foi preso sob fiança de 10 mil dólares.

Ao se apresentar à Justiça no dia 12 de setembro, Gacy foi ordenado a se submeter a testes no Hospital Psiquiátrico da Universidade Estadual de Iowa. Naquela tarde, os comentários de Gacy sobre seu meio de atuação interessaram tanto ao policial que colhia seu depoimento que ele chamou seis colegas, inclusive Peterson, para ouvir. Por várias horas, até o anoitecer, Gacy contou o que sabia — por presenciar ou ouvir falar — sobre o lado obscuro de Waterloo. Falou de jogatina, prostituição, filmes pornográficos, trocas de esposas, traquinagens de alguns membros da JC — tanto no motel como em viagens para convenções — e corrupção policial. Também entregou vários amigos e funcionários, querendo deixar claro que não era o único pecador da cidade.

A polícia levou o custodiado ao hospital. Assim que chegou, segundo notaram os atendentes de sua ala, Gacy começou a testar o ambiente. Cordial e solícito, deixou claro que era um paciente particular que estava ali para ser ajudado. Já no segundo dia, passou a negar que tivesse feito as coisas de que era acusado. Também parecia estar "muito na defensiva quando sustentava seu ponto de vista". Nos primeiros dias, teve reviravoltas de humor e atitude. Gabava-se de ganhar muito dinheiro, chorava por uma hora, recusava-se a comer e parecia deprimido pelo resto do dia. Em uma conversa com a esposa ao telefone, disse que Voorhees estava mentindo. Em seguida, furioso, avisou que não aceitaria o divórcio, e que os pais dela eram uns mentirosos.

Depois de vários dias, Gacy voltou sua atenção para um paciente que, na opinião dele, violava as regras. Começou a dedurá-lo, ao mesmo tempo em que delegava a ele tarefas como arrumar sua cama. Tempos depois, adotou uma postura mais paternal. Além disso, os atendentes do hospital repararam que Gacy começava a se intrometer nos assuntos de sua ala, ameaçando até denunciar os funcionários de um turno por não terem passado pano no chão.

Gacy expunha livremente suas opiniões sobre tudo. Discursava sobre direitos civis e enfatizava sua aversão por "bichas". Gabava-se dos carros novos que dirigia e do dinheiro que ganhava. Ofereceu a um atendente pagar o dobro de seu salário para deixar o hospital e trabalhar para ele. Quando perdia na sinuca — o que acontecia bastante —, tinha desculpas na ponta da língua: a mesa não estava nivelada, as costas doíam etc.

Já na segunda semana, passou a se referir a si mesmo como "chefe do acampamento". Autoproclamou-se mestre em assuntos bíblicos e assumiu a responsabilidade de orientar os pacientes recém-chegados. Buscava a todo momento manipular os atendentes para conseguir privilégios.

Durante os dezessete dias em que permaneceu no hospital, Gacy foi submetido a entrevistas psiquiátricas e exames físicos e psicológicos, além de ter seu comportamento analisado. O dr. Eugene F. Gauron escreveu que Gacy "distorcia a verdade a tal ponto que não aceitava passar uma imagem ruim de si mesmo e só admitia atos socialmente reprováveis quando diretamente confrontado". Para Gauron, Gacy "tentava se valer da lábia e da dissimulação para encobrir transgressões".

Gacy tinha um QI de 118, o que significava uma inteligência acima da média. Sua maior pontuação nos subtestes da escala verbal foi em compreensão, o que, segundo o dr. Gauron, indica "grau elevado de inteligência social ou consciência quanto à forma apropriada de se comportar para influenciar os outros".

"O aspecto mais marcante nos resultados", continuou o dr. Gauron, "é a completa negação de responsabilidade por parte do paciente em relação a qualquer coisa que tenha ocorrido com ele. É capaz de apresentar 'álibis' para tudo. Culpa ora o ambiente, colocando-se como vítima das circunstâncias, ora os outros, colocando-se como vítima de quem supostamente quer prejudicá-lo. Embora tal comportamento possa ser interpretado como paranoico, eu não vejo dessa forma. Na verdade, o paciente tenta atrair a simpatia alheia ao retratar a si mesmo como alguém à mercê de um ambiente hostil. Seu maior objetivo é ser mais esperto que os outros e tirar vantagem deles antes que façam isso com ele." O dr. Gauron também observou a propensão de Gacy a agir de forma impulsiva: "Ele faz as coisas sem pensar nas consequências e demonstra pouco bom senso".

Gacy é eloquente e volúvel, mas também é coerente e determinado, escreveu o dr. L.D. Amick em seu sumário de alta ; e "não parece ter remorsos quanto aos atos confessados, o que é parte do problema que o acomete".

Os médicos concluíram que Gacy estava apto para ser julgado. Em carta ao juiz distrital Peter Van Metre, os doutores Leonard Heston e Amick diagnosticaram em Gacy uma "personalidade antissocial". Indivíduos assim, escreveram, "vivem basicamente isolados, e seus padrões de comportamento os levam a conflitos recorrentes com a sociedade. Pessoas com essa estrutura de personalidade não aprendem com a experiência e dificilmente se beneficiam dos tratamentos médicos convencionais."

Gacy passara a alegar que Voorhees tinha oferecido seus serviços a outros e que os atos cometidos com ele eram transações comerciais. Confessou os crimes em juízo, talvez acreditando que os jurados seriam lenientes devido a sua boa reputação na comunidade, e que no máximo receberia uma reprimenda e seria colocado em liberdade condicional. De fato, o livramento condicional foi a recomendação feita pelo agente Jack D. Harker, que tinha investigado a vida pregressa do acusado a pedido do juiz, antes da fixação da sentença. Harker defendeu que a transgressão de Gacy era de natureza experimental, e que o acusado estava suficientemente imbuído da ética profissional para cumprir pena sob supervisão em Illinois.

Apesar das recomendações de Harker, e para a surpresa de Gacy, o juiz Van Metre decidiu não conceder a liberdade condicional. "O padrão que o senhor parece ter escolhido", declarou o juiz, "é abordar garotos adolescentes e envolvê-los em condutas impróprias, inclusive sexuais, e embora insatisfatória em muitos aspectos a pena de reclusão ao menos garante que, por algum tempo, o senhor não poderá abordar adolescentes e aliciá-los para atos imorais de qualquer tipo".

Em 3 de dezembro de 1968, o juiz Van Metre condenou Gacy a dez anos de prisão.

• • •

Ao chegar ao Reformatório Masculino de Iowa em Anamosa, John Gacy parecia determinado a mostrar um comportamento exemplar, um dos requisitos para obter a liberdade antecipada. Ciente de que a homossexualidade está presente em qualquer prisão, procurou se manter isolado dos presos que tinham essa inclinação. Temendo ataques, fez amizade com três detentos — Raymond Cornell, Larry Polsley e Duane Fulton —, todos antigos comparsas. Os demais presos sabiam que os três se defendiam entre si, e Gacy os bajulava para também se valer da proteção do grupo. Gacy sempre mascarava sua condenação por sodomia dizendo que tinha sido denunciado por exibir filmes pornográficos a adolescentes. Sob a proteção dos três novos amigos, passou a manifestar aos quatro ventos seu desprezo por "boiolas".

Encarregado de trabalhar na cozinha, Gacy logo deu um jeito de assumir o comando. Sob sua direção, a qualidade da comida melhorou, e a cozinha era mantida impecável. No entanto, Gacy não se limitava a supervisionar os presos. Também queria mandar nos guardas. Quando um detento sabidamente gay foi designado para sua equipe, Gacy reclamou e conseguiu que o homem fosse transferido: não achava que alguém assim devesse trabalhar com alimentação. Polsley lembra que Gacy cuidava bem dos amigos, a quem deixava escolher primeiro os melhores pedaços de carne e dava porções extras de cogumelos, além de outros agradinhos.

Cornell reparou que Gacy se identificava muito com os guardas porque ele próprio gostava de ser chefe. Descolava com os anfitriões camisas comuns e seus charutos favoritos. Também reparou que o homem sempre tinha dinheiro e, embora nunca tenha sabido a procedência desses recursos, suspeitava de agiotagem. Por trabalhar na prisão, Gacy tinha um cartão especial que lhe permitia ficar fora de sua cela até meia-noite.

Segundo Fulton, Gacy e os amigos eram chamados de "superpresos", reclusos que se engajavam em atividades como a JC para aumentar as chances de obter a condicional. Gacy retomou as atividades na organização de onde tinha parado — exceto pelos esquemas ilícitos. Era diretor da divisão prisional e capelão. No Natal, se vestia de Papai Noel. Por sua dedicação, ganhou o "Prêmio de Cidadão Honrado".

Certa vez, enquanto trabalhava na construção de um campo de minigolfe patrocinado pela JC, Gacy se desentendeu com Polsley por causa de um detalhe no projeto. O colega de cadeia quis partir para a briga, Gacy de repente apertou o peito e ficou pálido, fingindo um ataque. Os demais presos sabiam que ele era fisicamente fraco e não fazia nenhum exercício. Quando Gacy disse estar em uma lista negra da máfia, Fulton concluiu que ele era paranoico.

Mesmo aborrecidos com o temperamento impositivo de Gacy, muitos detentos imaginavam que ele fosse ficar rico quando saísse da prisão. Ele acompanhava o *Wall Street Journal* e ensinou vários presos a ler tabelas de cotações. Vivia falando de seus planos de negócios para o futuro. Mas, embora parecesse contente em esperar sua hora, estava claro que queria deixar o sistema prisional.

A grande tristeza de Gacy no primeiro ano que passou em Anamosa foi o pedido de divórcio por parte da esposa. Ressentia-se do sogro, que acusava de ter incitado a separação, e reclamou mais tarde que Myers lhe tirara tudo. Voltou a Waterloo em setembro de 1969 para a audiência, quando viu a esposa pela primeira vez em um ano. Embora a questão das visitas aos dois filhos pequenos tivesse ficado em aberto, ele nunca mais os veria. De volta a Anamosa, disse aos colegas que as crianças tinham morrido para ele.

Após menos de seis meses preso, Gacy solicitou soltura antecipada. A junta estadual que decide sobre a concessão do benefício argumentou que o pedido era prematuro; contudo, esperavam que ele continuasse fazendo progressos. Um mês depois, Gacy pediu autorização para prestar serviços comunitários fora da prisão. O juiz que o condenou, Peter Van Metre, não fez objeções, contanto que o detento se conduzisse corretamente, mas alertou: "Sou pessimista quanto a qualquer grande mudança de caráter. Pelo que sei, creio que ele tende a se comportar adequadamente apenas sob supervisão e ameaça de possíveis consequências danosas". David Dutton, o procurador do condado, foi ainda menos otimista: "Não acho que John Gacy mereça consideração ou leniência no presente momento", escreveu. "O sr. Gacy sempre teve a capacidade de manipular tudo e todos a sua volta em benefício próprio. Duvido muito de uma mudança real de atitude."

A família de Gacy em Illinois demonstrava lealdade e mandava cartas à comissão prometendo ajudá-lo a encontrar emprego e se comprometendo a prover um ambiente amoroso e estável durante a condicional. Como a saúde do pai de Gacy vinha se deteriorando depressa, a família também pedia a soltura de John por razões humanitárias.

Em um relatório escrito em 4 de setembro de 1969, nove meses após a condenação de Gacy, o conselheiro penitenciário Lyle Eugene Murray avaliou o progresso do detento. Gacy ganhara pontos pelo trabalho na cozinha e, segundo observou Murray, fizera vários cursos e tinha planos de prestar o exame supletivo para obter o diploma do Ensino Médio. Por um lado, Murray recomendava mais aconselhamento psicológico; por outro, considerava positivo que Gacy frequentasse a missa e participasse da JC. Apesar de admitir que o detento deveria fazer uma autoanálise mais profunda, Murray questionava se permanecer em Anamosa lhe traria mais algum benefício. Especulou ainda que, se Gacy retornasse para a casa dos pais, "é pouco provável que volte a se envolver em crime similar àquele pelo qual se encontra preso atualmente". No dia seguinte, um comitê consultivo emitiu parecer favorável ao pedido de Gacy.

A junta acabou rejeitando o pedido, mas Gacy recebeu a notícia com serenidade e se concentrou em melhorar suas chances de ser solto na oportunidade seguinte, em maio de 1970. Depois de cursar dezesseis disciplinas do Ensino Médio, recebeu o diploma em novembro e começou a tomar aulas de nível universitário. Passou a se dedicar à JC com entusiasmo renovado, integrando 23 comitês e sendo votado como membro principal da divisão.

No Natal de 1969, o pai de Gacy faleceu. Quando soube da morte, John passou por um período de reajuste emocional durante o qual teve crises frequentes de choro e precisou de apoio psicológico.

Em 13 de março de 1970, o mesmo comitê voltou a recomendar que Gacy fosse solto em condicional. Na ocasião, foi pedida uma avaliação psiquiátrica. Em consulta com o dr. Richard Lee, Gacy afirmou que tinha abandonado as atitudes inapropriadas a que se entregara no passado. Após diagnosticá-lo com "personalidade passivo-agressiva", o médico também recomendou o livramento condicional. "Parece pouco provável que ele volte a ser acusado e condenado por conduta antissocial", escreveu.

Dessa vez a junta estadual deu resposta favorável e marcou a soltura de Gacy para 18 de junho de 1970. Conforme planejado, ele voltaria a Chicago para morar com a mãe viúva e recomeçar a vida. No dia previsto, pouco depois do meio-dia, Clarence Lane, melhor amigo de Gacy em Waterloo, foi buscá-lo na unidade responsável pela liberação dos detentos, em Newton. Gacy tinha cumprido 21 meses dos dez anos de pena. Durante todo esse tempo, Lane esteve convencido da inocência do amigo, e se manteve leal. "Agora que acabou, vê se anda na linha", disse em tom quase jocoso.

"Clarence, nunca mais volto pra cadeia", respondeu Gacy, todo sério.

•••

No apartamento da mãe, em Chicago, Gacy tinha que obedecer ao horário limite de recolhimento domiciliar, que era às 22h, conforme os termos de sua condicional. Graças à generosidade de um amigo da família, Eugene Boschelli, Gacy conseguiu emprego no restaurante Bruno's, que Boschelli administrava no centro da cidade. Apesar de ter declarado posteriormente que nunca tinha gostado de fato de Gacy nem confiado de todo nele, Boschelli o considerava um bom chef de cozinha. O estabelecimento era o ponto de encontro predileto de alguns jogadores do time de hóquei Chicago Black Hawks, além de policiais e políticos. Nessa atmosfera pitoresca e descontraída, Gacy desabrochou — primeiro como ouvinte atento, depois como anfitrião puxa-saco. Aliás, foi no restaurante que conheceu James Hanley, policial de Chicago cujo nome usaria de inspiração para batizar seu alter ego. Boschelli observou que, embora tivesse namorado uma garçonete do Bruno's, o ex-presidiário logo passou a andar na companhia de homens que eram claramente homossexuais.

Gacy tentou organizar visitas regulares aos filhos. Em carta à ex-esposa, disse que a amava tanto quanto antes, e que sentia saudades dela e das crianças. Não recebeu resposta e escreveu de novo pouco antes do Natal. Apesar de mudar um pouco o tom e se colocar mais na defensiva, implorava que ela colaborasse, pelo bem dos filhos, e dizia que estava mandando um cheque para que ela tirasse fotos atualizadas das crianças e lhes comprasse presentes de Natal.

Ao que tudo indica, as cartas ficaram sem resposta. O desespero sentido na prisão voltou, e Gacy fez a mãe se livrar de todas as fotos da ex-esposa e dos filhos, dizendo que era melhor considerá-los mortos.

Em 18 de junho de 1971, um ano depois de deixar Anamosa, Gacy estava apto a obter a liberdade definitiva. O alvará de soltura foi expedido em outubro. Porém, mesmo depois de 21 meses de cadeia, Gacy não tinha se emendado. Registros policiais revelam que ele praticou atos homossexuais em duas ocasiões antes de junho daquele ano, violando assim os termos da condicional.

Mickel Ried, um rapaz de 21 anos, recém-dispensado do exército, contou à polícia do condado que conheceu Gacy pouco depois de chegar a Chicago, em novembro de 1970. O homem, que estava "caçando" na Clark Street, o teria levado ao apartamento da mãe e feito sexo oral nele enquanto se masturbava.

Em fevereiro de 1971, Gacy foi preso depois de uma queixa de conduta desordeira registrada por Alan Lemke, de dezenove anos, segundo o qual os dois fizeram sexo no apartamento de Gacy, que prestou queixa similar contra Lemke, e o caso acabou arquivado.

Nesse meio-tempo, Gacy e Ried abriram um negócio para prestar serviços de pintura e manutenção a clientes que Gacy tinha conhecido no restaurante. Como o apartamento da mãe não dispunha de espaço suficiente para guardar os materiais, Gacy a convenceu a comprar uma casa. Ela se decidiu pelo imóvel no nº 8213 Summerdale Avenue, para onde os dois se mudaram no início de 1971. Ried foi um dos muitos agregados que morou na residência, e segundo ele, dormia no quarto de Gacy.

Ainda segundo Ried, já nessa época Gacy contava que, bancando o policial, algemava e espancava rapazes com quem saía. Ele nunca acreditou. Um dia, Gacy o levou a um viveiro de plantas sob o pretexto de comprar arbustos para sua casa. Ao perceber que Gacy o seguia com um ferro de desmontar pneus, Ried perguntou para que ele carregava aquilo. "Pode ter confusão", justificou Gacy, mas, quando pressionado, falou para Ried deixar para lá e voltou para o carro. Ried pensou que Gacy planejava matá-lo.

Em outra ocasião, semanas mais tarde, os dois chegaram juntos de carro e, depois de entrarem na garagem, Gacy fechou a porta. Então, pediu a Ried que procurasse um fusível extra embaixo da bancada. Enquanto se abaixava, o jovem sentiu um golpe atrás da cabeça, e depois sangue escorrendo pelo pescoço. Ao se virar e ver Gacy com um martelo na mão, Ried o conteve e perguntou por que o havia atacado. O homem admitiu ter sentido uma vontade súbita e inexplicável de matá-lo. Ried se mudou no dia seguinte.

Pouco depois, Gacy se casou com Cathy Hull. Os dois haviam se reaproximado em março de 1971, quando ela estava se divorciando do primeiro marido. Ela conhecia a família de Gacy desde mais nova, quando estudou na mesma escola que a irmã caçula de John, e tinha namorado com ele aos dezesseis anos. Voltaram a sair depois que Gacy se mudou com a mãe para a Summerdale. No Natal, ele já falava em casamento. Depois de comemorarem o Ano-Novo no Bruno's, transaram pela primeira vez, e Cathy engravidou. Gacy ficou feliz com a notícia. Disse a Cathy que queria uma nova família, já que não podia visitar os filhos, e falou que a amava. Cathy sofreu um aborto em fevereiro. Mudou-se para a casa do noivo em março, com as duas filhas do casamento anterior. Gacy dormia na sala de estar, onde faziam sexo, principalmente na sexta-feira, quando mãe e sogra saíam juntas para jogar bingo. O casamento foi em julho, com uma grande cerimônia seguida de uma festa em casa. Gacy planejou praticamente tudo.

A essa altura, a mãe de Gacy tinha se mudado para um apartamento para evitar a superlotação da casa. O relacionamento com o filho estava ficando estremecido. O negócio de Gacy crescia, e ele se irritava quando a sra. Gacy se identificava como "a mãe do John" toda vez que um potencial cliente ligava. Não pegava bem para o futuro diretor executivo da PDM. Depois que ela foi embora, no entanto, Gacy convidou a sogra para morar com a família. Supunha, talvez, que precisariam de uma babá para as duas enteadas, porém logo se arrependeu. Mais tarde, reclamaria que, após um ano de convivência, precisou de uma ordem judicial para despejá-la.

John e Cathy mal haviam se casado quando a relação dos dois entrou em declínio: ela não tolerava ver o marido cercado de rapazes. Perto do fim, o casal passava semanas sem se falar, e viviam separados: ele na sala de jogos, ela e as crianças na parte da frente da residência. O casamento era uma causa perdida, e os dois se divorciaram no início de 1976.

Cathy recorda que o odor do vão sob a casa ficou pior durante o período em que estavam casados. Depois que ela começou a reclamar, Gacy espalhou cal no espaço subterrâneo, e uma vez, quando ela estava fora, também despejou concreto — segundo ele, para conter o cheiro, que era pior no banheiro e no corredor. A mulher queria chamar um exterminador de pragas, mas Gacy dizia que o problema era a umidade. Nos últimos meses que viveram juntos, a casa estava infestada de moscas e percevejos, até no inverno. Por fim, ela suspeitou que havia ratos mortos no vão e pediu a Gacy para olhar. Ele prometeu colocar ratoeiras. Cathy ficou assombrada com a falta de lógica.

• • •

Na conclusão de nossa investigação, conversamos com várias outras vítimas de Gacy que escaparam da morte.

David Edgecombe trabalhou para Gacy por vários meses antes de se demitir para fazer uma viagem. Certa noite, já bem tarde, ouviu alguém bater na janela de seu quarto na casa da mãe, em Park Ridge. Era Gacy, propondo que fossem "farrear". Edgecombe levou junto seu husky siberiano, Ivan, para se garantir no caso de o ex-patrão estar irritado por ele ter deixado o emprego.

Gacy levou Edgecombe à sede distrital do Partido Democrata, onde ofereceu a ele 25 dólares para beber meio litro de rum. Gacy não bebeu nada. Quando o rapaz se deu conta, estava algemado no barracão anexo à garagem, na casa de Gacy. O empreiteiro estava sentado em sua barriga, e o estrangulava enquanto dizia: "Seu filho da puta, te dei trabalho e você me abandona!". Edgecombe gritou, e Ivan pôs-se a latir furiosamente, arranhando a porta. Gacy saiu de cima do jovem e ofereceu levá-lo para casa.

Anthony Antonucci, de dezesseis anos, obteve o consentimento dos pais para aceitar um emprego oferecido por Gacy. O empreiteiro já tinha feito uma obra no apartamento da família, e os Antonucci o conheciam da igreja que frequentavam. Anthony tinha começado havia pouco no trabalho quando Gacy o levou à sede distrital do partido, ofereceu-lhe uísque e propôs sexo oral. Antonucci achou que o patrão estava brincando e recusou. Gacy se atracou com o garoto, que acabou por pegar uma cadeira e arremessá-la em sua direção. O empreiteiro parou com as investidas e levou o empregado para a Summerdale, dizendo que teriam trabalho logo cedo. Cathy e as crianças estavam fora, visitando um parente. Antonucci passou a noite no sofá, e nada mais foi dito.

Cerca de um mês depois, os pais de Antonucci saíram de férias. Tinham pedido a Gacy que ficasse de olho no filho. O empreiteiro foi ao apartamento por volta da meia-noite e disse ao garoto que tinha ido a uma festa ali perto e vinha ver como ele estava. Como que por acaso, trazia uma garrafa de vinho, um projetor e uns filmes pornográficos.

Os dois acabaram entrando em confronto corporal, e Gacy conseguiu algemar Antonucci com os braços para trás. Não reparou que uma das algemas estava folgada. Colocou o rapaz de costas, tirou as calças dele, e então se levantou e foi para a cozinha. Enquanto isso, Antonucci livrou o punho direito e ficou no chão esperando.

Quando Gacy voltou, Antonucci — que era da equipe de luta-livre da escola — conseguiu derrubá-lo e o imobilizou pressionando o joelho contra seu pescoço. Em seguida, prendeu a algema solta em um dos punhos de Gacy, achou a chave e, depois de se soltar, algemou o outro punho do empreiteiro.

De bruços no chão, Gacy se mostrou impressionado com a destreza do rapaz. "Você é o único que conseguiu se soltar dessas algemas e colocar elas em mim", afirmou. Antonucci deixou o patrão se acalmar por uns dez minutos, depois o soltou e o mandou embora.

Vários outros jovens nos contaram sobre as experiências que tiveram com Gacy. Em um caso, Gacy ameaçou matar o garoto se não se sujeitasse ao sexo anal; em outro, persuadiu a vítima a inalar clorofórmio antes de atacá-la. Quem sabe quantas histórias de terror restam por contar? Pelas suas próprias contas, Gacy tivera centenas de experiências sexuais, e a maioria das que chegaram ao conhecimento da polícia não foram nem um pouco consensuais. No mês de agosto que antecedeu sua prisão, depois de oito anos de promiscuidade indiscriminada, Gacy sofreu uma pequena dose — pelo menos patogênica — de vingança: descobriu que estava com sífilis.

No final de 1978, Gacy parecia saber que o fim estava próximo. Já tinha sugerido diversas vezes à família que provavelmente morreria de forma violenta antes de completar quarenta anos, mas vinha falando em outras premonições. Depois de visitar a mãe em novembro, disse à irmã mais velha que era provável que a sra. Gacy não viesse mais do Arkansas para passar os verões com ele em Norwood Park. Falou também que, se algo lhe acontecesse, queria que o genro assumisse seu negócio.

No mesmo mês, retornando de um funeral em Springfield, Gacy comentou com a irmã ao se aproximarem do rio Des Plaines que "se você caísse dessa ponte, poderia aparecer em qualquer lugar mais pra baixo do rio". Algumas semanas depois, em 13 de dezembro de 1978, John Gacy jogou o corpo de sua 33ª vítima daquele mesmo tramo da ponte. Então, como ele parecia ter antevisto, tudo começou a desmoronar.

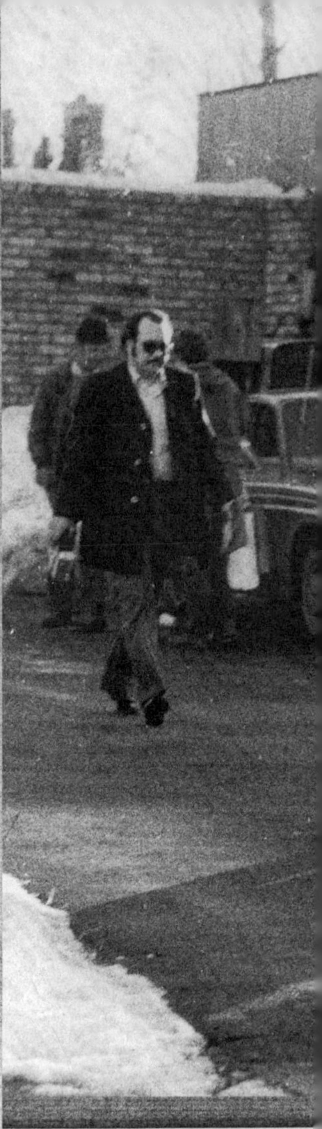

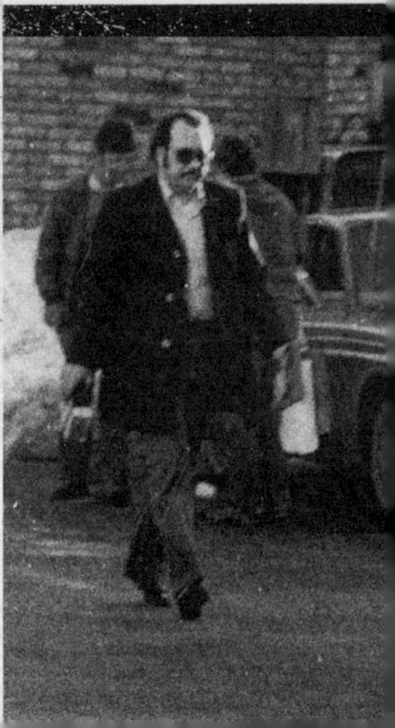

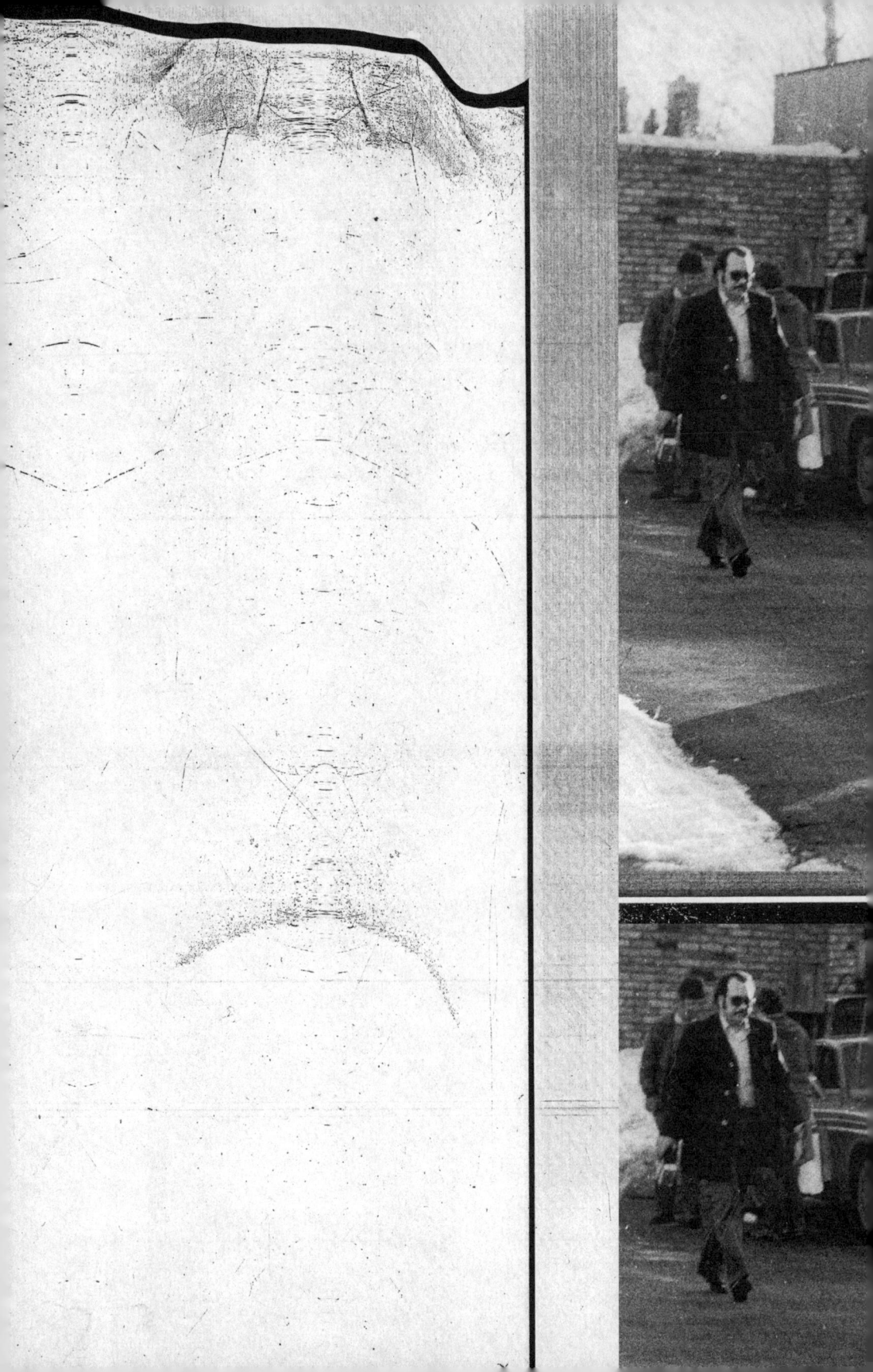

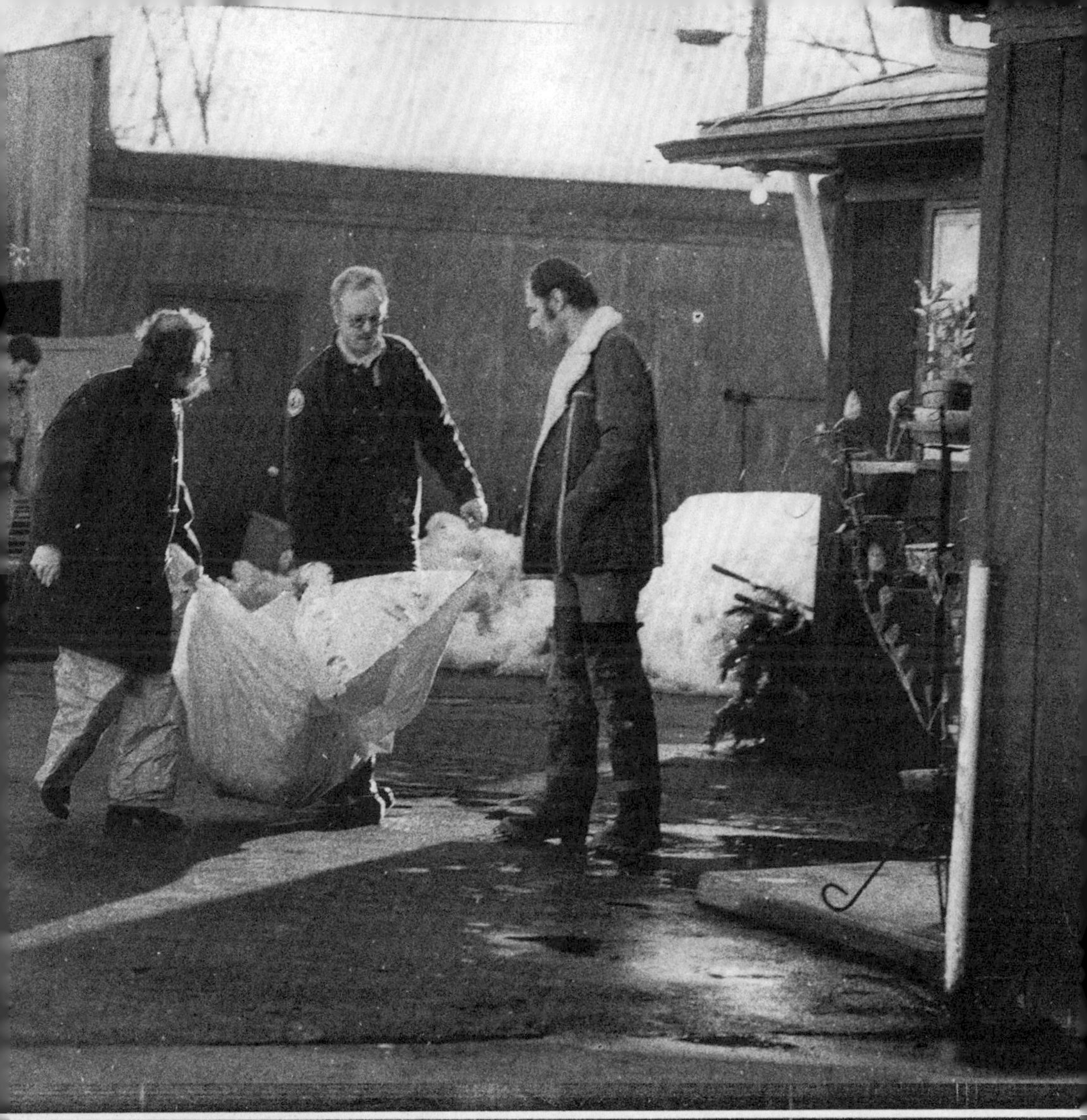

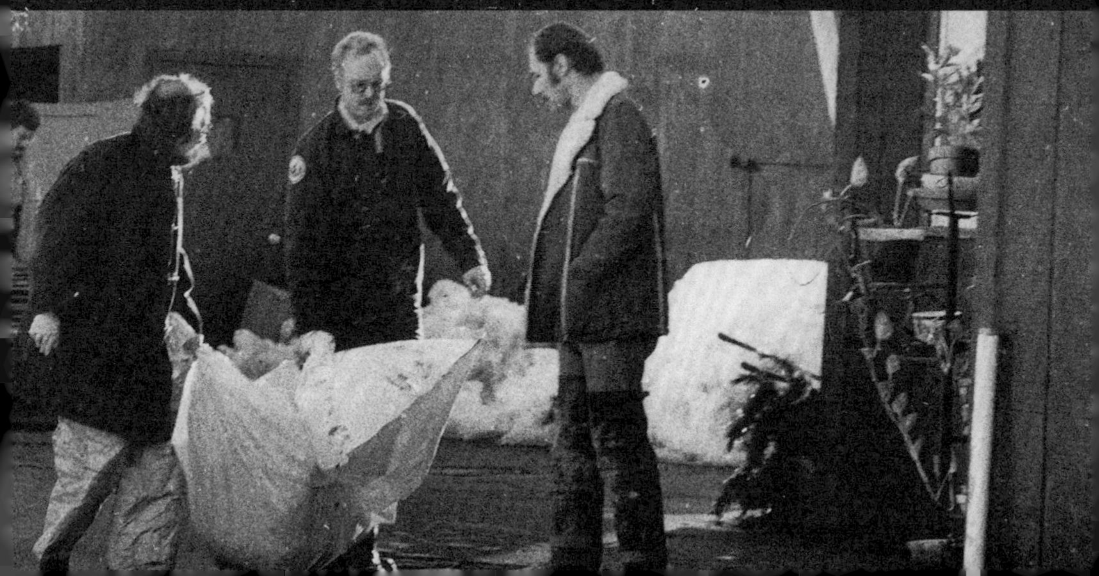

JULGAMENTO
PARTE II

KILLER CLOWN
RETRATO DE UM ASSASSINO
**TERRY SULLIVAN
PETER MAIKEN**

PREPARAÇÃO

Desde o início sabíamos que a defesa de Gacy poderia alegar insanidade. Pela lei de Illinois, o veredito de insanidade equivale a uma absolvição. Como se presume que o réu não tem consciência da ilicitude e é incapaz de conduta diversa, ele não é considerado responsável por seus atos e, por essa razão, não pode ser punido. Em vez disso, passa à tutela do sistema de saúde mental do estado, e quem assume sua custódia determina quanto tempo ficará isolado da sociedade. Nada garante que ficará encarcerado por muito tempo; pode ser que seja liberado após cumprir uma pena breve. Era o que buscávamos evitar no caso de John Gacy.

A promotoria contava com Bill Kunkle, que tinha ampla experiência com alegações de insanidade. Especialista em química e biologia, também tinha cursado o preparatório de medicina e estava bem familiarizado com a terminologia e a literatura da psiquiatria.

Kunkle sempre tenta, como eu, fazer contato com a família e os amigos do acusado antes que a defesa tente trazê-los para a "equipe" deles. Segundo o promotor, "parente nenhum vai querer sugerir que o réu era louco sem que um advogado mostre as vantagens desse posicionamento". Por isso, prefere deixar a defesa dar o primeiro passo e pedir a perícia psiquiátrica. Por outro lado, de seu ponto de vista, se a promotoria solicita o exame, "o júri pode achar que temos dúvidas quanto à sanidade mental do acusado". A primeira perícia médica de Gacy, claro, foi feita a pedido da defesa e por ordem judicial.

Como diz Kunkle, há três posturas básicas na psiquiatria forense. A primeira é: "É tudo bobagem; desconsidere"; a segunda: "Pode ter alguma serventia, mas os fatos são mais importantes"; e a terceira: "É muito importante". Com Gacy, o promotor auxiliar escolheu um meio-termo entre a segunda e a terceira. Quando os peritos na área se contradizem ou sua fala escapa à compreensão do júri, Kunkle busca uma brecha para desconstruir a tese da insanidade e fazer com que o júri desconsidere tudo o que ouviu.

"A maioria das alegações de insanidade não se sustenta", garante Kunkle. "Podem até demonstrar a existência de um problema mental, mas desmoronam diante da pergunta: 'Será que esse problema impossibilita o réu de agir conforme a lei ou de compreender a natureza criminosa de suas ações?'" Que Gacy não tinha nada de normal, nós sabíamos. Mesmo assim, depois que o dr. Reifman analisou os laudos do dr. Rappaport e dos demais especialistas da defesa a pedido de Kunkle, ficamos convencidos de que a tese da insanidade poderia ser desmontada.

Requisitamos uma varredura no passado de Gacy e reunimos dados consideráveis para respaldar nosso argumento de que ele era mentalmente são. No fim das contas, nossa arma mais eficaz seriam os fatos: mostraríamos que Gacy tinha cavado sepulturas com antecedência, dado telefonemas enquanto matava Rob Piest, desenhado um diagrama preciso do vão sob a casa, e assim por diante. Não havia dúvida de que eram atos de um homem capaz de premeditação e que, sob pressão, agia em benefício próprio e se recordava dos detalhes de suas atividades criminosas. Enquanto Bill se dedicava à abordagem das questões psiquiátricas, Bob Egan se concentrava nas provas materiais e eu na investigação policial. Precisávamos trabalhar de forma bem entrosada para construir argumentos fáticos que nos permitissem derrubar a tese da insanidade. Como a lei nos permite antecipar essa defesa, instruí nossos investigadores a levantar o histórico de Gacy com relação ao consumo de álcool e drogas. Se mostrássemos que a reação habitual dele a essas substâncias era passar mal ou desmaiar, a tentativa da defesa de retratá-lo como um violento refém de uma psicose induzida pelas drogas seria neutralizada.

Em casos criminais, geralmente coletamos sangue, cabelo e amostras da caligrafia do réu para fins de identificação. Em crimes de estupro, a polícia costuma colher amostras de pelos pubianos. Em todos os inquéritos, certos materiais são colhidos para serem usados como "prova negativa" na hipótese de que a defesa tente demostrar que as amostras não coincidem e que a polícia foi negligente na investigação. Naquele caso concreto, queríamos solucionar o mistério do registro forjado vinculado ao carro de Szyc. (Nossos peritos em caligrafia, no entanto, nunca conseguiram determinar se a letra na assinatura era ou não de Gacy.) Apesar da objeção da defesa, obtivemos uma ordem judicial que autorizou os investigadores a colher as amostras corporais de Gacy.

Em 16 de março de 1979, o sargento Des Re Maux, Charles Pearson, Joe Hein e Greg Bedoe foram ao quarto de Gacy no Cermak Hospital para colher o material. Depois de registrar as objeções de Motta e seu cliente quanto ao mandado, Des Re Maux arrancou fios de cabelo do empreiteiro, e um técnico em biomedicina extraiu vários frascos de seu sangue. Des Re Maux, no entanto, acatou o pedido de Gacy para retirar os próprios pelos pubianos em particular, e incumbiu Pearson de acompanhá-lo ao banheiro.

"Des Re Maux, dá um pulo aqui", chamou Pearson momentos depois. O sargento parou junto à porta e viu que a região pubiana de Gacy estava depilada.

"Desculpa, pessoal", disse o empreiteiro, timidamente. "Peguei chato. Lamento, mas vocês vão ter que voltar depois que crescer."

Mais tarde, Genty teria prazer em arrancar ele mesmo os pelos pubianos de Gacy. Naquele dia, porém, os policiais levaram o que puderam e depois voltaram correndo para a Summerdale para cuidar de assuntos mais prementes. Momentos antes, Des Re Maux tinha recebido um telefonema do sargento Marinelli. Tinham acabado de encontrar o corpo nº 29.

Em 23 de abril, um júri de acusação do condado de Cook denunciou Gacy por outros 26 assassinatos, elevando o total para 33. Dois dias depois, o réu compareceu sob escolta pesada à sala de audiência ao lado dos advogados e negou as acusações. Gacy estava de barba cheia e tinha perdido uns bons quilos depois de um jejum quaresmal autoimposto. Duas ou três semanas antes, fora levado às pressas ao Cook County Hospital após vinte dias ingerindo apenas líquidos, queixando-se de dores no estômago e no peito. O diagnóstico foi hipoglicemia, baixo teor de açúcar no sangue.

Anunciamos que estávamos prontos para o julgamento das imputações relacionadas a Piest, mas o objetivo da nossa manifestação era sobretudo ganhar exposição favorável na mídia e mostrar que estávamos progredindo. No entanto, o procedimento também teve o efeito prático de fazer a defesa pensar duas vezes antes de exigir julgamento imediato e acionar automaticamente o dispositivo de "julgamento rápido" de Illinois, que, àquela altura, nos daria menos de 120 dias para o início do julgamento. Claro que nem de longe estávamos prontos, mas sabíamos que os advogados de Gacy também não estavam, e o juiz ainda precisava decidir se o acusado estava apto para ir a julgamento.

Em julho, a defesa requereu a consolidação de todas denúncias, o que nos obrigaria a julgar todos os casos de uma só vez. (Anteriormente, ambas as partes concordaram em transferir o caso Rignall de outra vara criminal de Chicago para o fórum central). Nenhuma das partes, claro, desejava que o processo principal fosse prejudicado por depoimentos saídos de outras ações. Agora, no entanto, éramos empurrados para uma posição desfavorável, ainda que não necessariamente quiséssemos que todos os casos de assassinato fossem julgados em separado.

A defesa, claro, estava contando com o argumento da insanidade: estávamos diante de um dos maiores múltiplos homicidas de todos os tempos, e todo mundo dizia: "Deve ser doido". O grande número de vítimas tendia a corroborar essa percepção, e julgamentos separados na certa teriam diluído a defesa de Gacy. Por outro lado, se julgássemos os casos de forma individual e perdêssemos o primeiro, teríamos outras 32 chances. Consolidá-los tornava a empreitada intimidadora e arriscada; afinal, era tudo ou nada.

Pela lei de Illinois, se a promotoria tem conhecimento de outras acusações criminais decorrentes de atividades ocorridas mais ou menos na mesma época — se todas fazem parte da mesma "linha de conduta" —, elas devem ser julgadas em conjunto. Os assassinatos de Gacy, no entanto, não se encaixavam nessa descrição; todos, a não ser a famigerada "dobradinha", se deram em momentos diferentes. Assim, embora não tivéssemos a real intenção de julgar os casos em separado — o que levaria anos —, também não queríamos entrar no jogo da defesa. Portanto, nos opusemos ao pedido. Em agosto, o juiz Garippo decidiu a favor da defesa, dizendo: "Vamos nos preparar para o julgamento". Para evitar que a temporada de festas de fim de ano interferisse no cronograma, ele esperava concluir tudo antes do Dia de Ação de Graças, no final de novembro.

• • •

Foi apenas nessa fase de preparação para o julgamento que enfim fui transferido para a "casa" da promotoria, no complexo penal do condado, onde os crimes em Chicago eram julgados tradicionalmente. Embora fizesse anos que eu não trabalhava ali em tempo integral, julgava essencial estar na sede durante os preparativos. A princípio, a chefia não quis me transferir, alegando que não sabiam quando o caso iria a julgamento. Portanto, nos primeiros meses, permaneci no meu posto de supervisor distrital no noroeste de Chicago.

Enquanto isso, ouvíamos incessantes rumores sobre o interesse do procurador-geral Bernard Carey no caso. Eleito pelo Partido Republicano, Carey cumpria seu segundo mandato e aspirava se reeleger para um terceiro nas eleições de novembro de 1980. A percepção geral era a de que, se levasse a júri e ganhasse um caso daquela magnitude, sua vitória nas urnas era praticamente garantida. Por outro lado, se perdesse, os eleitores com certeza o expulsariam do cargo. A principal desvantagem de Carey como potencial promotor-chefe era sua inexperiência: desde sua posse ele não pisava em tribunal.

Contudo, em setembro, Carey anunciou à imprensa que se encarregaria pessoalmente da acusação. Segundo disse, sentia que um caso tão importante requeria sua atenção e que, como principal procurador do condado, era seu dever assumir o comando. Alguns de nós achávamos que ele nunca quis de fato fazer tal declaração, que um comentário extraoficial acabou sendo exagerado pela imprensa e depois disso não havia como voltar atrás.

Embora ele tivesse prometido manter intacta a equipe de acusação, sua iminente chegada não aliviava nosso fardo. Não tínhamos outra escolha a não ser seguir em frente. Com ou sem Carey, precisávamos preparar as testemunhas e montar nossa estratégia dentro do tempo previsto. No final de novembro, o procurador-geral ainda não tinha dado as caras, e o julgamento, outra vez adiado, seria dali a poucas semanas.

Embora nunca tenha comunicado de maneira formal sua retirada, na segunda semana de dezembro Carey anunciou que era bem improvável que levasse o caso pessoalmente ao tribunal. Enquanto isso, Garippo adiou o julgamento para depois das festas de final de ano, e tudo indicava que ainda estaria em andamento na época da prévia eleitoral, em 18 de março. O adiamento, motivado por um pedido da defesa, que queria uma mudança de local, serviu como nova justificativa para Carey se afastar do caso: ele ficaria muito tempo longe de seus deveres no condado de Cook. No fim, Carey nunca chegou a tomar a frente da acusação, embora tenha feito aparições simbólicas, tanto na abertura como no encerramento do processo judicial. Em novembro de 1980, perdeu a eleição para Richard M. Daley, filho do falecido prefeito de Chicago.

...

Ambas as partes, bem como o juiz, questionavam se Gacy poderia ter um julgamento justo em Chicago, mas o deslocamento do processo acarretaria muitos problemas. O juiz Garippo queria manter o processo na jurisdição de origem, e nós não gostávamos nada da logística monstruosa — transportar documentos, provas, pessoal da polícia e testemunhas — que uma mudança de local implicaria. Por outro lado, a composição do júri seria bem diferente em uma cidade mais ao sul, e talvez mais favorável à acusação; sabíamos que estaríamos bem mais confortáveis numa cidade menor, onde poderíamos encontrar um bom júri de cidadãos norte-americanos tementes a Deus e da classe trabalhadora. A questão central era a publicidade anterior ao julgamento. Garippo tinha prolongado a ordem judicial de sigilo, e a ameaça de intimações por desacato amordaçava quem pudesse afundar o navio vazando mais informações à imprensa. Contudo, o caso tinha extensa cobertura em Chicago, e a identificação de cada corpo gerava uma enxurrada de matérias de destaque, do tipo que Garippo considerava prejudicial. Mas o caso era tão notório que, assim como no julgamento de Charles Manson na Califórnia, era difícil que houvesse algum lugar onde fosse possível escolher um júri que não tivesse sido exposto à farta cobertura sobre o réu na imprensa.

No final de outubro, a defesa requereu uma pesquisa de possíveis locais onde abrigar o julgamento em Illinois, analisando a cobertura noticiosa nessas áreas. O juiz indeferiu o requerimento e, em contrapartida, propôs dar à defesa o privilégio de recusas ilimitadas de jurados. A decisão nos deixou apavorados; o outro lado poderia eliminar candidatos até chegar a uma combinação de figuras pouco ortodoxas que favorecesse Gacy.

Uma das principais preocupações da Garippo era o grande custo que a transferência de local teria para os contribuintes. Mesmo sendo um caso importante, o magistrado estava determinado a manter as despesas em um nível razoável. Com recusas ilimitadas, porém, a defesa poderia prolongar a seleção do júri por meses, e os custos aumentariam ainda que o julgamento fosse mantido em Chicago. Portanto, Garippo tinha um abacaxi nas mãos. Não faltavam boas razões para ficar na cidade, mas ele ainda precisava dar à defesa todas as garantias de um julgamento justo.

Várias semanas se passaram e, vendo que mesmo seu cronograma revisto ia por água abaixo, em 20 de novembro Garippo deu à defesa um prazo de dez dias para formular o pedido de mudança de local. No último dia, a defesa requereu o desaforamento do processo e uma análise de publicidade. Era praticamente certo que o julgamento não começaria em 7 de janeiro de 1980, conforme reprogramado.

No início de dezembro, Garippo, Amirante e eu visitamos uma empresa de pesquisa de mercado em Chicago. Pouco depois, um tanto a contragosto, o juiz acatou o pedido da defesa para fazer um estudo sobre a cobertura jornalística em várias cidades do sul do estado por meio da compilação de recortes de jornais. O próprio magistrado faria uma sondagem da situação em Chicago. A audiência sobre a mudança de local ficou marcada para 7 de janeiro.

Garippo esperava que nos opuséssemos ao desaforamento do processo, mas decidimos que, apesar das dificuldades que enfrentaríamos, a mudança seria vantajosa para nós. No fim, chegamos a um meio-termo, sugerido de forma independente por mim e um dos colegas do juiz: ir para o sul selecionar um júri, depois isolá-lo em Chicago para o julgamento em si. Essa solução respeitava o pedido da defesa ao mesmo tempo que simplificava bastante nosso fardo logístico. Também dava à defesa um júri supostamente não contaminado pela ampla publicidade anterior ao julgamento na região de Chicago. E ainda eliminava a brecha para a defesa argumentar que o réu — dada a recusa de mudança de foro — não teve um julgamento justo.

A pesquisa de mídia revelou que havia cobertura noticiosa considerável em cidades do sul do estado, se bem que muito menor que em Chicago. A defesa teria preferido selecionar o júri em um lugar como Champaign-Urbana, que abrigava um campus da Universidade de Illinois, onde poderiam mobilizar liberais universitários. (Promotores tentam evitar jurados de postura permissiva, bem como estudantes ou profissionais da área de saúde, educação etc., com receio de que fossem vistos pelos colegas jurados como especialistas.) Nós ainda queríamos um grupo majoritariamente de classe trabalhadora. Nem todos os candidatos, entretanto, encaravam de bom grado a oportunidade de participar daquele importante processo.

Articulistas da imprensa de Peoria repeliram a ideia: seus cidadãos já tinham servido de jurados no julgamento de Richard Speck, um andarilho de Chicago condenado pelo assassinato de oito estudantes de enfermagem em 1966.

Optou-se por Rockford, que, apesar da relativa proximidade, a 144 km de Chicago, na opinião de Garippo era a cidade com menos cobertura sobre o caso. Estávamos satisfeitos. Rockford, a segunda maior cidade de Illinois, é um centro industrial e comercial com uma considerável população de ascendência sueca, com valores do tipo que buscávamos.

Nas semanas imediatamente anteriores ao julgamento, intensificamos nosso trabalho preparatório. Nossa lista de possíveis testemunhas já tinha chegado à casa das centenas, mas visávamos convocar menos de cem. Nós as preparamos bem para garantir o máximo de conforto no tribunal. Bill Kunkle, Bob Egan e eu tínhamos cada um nossas próprias testemunhas e, depois que as preparamos para a inquirição direta — em que respondem às nossas perguntas —, um de nós as submetia a um contrainterrogatório imaginário, antecipando os questionamentos da defesa.

Para provar que houve assassinato, a acusação deve primeiro demonstrar que a vítima estava viva até o momento do crime. Para esse fim, planejávamos apresentar o depoimento de familiares e amigos dos jovens identificados. Essas testemunhas foram as mais difíceis de preparar, e nos arrependemos de arrolar algumas delas. Ainda sofriam imensamente com a perda e, quando pedíamos que narrassem os últimos momentos da vida do ente querido, quase sempre se debulhavam em lágrimas. Algumas relutavam em testemunhar, mas depois acabavam concordando, para que a justiça fosse feita. Muitas temiam se defrontar com John Gacy. Algumas tinham coisas a dizer, como uma última homenagem ao jovem morto. Sentiam que essa era a única maneira de refutar as calúnias de Gacy de que estava descartando lixo humano, e portanto formulávamos nossas perguntas de forma a deixar espaço para se manifestarem. Levávamos as testemunhas para uma sala de audiências vazia para que tivessem uma noção de como seria no dia do julgamento, e mostrávamos as provas que apresentaríamos, como fotos das vítimas, por exemplo. Nós as preparávamos o melhor que podíamos até o ponto em que, em nossa percepção, fossem capazes de contar a história como deveriam.

•••

Quando as equipes de reportagem de Chicago invadiram Rockford para cobrir a seleção do júri, observadores locais encararam a ocasião como a expressão clara do abismo de diferença que havia entre Chicago e o sul do estado. Depois que tudo acabou, um colunista de Rockford nos sugeriu que levássemos nossos crimes, nossas escolas ruins e nossos Gacys embora conosco — e para nunca mais voltar.

A seleção do júri começou, sob forte esquema de segurança, no dia 28 de janeiro de 1980, uma segunda-feira, no Fórum do Condado de Winnebago, no centro de Rockford. Gacy aparecia em público pela primeira vez em meses, e muitos dos que o tinham visto apenas na foto do registro policial ficaram surpresos com sua aparência: era um típico homem de negócios, vestido com terno de tweed cinza claro, camisa branca e mocassins pretos. O terno de três peças era um dos quatro que os advogados tinham comprado para seus comparecimentos ao tribunal.

Durante a sessão, Gacy sorria e, por vezes, gargalhava nos momentos de descontração do interrogatório do júri. (Um jurado foi prontamente dispensado quando, antes mesmo de dizer seu nome, disparou: "Culpado!".) Era corriqueiro ver Gacy fazendo anotações, examinando documentos legais e confabulando com os advogados. Em outros momentos, o empreiteiro se virava na cadeira e ficava encarando espectadores e membros da imprensa, observando-os enquanto escreviam nos blocos de notas e o desenhavam. Ao fim dos trabalhos em Rockford, Gacy já se sentia à vontade para acenar para os repórteres.

A despeito das previsões pessimistas de que a seleção do júri levaria um mês ou mais, o juiz Garippo afirmava com convicção que teria um júri dentro de uma semana. E tinha razão: a seleção levou quatro dias. Em Rockford, não precisou interrogar potenciais jurados tão a fundo como seria obrigado a fazer em Chicago, onde a cobertura noticiosa era muito mais extensa e onde era muito maior a possibilidade de haver alguma ligação, ainda que remota, entre um jurado e uma das vítimas de Gacy.

Garippo interrogou os candidatos sobre questões como família, trabalho, religião etc., e depois fez perguntas incisivas sobre suas opiniões acerca de homossexualidade, loucura, pena de morte, além de quais consideravam ser suas obrigações perante a lei. Quem se admitia incapaz de cumprir seu papel de forma imparcial ou de suportar o inconveniente de ficar isolado por oito ou dez semanas era dispensado. Cada parte tinha direito a vinte recusas, que podiam ser usadas para dispensar quaisquer candidatos que considerassem inadequados. A defesa usou quinze, e nós, treze. As sessões eram bastante monótonas — já na quinta-feira Gacy estava visivelmente entediado —, mas eram conduzidas com a costumeira eficiência de Garippo. No final do quarto dia, todos os doze jurados e quatro suplentes estavam escolhidos e empossados. Eram sete homens e cinco mulheres, todos brancos e todos de classe operária, com idades entre 21 e 71 anos.

• • •

As declarações de abertura foram ouvidas em 6 de fevereiro, uma quarta-feira. O cenário era o edifício cinzento de pedra calcária do Fórum Central de Chicago, que se elevava com imponência em meio ao complexo penal do condado, entre as ruas 26th e California. Os corredores de mármore estavam lotados de câmeras e curiosos que faziam fila para obter a permissão para assistir à sessão. Bancos extras tinham sido trazidos para a grande sala de teto alto do tribunal, com cinquenta assentos reservados para a imprensa, além de várias fileiras para as famílias e amigos das vítimas.

A bancada do júri tinha sido ampliada para acomodar os doze titulares e os quatro suplentes. Do ponto de vista dos espectadores, os jurados se sentavam à esquerda do juiz, de frente para a mesa ocupada por Gacy e seus advogados, Sam Amirante e Robert Motta. Nossa mesa ficava no centro, de frente para o banco das testemunhas. Atrás da defesa estavam nossas duas maiores peças em exposição, o painel de 1,20 x 2,40 m sobre o qual projetaríamos imagens das vítimas — que ficou conhecido entre nós como a "Galeria do Luto" — e a planta baixa de 1,20 x 3,60 cm que mostrava onde os corpos foram encontrados na propriedade de Gacy.

Quando Garippo deu as boas-vindas e compromissou mais uma vez os jurados, fomos todos tomados por uma grande emoção ao percebermos que, depois de meses de trabalho árduo e cuidadosa preparação, tínhamos enfim chegado ao nosso destino.

KILLER CLOWN
RETRATO DE UM ASSASSINO
TERRY SULLIVAN
PETER MAIKEN

PRIMEIRA SEMANA

Bob Egan fez a declaração de abertura da acusação. "Gostaria que os senhores imaginassem um rapaz de quinze anos de idade", ele começou, "que está no segundo ano do colegial, é ginasta na escola e trabalha à noite em uma farmácia." Narrou a fatídica noite de segunda-feira em que os caminhos de Rob Piest e John Gacy se cruzaram. Falou da conversa entreouvida, a agenda esquecida, o convite para dar um passeio e discutir um possível trabalho, a investida sexual, o choro apavorado de Rob, o truque da corda. "Os senhores sabem como funciona um torniquete?", Egan perguntou ao júri enquanto descrevia a morte de Rob. Em seguida, falou do ocorrido na terça-feira, quando Gacy levou o corpo para o rio Des Plaines "e o atirou de cima da ponte como um saco de lixo. O que nem é a pior parte da história", avisou Egan. "A pior parte é que Rob era o último de outros 33 jovens que tinham toda a vida pela frente, e que John Gacy estrangulou, matou e sepultou."

Para o esclarecimento dos jurados de Rockford, Egan fez uma rápida exposição sobre a área de Chicago, mencionando os nomes que ouviriam nos dias seguintes: Norwood Park Township, Uptown, Bughouse Square, Des Plaines, Park Ridge, Niles, Bensenville. Em seguida, listou cada uma das vítimas, começando com o garoto do terminal de ônibus da Greyhound — "Eu digo 'garoto' porque ele não foi identificado" — e terminando com os outros dez jovens cujos nomes desconhecíamos àquela altura.

Egan narrou os momentos-chave da investigação policial: o comparecimento de Gacy à delegacia de Des Plaines sujo de lama e com quatro horas de atraso, o recibo que Kim Byers colocou no casaco de Rob, o cerco que se fechou em torno de Gacy ("como um rato encurralado pelo gato"), o cheiro familiar que Schultz sentiu na casa do empreiteiro, e a descoberta do "cemitério" particular na segunda busca feita no local. Descreveu as circunstâncias das confissões de Gacy e citou o nome das dez vítimas que ele "lembrava" ter matado. Segundo Egan, a promotoria era capaz de provar que John Gacy havia assassinado 33 garotos porque suas ações foram refletidas, racionais e premeditadas.

Egan lembrou ao júri que os psiquiatras que seriam chamados a depor eram apenas testemunhas. "Cabe aos senhores acreditar neles ou não. Podem avaliar o depoimento deles à luz dos depoimentos de todas as outras testemunhas. Em outras palavras, podem usar o bom senso." Egan pediu aos jurados que usassem o bom senso durante todo o julgamento, "e eu acredito que vão chegar à conclusão de que [Gacy] não é nada mais que um homem perverso".

A fala de Egan deixou pasmos os jurados e os espectadores, que ouviam pela primeira vez detalhes sobre os assassinatos cometidos por Gacy. Quanto ao réu, já não buscava chamar a atenção para si como fizera em Rockford; tinha virado a cadeira na direção da mesa do juiz e ouvia solenemente Egan resumir nossas alegações contra ele. O silêncio no tribunal era quebrado apenas pelos soluços da sra. Lola Woods, mãe de William Kindred, uma das vítimas. O juiz Garippo avisou aos jurados que não discutissem o caso e suspendeu a sessão, que retomou de tarde.

• • •

Robert Motta abriu para a defesa. "A morte de cada homem nos diminui; sentimos uma perda", ele falou. "Mas não há vingança, cólera ou compaixão que possa trazer esses jovens de volta. Eles se foram para sempre." Motta pediu aos jurados que tomassem uma decisão "sem compaixão e sem nenhum sentimento ou desejo de vingança".

"Tentem se imaginar vivendo naquela casa com 29 cadáveres", sugeriu Motta. "Seria premeditação, ou seria obsessão, compulsão [...], atitudes de um indivíduo profundamente doente?" Motta retratou seu cliente como alguém irracional, um homem que agia por impulso, de forma involuntária, vítima de doença mental crônica e grave. "As provas mostrarão que John Gacy é um doente mental sob qualquer ponto de vista [...], que ele não conseguia controlar seus atos", disse o advogado, e prometeu que os psiquiatras arrolados pela defesa demonstrariam que Gacy era "louco o tempo todo", exceto quando conseguia controlar o comportamento desviante enchendo obsessivamente sua agenda de compromissos e trabalhando até tarde.

Motta se voltou então para nossa lista de peritos médicos e as inclinações que esperava deles. Caracterizou um como uma testemunha paga, outro como "mecânico da promotoria". A escolha que o júri tinha diante de si, afirmou Motta, era simples: ou John Gacy é perverso, ou é louco.

"A alegação de insanidade", continuou, "tem sido encarada como uma fuga, um último recurso. Mas ela é válida e é a única defesa que poderíamos usar, porque é nela que está a verdade. [...] Se [John Gacy] é normal, nosso conceito de normalidade está totalmente distorcido."

A rigor, declarações de abertura não são provas, e sim alegações iniciais dos advogados em que cada parte expõe o que espera provar. É preciso ter cuidado com o que é dito: se uma parte não prova no devido tempo o que prometeu, seja porque não é capaz ou porque foi forçada a mudar de estratégia no decurso do julgamento, a outra parte tentará derrubá-la nas alegações finais, fazendo com que fique mal vista pelo júri.

Após as declarações de abertura, cada lado tem a oportunidade de apresentar as provas que amparam sua tese central. A promotoria se manifesta primeiro porque tem o ônus de provar sem possibilidade de dúvida razoável que o acusado cometeu os crimes em questão. A defesa pode inquirir cada testemunha da acusação e tentar achar pontas soltas nos depoimentos ou, se possível, desacreditá-las.

Depois que a promotoria acaba de apresentar as provas, a defesa pode pedir um veredito "direcionado", no qual o juiz absolve o réu porque a acusação não exibiu provas suficientes para sustentar uma condenação.

Mesmo que o juiz não profira um veredito absolutório, a defesa não tem obrigação de contra-argumentar. Como o ônus da prova não cabe ao réu, a defesa pode optar por não apresentar provas nem dar nenhuma resposta, visando o interesse do cliente. A questão da insanidade só pode ser levantada pela defesa e, se for essa a estratégia escolhida, passa a guiar a apresentação dos argumentos. Em um julgamento extenso, os jurados tendem a se lembrar com maior nitidez do que foi falado por último, por isso a promotoria evita jogar todas as cartas logo no início — assumindo, claro, o grande risco de não ter a oportunidade de mostrar todo o material de que dispõe se nenhuma defesa for apresentada. Essa estratégia pode ser traiçoeira.

Se a defesa convoca peritos médicos para sustentar a tese da insanidade, a acusação deve estar preparada para medir forças com cada um dos profissionais, ciente desde a fase obrigatória de exibição de provas — que antecede o julgamento — de quantos foram arrolados e serão chamados a depor. A tréplica da acusação é a oportunidade para isso, mas deve se restringir a refutar a tese apresentada pela defesa — não é permitido explorar novas áreas. A defesa pode, claro, apresentar testemunhas para contradizer os depoimentos prestados durante a tréplica da acusação. Como não há limite de réplicas, a promotoria costuma tentar esgotar o suprimento de testemunhas da defesa e guardar uma ou duas cartas na manga para o final.

Por último, a argumentação final dá aos advogados de ambos os lados a oportunidade de interpretar o que a parte contrária apresentou e apontar falhas em sua tese. São os jurados que decidem se os fatos relatados pelas testemunhas corroboram os argumentos dos advogados. A acusação tem a última palavra porque lhe cabe o ônus de provar a verdade das imputações sem possibilidade de dúvida razoável.

Após a declaração de abertura de Motta, que durou cerca de uma hora, Garippo encerrou a sessão, de longe a mais curta de todo o julgamento, e que marcava o fim da fase preliminar.

● ● ●

John Butkovich, desaparecido em julho de 1975, foi o primeiro entre as vítimas identificadas de Gacy. Queríamos apresentar nossas testemunhas para comprovação de vida na ordem do desaparecimento, por isso o pai de John, Marko, foi o primeiro a depor quando o julgamento foi retomado, em 7 de fevereiro.

"Quando você viu seu filho pela última vez, ele estava vivo e bem?", perguntou Kunkle.

"Estava", respondeu o sr. Butkovich.

"Depois que ele saiu pela porta de casa, o senhor voltou a vê-lo?"

"Não."

"Sem mais perguntas, meritíssimo", disse Kunkle, concluindo a inquirição direta.

Após as reperguntas, mostramos a foto de John Butkovich ao júri e a colocamos dentro de um dos nichos do nosso enorme painel, acompanhada, mais abaixo, de uma etiqueta com o nome do garoto. No mesmo instante, Amirante pediu uma conferência à parte entre os advogados de ambos os lados e o juiz, longe dos ouvidos dos jurados. Junto à mesa do magistrado, reclamou que colocar fotos de todas as 22 vítimas identificadas a plena vista do júri seria uma provocação desnecessária.

"Fizemos pedido para consolidar", Kunkle avisou ao juiz Garippo, referindo-se ao fato de que agora havia um único julgamento para todas as 33 imputações de assassinato. "Temos 22 vítimas identificadas e não queremos que se tornem apenas números", acrescentou. Contudo, Garippo acatou a objeção e determinou que cada foto deveria ser exibida apenas durante o depoimento a ela relacionada.

Nossa testemunha seguinte foi Delores Vance, cujo filho Darryl Samson, de dezoito anos, desapareceu em abril de 1976. Perguntei à sra. Vance o que fizera depois do sumiço de Darryl, e ela respondeu com palavras que se tornariam quase uma cantilena em meio à procissão de testemunhas: ligou para a polícia, que registrou o desaparecimento e sugeriu que Darryl "devia ter fugido de casa".

Bessie Stapleton testemunhou sobre o desaparecimento de seu filho Samuel Todd, de quatorze anos, em 1976. Tinha visto o menino pela última vez saindo para ir à casa da irmã. A sra. Stapleton foi tomada pela dor quando Egan pediu que examinasse uma correntinha de pulso. Ela afirmou que era do filho, e então, estremecendo, gritou: "Por quê, meu Deus?!", e desmaiou. Foi socorrida e saiu amparada por funcionários do tribunal.

Randall Reffett, de quinze anos, havia desaparecido no mesmo dia que Todd, e estávamos certos de que Gacy se referia a esses dois jovens quando mencionou sua "dobradinha". Conforme disse ao júri, Myrtle Reffett viu o filho pela última vez na tarde de 14 de maio.

James Varga, o promotor auxiliar que tinha feito pesquisa jurídica e nos ajudado a preparar as provas, interrogou Shirley Stein, mãe de Michael Bonnin, de dezessete anos. A sra. Stein tinha visto o filho pela última vez em 3 de junho de 1976, quando ele saiu de casa com um amigo para fazer um bico de pintura. Não teve mais nenhuma notícia dele até a polícia do condado ligar no dia 30 de dezembro de 1978 informando que a licença de pesca de Michael fora encontrada na casa de Gacy. No contrainterrogatório, Amirante manteve a linha de arguição e perguntou a cor do cabelo de Bonnin (loiro com toque de ruivo). Presumimos que a defesa tentava demonstrar que Gacy visava compulsivamente garotos com características físicas específicas.

Interrogada por mim, Esther Johnston falou da tarde em que levou Rick de carro ao Aragon Ballroom. Depois de seu testemunho, chamamos de volta Bessie Stapleton, que a essa altura já tinha recuperado a compostura. Amirante, por sua vez, fez questionamentos à sra. Stapleton sobre os relatos de que o filho dela tinha sido visto várias vezes nos meses subsequentes ao desaparecimento. Essas perguntas pareceram acrescentar pouco e podem ter até ofendido o júri.

Quando a sessão foi retomada, à tarde, chamamos as duas Eugenia Godzik — mãe e filha — para o banco das testemunhas, bem como a namorada de Greg, Judy Patterson. Judy testemunhou que ela e outras duas meninas em determinado momento foram à casa de Gacy para saber se ele tinha alguma notícia de Greg. O empreiteiro se mostrou solícito, mas insistiu que o garoto tinha fugido.

"Ele me pediu meu endereço e telefone", contou Judy, "dizendo que tinha contatos na máfia e que eles iam dar uma investigada do jeito deles. Ele falou: 'Se tiver alguma dúvida, me liga', me deu o cartão dele de empreiteiro, e eu fui embora."

Após o testemunho de Judy Patterson, procurei apresentar como provas diversos pertences de John Szyc recolhidos na casa de Gacy. Garippo admitiu o anel de formatura, mas não o televisor e o rádio, porque foram apreendidos durante a segunda busca, quando o único objeto especificado no mandado era o corpo ou restos de Rob Piest. Embora os aparelhos não fossem por si mesmos provas de que um crime havia sido cometido, eu não concordava com a decisão do juiz. Por outro lado, isso não prejudicava muito nossa estratégia.

A procissão de testemunhas continuou. Violeta Carroll viu o filho de dezesseis anos pela última vez em 13 de junho de 1976, pouco antes da meia-noite. William disse que voltaria em uma hora, porém nunca mais apareceu. Foi a quinta vítima de Gacy em menos de um mês.

Rosemary Szyc relatou como encontrou o apartamento do filho John vazio e com pertences faltando. Confirmou que o anel era dele.

Bob Egan chamou Roger Sahs para testemunhar sobre o desaparecimento de seu amigo, Jon Prestidge, de vinte anos, que tinha vindo de Kalamazoo pensando em fazer faculdade em Chicago e estava hospedado em sua casa. Os dois haviam se conhecido em um bar meses antes. Sahs declarou ter visto Prestidge pela última vez na noite de 15 de março de 1977, após sair de um restaurante a dois quarteirões da Bughouse Square. Sahs afirmou ter recomendado ao amigo que não fosse à praça.

Amirante tentou desacreditar Sahs como testemunha. Quis induzi-lo a admitir que tinha levado Prestidge à Bughouse Square para oferecer sexo a gays em troca de dinheiro. Sahs admitiu que colocara a foto de Prestidge numa revista gay, anunciando-o como desaparecido, mas negou as alegações de prostituição. A defesa tentava claramente mostrar que uma das vítimas de Gacy fez por onde, mas Sahs se portou como um cavalheiro, e acredito que a tentativa de Amirante de desabonar o testemunho saiu pela culatra.

Foi um dia de muita dor. Após falarem, as testemunhas foram autorizadas a permanecer e assistir ao restante da sessão. Unidas na tristeza, consolavam umas às outras e acudiam as mais desesperadas. Até o final do julgamento, algumas se tornariam amigas íntimas. A maioria delas, necessitadas de apoio, tinha trazido familiares; uma trouxe o padre da igreja. Depois que Bessie Stapleton desfaleceu, Harold Piest exigiu que um paramédico ficasse de prontidão com uma ambulância durante o depoimento da esposa, pois temia que ela também não aguentasse. Providenciamos para que uma equipe de resgate do Corpo de Bombeiros estivesse à disposição no dia seguinte.

Ao longo de todo o dia, durante os depoimentos, Gacy se manteve quieto, com o olhar impassível. Depois que cada testemunha identificava a foto de uma vítima, um de nós a pegava e mostrava aos jurados. Apesar do impedimento de afixar mais de uma foto por vez, um efeito visual interessante se formava no painel. Dez plaquetas com os nomes das vítimas já estavam montadas no expositor, cada uma sob uma moldura vazia. A defesa tinha conseguido manter as fotografias de fora, mas não havia se dado conta ainda do efeito não intencional gerado por sua ausência: os retângulos vazios acima dos nomes lembravam dez pequenos caixões.

...

O júri ouviu depoimentos sobre as últimas doze vítimas identificadas na sexta-feira, 8 de fevereiro. Marie Todorich viu pela última vez seu filho Matthew Bowman, de dezenove anos, depois de deixá-lo numa estação de trem no dia 5 de julho de 1977. Segundo testemunhou Thomas Gilroy, seu sobrinho Robert, de 21 anos, saiu de casa — a apenas quatro quarteirões da casa de Gacy — no dia 15 de setembro de 1977 para ir a uma aula de equitação numa região mais afastada da cidade. Robert, o filho desaparecido de um sargento da polícia de Chicago, apesar das buscas tanto oficiais como independentes empreendidas pelo pai, nunca mais foi visto pela família.

Delores Neider vivia sua segunda tragédia. Em novembro de 1972, sua filha Judith, de 21 anos, tinha sido morta a facadas no próprio apartamento em Chicago; o assassino nunca foi encontrado. Agora, testemunhava sobre o desaparecimento de seu filho John Mowery, de dezenove anos, ex-fuzileiro naval, a quem tinha visto pela última vez em 25 de setembro de 1977. John foi visitar a mãe, pegou um guarda-chuva emprestado e saiu na noite chuvosa. Nunca mais voltou.

Norma Nelson, de Cloquet, Minnesota, falou pela última vez com o filho Russell, de vinte anos, em 17 de outubro de 1977, quando ele telefonou para lhe desejar feliz aniversário. Russell, que tinha ido a Chicago estudar arquitetura, planejava se casar.

Joyce Winch, de Kalamazoo, Michigan, nunca mais viu seu filho Robert, de dezesseis anos, depois que ele saiu com um amigo em 10 de novembro de 1977.

Depois de uma pausa para o almoço antecipada, os depoimentos foram retomados com Albenia Boling, que tinha visto pela última vez o filho Tommy, que tinha vinte anos e era casado, em 18 de novembro de 1977. De tardinha, o rapaz ligou para ela de um bar, onde estava assistindo a *Bonnie e Clyde* na TV; nem a mãe nem a esposa souberam mais dele.

Pearl Talsma contou que seu filho David, de dezenove anos, outro fuzileiro naval, saiu para ir a um show de rock em 9 de dezembro de 1977; foi a última vez que ela o viu.

Nossa terceira testemunha da tarde foi trazida em uma cadeira de rodas. Tinha sofrido um acidente de carro dias antes e saído do leito do hospital apenas para depor. Amirante sugeriu encurtar o depoimento para poupá-la, mas a jovem, Mary Jo Paulus, estava disposta a continuar. Eu queria que o júri ouvisse seu relato inteiro, por isso ignorei a oferta de Amirante.

A srta. Paulus, que estivera noiva de William Kindred, uma das vítimas, confirmou que um medalhão encontrado entre os pertences de Gacy era o mesmo que tinha dado a Kindred. Fiquei apreensivo quando ela teve certa dificuldade em identificar Gacy, até que por fim apontou para ele. Quando lhe mostrei a foto de Billy Kindred, foi às lágrimas. Eu não tinha mais perguntas, e a deixei sentada no banco para ser interrogada pela defesa. Talvez devesse ter demonstrado mais sensibilidade, mas queria que sua aflição impactasse o júri. O juiz determinou uma pausa.

No contrainterrogatório, achei que Motta foi rude demais com a testemunha, ao indagar sobre as causas do acidente e se ela estava usando medicação. Em dado momento, ela interrompeu o depoimento e exclamou: "Por favor, gostaria que o sr. Gacy parasse de me encarar!".

Francisco Landingin declarou que tinha visto pela última vez o filho Frank, de dezenove anos, em 4 de novembro de 1978, e Alberto Mazzara falou do último feriado de Ação de Graças que o filho James, de vinte anos, passou com a família. Donita Ganzon testemunhou sobre a terceira vítima encontrada no rio, Timothy O'Rourke. A defesa a questionou — na nossa opinião, com excessiva dureza — sobre sua redesignação sexual.

Elizabeth Piest falou dos acontecimentos da noite de 11 de dezembro de 1978, que no fim acabariam levando Gacy a ser descoberto e preso. A dor pela perda do filho se evidenciava em cada uma de suas palavras, que saíam lentas e pesadas de sua boca. Em vários momentos, sua voz se embargava, e ela soluçou quando lhe pedi para identificar o casaco de Rob. A defesa foi prudente e se absteve de interrogá-la.

Esses dois primeiros dias de depoimentos foram uma experiência difícil para todos os envolvidos. Tínhamos reunido e colocado no banco das testemunhas pessoas que tinham visto, ainda vivas, 22 das vítimas de Gacy. Na sexta-feira à tarde, voltamos às nossas mesas e desabamos nas cadeiras, emocionalmente esgotados.

● ● ●

Em uma longa sessão matutina no sábado, definimos as bases do inquérito policial instaurado após o desaparecimento de Rob Piest da farmácia Nisson. Kim Byers, Linda Mertes, e Phil Torf testemunharam sobre os acontecimentos daquela segunda-feira à noite, e nos focamos no relato de Kim confirmando que tinha colocado o recibo das fotos na jaqueta de Rob. Convocamos Torf para depor porque pressentimos que sua presença na drogaria horas depois de a loja fechar poderia ser usada pela defesa para aventar alguma teoria da conspiração, sugerindo que Gacy talvez não tivesse agido sozinho. Ao convocá-lo nós mesmos, mostrávamos que não tínhamos nada a esconder. A defesa submeteu Torf a uma longa inquirição, na qual o comerciante depôs a favor dos hábitos de trabalho de Gacy.

Três policiais de Des Plaines se sentaram no banco das testemunhas. George Konieczny descreveu seu encontro noturno com a família Piest e o relatório que fez sobre o desaparecimento. Ronald Adams começou falando de seu telefonema a Gacy na terça-feira e depois descreveu a primeira busca, a identificação do anel de formatura, a obtenção do livro de registros da Nisson — que listava os envelopes com filmes fotográficos enviados ao laboratório para revelar — e a viagem com Gacy ao Cermak Hospital. Jim Pickell falou sobre a primeira visita da polícia à casa do empreiteiro e as declarações prestadas por ele no dia seguinte, na delegacia. Para criar um efeito dramático, guardei uma das melhores falas de Pickell para a minha inquirição.

O que o sr. Gacy falou, eu indaguei, depois de indicar que estava ocupado demais com o funeral do tio para ir à delegacia?

"Ele perguntou: 'Vocês não têm respeito pelos mortos?'", lembrou Pickell.[1*]

---

1   Meses após o julgamento, em 28 de maio de 1980, Jim Pickell morreu de infarto, aos 41 anos. A esposa e alguns colegas acharam que o estresse gerado pelo caso Gacy havia deteriorado seu estado físico e provocado mudanças em sua personalidade. Os repórteres se referiam a ele como "a última vítima de John Gacy". [Nota do Autor]

KILLER CLOWN
RETRATO DE UM ASSASSINO
**TERRY SULLIVAN
PETER MAIKEN**

SEGUNDA SEMANA

Retomamos na manhã de segunda, 11 de fevereiro, com depoimentos de testemunhas que tiveram contato com Gacy depois que ele atirou o corpo de Rob Piest da ponte. Dennis Johnson, funcionário da Tri-State Tollway, relatou que ele e o parceiro encontraram Gacy atolado numa vala à beira da rodovia na madrugada do dia 13 de dezembro. Robert Kirkpatrick, o motorista do reboque acionado, disse ao júri que, quando chegou, Gacy dormia curvado sobre o volante do carro. Gerald Loconsole, o guarda que estava de plantão na delegacia de Des Plaines entre a noite do dia 12 e a madrugada do dia 13, descreveu a visita de Gacy às 3h20, quando estava com as roupas sujas de lama.

Joseph Kozenczak, que já tinha se tornado capitão, comentou que Gacy parecia diferente de quando o viu pela última vez: perdera muito peso, além de ter raspado o bigode. Kozenczak testemunhou que tinha ido ao meu escritório pedir ajuda e de que forma nossa reunião levou à primeira busca da casa de Gacy. Contou em detalhes como encontrou o recibo das fotos no lixo da cozinha.

Richard Raphael falou de sua relação comercial com o réu e da reunião que Gacy tinha faltado na noite em que Rob Piest desapareceu. Contou que o empreiteiro o procurara na noite da primeira busca e que se mostrou amedrontado e irracional em seguida. "Parecia que o único propósito da vida dele era despistar a polícia", testemunhou Raphael.

Os últimos a depor nesse dia foram dois jovens que tinham sido abordados sexualmente por Gacy. Robert Zimmerman, o empregado do posto Shell, afirmou que em uma ocasião o empreiteiro lhe ofereceu 300 dólares por semana para trabalhar em sua empresa e que já o tinha recebido na casa em Summerdale, onde propôs, antes de um jogo de sinuca, pagar uma quantia em dinheiro ou um boquete para o vencedor. De acordo com Zimmerman, o Gacy oferecia drogas e álcool de graça para jovens no posto de gasolina. Indagado sobre o comportamento do réu nas festas temáticas, nas quais apenas 10% dos convidados tinham a idade de Zimmerman, o depoente pegou Amirante de surpresa.

"Ele passava muito tempo com a gente", contou Zimmerman, "e eu achava estranho ele fumar maconha com a gente. Perguntei se ele não se importava que seus amigos mais velhos soubessem. Ele disse: 'Não, se não gostarem, problema deles'."

Anthony Antonucci relatou como Gacy tentou atacá-lo enquanto seus pais estavam fora, e como tinha conseguido algemar o empreiteiro. No final do dia, Zimmerman comentou com repórteres que ainda se perguntava como não estava entre as vítimas.

• • •

Chris Gray e Dick Walsh eram talvez as duas testemunhas mais prejudiciais para Gacy. Ambos tinham morado com ele e, como estiveram envolvidos em escavações no vão, seus depoimentos seriam de grande importância para nos ajudar a provar que os assassinatos foram premeditados. Sabíamos que a defesa provavelmente tentaria retratar os dois como cúmplices e explorar seus históricos sexuais no intuito de desacreditá-los. Quando explicamos isso a Gray, ele pareceu aterrorizado com a possibilidade de ser criminalmente associado ao ex-chefe e prometeu total cooperação. Assim, usamos seu testemunho da convivência com Gacy como base para pintar o quadro geral.

Walsh era outra história. Como o tinha ameaçado fazer antes mesmo de Gacy ser preso, contratou assessoria jurídica e não conseguimos falar com ele durante a preparação. Seu advogado era Edward V. Hanrahan, o promotor do condado Cook que Carey derrotara em 1972. Uma das primeiras coisas que Hanrahan fez foi solicitar imunidade para o cliente. Como eu o conhecia — já tinha sido seu subordinado

—, fiquei incumbido de lidar com ele. No gabinete, Hanrahan era tido como duro e severo, e eu sempre o tive na mais alta conta. A promotoria foi firmemente contrária a conceder imunidade a Walsh porque, aos olhos dos jurados, isso contamina a testemunha e prejudica a acusação. Hanrahan, no entanto, foi inflexível. Ficamos meses em um cabo de guerra. Por fim, Hanrahan cedeu, acho que em grande parte porque estava disposto a confiar em mim quando prometi que me limitaria às perguntas que já tínhamos discutido entre nós e que protegeríamos Walsh da melhor maneira possível no contrainterrogatório. Embora colocasse o cliente em primeiro lugar, eu sabia que Hanrahan era defensor ferrenho da lei e da ordem, e que, como nós, não queria Gacy solto por aí. Assim, em uma agitada sessão no domingo, 10 de fevereiro, Kunkle preparou Walsh como testemunha na presença de Hanrahan. No entanto, como não sabíamos ao certo como Walsh seria recebido, planejávamos colocar Gray em destaque e recorrer à testemunha para preencher as lacunas. A defesa se opôs a que Gray depusesse, alegando que não puderam interrogá-lo antes do julgamento porque seus investigadores jamais conseguiram localizá-lo. Garippo rejeitou a objeção, porém protelou a sessão o suficiente para que o interrogassem sucintamente. Na manhã de terça-feira, 12 de fevereiro, Gray subiu ao banco das testemunhas.

Gray deu aos jurados uma boa visão sobre o envolvimento do ex-patrão com álcool e drogas. "Você já viu drogas na casa dele?", perguntei.

    R. Vi.
    P. Onde ele as guardava?
    R. Na geladeira, atrás do balcão do bar, atrás das fotografias e em mais dois ou três lugares.
    P. Ele alguma vez as ofereceu ao senhor?
    R. Ofereceu.
    P. Quantas vezes?
    R. Ah, sempre que eu quisesse.
    P. Ele já as ofereceu a outros adolescentes, com o senhor presente?
    R. Sim, mas os funcionários podiam [...] se o serviço tivesse muito arrastado de manhã, ele dava estimulante e bolinha pra gente.

Gacy tinha um suprimento garantido de drogas. "Durante a reforma das farmácias", testemunhou Gray, "tínhamos acesso liberado a tudo."

Quanto aos hábitos de consumo do ex-patrão, Gray logo destruiu a ideia — na qual a defesa teria gostado que o júri acreditasse — de que Gacy se tornou o criminoso que era durante episódios de uso abusivo de álcool e drogas. Gray afirmou que Gacy recorria às drogas "muito de vez em quando". Em vez de ficar descontrolado e raivoso sob a influência do álcool e das drogas, manifestava efeitos opostos. "O mais comum", segundo Gray, "era ele apagar depois de tomar um tranquilizante e umas duas doses de bebida."

    P. Ele ficava inconsciente?
    R. Isso. Pegava no sono bem no meio duma conversa.

Em seguida, direcionei minhas perguntas para o vão sob a casa, que, pelo que sugeria o depoimento de Gray, Gacy visitava com mais frequência do que se supunha.

    P. O sr. Gacy desceu lá com o senhor, correto?
    R. Desceu.
    P. Ele deixava algum sapato no vão?
    R. Deixava. Umas botas de combate pretas, de cano curto.
    P. Onde?
    R. Bem lá embaixo.
    P. Dentro do vão?
    R. Isso.

Gray se posicionou defronte à mesa do juiz e, agachado no centro da sala, demonstrou aos jurados como tinha cavado valas em um espaço livre de apenas 70 centímetros de altura. Os jurados se curvaram nas cadeiras e espiaram por cima da grade da bancada.

Ainda segundo Gray, na manhã em que foi preso, Gacy desandou a chorar, dizendo que tinha confessado trinta assassinatos. "Ele falou que as mortes tinham relação com a máfia, mas jurou de pés juntos que nunca teve nada a ver com o garoto desaparecido."

Quando perguntei a Gray se seu ex-patrão fez alguma menção a Iowa, no intuito de demonstrar que Gacy afirmara que jamais voltaria para a cadeia, ele começou a falar sobre a prisão por sodomia. A defesa protestou e pediu a anulação do julgamento alegando prova ilegítima. O juiz aceitou a objeção, mas não declarou a nulidade do processo porque a questão certamente viria à tona mais tarde, quando os psiquiatras fossem chamados a depor.

Nas reperguntas, Motta martelou no assunto do vão: questionou Gray sobre as escavações que fez no local, seu acesso à casa do empreiteiro e assim por diante. Gray se saiu bem. Quando indagado se teve envolvimento sexual com Gacy, se absteve de responder.

Durante a pausa para o almoço, Kunkle e eu trouxemos para dentro da sala o alçapão do vão, que tinha sido removido da casa de Gacy. A portinhola foi posicionada sobre uma mesa construída segundo nossas especificações para ficar à mesma distância do chão do tribunal que ficava em relação à base do espaço sob o assoalho da residência. Ao retornarem, os jurados fitaram perplexos o alçapão. Walsh assumiu seu lugar no banco das testemunhas, e eu cruzei os dedos.

Primeiro, Kunkle fez perguntas que visavam explicitar a familiaridade de Walsh com o vão. A testemunha não teve dificuldades para identificar o alçapão. Em seguida, indagou especificamente sobre o comportamento de Gacy na época dos assassinatos. Por exemplo, por ocasião do desaparecimento de John Szyc, segundo Walsh, Gacy agia normalmente. Abordamos então a compra do carro para mostrar que Walsh não tinha nada a ver com o sumiço.

Uma hora antes de Gacy ser preso, enquanto atirava as ferramentas do chefe na entrada da casa de Gray, Walsh considerou o empreiteiro meio perturbado. Em suas palavras, Gacy estava "muito nervoso, e estava com os olhos cheios de lágrimas".

P. O que ele disse ao senhor nessa hora?
R. Ele contou pra mim e pro Chris da conversa que teve à noite com os advogados, quando confessou mais de trinta mortes.
P. Ele disse mais alguma coisa?
R. Esse foi o ponto alto da conversa.

Walsh falou em seguida da vala que cavou no vão, onde Gacy supostamente instalaria um cano de drenagem e onde seria encontrado o 13º corpo não identificado. Indicou a localização no mapa.

P. Qual a profundidade da vala que o senhor cavou?
R. Batia entre meu joelho e a cintura.
P. E a largura?
R. Uns trinta centímetros.
P. O senhor chegou a ver algum cano de drenagem novo enquanto cavava?
R. Não.

Walsh se recusou a cavar valas na segunda vez que foi solicitado, mas supervisionou outros funcionários depois que Gacy marcou o local com estacas.

    P. Se alguém desviava da marcação feita pelo réu, como ele reagia?
    R. Ficava bem irritado.

Walsh também tinha notado as botas que Gacy guardava na entrada do vão.

Nas reperguntas, ficou evidente que a defesa queria arrancar o couro de Walsh. Amirante implicou com ele por conta do advogado "caríssimo" que tinha contratado.

    P. Por que o senhor contratou um advogado?
    KUNKLE: Protesto!
    JUIZ: Protesto negado.
    TESTEMUNHA: Porque é meu direito.
    AMIRANTE: Boa resposta.

Walsh negou envolvimento sexual com Gacy e que tivesse forjado a assinatura de John Szyc no pedido de transferência do carro.

Amirante perguntou se Walsh tinha assinado o nome de Szyc no formulário.

    R. Sim, senhor.
    P. Certo. Já teve que responder por falsificação por causa disso?
    R. Não, senhor.
    P. Os promotores tocaram nesse assunto?
    R. Sim, senhor. Eles me perguntaram se eu mesmo assinei o registro.
    P. E o que disse a eles?
    R. Que não tinha assinado.

Na inquirição da promotoria, Kunkle insistiu na questão da transferência do carro. Depois de mostrar a Walsh o certificado de registro, perguntou se o nome de John Szyc aparecia no documento.

    R. Sim.
    P. O senhor assinou esse documento?
    R. Não, senhor.
    P. Quando o sr. Gacy lhe entregou esse documento,
        já estava assinado "John Szyc"?
    R. Sim, senhor.

Em seguida, Kunkle mostrou a Walsh o formulário de registro, no qual ele e Gacy constavam como coproprietários.

P. Na parte inferior, onde diz "novas informações do veículo, de quem foi comprado?", o senhor escreveu um nome?
R. Sim, senhor.
P. Que nome?
R. John A. Szyc.
P. E quem o orientou a escrever o nome do antigo proprietário no pedido de emplacamento?
R. A mulher do — como é que fala? — departamento de inspeção veicular, na Elston Avenue.
P. E ninguém acusou o senhor de falsificação, não é mesmo?
R. Não, senhor.
P. A não ser o sr. Amirante.

Na quarta-feira, os policiais Dave Hachmeister e Bob Schultz testemunharam sobre as atividades de vigilância. Nossa intenção era mostrar como Gacy era calculista e tentava o tempo todo manipular a polícia, ora cantando de galo, ora posando de bom moço. O testemunho de Schultz sobre o cheiro no banheiro ajudou a legitimar nosso segundo mandado de busca. O júri, claro, não tinha ciência de nenhuma das contestações aos mandatos, e a defesa, se quisesse, poderia reabrir a questão. Mas os advogados de Gacy não só não o fizeram, como, depois de ouvirem o relato dos fatos — por vezes bizarros — ocorridos naqueles oito dias de vigilância, optaram por um contrainterrogatório sucinto.

...

Na manhã do dia 14 de fevereiro, uma quinta-feira, chamei Greg Bedoe para testemunhar sobre o inquérito policial. Como tinha trabalhado estreitamente com Greg e repassado o caso com ele muitíssimas vezes, em alguns momentos ele antecipava minhas perguntas. Eu queria deixar registrado nos autos um relato minucioso do trabalho da polícia para evitar que os advogados de Gacy tentassem colocá-lo em dúvida. Garippo, no entanto, acatava as objeções da defesa sempre que achava que eu exagerava nos detalhes. Pedimos permissão para chamar Bedoe para depor de novo depois, e a defesa se absteve de interrogá-lo até esse momento.

Ronald Rohde se revelou uma das testemunhas mais pitorescas do julgamento. O júri se divertia com seus comentários e apreciava sua franqueza. Rohde, que era empreiteiro havia 23 anos, conheceu John Gacy em 1973, quando foi abordado por ele em um canteiro de obras e indagado se estaria interessado em dividir uns trabalhos. Depois de um tempo, os dois se tornaram amigos, e Gacy convidou Rohde e a esposa para uma festa. Ao contar aos jurados sobre a ocasião, Rohde baixou um pouco a bola do antigo anfitrião: "Tinha um bocado de gente lá. Empreiteiros e, ah, sei lá. Ninguém muito importante, não que eu saiba pelo menos", declarou. Gacy fez uma careta.

Ainda de acordo com a testemunha, Gacy confidenciou a ele que tinha enfisema e problemas no coração. "Eu não entendia como alguém nesse ramo [podia ter] problema de coração, e eu já estive com o John em demolições", comentou Rohde.

"Que tipo de trabalho ele fazia em demolições?", perguntou Kunkle.

"Ele era muito ativo. Era muito bom em destruir", garantiu Rohde, acrescentando que tinha dificuldade em entender que tipo de negócios um empreiteiro teria a tratar às 3h da manhã.

Kunkle perguntou o que acontecia quando Gacy ficava bêbado.

R. Ele era como qualquer pessoa normal. Se bebesse demais, vomitava e passava mal, e fim de história. A gente botava ele na cama.
P. Nessas ocasiões, o senhor chegou a notar alterações de personalidade?
R. Não, senhor.

Rohde admitiu ter ficado aborrecido com a vigilância policial, mas Gacy tinha lhe garantido que "ia processar a prefeitura de Des Plaines e tirar a polícia do meu pé. [...] Eles paravam em frente à garagem do meu vizinho, e eu não tava acostumado a viver assim. Quer dizer, não sou nenhum santo, mas nunca tive esse tipo de problema."

Também narrou a visita de Gacy, pouco antes de ser preso: "Ele tava um trapo, como se não tivesse pregado os olhos. A primeira coisa que me pediu foi uma bebida, uísque com gelo." Rohde atendeu ao pedido e o convidou a se sentar com ele na cozinha. Minutos depois, Gacy disse que precisava ir ao cemitério. "Ele falou: 'Eu vim na verdade me despedir de vez dos meus melhores amigos'. Eu perguntei: 'Do que é que você tá falando?' Ele disse: 'Bem, aqueles filhos da puta vão me pegar'. Estava falando dos policiais.

"Ele veio pra perto de mim, colocou a mão no meu ombro, começou a chorar e falou: 'Ron, eu sou uma pessoa ruim'. Eu olhei pra ele. 'Qual é, John, você não é tão ruim assim'. Ele disse: 'Eu matei umas trinta pessoas'. Fiquei nem noção do que dizer. Olhei pra ele e falei: 'John, as únicas pessoas ruins que eu conheço são o Jesse James e o Billy the Kid, e os dois já morreram'. Ele tava chorando." Rohde perguntou sobre as vítimas, e Gacy respondeu que era gente ruim — homens negros — e que estavam espalhadas por aí.

"Eu disse: 'Tá bom, John, para de onda com a minha cara'. Achava que conhecia muito bem esse homem. Era como se seu melhor amigo te desse um tiro bem no meio da testa. Dá pra ver que ele tá dizendo a verdade, mas você não sabe o que fazer."

Gacy pegou o casaco para sair, continuou Rohde, e um rosário caiu no chão. Ele se abaixou para pegar. "Eu falei: 'Caralho, desde quando você é religioso assim?'" Kunkle perguntou a Rohde se sabia se Gacy frequentava a igreja. "De jeito nenhum", respondeu.

Quando Gacy se dirigia à porta, Rohde o agarrou pelos ombros e o sacudiu. "'John', eu falei, 'fala a verdade pelo menos uma vez na vida. Você conhece o garoto que desapareceu?' Ele disse: 'Ron, eu juro, se ele entrasse por essa porta, eu não reconheceria ele'." Já na porta, enquanto Rohde insistia com ele para voltar para dentro e conversar, Gacy se virou para o amigo e pediu uma arma.

"Eu falei: 'John, nem fodendo que vou te dar uma arma. Você quer uma arma pra quê?' Ele disse: 'Já que vou entrar pelo cano, vou levar alguns desses filhos da puta comigo'. Eu falei: 'Meu amigo, você pode até entrar pelo cano, mas não vai usar nenhuma arma minha'."

Rohde contou sobre o telefonema inesperado de Gacy seis meses depois de preso. "Ele me pegou meio desprevenido", relatou Rohde. "Eu falei: 'Que regalia é essa, John? Como te deixam usar o telefone?' Ele disse: 'Ah, aqui eu sou celebridade'. Depois que falaram besteira e riram um pouco, Rohde foi direto ao ponto.

"Eu falei: 'John, me explica um negócio. Como os corpos foram parar embaixo da casa?' Rolou um silêncio, aí ele disse: 'Vai ter muita surpresa — um monte de gente tem as chaves da minha casa'. Eu disse: 'Ã-hã, seu filho duma rapariga, eu é que não tenho!'." Os jurados deram gargalhadas.

Kunkle perguntou se nessa conversa Gacy comentou alguma coisa sobre o processo. Segundo Rohde, o empreiteiro disse que tinha uns médicos ao seu lado e garantiu que em um ano estaria livre — podia apostar nisso.

No contrainterrogatório da defesa, Amirante perscrutou os sentimentos de Rohde. "Você está profundamente magoado e irritado com esse homem, não?"

R. Eu não tenho a mesma mágoa que alguns nessa sala têm. Minha mágoa é bem diferente.
P. Mas é uma mágoa?
R. Não é uma mágoa.
P. Uma raiva?
R. John manipula os outros pra conseguir o que quer.
P. E isso é...
R. E ele só me disse o que queria que eu soubesse.

Amirante perguntou a Rohde se ele não estava surpreso e chocado.
"Eu acreditei no John", ele disse, "até o primeiro corpo aparecer embaixo da casa."

• • •

É essencial para a acusação demonstrar que a cadeia de provas se manteve intacta. Escolhemos Daniel Genty como nossa principal testemunha pericial por sua extensa participação na remoção dos corpos da Summerdale, desde a noite em que foram descobertos até a conclusão da operação.

Egan interrogou Genty sobre sua primeira descida ao vão, na noite do segundo mandado de busca. O perito se ajoelhou no centro do tribunal e demonstrou como cavou no espaço apertado e se arrastou de bruços por baixo da viga central que sustentava a casa. Falou da descoberta dos restos mortais sob as poças turvas e dos vermezinhos vermelhos. Era a primeira "excursão" dos jurados pelo local, e eles ouviam o relato extasiados.

Chamamos Hachmeister outra vez para testificar que tinha notificado Gacy, após buscá-lo no hospital, de que estava sendo preso sob a acusação de assassinato. Em seguida, indagamos Mike Albrecht sobre as declarações que o réu fizera à polícia naquela noite. Nosso objetivo era mostrar que Gacy não só sempre teve consciência de seus atos, como até planejava a própria defesa. Quando Albrecht mencionou a declaração do réu de que havia quatro Johns com diferentes personalidades, Kunkle perguntou se Gacy fora ao escritório dos advogados na noite anterior. Albrecht disse que sim.

Amirante pediu uma conferência à parte. Furioso, acusou Kunkle de um ataque direto a sua integridade ao insinuar que os advogados podiam ter colocado o subterfúgio da personalidade dividida na cabeça de Gacy, e exigiu a anulação do julgamento. Garippo respondeu que não tinha interpretado as coisas dessa forma, mas advertiu Kunkle de que não toleraria tal insinuação em nossas considerações finais. Era uma advertência pertinente, porque quem estava sendo julgado, afinal de contas, era o réu, e não seus defensores. Apesar disso, tínhamos todo o direito de explicitar o calculismo de Gacy nos dias que antecederam sua prisão.

Albrecht testemunhou sobre diversas declarações de Gacy aos policiais: "Dave, eu quero esclarecer as coisas, tá tudo acabado" — para mostrar que admitia ter cometido crimes e sabia estar encurralado; "Não vou passar nem um dia na prisão por causa disso" — para mostrar que já planejava sua defesa; a narrativa detalhada da morte de Rob Piest — para mostrar que sabia exatamente o que estava fazendo; o uso do nome Jack Hanley — para mostrar que tinha planejado o crime com antecedência.

Quando Albrecht concluiu seu depoimento e o júri foi dispensado até o dia seguinte, Amirante ainda estava possesso com a suposta má conduta da promotoria e insistiu com o juiz para que anulasse o julgamento. "Por treze meses e meio", argumentou Amirante, exaltado, "eu fiz de tudo para conter meu cliente. Ele já quis se levantar de repente no meio da audiência; já quis falar dos promotores. Eu não deixo porque entendo que o que ele diz é mentira, e não vou deixar ele atacar a integridade de outro advogado neste tribunal."

Garippo tentou acalmar Amirante, prometendo que daria um jeito nas coisas pela manhã. "Vou pensar no chuveiro", disse o magistrado.

Na sexta-feira, chamamos Greg Bedoe para reportar o que Gacy dissera aos policiais na madrugada após retornar do hospital. A intenção aqui era, de um lado, revelar ao júri as confissões espontâneas de do réu e, de outro, deixar claro que seus direitos não foram violados no processo. O testemunho de Phil Bettiker começou com a viagem à ponte e continuou com o retorno à Summerdale, onde Gacy demarcou o local na garagem onde enterrara o corpo de John Butkovich.

Kunkle queria incluir nas provas testemunhais a demonstração do "truque da corda" que Gacy fizera com o rosário em Larry Finder na prisão de Des Plaines. Larry ainda estava ressabiado quanto ao simbolismo sagrado do rosário e, durante a preparação para o julgamento, eu o deixei ainda mais preocupado ao afirmar que ele não poderia comprar um rosário porque não era católico.

Depois que Larry descreveu a demonstração de Gacy, Kunkle lhe pediu que se juntasse a ele em frente à bancada do júri. Sob o olhar atento dos jurados, e a pedido de Kunkle, Finder tirou um rosário do bolso. Garippo desceu da bancada para ver melhor.

"Vamos supor que meu pulso e minha mão são os seus entre as grades da prisão de Des Plaines quando John Gacy ia demonstrar o truque da corda", propôs Kunkle.

Finder enrolou o rosário no punho de Kunkle e começou a dar nós, exatamente como Gacy tinha feito. "Primeiro nó", ele disse. "Segundo nó... espaço entre o segundo e terceiro nó." Finder enfiou uma caneta entre os dois nós exteriores. "E torce."

Kunkle ergueu o punho para os jurados verem.

Depois, pediu a Finder que descrevesse o diagrama que Gacy desenhara, mostrava onde tinha enterrado os corpos no vão. O réu interrompeu a sessão.

"Vossa Excelência", disse Gacy, "eu não fiz esse desenho."

Kunkle prosseguiu com o interrogatório. Quando terminou, o juiz dispensou o júri e pediu a Gacy que se aproximasse.

"Sr. Gacy", avisou Garippo, "no decurso deste julgamento, não é apropriado que ninguém simplesmente se levante e comece a falar. Se quiser uma oportunidade para depor, o senhor terá, e poderá apresentar qualquer prova que deseje, mas não pode ficar se levantando, ainda mais diante do júri, para fazer declarações como aquela. O senhor compreende?"

Gacy respondeu que sim. Em seguida, Rafael Tovar concluiu os depoimentos do dia ao relatar a descoberta e a identificação do anel de formatura de John Szyc e a viagem com Gacy à prisão de Cook.

• • •

Dan Genty voltou para o banco no sábado de manhã e respondeu com detalhes meticulosos às perguntas de Bob Egan sobre a remoção dos corpos. Reconstituiu, inteiramente de memória, a exumação de cada corpo, do nº 1 no vão sob a casa e do nº 2 na garagem até o nº 29, encontrado entre as vigas da sala de jantar pouco antes de a construção ser demolida. Até das medidas ele se lembrava com impressionante precisão.

> R. O corpo nº 9 estava de bruços com a cabeça virada na direção sul. Estava a 2,15 m da parede leste, 3,9 m da

parede norte. A única roupa encontrada em seu corpo foi o elástico das cuecas e um par de meias escuras.
P. E a que profundidade estava da superfície?
R. Era muito difícil determinar. Medimos a partir do topo da laje de cimento, e ele estava trinta centímetros abaixo dela (gesticulando).
P. Qual era espessura aproximada da laje?
R. Dez centímetros.

Nas reperguntas, Motta tentou obter de Genty uma estimativa de quanto tempo os restos mortais estavam no vão.

R. Eu diria que entre seis meses e alguns anos.
P. Quantos anos?
R. Cinco a dez.
P. Então é de seis meses a dez anos. Esse é seu melhor palpite?
R. É concebível.

Quando a defesa não consegue contestar de forma satisfatória os fatos apresentados, quase sempre procura falhas na investigação policial para deixar o júri indeciso. Pressentindo essa intenção, Egan indagou Genty sobre os diversos fatores que interferem na decomposição de um corpo.

"Uma temperatura baixa tende a retardar a decomposição", declarou o depoente. "A imersão em água também, assim como o soterramento, por impedir que o oxigênio chegue ao corpo. Por exemplo, um corpo encontrado ao ar livre, no verão, depois de ter ficado exposto ao calor e aos insetos, pode se decompor completamente em duas semanas. Por outro lado, em um ambiente protegido, o mesmo corpo pode continuar praticamente intacto por seis meses, pelo menos na aparência. Ou seja, são muitas variáveis. O mais importante é o ambiente onde o corpo se encontra."

"Então seria correto dizer que é quase impossível determinar com precisão de dias, horas e minutos quando alguém morreu?", questionou Egan.

"Com certeza", respondeu Genty. "Essa é uma das mentiras que mais vemos na TV. Alguém chega e diz que a pessoa morreu entre 3h e 3h15. Não tem como. Não tem um relógio na pessoa. Daria no máximo para fazer uma estimativa de quantas horas se passaram desde a morte. Mas, neste caso, quem vai saber?"

Bill Kunkle interrogou o sargento Ernest Marinelli sobre outros aspectos da operação na Summerdale, e, em seguida, o juiz Garippo dispensou os jurados para seu segundo fim de semana abreviado.

KILLER CLOWN
RETRATO DE UM ASSASSINO
TERRY SULLIVAN
PETER MAIKEN

TERCEIRA SEMANA

Na segunda-feira, 18 de fevereiro, faltando poucos dias para finalizarmos nossa apresentação, chegamos ao ponto em que as partes deveriam decidir se concordavam que os restos mortais das vítimas de Gacy tinham sido corretamente identificados. Se a defesa decidisse discordar nesse ponto, como Amirante tinha ameaçado fazer no final da preparação para o julgamento, não teríamos outra escolha a não ser trazer os restos mortais para o tribunal a fim de comprovar a integridade da cadeia de provas. Essa possibilidade pode ter influenciado na decisão dos advogados.

Jim Varga leu o acordo com os pontos incontestes: que os corpos 1 a 29 foram removidos do nº 8213 da Summerdale e levados para o Departamento Médico Legal do condado; que as mandíbulas, dentes e raios X dos restos mortais estavam corretamente numerados, que as radiografias *ante mortem* pertenciam de fato às pessoas identificadas, e assim por diante. Em seguida, chamamos o dr. Robert Stein.

Estávamos preocupados com a abordagem da defesa quanto a algumas declarações feitas por Stein à imprensa durante a fase inicial da operação de remoção dos corpos. O próprio médico legista estava preocupado. Era possível que a defesa tentasse desacreditá-lo, mas precisávamos de seu depoimento e tínhamos que nos arriscar, torcendo para que isso não acontecesse. Assim, Kunkle manteve a inquirição enxuta. Perito forense experiente, Stein respondia de forma curta e direta. Começou explicando ao júri a diferença entre causa e modo da morte.

"A causa da morte", disse Stein, "é o agente iniciador que causa a morte do indivíduo. Pode ser um produto químico. Pode ser físico. Pode ser biológico." Para o modo da morte, segundo seu depoimento, há cinco possibilidades: homicídio, suicídio, acidente, causas naturais ou indeterminado.

Stein testemunhou que, logo que entrou na casa de Gacy, sentiu o mesmo odor do necrotério onde trabalhava. Descreveu a descida ao vão com Genty, as descobertas iniciais e o trabalho posterior de identificação.

Kunkle perguntou ao legista sobre a pulseira de Samuel Todd. Nesse momento, a mãe do jovem, Bessie Stapleton, foi às lágrimas, e Motta pediu uma conferência à parte com o juiz. Garippo dispensou o júri e avisou aos espectadores que haveria muitos momentos de descrições mórbidas e pediu aos mais suscetíveis que deixassem o tribunal para não influenciar os jurados. Amirante disse ter visto pelo menos quatro membros do júri olhando na direção da sra. Stapleton enquanto ela chorava.

O magistrado anunciou um breve intervalo, após o qual Amirante se opôs à presença de familiares durante o testemunho de Stein e solicitou que todos fossem retirados do tribunal. Garippo prometeu que tomaria todas as medidas que se fizessem necessárias no decurso da sessão.

Retomando seu depoimento, Stein opinou que a causa da morte das seis vítimas encontradas com cordas em volta do pescoço foi asfixia por estrangulamento. Quanto aos treze corpos encontrados com fibras de tecido na garganta, Stein atribuiu a causa da morte a asfixia por sufocamento. No caso dos outros dez corpos examinados pelo seu departamento, declarou Stein, a causa da morte não pôde ser determinada. Quanto ao modo da morte de Rob Piest e das dezoito vítimas identificadas do vão sob a casa, Stein declarou que, em sua opinião, todos foram assassinados. Citando o nome de cada uma das vítimas, Kunkle perguntou a Stein se tinha emitido atestado de óbito para todas elas. "Sim", respondeu Stein com firmeza.

No contrainterrogatório, Amirante explorou o testemunho do médico sobre a causa da morte, com o propósito claro de fazer com que os jurados se questionassem se poderia ser determinada com real certeza. Por fim, levantou a questão da asfixia autoerótica.

P. O senhor já se deparou com ligaduras em casos de suicídio acidental, ou seja, quando alguém coloca uma corda no pescoço em um ato sexual e torce o nó da forma como o senhor demonstrou, fazendo um torniquete, e acaba se suicidando sem querer durante o orgasmo?

Stein disse que, entre milhares de casos de sufocamento, seu departamento atribuía entre quinze e vinte mortes por ano a casos dessa natureza. Às vezes, a pessoa não libera a pressão a tempo, perde a consciência e morre. Segundo o médico, isso acontecia durante a masturbação.

Furioso com a defesa por ter sugerido que algumas das vítimas de Gacy pudessem ter morrido dessa forma, Kunkle indagou a Stein nas reperguntas se já tinha visto nós como os usados por Gacy em algum dos casos de asfixia autoerótica investigados pelo seu departamento.

R. Não.
P. Se alguém usa uma ligadura ou um pedaço de corda para estrangular um indivíduo até deixá-lo inconsciente, sem matá-lo, e depois o mata enfiando um chumaço de pano ou papel em sua boca, seria menos homicídio do que se tivesse consumado o intento na primeira vez?
R. É homicídio.
P. Se alguém usa um artefato como este (indicando uma corda) em um menino de quinze anos, enche a garganta dele de papel, atira-o ainda vivo em um rio, e ele se afoga, deixaria de ser homicídio?
R. Não, não deixaria.
P. Se alguém usa um artefato como este em um adolescente ou jovem, estrangula-o até deixá-lo inconsciente e depois o enterra no porão e ele morre asfixiado em sua própria cova, deixaria de ser homicídio?
R. É homicídio.
KUNKLE: Sem mais perguntas.

Os jurados acompanharam Stein com os olhos enquanto ele se retirava.

• • •

À tarde, o dr. Edward Pavlik, que tinha sido nomeado odontologista-chefe do condado de Cook, sentou no banco das testemunhas e descreveu os métodos usados nas identificações. Para o depoimento de Pavlik, preparamos dois projetores de slides do tipo carrossel, um com radiografias *ante mortem* obtidas com os dentistas das vítimas, e outro com as chapas *post mortem*. Ao mesmo tempo em que Egan projetava as transparências na tela, o dr. Pavlik mostrava aos jurados as comparações feitas por sua equipe e explicava as diferenças nos ângulos de câmera a partir dos quais as radiografias foram tiradas. Apontou para alguns dos elementos específicos de identificação, depois comparou as imagens nos slides, mostrando como cada vítima fora identificada.

O dr. John Fitzpatrick testemunhou sobre a identificação que tinha feito a partir das radiografias dos restos mortais. No contrainterrogatório, Motta tentou levar Fitzpatrick a admitir que a identificação radiológica não era 100% confiável. "Na verdade", propôs o advogado, "sua ciência é mais de probabilidade que de precisão."

"Não", respondeu Fitzpatrick. "Existem certos referenciais nesses indivíduos que tornam nossa análise conclusiva. Eu apostaria minha casa nisso."

Nossa última testemunha do dia, Daniel Callahan, o guarda de comporta da barragem-eclusa de Dresden Island, no rio Illinois, testemunhou sobre o resgate dos corpos da primeira e da última vítima tiradas da água, Timothy O'Rourke e Robert Piest.

...

Na terça-feira, chamamos seis testemunhas para depor sobre os trabalhos de recuperação e identificação das quatro vítimas encontradas no rio. Larry Finder retornou na quarta-feira e falou dos planos de Gacy de finalmente livrar a casa do mau cheiro: "Ele disse que ia preencher o vão com concreto".

Naquela quarta, como era comum acontecer, vi Gacy no corredor que dava para a área de detenção. Alguém tinha me dado um charuto no dia anterior e, como eu não fumo e sabia que o réu fumava, dei para ele.

"Era um bom charuto, Terry", disse Gacy.

"Que bom que gostou", respondi.

Mas, segundo ele, tinha ficado intrigado com uma coisa. E o que foi?, perguntei.

"Fiquei surpreso de na embalagem não estar escrito 'É menino!'"[1]*

---

[1] Gacy faz referência a uma tradição não muito difundida no Brasil de fumar charutos para celebrar chegada de um bebê. Muitas marcas ainda vendem charutos com tais frases comemorativas nas embalagens e na caixa. [NT]

O testemunho de Larry na quarta foi o último que apresentamos nessa etapa do processo. Assim, no meio da terceira semana do julgamento, após mais de cinquenta depoimentos e muito mais cedo do que tínhamos previsto, concluímos nossa apresentação.

Na fase de produção antecipada de provas, soubemos que os advogados de Gacy postulariam a "alternativa" permitida pela legislação de Illinois, de acordo com a qual argumentariam que a promotoria não podia provar a culpabilidade do cliente, e que, mesmo que pudesse, ele era inimputável por doença mental.

Garippo anunciou que o tribunal seria esvaziado para que os jurados examinassem as provas. Depois, os jurados seriam dispensados até o dia seguinte, quando o magistrado julgaria o requerimento da defesa para extinguir a ação e absolver o réu por falta de provas.

Antes de dispensar os advogados, Garippo nos disse que previa problemas de insuficiência de provas para corroborar as acusações de violência sexual que citavam Rob Piest como vítima. A despeito das declarações contraditórias de Gacy, seriam necessárias evidências suficientes, advertiu.

Esse aviso nos deixou um tanto perplexos. Não sabíamos o que o juiz queria ou o que faria. Embora a lei preveja que as declarações de um réu em uma confissão não são por si sós provas suficientes para condenação, não especifica o que mais é necessário. A condenação pelo caso Piest seria a nossa melhor chance de conseguir a pena de morte. Contudo, não dispúnhamos de nenhuma outra prova para corroborar aquelas acusações, e pouco podíamos fazer além de esperar a decisão de Garippo, que até o momento de seu pronunciamento seria mantida em segredo. Nesse meio-tempo, incumbimos Jim Varga de estudar mais a legislação sobre o tema.

No dia seguinte seria a vez da defesa, e nós — em especial Greg Bedoe e Joe Hein — teríamos um respiro na rotina extenuante e muitas vezes frenética de arrolar testemunhas e prepará-las para depor em juízo. Àquela altura, o que se exigia de nós era flexibilidade, para reagir de forma inteligente à estratégia da defesa. Não sabíamos quem eles chamariam, por isso precisávamos de muitos subsídios ao nosso dispor para usar no contrainterrogatório. Era da apresentação da defesa que viria o confronto final entre a insanidade e o mal.

...

A defesa deu início aos trabalhos na quinta-feira, 21 de fevereiro, com o requerimento para extinguir a ação e absolver o réu por falta de provas, que acabou indeferido por Garippo. Em seguida, para abrir a instrução, chamou Jeffrey Rignall, o jovem que acusara Gacy de atacá-lo em março de 1978. Tínhamos cogitado arrolar Rignall como testemunha da promotoria, mas rejeitamos a ideia depois da publicação de um livro no qual a vítima relatava o ataque sofrido. Qualquer que fosse a parte que o escolhesse como testemunha, ele ainda estaria sujeito a ser interrogado pela parte contrária sobre tudo que constava no livro. Julgamos, porém, que seria uma testemunha difícil, já que os detalhes publicados iam muito além daquilo que ele revelara à polícia durante a investigação. Concluímos que conseguiríamos extrair mais dele no contrainterrogatório. Como era de se esperar, a defesa fez questão de chamá-lo.

Apesar da objeção de Kunkle, Amirante perguntou a Rignall se achava que Gacy era capaz de agir conforme a lei.

R. Não.
P. Como chegou a essa opinião?
R. Pela maneira brutal e covarde como ele me atacou.

Indagado se, na época, Gacy tinha consciência do próprio comportamento criminoso, Rignall manifestou a mesma opinião, pelas mesmas razões.

Kunkle concentrou as reperguntas nas discrepâncias que notava entre o que Rignall tinha relatado à polícia e o que testemunhava em juízo. Embora algumas das perguntas objetivassem expor aquilo que encarávamos como um desejo de notoriedade da parte do depoente, ele dava sinais claros de estresse à medida que relatava sua experiência: primeiro chorou; depois, ficou enjoado e vomitou. Garippo foi forçado a suspender a sessão. Tivemos o cuidado de não esboçar reação.

• • •

Em seguida, a defesa chamou a vizinha de Gacy, Lillian Grexa. De acordo com seu depoimento no dia 16 de dezembro de 1978, Gacy dissera a ela e ao marido que os havia citado como referências pessoais ao advogado, e perguntou se os dois se incomodavam. O empreiteiro parecia muito calmo, segundo a sra. Grexa — que, embora fosse testemunha da parte contrária, estava nos ajudando a provar nossa tese de que Gacy já estava planejando metodicamente a própria defesa.

A sra. Grexa caracterizou Gacy como um chefe severo, bom pai e um homem de bem, generoso e cordial, que estava sempre sorrindo. A única reclamação que tinha a seu respeito era sua relutância em aparar a cerca viva de mais ou menos dois metros entre as duas casas. Na minha vez de perguntar, eu a questionei sobre esse ponto específico.

    P. Quando o sr. Gacy colocava o carro mais para dentro, a senhora não conseguia vê-lo, correto?
    R. Da nossa casa não dá pra ver a porta dos fundos da casa dele.

Era mais um ponto para nós, porque mostrava o esforço consciente que Gacy tinha feito para ocultar suas atividades.

Ao construir nosso retrato de John Gacy, falamos com um monte de potenciais testemunhas de defesa, e sempre tentávamos chegar a essas pessoas antes do outro lado. Algumas não se lembram de ter falado com nossos investigadores, ou acabam se esquecendo do que disseram. Então, quando abordadas pelos advogados do réu, nem sempre repetem tudo que disseram ao nosso pessoal, o que naturalmente nos dá a chance de constranger a defesa no tribunal, bem como de revelar informações favoráveis à acusação. Uma oportunidade assim surgiu quando eu questionava a sra. Grexa sobre o envolvimento de Gacy com drogas.

    R. John, eu falei, você tá envolvido com drogas? Você sabe o que eu acho disso. E falei assim pra ele: Se eu souber que um vizinho meu, meu filho, você ou qualquer outra pessoa que eu conheço anda envolvido, eu aviso pra polícia.
    P. E o que o ele disse à senhora?
    R. Ele disse: Não tenho nada com drogas, não.
    P. E a senhora descobriu se ele estava envolvido com drogas?
    R. Eu acho que ele tava dando drogas pro meu filho.

Essa resposta, pensei, não favorecia em nada a defesa, e trazia a sra. Grexa para o nosso lado. Nossa longa e cuidadosa preparação estava dando resultado.

Em seguida, apesar das objeções da defesa, a sra. Grexa repetiu o que dissera a nossos investigadores: "De jeito nenhum eu vou dizer que o John é louco. Eu acho ele genial". Já chega, pensei, e fui me sentar.

...

A última testemunha da defesa nesse dia foi Mickel Ried, que tinha morado com Gacy na Summerdale. Ried narrou o episódio em que o dono da casa o golpeou na cabeça com um martelo, na garagem, e depois pediu desculpas. Quando Amirante perguntou a Ried se achava que o réu tinha consciência de seus atos e era capaz de se conduzir de outra forma, Ried declarou que achava que Gacy não sabia o que estava fazendo.

No contrainterrogatório conduzido por Egan, Ried falou da vez em que ele e Gacy foram a um viveiro de plantas e o empreiteiro o atacou com um ferro de desmontar pneus. Dessa vez, Gacy parecia saber o que estava fazendo.

P. Mas, quando o senhor se virou e o viu se aproximando, ele parou, não parou?
R. Parou.

...

Na sexta-feira de manhã, a defesa chamou um agente penitenciário e um parceiro de negócios de Gacy.

Oscar Pernell, que era guarda de segurança no Cermak Hospital, contou ao júri sobre o incidente da toalha. A defesa provavelmente buscava mostrar que houve uma tentativa de suicídio, embora a primeira explicação dada pelo réu foi que estava apenas tentando se refrescar. O incidente era sem dúvida estranho, e o depoimento não nos ajudava.

James Vanvorous, o amigo de Gacy que prestava serviços de calefação e tinha organizado várias festas temáticas com ele, testemunhou sobre seu caráter. Vanvorous o considerava esforçado, exigente e confiável. No contrainterrogatório, perguntei se Gacy já lhe dissera que podia fazer qualquer trabalho se estivesse determinado de verdade. Correto, disse Vanvorous.

A tese da insanidade só foi formalmente apresentada mais tarde naquela manhã, quando Thomas Eliseo, psicólogo clínico de Rockford, foi chamado a depor.

Era preciso jogar pesado contra o testemunho dos médicos da parte contrária para impedir que a alegação de insanidade ganhasse corpo. Nossa aposta era que, se tivéssemos sucesso, nossos médicos poderiam refutar a tese da defesa.

Eliseo examinara Gacy algumas semanas antes do julgamento começar, quando já era sabido que o júri seria selecionado em Rockford. A defesa deve ter imaginado que, com esse depoimento de cinco horas e meia, o psicólogo poderia fornecer um diagnóstico puro, não contaminado pela publicidade anterior ao julgamento. Além disso, era possível que o júri se mostrasse mais simpático a um perito de Rockford.

Interrogado por Motta, Eliseo disse ter constatado que Gacy tinha "inteligência superior e estava entre os 10% mais inteligentes da população — era muito inteligente". Afirmou que o réu não apresentava lesões significativas no cérebro no momento em que o examinou.

Kunkle protestou contra a aparente tentativa da defesa de traçar uma relação entre o estado mental de Gacy na época em que Eliseo o examinou e sua sanidade nos momentos em que os crimes foram cometidos. Motta respondeu que o psicólogo testemunharia sobre "uma doença mental contínua e ininterrupta, que teve início em algum ponto da infância do sr. Gacy". Garippo não se pronunciou sobre a objeção: preferiu esperar para ver.

Indagado quanto ao diagnóstico de Gacy na data em que o examinou, Eliseo respondeu: "Transtorno de personalidade borderline: alguém que aparenta normalidade, mas sofre de psicoses, neuroses e comportamentos antissociais".

Quando Motta pediu a Eliseo para estimar a data em que teve início o quadro de Gacy, Kunkle objetou outra vez. "Não existe fundamento para qualquer opinião neste momento que não seja 13 de janeiro de 1980", a data do exame, disse o promotor. Garippo deixou Eliseo responder.

R. Os paranoicos em geral são paranoicos durante maior parte de suas vidas, por isso diria que em algum ponto na faixa dos vinte anos — minha hipótese é que foi depois que o pai dele morreu, em 1969 — que a condição se manifestou.

Nas reperguntas, Kunkle foi direto ao ponto.

P. Doutor, o senhor acabou de fazer uma declaração reconhecendo como fato que o pai do réu morreu em 1969, não é mesmo?
R. Bem, ele me disse que foi em 1969.
P. Tem alguma fonte para essa informação além da palavra do réu?
R. Não.

De acordo com seu próprio depoimento, Eliseo não tinha lido os relatórios policiais, as confissões e tampouco falado com alguma pessoa envolvida no caso, inclusive os médicos, ou lido algum dos laudos (ele afirmaria mais tarde que os advogados de defesa lhe haviam instruído a ignorá-los). Em um novo depoimento na ausência do júri, Eliseo disse que poderia fazer o mesmo diagnóstico de esquizofrenia paranoide baseando-se unicamente no teste psicológico, sem considerar nada do que Gacy dissera.

Kunkle perguntou a Eliseo quantos casos ele conhecia de psicóticos que passavam dezessete ou vinte anos sem ser diagnosticados ou tratados.

R. Poucos.
P. Pode citar nomes?
R. Especificamente com esquizofrenia paranoide... Não quero citar nomes... Richard M. Nixon.
P. O senhor tratou o presidente Nixon?
R. Não, digo pelo que li e observei. Rei Jorge III da Inglaterra.
JUIZ: Já basta. O senhor está dispensado.

Quando a sessão foi retomada à tarde, com o júri presente, Motta fez uma pergunta hipotética a Eliseo. Depois de dar detalhes sobre as ações de Gacy no período dos assassinatos, lhe pediu que presumisse que o réu tivesse sido examinado por um psicólogo qualificado, e que chegara à mesma conclusão. Em sua opinião, perguntou Motta, Gacy sofria de doença mental?

Sim, esquizofrenia paranoide, atestou Eliseo, e declarou que o transtorno estava presente de forma contínua no período dos assassinatos, e que Gacy não poderia controlar seu comportamento e era incapaz de compreender a natureza criminosa de sua conduta. "Isso não significa que ele estava em surto psicótico o tempo inteiro", acrescentou Eliseo. "Podia até parecer bem, como é normal acontecer, mas o distúrbio estava presente."

Kunkle protestou e, em conferência à parte com o juiz, um lado vociferou contra o outro.

"Peço a anulação do depoimento inteiro", disse Kunkle.

"Ele tinha acabado de dizer que [Gacy] não sofria de esquizofrenia paranoide o tempo todo. Ele disse que [Gacy] só estava psicótico durante certos períodos. Não tem como alguém ser esquizofrênico paranoico e não ser psicótico — isso é uma psicose."

"Não sabia que você era psicólogo", ironizou Amirante.

"O juiz sabe disso", respondeu Kunkle.

"Silêncio!", cortou Garippo, decidindo manter a objeção, mas se recusando a anular o depoimento.

Interrogado pela defesa, Eliseo testemunhou ainda que, embora Gacy demonstrasse alguns traços de personalidade antissocial, outros eram inconsistentes com esse diagnóstico: reações emocionais inadequadas, ideias de grandeza, a motivação para estabelecer uma empresa e ser responsável e confiável. Era óbvio que a defesa tentava antecipar o testemunho de alguns de nossos médicos e descartar o diagnóstico do estado mental do réu dado lá atrás, ainda na época de sua prisão em Iowa.

Kunkle continuou martelando no diagnóstico do psicólogo, segundo o qual o réu era psicótico apenas em certos momentos. Eliseo tinha assegurado que, no momento dos assassinatos, Gacy não sabia que o que estava fazendo era errado e só se dava conta disso mais tarde.

P. Então, depois do primeiro [assassinato], ele pegou o corpo, colocou no porão e, segundo o senhor diz, com certeza não compreendeu o que fez nessa primeira vez, mas enterrou o corpo para escondê-lo da polícia e da sociedade, e depois matou de novo. O senhor acha que isso indica que ele não tinha consciência da ilicitude ao matar pela segunda vez?

R. No momento do ato, ele não tinha consciência de que cometia um crime.

P. Nem na terceira vez?

R. Sim, acredito que em nenhuma das vezes.

P. Ao longo das 33 vezes?

R. Sim, senhor, porque ele estava em um estado psicótico nesse período e só pensava em matar.

P. Ele estava psicótico durante todo esse tempo e não podia fazer nada além de matar pessoas?

R. Não, durante o período inteiro, não, mas no momento em que efetivamente cometeu o ato, não durante os seis ou oito anos ou sabe-se lá quanto tempo foi.

P. Ele estava ou não psicótico por oito anos seguidos, sim ou não?

R. Sim, mas...

P. Sim, mas?

R. Sim.

KUNKLE: Mas foram 33 corpos! Sem mais perguntas.

Nossas inquirições subsequentes e a argumentação final seguiriam esse mesmo raciocínio. A ideia era obrigar os demais peritos da defesa a afirmar que a insanidade de Gacy se manifestava apenas no momento exato dos assassinatos. Dessa forma, em nossa fala final, eu poderia retratar os médicos do réu como videntes com bolas de cristal. Eu duvidava que os jurados fossem engolir a teoria de Eliseo, até porque podíamos demonstrar que Gacy agira normalmente como homem de negócios e mantivera uma vida social ativa ao longo dos seis anos em que as mortes ocorreram. A defesa mostrara suas cartas, e seus demais peritos tinham apenas duas opções: acatar a teoria de Eliseo ou contradizê-la abertamente. Em ambos os casos, saíamos ganhando.

• • •

A primeira testemunha da defesa a depor no sábado, 23 de fevereiro, foi Max Gussis, um encanador de 62 anos que prestara serviços a Gacy. Depois de falar um pouco de seu trabalho, relatou a impressão que teve do vão embaixo da casa, com o qual tivera contato um mês antes da prisão do réu: "Vi que o chão era todo irregular, e não entrava na minha cabeça como um empreiteiro que tinha homens trabalhando para ele podia deixar um porão largado daquele jeito".

Nas reperguntas, procurei saber de Gussis se já tinha sentido o mau cheiro no local, e obtive a resposta de um homem bem habituado a seu ambiente de trabalho.

P. Já faz quarenta anos que o senhor trabalha como encanador, correto?
R. Correto.
P. Quando vai prestar um serviço, sente muitos cheiros?
R. Não sinto cheiro quase nenhum. Tudo cheira igual pra mim.

Na opinião de Gussis, Gacy era são.

• • •

Chamada a depor, Cathy Hull Grawicz não contribuiu muito para apoiar a noção de que Gacy era um lunático violento quando bêbado ou sob o efeito de drogas: "Quando bebia muito e chegava ao limite", declarou a mulher, "ele se sentava e ficava quieto até apagar, ou tombava no chão mesmo."

Amirante perguntou à testemunha se o John Gacy que ela havia visto no noticiário era o mesmo homem que tinha conhecido.

"Não, nem um pouco", ela respondeu.

"Sentada aqui hoje, neste tribunal", continuou o advogado, "como a senhora se sente a respeito do réu?"

"Sinto pena dele", ela falou, inclinando-se para frente e olhando diretamente para o empreiteiro. "Fico muito mal."

A sra. Grawicz começou a soluçar, e Gacy cobriu o rosto com as mãos e chorou. Garippo suspendeu a sessão por alguns minutos.

Não havia necessidade de um contrainterrogatório duro, e era consenso entre nós que eu deveria ser o mais gentil que pudesse com a sra. Grawicz. Quando a sessão foi retomada, ela falou sobre John Butkovich, que chamava de "pequeno John", e o marido de "grande John". Relatou a discussão que ele e Gacy tiveram sobre o salário do rapaz. Pedi a ela que descrevesse a força física de Gacy e obtive uma resposta que esperava que o júri interpretasse como um indicativo de que o réu sabia o que fazia.

Gacy, segundo ela, era "muito forte".

P. Ele já lhe disse alguma vez porque não brigava com os outros?
R. Sim, dizia que achava que podia acabar matando alguém.
P. Com o quê?
R. Com as mãos.

A sra. Grawicz afirmou que Gacy "tinha uma memória de elefante". Achava que ele se mostrara mentalmente são durante todo o tempo em que se conheciam.

...

Paul James Hardy, policial lotado no Cermak Hospital, caracterizou Gacy como um prisioneiro exemplar, que não dava problemas. No contrainterrogatório, Hardy disse que Gacy às vezes andava na companhia de Richard Lindwall, ex-professor de Ensino Médio de Northbrook denunciado e mais tarde condenado por violentar e assassinar um garoto de dezessete anos. Assim como Gacy, no passado Lindwall saía de noite à caça de jovens.

Depois de quinze dias de depoimentos, ao longo dos quais tivemos cerca de setenta testemunhas, os jurados foram dispensados para seu terceiro fim de semana.

KILLER CLOWN
RETRATO DE UM ASSASSINO
TERRY SULLIVAN
PETER MAIKEN

QUARTA SEMANA

Cinco testemunhas leigas depuseram para a defesa na segunda-feira, 25 de fevereiro, no início da quarta semana de julgamento.

John Lucas relatou ao júri as atividades de Gacy no posto Shell, inclusive o incidente da maconha no dia de sua prisão.

A mãe de Gacy, uma senhora de 72 anos chamada Marion, entrou no tribunal apoiada em um andador de metal. Com a presença da ex--esposa e da mãe, Gacy se mostrava emocionado pela primeira vez desde o início do julgamento. "John está ali sorrindo pra mim", disse a mãe quando solicitada a identificá-lo; no final do depoimento, abraçou o filho em meio a lágrimas.

Interrogada por Motta, a sra. Gacy caracterizou o réu como "um bom filho, sempre carinhoso". Quando o advogado perguntou como se sentiu ao tomar conhecimento de sua prisão, ela declarou:

R. Não consigo acreditar que ele faria uma coisa assim, não meu filho.
P. Pelo que conhecia dele?
R. Eu... eu só queria poder passar uma borracha em tudo.

Depuseram também dois amigos de infância de Gacy, Richard Dalke e Edward Kenneth Doncal, um quiropraxista. Dalke falou da noite de jogatina em que Gacy desmaiou e um padre foi chamado para ministrar a extrema-unção. Doncal se lembrou de outra noite similar, em que o anfitrião começou a agitar os braços e quebrou seus óculos.

A irmã caçula de Gacy, que morava em Arkansas com o marido e os três filhos, descreveu o irmão como amável, afetuoso, sensível e generoso; assim como a mãe, mencionou a brutalidade do pai.

Segundo a irmã, Gacy comprou um freezer para ela quando seu antigo quebrou. "Foi um gesto de amor", segundo suas palavras. "O maior sonho da vida dele era ajudar eu e minha irmã a quitar a hipoteca para a gente não precisar mais trabalhar."

Motta reagiu ao testemunho emotivo da irmã com perguntas provocantes e capciosas:

P. Ele não é um farsante? Não poderia estar fingindo?
R. Não, não poderia estar fingindo. John sempre teve bom coração.
P. Mas ele não era um grande bravateiro? Não é verdade que era tudo simulação, fachada?
A. Não, não é verdade. Ele gostava de se gabar às vezes, mas isso não é ser bravateiro. Ele tinha orgulho do que fazia. Ninguém nunca elogiava ele. Ninguém dizia: "Ei, John, você fez um bom trabalho".

• • •

Nos três dias que se seguiram, mais três médicos foram chamados a depor. Eram as últimas testemunhas da defesa, que encerrariam sua apresentação. O dr. Lawrence Freedman, psiquiatra da Universidade de Chicago, diagnosticou Gacy como pseudoneurótico esquizofrênico-paranoico, cujo transtorno mental derivava em grande medida de circunstâncias de sua infância, sobretudo do pai violento. Segundo Freedman, Gacy tinha uma das personalidades mais complexas que ele já havia analisado, e mostrava "uma ausência extraordinária" de sentimentos humanos normais em relação às vítimas.

Nas reperguntas, Kunkle mirou no ponto fraco do depoimento: a relutância do psiquiatra em opinar se Gacy estava ou não em surto psicótico no momento dos assassinatos.

Robert Traisman, psicólogo clínico, testemunhou sobre os exames feitos com Gacy a pedido do psiquiatra-chefe da defesa. Com base no teste de Rorschach, Traisman concluiu que Gacy sofria de "esquizofrenia paranoide. Tinha conflitos homossexuais e sentimentos acentuados de inadequação masculina, falta de empatia e de compaixão pelos outros, uma alarmante ausência de controle emocional ou do ego quando sob estresse, forte potencial para a desintegração emocional ou do ego, e manifestava impulsos muito hostis e perigosos, tanto para outros como para si mesmo."

O mais importante, porém, era que Kunkle notou que a carta explicativa que acompanhava o relatório de Traisman era, em suas palavras, "muito menos conclusiva quanto à insanidade mental do réu que o relatório em si", e isso se provou útil para nós no contrainterrogatório de Egan:

P. Na sua opinião e de acordo com seu diagnóstico, seria correto afirmar que John Gacy é capaz de compreender a natureza de quaisquer atos antissociais que venha a praticar, bem como de distinguir se são certos ou errados de um ponto de vista moral?

Apesar das objeções da defesa, Traisman respondeu que sim.

• • •

O dr. Richard G. Rappaport, psiquiatra-chefe da defesa, foi chamado para depor na tarde de quarta-feira, 27 de fevereiro. Desde o início já havia sinais de que seu depoimento seria bastante extenso. Interrogado por Motta, Rappaport deu respostas longas, definindo termos básicos da psiquiatria. Em determinado momento, ao manter uma objeção, Garippo o repreendeu: "Não estamos em uma palestra. O senhor deve se ater às perguntas."

Como esperávamos, o diagnóstico de Rappaport sobre o réu foi organização de personalidade borderline com um subtipo de personalidade psicopática, com ocorrências de comportamento esquizofrênico psicótico ou paranoico, embora o último não fosse a doença primária. Usando como analogia o diagrama da cebola, Rappaport declarou que "na avaliação psiquiátrica de um indivíduo, quanto mais se descasca as camadas, mais se descobre sobre ele e sua compreensão de mundo".

Rappaport testemunhou que Gacy nunca apresentou reações emocionais inadequadas, que havia indícios de personalidade antissocial, e que provavelmente não estava psicótico no momento do exame.

Ciente de que a apresentação da defesa chegava ao fim, Kunkle foi bem agressivo no contrainterrogatório, e em vários momentos a acusação e a defesa travaram discussões acaloradas. Inspirado por uma conversa que tivera mais cedo com um repórter, Kunkle perguntou ao médico se ele havia se colocado à disposição para dar entrevistas à imprensa após seu primeiro dia de depoimento. Os advogados de defesa protestaram. Rappaport respondeu que não. Indagado sobre quanto dinheiro esperava receber do condado, o médico afirmou que o tempo que dedicara ao caso valia entre 20 mil e 25 mil dólares, uma declaração que deve ter prejudicado a defesa.

Durante a maior parte da inquirição, Kunkle atacou o diagnóstico principal de Rappaport, segundo o qual Gacy tinha uma personalidade borderline que extravasava em estados de esquizofrenia, uma psicose. Kunkle estava convencido de que as duas escolas predominantes de pensamento excluíam essa possibilidade: "Uma diz que isso não pode acontecer", ele explicou mais tarde, e "a outra sustenta que uma vez que uma personalidade borderline se torna psicótica, deixa de ser borderline — não fica indo e vindo." Kunkle perguntou a Rappaport se achava que um artigo escrito pelo dr. Roy R. Grinker, a quem o psiquiatra citou em seu depoimento à defesa, era fidedigno. Rappaport respondeu que sim. Kunkle indagou se ele concordava com a seguinte declaração de Grinker: "O borderline não apresenta os distúrbios do pensamento característicos da esquizofrenia, nem mesmo latente. Ele não tem a capacidade de desenvolver esquizofrenia." Rappaport declarou que não concordava.

Kunkle perguntou ao médico se Gacy apresentava um quadro aflorado de psicose quando estrangulou Rob Piest.

R. Pensando que ele é o pai e Piest, o filho, era um delírio psicótico.
P. E quando deixou a vítima no chão e foi atender à ligação do Max, o encanador, ele estava delirante nesse momento?
R. Acho que ele ainda estava delirando, mas conseguia falar no telefone.
P. E quando atendeu à ligação do hospital sobre o tio, ainda estava delirando?
R. Estava.
P. Quais são os sintomas da psicose?
R. Perda de contato com a realidade, distúrbios de pensamento, humor e comportamento... Quer que eu entre em mais detalhes?
P. Não, já está bom. E o réu apresentava um quadro aflorado de psicose quando tratava de negócios no telefone, com o corpo de Rob Piest no outro cômodo?
R. Sim.

Nas reperguntas, Motta indagou ao depoente: "É ilusório pensar que o condado de Cook vai pagar ao senhor entre 20 mil e 25 mil dólares?"

"Claro", respondeu o médico.

Concluída a apresentação da defesa, cabia a nós refutar a alegada insanidade mental de Gacy.

• • •

Nessa fase do julgamento, a promotoria normalmente fica limitada a refutar as provas apresentadas pela defesa. Mas, como os advogados de Gacy tinham defendido sua inimputabilidade indicando a existência de doença mental de longa data e recorrendo a testemunhas que remontavam a sua infância, estávamos autorizados a ser igualmente abrangentes em nossa réplica. Contra-atacaríamos convocando pessoas que tinham conhecido Gacy em Iowa, testemunhas que convenceriam o júri de que o réu estava de posse de sua sanidade mental na época de sua condenação por sodomia.

A primeira testemunha a depor na sexta-feira, 29 de fevereiro, foi Donald Voorhees, a vítima de Gacy no caso de sodomia, que na época era adolescente e àquela altura já tinha 27 anos. A pedido da defesa, o juiz concordou em submeter Voorhees a um interrogatório individual, na ausência do júri, para determinar se estava apto a testemunhar. Com o olhar inexpressivo por detrás dos óculos fundo de garrafa, Voorhees demonstrou dificuldade em responder às perguntas. Respondia devagar aos questionamentos de Egan — quando respondia — e admitiu ter feito uma declaração à defesa de que não se sentia apto para depor. Ao notar o estado em que Voorhees se encontrava, Egan interrompeu o interrogatório. Motta, por sua vez, perguntou se o jovem estava se consultando com um psiquiatra.

R. Estou sim, senhor.
P. Faz quanto tempo?
R. (Sem resposta.)
P. Já tem um tempinho?
R. (Sem resposta.)
P. Tudo bem, nós vamos...
R. Desde que soube que Gacy tinha saído da
cadeia. Sim, eu tive meus problemas.

Motta perguntou se Voorhees tinha tomado alguma medicação naquele dia. A testemunha disse que não, mas acrescentou: "Bebi uma cerveja no café da manhã".

Em conferência à parte com o juiz, falei da entrevista com Voorhees. "Ele é lento, tem sequelas, mas sabe o que está acontecendo e pode testemunhar." Eu tinha um mau pressentimento de que todo nosso trabalho com Voorhees estava a ponto de desmoronar. Ele nos contara a respeito do medo que tinha de Gacy, e que sua vida subsequente, inclusive um casamento fracassado, foi devastada pela violência que sofrera por parte do réu. Com seu algoz sentado a menos de cinco metros, olhando-o fixamente, Voorhees estava entrando em parafuso. Tentei de todas as formas convencer o juiz de que a testemunha tinha uma história importante a contar. Amirante solicitou que Voorhees fosse submetido a uma avaliação psiquiátrica. Garippo indeferiu o pedido e nos disse para tentar de novo, dessa vez na presença do júri.

Egan começou perguntando se Voorhees conhecia o réu e se tinha trabalhado para ele. Quando chegou à proposta de Gacy para fazerem experimentos sexuais, Voorhees disse apenas que o empreiteiro "deu em cima de mim sexualmente" e não se lembrava de mais nada. A defesa apresentou novas objeções, e Egan voltou a interrogar Voorhees a sós. As respostas da testemunha eram dolorosamente lentas. Por fim, Garippo pediu que se retirasse. Junto à mesa do juiz, discutimos a possibilidade de adiar o depoimento de Voorhees para mais tarde, embora achássemos improvável que ele fosse melhorar.

Na presença do júri, Egan dispensou a testemunha e, mais tarde naquela manhã, Garippo decidiu anular o depoimento. Era uma pena não podermos usar Voorhees, mas creio que sua breve aparição deu ao júri uma boa ideia do tipo de estrago que John Gacy havia causado na vida de tanta gente com quem teve contato.

Ao longo do dia, outras sete testemunhas da época de Waterloo depuseram no tribunal. Russell Schroeder, àquela altura com trinta anos, casado e pai de um filho, contou que Gacy o contratou para dar uma surra em Voorhees e persuadi-lo a não testemunhar na audiência sobre o caso de sodomia. De acordo com Schroeder, após terminar o serviço, ele voltou para a casa de Gacy e descobriu que seu contratante não queria saber nada a respeito. Ele disse por quê?, perguntei. "Ele não queria se envolver", respondeu Schroeder.

"Você gosta de inventar histórias, não é?", Amirante perguntou a Schroeder em um contrainterrogatório bastante agressivo.

"Não", respondeu a testemunha. "John Gacy me convenceu a contar uma mentira para ele não se envolver. Depois de me aconselhar melhor, resolvi dizer a verdade."

Outros dois homens que eram adolescentes quando conheceram Gacy em Waterloo se sentaram no banco das testemunhas. Richard Westphal falou da estratégia da sinuca e do sexo oral. Edward Lynch relembrou que foi esfaqueado por Gacy, e das vezes subsequentes em que foi acorrentado, trancafiado e asfixiado. Retratou o futuro assassino em massa do ponto de vista de um adolescente atordoado. "Eu tinha visto dois filmes antes do incidente da faca. E ele tinha me pedido desculpas e me tranquilizado. Eu tinha dezesseis anos e era ingênuo. Acreditei nele."

Também convocamos a testemunhar amigos de Gacy de Iowa. Raymond Cornell, o ex-detento que cumprira pena com o réu e trabalhava como ouvidor em Anamosa, contou que Gacy, quando era chef de cozinha no reformatório, dava sanduíches de carne e outros alimentos para prisioneiros e funcionários em troca de vale-filmes, charutos, e outros produtos vindos de fora. Falou dos privilégios de que dispunha por ser da JC, e explicou como tirava proveito de seu prestígio como "membro mais condecorado" da divisão local. Cornell também expressou gratidão pela amizade e pelo apoio que recebeu de Gacy, livrando-o do terrível monstro da depressão.

Steve Pottinger e Clarence Lane, companheiro de Gacy da JC de Waterloo, também depuseram. Pottinger afirmou não ter percebido diferença na personalidade e no comportamento do réu entre antes de ir para Anamosa e depois de sair. Lane admitiu que Gacy o havia manipulado. "Até o último incidente, eu ainda acreditava que ele era inocente da primeira acusação", declarou.

Lyle Murray, ex-conselheiro penitenciário em Anamosa, descreveu o progresso educacional de Gacy durante sua permanência como excelente, seu histórico na JC como extraordinário e seu desempenho no trabalho como bom, exceto por um pequeno incidente disciplinar. Como prisioneiro, segundo seu depoimento, Gacy praticamente não dava problemas e se adaptava muito bem às normas da instituição. Na opinião de Murray, poderia ser considerado um prisioneiro exemplar. Eu esperava que esse testemunho convencesse o júri de que Gacy era capaz de agir conforme a lei.

Garippo dispensou os jurados para o fim de semana — pela primeira vez folgariam os dois dias — e aconselhou àqueles que, como muitos de nós, estavam "infectados por tudo quanto era micróbio", que descansassem um pouco e tomassem vitamina C.

KILLER CLOWN
RETRATO DE UM ASSASSINO
TERRY SULLIVAN
PETER MAIKEN

QUINTA SEMANA

Na segunda-feira, 3 de março, convocamos nossa primeira testemunha da área médica, o dr. Leonard L. Heston, professor de psiquiatria que examinou Gacy antes de sua condenação por sodomia em Iowa. Apesar das objeções da defesa, Heston atestou que Gacy sofria de transtorno de personalidade antissocial, que se caracterizava pelo conflito constante com a sociedade e as normas sociais. O distúrbio, segundo o psiquiatra, era um defeito da personalidade, e ele considerava Gacy tão são quanto na época do delito de sodomia.

A pessoa que sofre de psicose, explicou Heston, "é incapaz de responder às demandas de um ambiente normal devido a um distúrbio de humor ou pensamento. Se tomamos essa definição ao pé da letra, uma simples embriaguez seria um breve episódio psicótico". Tal distúrbio, segundo ele, costuma estar associado à raiva, "que a maioria de nós sente de vez em quando. O distúrbio pode chegar a interferir na capacidade de responder às demandas de um ambiente normal. Nesse sentido, todos nós, ocasionalmente, sofremos episódios micropsicóticos."

Indagado por Kunkle se quem sofre tais episódios deve ser isentado de responsabilidade por conduta criminosa, Heston respondeu que não.

Em seu contrainterrogatório, Amirante questionou se as numerosas declarações contraditórias de Gacy não eram sintoma de doença mental. "Não necessariamente", ponderou Heston. "Todos nós tendemos a fazer comentários socialmente aceitáveis, ou interpretar nossas ações sob a melhor ótica, quando, na verdade, nossa conduta real pode ser bem diversa. É uma experiência humana comum."

"E se eu disser", continuou Amirante, "que os relatórios do dr. Freedman afirmam que o sr. Gacy é uma combinação complexa de compulsão maníaca e obsessão com personalidade paranoica e dissociação extraordinária entre as ações e as ideias mais violentas e a resposta emocional apropriada — o que isso indica para o senhor?"

"Receio que não significa nada para mim", respondeu Heston. "É uma salada. Tem uns seis ou oito termos de diagnóstico jogados aí..."

Nas reperguntas, para atacar o suposto viés freudiano dos médicos da defesa, Kunkle pediu a Heston para explicar o principal problema da teoria psicanalítica em relação aos critérios de diagnóstico.

É um pressuposto teórico sobre como a mente funciona, esclareceu o médico, e o aspecto mais problemático é sempre o mesmo: "Ninguém sabe o que acontece dentro da cabeça do outro. Não há como testar esses mecanismos postulados."

...

A testemunha que mais chocou o júri foi, sem dúvida, Robert Donnelly. Ao depor no dia seguinte, o estudante universitário de 21 anos narrou sua noite de terror após ser raptado à mão armada por Gacy na noite de 30 de dezembro de 1977. Gaguejando, Donnelly deixou transparecer em vários momentos sua angústia de reviver as horas de tormento que passou, mas foi em frente — mesmo durante a inquirição impiedosa da defesa — e relatou o ataque nos mínimos detalhes. Do início ao fim do depoimento, Gacy sorria com ar de desdém e sacudia negativamente a cabeça.

Embora eu tivesse submetido Donnelly a uma extensa preparação, algumas de suas recordações o deixavam à beira de um colapso nervoso. "*Por favor, não!*", exclamou quando mostrei uma foto da sala de jogos de Gacy. Enquanto descrevia como o réu o havia estuprado, gritou: "Isto é um inferno! Um inferno!", obrigando Garippo a suspender temporariamente a sessão. Ao retomar o depoimento, Donnelly se posicionou no centro do tribunal e demonstrou aos jurados como

Gacy tinha se sentado e colocado o pé em sua barriga enquanto brincava de roleta-russa.

Donnelly contou ter ido à polícia e depois participado de uma reunião com agentes da polícia e um promotor auxiliar. Afirmou que não lhe deixaram prestar queixa contra Gacy e que não quiseram mover uma palha. Perguntei se Gacy havia dito a ele, ao deixá-lo na Marshall Field's, que não fosse à polícia "porque não vão acreditar em você".

Sim, confirmou Donnelly. "E eles realmente não acreditaram em mim."

Motta pegou pesado no contrainterrogatório. Sua intenção era desacreditar o testemunho de Donnelly. Em vários momentos, temi que o rapaz não fosse aguentar a pressão. Mas ele resistiu e, a meu ver, a inquirição impiedosa de Motta prejudicou bastante a defesa. Ao fazer Donnelly passar outra vez pelo mesmo martírio, o advogado só fez imprimir mais profundamente aquelas imagens horríveis na mente dos jurados.

Pudemos trazer Donnelly novamente na nossa tréplica porque a defesa havia usado Jeffrey Rignall. Nosso plano inicial era chamar Arthur Winzel também. Contudo, depois do depoimento de Donnelly, julgamos não haver necessidade: o júri com certeza já tinha ouvido o bastante.

• • •

Nossa segunda testemunha da área médica foi o dr. Arthur Hartman, psicólogo-chefe do Instituto Psiquiátrico da Comarca de Cook. Todo ano, o tribunal encaminha milhares de pacientes para serem examinados lá. Quase um terço dos casos são criminais. Assim, o contato com o instituto e seus funcionários nos dava a vantagem de trabalhar com profissionais com experiência em psiquiatria forense. Estavam acostumados a relacionar suas constatações ao caso concreto, usando a terminologia jurídica apropriada e uma linguagem acessível aos jurados.

Hartman declarou que, ao examinar o réu, não viu sinais de distúrbio ou doença mental. Sua conclusão era que Gacy tinha uma "personalidade psicopática ou antissocial com desvio sexual" e que manifestava sintomas leves de histeria e paranoia. Em doze consultas, tampouco tinha encontrado sinais de doença mental pregressa de natureza psicótica. Seu desvio sexual também não era indicativo de deficiência mental, frisou o médico. O exame de agressores sexuais, segundo Hartman, revelava que "quase toda a gama possível de comportamentos sexuais desviantes parece compatível com a adaptação regular — ou boa até — ao meio social e suas implicações". Na opinião do psicólogo, Gacy tinha consciência da ilicitude de seus atos e era capaz de agir conforme a lei. Hartman relatou ter perguntado ao réu quais três desejos ele gostaria de ver realizados. A resposta foi: "Me conhecer melhor, fazer o bem para os outros" e "que nunca tivesse me metido nessa confusão".

• • •

A testemunha seguinte foi o dr. Robert Reifman, colega de Hartman e diretor do instituto, que declarou não acreditar que alguém pudesse ter 33 episódios de insanidade temporária. Em sua opinião, Gacy sofria de um distúrbio de personalidade "especificamente do tipo narcisista", o que não é considerado uma doença mental. Reifman rejeitava o diagnóstico de personalidade antissocial, um subtipo de narcisista, porque excluía coisas em que Gacy era proficiente. Por fim, não achava que ele apresentava os sintomas caóticos do tipo borderline. O réu, conforme afirmou, era altamente competente e funcional — fosse como empresário, político ou palhaço.

Em nenhum momento, continuou o médico, Gacy perdeu contato com a realidade. Afinal, era capaz de enganar as vítimas para que algemassem a si próprias. Estivesse irado ou perturbado, "dificilmente alguém embarcaria na dele", observou Reifman.

Para concluir, Kunkle perguntou por que os 33 assassinatos não eram o produto de 33 impulsos irresistíveis. "Não acredito que o sr. Gacy tenha se esforçado para se conter", respondeu Reifman. Quanto ao testemunho de Gray e Walsh sobre as covas abertas no vão, Reifman disse: "Não acho que alguém que *planeja* ter um impulso irresistível possa de fato ter impulsos irresistíveis".

Na inquirição da defesa, Amirante perguntou ao médico se as declarações contraditórias de Gacy denotavam pensamento lógico. "Para mim, é mentira", afirmou o psiquiatra, de forma veemente. "Acho que ele não se lembra hoje do que disse ontem porque mente."

Amirante questionou se era coerente que alguém com pensamento lógico dissesse a verdade sobre uma coisa e mentisse sobre essa mesma coisa logo em seguida. "A pessoa que mente em benefício próprio pode muito bem estar pensando de maneira lógica", observou Reifman.

Como Gacy ajudaria a si mesmo mentindo sobre não se lembrar de algumas vítimas que matou?, indagou Amirante.

"Eu tenho para mim que o sr. Gacy quer ser famoso", opinou Reifman. "Acho que ele gosta de falar. Aliás, acho que o sr. Gacy fala demais."

"Quando ele diz que não é homossexual, está mentindo?", perguntou o advogado.

"Bom, é que nem o Bruce Sutter dizer que não joga beisebol. Ele joga", respondeu Reifman.

Amirante insistiu na questão da motivação de Gacy para suas mentiras. Como mentir sobre enfiar cuecas nas gargantas das vítimas o ajudaria?, o advogado perguntou ao médico.

"Eu não acho que 33 assassinatos ajudam ele. Não acho que o sr. Gacy se ajuda em nada", respondeu Reifman.

"Vamos supor que não seja mentira", disse Amirante, "e imaginar por um instante que ele se esqueceu. Está bem? Quando ele esquece, isso seria o que, repressão?"

"Sei lá", disse Reifman, "a fantasia é sua, não minha. Eu acho que ele lembra, sim."

...

Phillip Hardiman, diretor executivo da penitenciária de Cook, foi a primeira testemunha na quinta-feira, o último dia de nossa tréplica. Hardiman descreveu as regras às quais Gacy estava sujeito como paciente do Cermak Hospital e opinou que ele era "um prisioneiro muito bem comportado" e se adaptava muito bem.

Richard Rogers, psicólogo clínico, declarou ter diagnosticado o réu com transtorno obsessivo-compulsivo e hipomania. Assinalou que, no passado, Gacy também deveria ter cometido atos de "sadismo sexual, uma desordem psicossexual em que um indivíduo inflige deliberadamente sofrimento físico ou psicológico a outro indivíduo, contra a vontade deste, visando a excitação sexual". Contudo, na opinião de Rogers, Gacy tinha consciência da ilicitude de seus atos e era capaz de agir conforme a lei.

À tarde, foi a vez do dr. James Cavanaugh Jr. se sentar no banco das testemunhas, e nós nos metemos em um imbróglio que foi parar nas manchetes. Como diretor médico do Isaac Ray Center, Cavanaugh supervisionou um programa de diagnóstico, avaliação e tratamento de criminosos que sofriam de doenças mentais. Ele declarou que, ao exigir de sua equipe uma garantia por escrito de que não divulgariam as anotações médicas nem para os advogados, nem para a Justiça, o réu mostrava "um grau sofisticado de consciência e preocupação quanto ao processo psiquiátrico-forense". Observou que Gacy era bem organizado e havia conquistado um status de "quase celebridade" no Cermak. Foi diagnosticado com "transtorno de personalidade mista", cuja principal característica era o narcisismo generalizado, com traços obsessivo-compulsivos, antissociais e hipomaníacos. De acordo com o psiquiatra, porém, nada indicava que Gacy fosse esquizofrênico-paranoico. Nada em sua vida atual ou pregressa se encaixava com os elementos básicos da doença, que causava uma degeneração gradativa da capacidade cognitiva e emocional. Gacy, conforme afirmou, não satisfaz os critérios legais de inimputabilidade por doença mental.

"Existe garantia", perguntou Kunkle, "de que alguém absolvido por insanidade mental e internado posteriormente em um hospital psiquiátrico do Departamento de Saúde Mental de Illinois permanecerá lá pelo resto da vida?"

"Impossível", afirmou Cavanaugh. "É bem difícil manter nos hospitais quem de fato precisa estar lá por ser motivo de preocupação, o que é compreensível, já que internar é privar de direitos civis..."

Motta protestou e pediu para se aproximar da mesa do juiz.

A resposta de Cavanaugh, obviamente, deixava bem claro para os jurados por que jamais aceitaríamos a alegação de insanidade. A objeção, porém, veio tarde demais. À parte do júri, Amirante pediu a anulação do julgamento, argumentando que a declaração de Cavanaugh tinha criado uma inferência na mente dos jurados que podia ou não ser verdade. O juiz negou o pedido, e Kunkle concluiu a inquirição.

No contrainterrogatório, Motta insistiu no assunto e perguntou a Cavanaugh se achava que Gacy precisava ser enviado a um hospital psiquiátrico. O psiquiatra respondeu que não. Motta pediu então que descrevesse o procedimento de internação após uma absolvição por insanidade.

"O indivíduo deve demonstrar perigo iminente para si ou para os outros, ou ser declarado incapaz de cuidar de si mesmo", disse Cavanaugh.

Motta indagou se ele julgava que Gacy representava risco iminente para outras pessoas. O psiquiatra achava que não.

"Acredito que, se ele fosse absolvido por insanidade, não satisfaria os requisitos legais para internação involuntária", declarou Cavanaugh.

"O senhor acha que o sr. Gacy seria liberado?"

"Se fosse para seguir a lei, acredito que ele teria que ser liberado."

Kunkle se opôs a novas perguntas na mesma linha e interrompeu o testemunho. Garippo convocou os advogados para junto de sua mesa e avisou que não aprovava que alguém que não fosse advogado tentasse dar explicações legais e instruir o júri. Enquanto isso, Amirante e Kunkle trocavam desaforos ("Vem aqui"; "Não sou obrigado"). O juiz acatou a objeção de Kunkle.

Motta prosseguiu. Se o réu fosse considerado inimputável, questionou, Cavanaugh atestaria ser prescindível o tratamento psiquiátrico? Mais uma vez, Kunkle protestou, e o juiz teve dificuldade para controlar a situação. Garippo disse ao júri que a questão do destino do réu após um veredito desse tipo depende de uma audiência legal, que seria conduzida por ele. Então sugeriu que prosseguíssemos.

Foi então que Motta perguntou ao psiquiatra: se Gacy fosse internado e coubesse a ele examiná-lo, liberaria o réu? Garippo pediu aos jurados que saíssem e dispensou a testemunha.

"A questão perante o júri é se o réu é ou não mentalmente são", disse Garippo, já um tanto irritado. "Ora, a defesa disse na declaração de abertura: 'Queremos que ele passe o resto da vida em um hospital psiquiátrico'." A promotoria, continuou o magistrado, levantou a questão da internação, mas a defesa não fez nenhuma objeção até depois que a resposta fosse dada. Ambas as partes, ele advertiu, criaram uma questão alheia ao objeto de análise do júri.

Depois de refletir durante o intervalo, Garippo decidiu que instruiria os jurados sobre o assunto. "Ambas as partes", ele nos disse antes de chamar o júri de volta, "vislumbraram alguma vantagem tática em seguir por esse caminho. A defesa queria explorar esse viés no intuito de amenizar o impacto de uma possível absolvição por insanidade. Já a promotoria queria explicitar a imprevisibilidade da decisão e seus efeitos." Sendo assim, Garippo avisou que instruiria o júri a desconsiderar eventuais comentários dos advogados ou das testemunhas quanto ao destino de Gacy no caso de uma absolvição por insanidade.

Motta disse que não consentiria a instrução e pediu outra vez a anulação do julgamento. Garippo negou e colocou uma pedra no assunto. No entanto, como diria Gacy mais tarde, a semente estava plantada. Nos noticiários da noite, não foram poucos os âncoras que, com as sobrancelhas levantadas, conjuraram a imagem de John Gacy livre, leve e solto pelas ruas de Chicago.

• • •

Antes de o júri ser chamado na sexta-feira para a contestação de nossa tréplica pela defesa, Garippo anunciou: "Duas semanas atrás, o sr. Gacy me escreveu uma carta com algumas queixas. Entreguei a carta a seus advogados, que me garantiram que não havia nenhum problema. Hoje recebi outra carta do sr. Gacy. Sr. Gacy, por favor, dê um passo à frente."

O juiz perguntou ao réu se queria se pronunciar em relação à carta. Diante da negativa de Gacy, Garippo leu a carta, fazendo-a constar nos autos.

"Duas semanas atrás", escrevera Gacy, "eu pedi que meu julgamento fosse interrompido e não obtive resposta. Quando perguntei aos meus advogados por que não estávamos convocando mais testemunhas, eles me disseram que não temos dinheiro para trazer peritos."

> Eu também solicito a anulação do julgamento, já que nunca esta Corte permitiu que uma testemunha paga para depor plantasse uma semente na cabeça do júri como ocorreu ontem.
>
> Acho que o senhor pode dar instruções aos jurados até ficar roxo e mesmo assim não vai conseguir tirar aquilo da cabeça deles.
>
> Quando Cavanaugh disse: "John Gacy não satisfaria os requisitos para ser internado em uma instituição psiquiátrica e teria que ser posto em liberdade no caso de ser absolvido por insanidade".
>
> Como o senhor sabe, a não ser pelas supostas declarações feitas por mim e citadas de forma parcial por agentes da promotoria, só há provas de que eu era o proprietário a casa que foi usada para abrigar em segurança [os corpos].
>
> "Até que algo seja feito para corrigir essa injustiça, cortarei todas as relações com meus advogados. E estou voltando atrás na minha palavra quanto a não dizer nada no tribunal. Conforme o julgamento avança, a acusação continua tentando me tirar do sério pegando minhas etiquetas da PDM e as espalhando por todo lado. Isso é receptação de propriedade roubada, porque eu nunca dei permissão. E quando Greg Bedoe veio até mim ontem, durante a sessão, e me disse que eu devia parar de sorrir, e me insultou. Eu não tenho por que aceitar isso. Não acho que ninguém da mesa da promotoria deve vir aqui até que eu saia do tribunal.
>
> Aguardo seu retorno e confio em seu juízo.

Garippo disse a Gacy que em nenhum momento lhe foi negada a oportunidade de convocar peritos, que a corte tinha aprovado todos os que a defesa solicitou e providenciado sua remuneração. Por fim, perguntou se Gacy ainda queria cortar relações com os advogados.

"Correto", disse Gacy.

"Por quê?", perguntou o juiz.

"Porque eu não estou controlando o processo", disse Gacy.

"O senhor discorda de alguma tática usada pelos seus advogados?"

"Eu sempre fui contra a alegação de insanidade", respondeu Gacy.

Garippo mandou Gacy se sentar e pediu que seus advogados se pronunciassem. Amirante disse que nem ele nem Motta achavam que Gacy poderia cooperar plenamente, em razão de contradições geradas por uma "doença mental aguda e profunda". Opinou ainda que o critério de aptidão mental vigente em Illinois não se aplicava ao réu.

"Eu não cometi os crimes", interveio Gacy.

O magistrado questionou se alguma das partes tinha provas a apresentar quanto à aptidão do réu para ser julgado. Amirante respondeu que a única prova que a defesa poderia conceber era autorizar Gacy a testemunhar. O juiz decidiu conduzir uma audiência imediata para decidir sobre a questão, mas os dois advogados de defesa disseram que não tinham novas evidências a apresentar.

"Com base em minhas observações do réu no tribunal, seu comportamento e todas as provas apresentadas durante o julgamento", declarou Garippo, citando a lei estadual que respaldava sua decisão, "eu decido que o réu está apto para ser julgado."

O juiz perguntou então a Amirante e Motta se tinham algo a dizer sobre a desavença com o réu. A resposta foi negativa. O juiz mandou Gacy dar um passo à frente e perguntou a ele: "O senhor mantém suas declarações a respeito do desacordo com seus advogados?"

Após uma longa pausa, Gacy falou que não sabia, e Garippo o mandou se sentar.

"Em algum momento entre agora e o encerramento da instrução processual", avisou Garippo, "o senhor terá que decidir se deseja ou não testemunhar perante este júri. Está ciente disso?"

Gacy disse que sim, e o juiz mandou chamar o júri.

A defesa trouxe ao tribunal o dr. Tobias Brocher, psiquiatra associado à Menninger Foundation, no Kansas. Os advogados pretendiam usar Brocher, que tivera acesso a Gacy por um dia para examiná-lo, a fim de tentar refutar o depoimento de Cavanaugh e Reifman. Brocher diagnosticou Gacy como borderline no início de um processo esquizofrênico. Durante a entrevista, detectou raiva e ideias de grandeza, e observou que a atividade consciente de Gacy "parece um queijo suíço, cheia de buracos".

Quando a sessão foi retomada no período da tarde, Garippo foi informado de que Gacy queria fazer uma declaração e postergou a entrada dos jurados.

Ao que parecia, durante a pausa para o almoço, Gacy tinha ouvido notícias difundidas na imprensa sobre suas declarações anteriores. "Parece que tudo o que eu digo", ele disse ao juiz, "tem sido mal interpretado pela imprensa. E eu gostaria de deixar claro que não demiti meus advogados. Só não entendo tudo o que está acontecendo, e sou contra a alegação de insanidade porque eu mesmo não a compreendo direito."

"Todas as declarações que fiz sobre o que aconteceu", continuou, "já são bastante confusas pra mim, e eu acredito que na época assumiria culpa até pelo Massacre do Dia de São Valentim se me perguntassem".

Gacy acusou a imprensa de tirar tudo de contexto. Disse que gostaria de saber se tinha cometido os crimes, mas, apesar das trezentas horas de consultas médicas, afirmou que ainda estava confuso a respeito. "Embora eu não negue a prática do crime, eu não compreendo [...] por que aconteceu, e é por isso que não entendo o processo. Já fui chamado de tudo quanto é nome neste tribunal, e metade das vezes eu saio daqui sem saber quem eu sou — se sou uma cebola ou um pedaço de queijo suíço, normal ou louco."

Os policiais de vários departamentos, segundo Gacy, depuseram todos em causa própria. Os meios de comunicação, acusou, já o tinham julgado e condenado. "Não existe lugar onde eu possa ter um julgamento justo", reclamou.

"Creio que alguns dos melhores advogados do país estão aqui", continuou. "Eu entendo por que Bernard Carey não está aqui — porque não é qualificado. Mas, seja como for, todo mundo fica distorcendo as coisas como bem entende. Para mim, é como se estivessem jogando xadrez."

A petulância de Gacy tinha desaparecido. Ele agia motivado por desespero. Sua declaração era tão conveniente a sua própria causa — e em alguns pontos tão insincera — quanto todas as anteriores. Em atitude injustificável, chegou a desmentir que fosse amigo de Ron Rohde — uma declaração despeitada e absurda, considerando a despedida dramática na porta da casa de Rohde e o contato que os dois mantiveram enquanto Gacy estava no Cermak.

O incidente com Greg Bedoe, mencionado na carta anterior ao juiz, também tinha sido deturpado. Ao final de cada sessão, Gacy aguardava com o decoro apropriado a saída dos jurados. Mas, assim que eles punham o pé para fora do tribunal, recuperava a vivacidade e começava a rir e brincar com os advogados ou os meirinhos, ou fumava um charuto, que depois descartava com displicência no chão do tribunal. No dia anterior, depois de observar Gacy e se indignar com seu comportamento bufonesco, Greg lhe falou, rangendo os dentes: "Vai sorrindo enquanto pode, John", como quem diz que ele logo receberia sua sentença.

Quando os depoimentos foram retomados, Kunkle começou a inquirição da promotoria pedindo a Brocher que descrevesse os critérios legais de inimputabilidade por doença mental.

"De acordo com a lei de Illinois", respondeu Brocher, "insano é alguém que não é capaz de compreender a natureza de suas transgressões, porque...". Garippo o interrompeu, avisando que ele mesmo instruiria o júri quanto à definição. Kunkle perguntou a Brocher se concordava com a conclusão à qual o dr. Karl Menninger tinha chegado em seu livro *The Crime of Punishment* [O Crime da Punição], segundo a qual o lugar dos psiquiatras não é o tribunal — "Não é nossa esfera de atuação", escrevera Menninger.

Brocher disse que discordava, que sua experiência o havia convencido do contrário e "que a maioria dos profissionais de direito não entende de psiquiatria". Kunkle não fez mais perguntas.

Depois que Jack e Elaine Shields — colegas palhaços de Gacy — abonaram o caráter do réu, Amirante chamou para o banco das testemunhas Anthony De Blase, que o empreiteiro conhecia do Partido Democrata. De Blase falou do trabalho meticuloso de escrituração contábil realizado por Gacy quando era secretário-tesoureiro do Distrito de Iluminação de Norwood Park Township, e especulou que Gacy pudesse fazer jornadas de trabalho de até 23 horas. Os dois cogitaram a hipótese de montar um negócio juntos — uma discoteca —, mas a ideia não se materializou. Nas reperguntas, De Blase opinou que Gacy era mentalmente são.

⋯

Na sessão de sábado, 8 de março, a dra. Helen Morrison, psiquiatra, encerrou os depoimentos convocados pela defesa para refutar nossa tréplica. Diagnosticou Gacy com psicose mista ou atípica. Apesar do alto QI, ela observou, Gacy não tinha se desenvolvido emocionalmente; sua estrutura emocional como um todo era a de uma criança. Concluiu que Gacy padecia de psicose mista pelo menos desde 1958.

No contrainterrogatório conduzido por Egan, Morrison declarou que Gacy estava psicótico quando matou Rob Piest, e que não mudaria de opinião mesmo considerando que o réu tinha tratado de negócios no telefone após o assassinato e guardado o corpo para depois atirá-lo no rio Des Plaines.

"A senhora acredita que, dadas as circunstâncias, John Gacy teria matado Robert Piest se houvesse um policial uniformizado na casa com ele naquele momento?", perguntou Egan.

"Acredito que sim", respondeu a dra. Morrison.

Na ausência dos jurados, Gacy fez uma breve declaração ao tribunal. "Eu não acho que poderia acrescentar alguma coisa a algo que eu mesmo não entendo", avisou ao juiz, renunciando assim a seu direito de depor perante o júri.

KILLER CLOWN
RETRATO DE UM ASSASSINO
**TERRY SULLIVAN
PETER MAIKEN**

SEXTA SEMANA

Nossa última testemunha da área médica foi o dr. Jan Fawcett, chefe do Departamento de Psiquiatria do Rush-Presbyterian-St. Luke. Nós o convocamos na segunda-feira, 10 de março, com o objetivo de refutar os depoimentos de Brocher e Morrison. "Não se podia descartar amnésia, pelo que ele me falou", declarou Fawcett, "mas tive a impressão de que ele se lembrava de mais do que me dizia." Na opinião do psiquiatra, Gacy não sofria de doença mental, nem satisfazia os critérios legais de inimputabilidade. Fawcett observou que, ainda que aceitasse o diagnóstico de Brocher, não via "relação causal entre a hipótese diagnóstica e uma possível incapacidade do réu à época dos crimes de julgar o ocorrido ou controlar seu comportamento".

Indagado por Kunkle se via alguma base factual que apoiasse o diagnóstico de Morrison de psicose atípica, Fawcett respondeu: "Não, ele [Gacy] não apresenta características de psicose, portanto não pode apresentar características de psicose mista ou atípica". Para o médico, as inferências de Morrison não respaldavam a conclusão de que o réu não tinha consciência de seus atos ou era incapaz de controlar seu comportamento.

Em seu contrainterrogatório, Amirante chamou a atenção para o fato de que, a princípio, Fawcett foi abordado pela defesa para fazer uma avaliação psiquiátrica de Gacy. O médico se recusou a colaborar, mas se dispôs a fazer o exame por determinação do juiz.

Amirante tentava sugerir que Fawcett se negou a atender ao pedido dos advogados porque a vinculação à defesa de Gacy poderia ser ruim para a imagem do hospital, sobretudo no que se referia à arrecadação de fundos. Nas reperguntas, Kunkle revelou o real motivo da recusa.

Que diferença relevante Fawcett via entre ser um "colaborador do tribunal" e um psiquiatra contratado pela defesa?, perguntou o promotor. Como colaborador do tribunal, ele respondeu, evitaria assumir uma posição antagônica, pois seu relatório serviria para ambas as partes.

P. Não é isso que o sr. Amirante queria, não é?
R. Bem, ele queria que eu fosse testemunha particular, o que, como ele mesmo disse, significava que ele não precisaria usar meu laudo se não quisesse.
P. Em outras palavras, se o resultado não fosse o que ele esperava, ninguém além dele ficaria sabendo.
AMIRANTE E MOTTA: Protesto!

• • •

Nossa última testemunha foi um policial de Chicago que não tivera nenhuma relação com a investigação, e que durante aquele tempo estivera apenas fazendo seu trabalho em uma divisão, ao norte do Loop, especializada em acidentes de trânsito com omissão de socorro. Era o agente James Hanley, cujo nome Gacy usava nas "caçadas". Na verdade, apenas em parte: trocara o primeiro nome por "Jack", para o caso de alguma vítima suspeitar do disfarce de tira e se dar ao trabalho de checar. Ao descobrir que de fato existia um Hanley na corporação, a maioria desistia de levar o caso adiante, pois duvidava que fosse conseguir processar um policial pervertido.

Eu estava convencido de que o pseudônimo Hanley vinha de um policial de verdade, e investigadores procuravam por ele havia mais de um ano, mas, por algum motivo, o nome não aparecia no sistema. Nos dias finais do julgamento, tomei a determinação de encontrá-lo e, felizmente, consegui.

James Hanley testemunhou que trabalhava à paisana desde o final dos anos 1960. Seu primeiro contato com Gacy, a quem conhecia apenas como John, foi no segundo semestre de 1971, no restaurante Bruno's, ao qual às vezes ia com os colegas da polícia. Normalmente,

Hanley ficava conversando com eles, mas, de vez em quando, Gacy, que trabalhava no estabelecimento como chef de cozinha, vinha ao bar, e os dois se falavam.

Perguntei ao depoente como ele era chamado no restaurante.

"Pelo meu sobrenome", respondeu.

"Agente Hanley", prossegui, "que o senhor saiba, o réu alguma vez soube qual era seu nome de batismo?"

"Ele nunca soube meu primeiro nome." Segundo Hanley, depois de sair do Bruno's, Gacy sumiu de vista.

Na inquirição da defesa, Amirante perguntou: "O senhor não costuma andar pela Bughouse Square, costuma?"

"Não, senhor", respondeu Hanley.

"O senhor não é John Gacy, certo?"

"Não, senhor."

"Sem mais perguntas."

Depois que a testemunha foi dispensada, Kunkle dirigiu-se ao juiz: "Meritíssimo, restando pendente a aceitação de certos itens como prova, a promotoria encerra os trabalhos".

Depois de rápida conferência à parte com o juiz, Amirante anunciou que a defesa também fazia o mesmo.

Após a oitiva de uma centena de testemunhas, cujos depoimentos transcritos cobriram mais de 5 mil páginas, não apenas concluímos a instrução do processo, como, de acordo com muitos observadores, fizemos isso em tempo recorde. A apresentação das alegações finais seria no dia seguinte, e eu abriria os procedimentos. Naquele momento, estava com cólicas de nervosismo. Agradeço a John Gacy por ter me curado.

Logo após o fim da sessão, ele veio até mim com ares arrogantes, balançando um recorte de jornal que anunciava uma festa do Dia de São Patrício em um bar qualquer.

"Vejo você nessa festa, Terry", ele disse. "Não se esqueça de levar meu presente. Faço aniversário nesse dia, sabia?"

Eu poderia tê-lo golpeado com minha bengala irlandesa bem ali, mas, em respeito ao devido processo legal, fui aparar as arestas da minha argumentação final.

...

Embora as alegações finais só ocorram depois que as partes encerram a instrução do processo, há uma longa preparação envolvida, já que se apoia no próprio julgamento. Eu abriria para a acusação, e minha principal tarefa era implodir a tese da insanidade. No início do julgamento, Kunkle e eu elaboramos uma lista de itens que embasariam nossa ofensiva. Durante todo o processo, estudei as transcrições assim que ficavam disponíveis, sublinhando passagens de depoimentos, sobretudo as relacionadas à personalidade e ao comportamento de Gacy. A meu pedido, Larry Finder tinha produzido tabelas abrangentes para cada categoria, vinculadas aos testemunhos. Assim, tínhamos compilações de variadas fontes documentando diversas facetas dos hábitos e da personalidade de Gacy: credibilidade/arrogância, memória, força física, manipulação, inteligência, sanidade mental, hábitos de trabalho/sono/lazer, consumo de drogas/álcool, consciência de escolha, emoção/reação emocional, autocontrole/disciplina e, claro, algumas de suas falas memoráveis.

Durante o fim de semana, trabalhei no que parecia ser meu centésimo rascunho, e, no domingo à noite, Larry me fez uma visita e me ouviu ensaiar. Quando cheguei ao gabinete da promotoria na segunda-feira de manhã, estava convencido de que minha argumentação final não estava boa, e me sentei em um cubículo sem janelas, bastante deprimido, para revisar tudo outra vez. Larry passou por lá e me garantiu que o texto estava bom. Agradeci pelo gesto, mas, como ele nunca tinha atuado em um tribunal, não levei muita fé.

"Olha, o Beethoven também não gostou da Quinta Sinfonia", argumentou Larry. Por mais despropositado que pudesse parecer, o comentário me trouxe de volta à razão. Eu estava próximo demais do texto, e talvez já o tivesse revisado em excesso. O incentivo de Larry me colocou de volta nos trilhos.

"Hoje é 11 de março de 1980", eu disse aos jurados no tribunal lotado, porém silencioso. "Nesta quinta-feira, 13 de março, daqui a dois dias, John Mowery completaria 23 anos, se ainda estivesse vivo. Mas não está. Seu corpo foi descoberto embaixo da casa de John Gacy.

"No domingo, 16 de março", continuei, "Robert Piest faria dezessete anos. Mas o corpo dele foi encontrado no rio Des Plaines, o mesmo rio que ele limpou como voluntário antes de se tornar escoteiro."

"Na segunda, 17 de março", informei, "John Gacy vai fazer 38 anos... Antes disso, cabe aos senhores decidir se ele poderá ou não telefonar para um amigo como Ron Rohde e dizer: 'Ron, não te disse que ia sair? Derrotei o sistema outra vez.' Ou serão os senhores a dizer a ele, em alto e bom som: 'John Gacy, seus dias de caçada acabaram. Os garotos já não precisam ter medo de você'."

Procurei deixar claro que, apesar de refutarmos a alegação de insanidade, não estávamos dizendo que Gacy era normal. "Já houve outros casos de múltiplos homicídios", eu disse, "mas raras vezes, ou mesmo nunca, alguém agiu de forma tão fria, ardilosa e calculista, e por um período tão longo de tempo, quanto John Gacy. Não venho aqui defender, nem por um minuto, que ele seja normal. Não esperaria que acreditassem. Por isso digo logo, com toda franqueza, que nós o consideramos anormal. Mas ele ser anormal não significa que não saiba a diferença entre certo e errado. Se sabe, deve ser legalmente responsabilizado pelos seus atos. Há uma grande diferença entre ser anormal e legalmente insano." Afirmei ainda que tínhamos provado, sem possibilidade de dúvida razoável, que John Gacy cometera 33 assassinatos e era imputável pelos crimes. Defini como fraude pura e simples a tese da insanidade mental.

Mencionei a perseguição às vítimas, admitida pelo próprio Gacy, como exemplo de suas intenções, contrariando o retrato de fragilidade que os psiquiatras da defesa tentaram pintar. Para refutar a asserção de Motta, nas declarações iniciais, de que a memória de seu cliente era ruim, citei a afirmação da ex-mulher do réu de que o marido tinha memória de elefante, a indicação dada por ele do pilar exato da ponte de onde atirara os corpos e as lembranças detalhadas que constavam nos depoimentos por ele prestados. Descrevi a estratégia da defesa como simplista e ressaltei a "audácia de Rappaport de pensar que os senhores acreditariam na teoria de que John Gacy tinha perdido a razão 33 vezes ao longo de oito ou nove anos, mas *somente* nessas ocasiões, quando simplesmente *acontecia* de ele surtar".

Ressaltei também que Iowa era um marco importante: "O padrão adotado pelo réu em Iowa se repetiria mais tarde aqui em Illinois". Sua estada por lá também revelava muito sobre seu comportamento. "Lembrem-se: John Gacy conseguia se adequar às regras quando necessário. A penitenciária é um bom exemplo disso."

"Quando saiu da prisão, ele disse a um amigo: 'Clarence, nunca mais volto pra cadeia'. Sim, meus amigos, Gacy tinha aprendido bastante com suas experiências em Iowa. Era agora um ex-presidiário escolado, prestes a se reintegrar à sociedade, mas pouco tinha mudado, exceto em um aspecto: a determinação de nunca mais sofrer esse tipo de restrição. John Gacy se certificaria disso", lembrei, frisando que Gacy saiu da prisão muito bem informado sobre seus direitos legais.

Sobre as covas abertas no vão sob a casa, observei, "Gacy disse ter mandado cavá-las 'para usar como covas'. Se isso não é premeditação, eu não sei o que é. Eu pergunto aos senhores: quem cava buracos na expectativa de ter um surto psicótico?" Quando achou que o vão já estava cheio, Gacy tirou o carro da garagem e dirigiu até a ponte do rio Des Plaines, na Interstate 55, a mais de 100 km de casa. "São atos que revelam um esforço deliberado para não ser descoberto — atos de um homem mentalmente são."

À medida que a investigação do caso Piest avançava, continuei, Gacy agia como uma aranha enredada na própria teia. No primeiro dia, manipulou a polícia. Quando ligou perguntando se ainda precisava ir à delegacia prestar esclarecimentos, "queria descobrir se os policiais ainda vigiavam a casa. Como estavam na delegacia, soube que era o momento de se livrar do corpo. É ou não é uma mente calculista? Os senhores se lembram dos médicos da defesa dizendo que ele estava em surto esse tempo todo? Até parece!". Enfatizei a manipulação constante de Gacy, as mentiras e por fim o fato de que, ao ser confrontado com um mandado de busca, telefonou para o advogado. A teia se fechava. No entanto, a manipulação continuou na relação que Gacy buscou estabelecer com os agentes que o vigiavam. Em um momento ameaçava processá-los, em outro os ameaçava de morte, sempre enrolado na teia. Não parou de mentir e manipular nunca, até que viu que não tinha mais saída e disse: "Dave, eu quero esclarecer as coisas".

Mesmo durante a confissão, Gacy continuava tramando quando disse que existiam quatro Johns. "Foi o início de uma alegação falsa e premeditada de insanidade decorrente de personalidade múltipla. Mal sabia ele que todos os psiquiatras viriam a rejeitar essa hipótese."

"O que tudo isso revela?", perguntei ao júri. "Revela sem sombra de dúvida um homem que sabia o que estava fazendo. Sabia que o que estava fazendo era errado, mas fez assim mesmo e ainda encobriu os rastros." Recordei aos jurados que, indagado por Finder sobre a razão que o levara a libertar Donnelly depois de submetê-lo a torturas tão terríveis, Gacy respondeu: "Larry, se eu soubesse que Donnelly ia me dedurar pra polícia, teria mostrado a ele o truque da corda".

Fazia quatro horas que eu falava, e era visível que os jurados, embora atentos, aguardavam a conclusão. Além disso, deviam estar com fome. Em meu argumento final, expus o rastro de destruição deixado por Gacy. "Trinta e três garotos estavam mortos, e as vidas de pais, irmãos, irmãs, noivas, avós e amigos tinham sido destroçadas. Ainda que o réu tivesse deixado algumas vítimas tecnicamente com vida, tinham se tornado pouco mais que cascas vazias — os senhores as viram: talvez 'mortas-vivas' fosse a descrição mais adequada. John Gacy era responsável por causar mais devastação que muitas catástrofes naturais, e devia causar arrepios a qualquer um pensar o quanto ele esteve perto de escapar impune."

"John Gacy causou tristeza e sofrimento suficientes para perdurar um século. Graças a Deus foi detido", eu disse.

Olhei para ele. "John Gacy, você é o pior dos assassinos, pois suas vítimas foram os jovens, os despretensiosos, os ingênuos. Você é um predador de verdade."

Gacy recebeu minha declaração sorrindo e dando risadinhas. Eu prossegui, virando para ele sempre que dizia seu nome. "John Gacy, você roubou a dádiva mais preciosa que os pais podem dar: a vida humana. Por último, John Gacy, você apagou essas vidas como se fossem velas. Apagou para sempre a existência desses 33 garotos. São velas que não poderão ser acesas outra vez... por toda a eternidade."

Não deixei de apontar o comportamento de Gacy. "Os senhores viram como ele riu de mim", falei aos jurados. "Só os senhores podem dizer a ele, em alto e bom som: 'Nós nos recusamos a ser usados e manipulados por você, John Gacy'. Se decidirem absolvê-lo, lembrem-se de que onze corpos ainda aguardam identificação no necrotério de Cook." Parei para apanhar um maço de fotografias — 22 fotos coloridas, de 20 x 25 cm —, e me dirigi ao painel com os nomes das vítimas identificadas.

"Se forem absolvê-lo, façam isso a despeito do corpo nº 2, no qual o médico legista nº 1065 encontrou tecido na garganta. Branco, sexo masculino, 1,75 m, 68 kg. Visto pela última vez em 29 de julho de 1975 em Chicago, Illinois. Identificado em 29 de dezembro de 1978 como John Butkovich." Coloquei a foto de Butkovich no nicho correspondente.

"Se forem absolvê-lo, façam isso a despeito do corpo nº 29, examinado pelo médico legista nº 494. Tecido na garganta. Branco, sexo masculino, 1,65 m, 63,5 kg. Visto pela última vez no dia 6 de abril de 1976, em Chicago, Illinois. Identificado em 18 novembro de 1979 como Darrell Sampson, dezoito anos."

Continuei com Stapleton, Reffett, Bonnin, Rick Johnston, William Carroll, Gregory Godzik e os demais, até que 21 nichos estivessem preenchidos. Durante a apresentação, soluços doloridos quebravam o silêncio, e muitos familiares se levantavam e saíam transtornados.

Por fim, cheguei à última vítima. "E, senhoras e senhores, se forem absolvê-lo, que o façam por cima do cadáver nº 30, examinado pelo médico legista nº 231. Papel na garganta. Branco, sexo masculino, 1,72 m, 63,5 kg. Visto vivo pela última vez em 11 de dezembro de 1978, em Des Plaines, Illinois, identificado em 9 de abril de 1979 como Robert Piest. Estudante. Faria aniversário no domingo."

Com a foto de Piest, a "Galeria do Luto" estava completa. Os rostos dos 22 jovens, alguns sorrindo, outros fotografados em um momento de expectativa, encaravam o júri, congelados no tempo.

John Gacy era penalmente responsável e tinha cometido os crimes a ele imputados, eu disse aos jurados. Isso estava provado sem possibilidade de dúvida razoável. Gesticulei na direção das fotografias e, caminhando até o painel, apontei para cada uma das vítimas. "*Ele* foi assassinado. *Ele* foi assassinado. *Ele* também foi assassinado. E ele. E ele. E ele. E *ele* também. A justiça faz um apelo para que condenem John Gacy por assassinato... assassinato no pior grau!"

...

Sam Amirante fez uma argumentação final de caráter passional, ora eloquente, ora desconexa. Primeiro agradeceu ao júri, depois elogiou minha "argumentação final fantástica, brilhante e persuasiva", e por fim foi ao que interessava: refutar minhas declarações e os argumentos da acusação.

O sr. Sullivan, segundo ele, fez uma série de inferências, especulou bastante e pouco falou de provas. O advogado me acusou de me valer de manipulação para tentar ganhar a simpatia dos jurados e de fazer com que odiassem seu cliente.

"O sr. Gacy não é um homem perverso", disse Amirante. "Ele fez algumas coisas ruins. Mesmo assim, se esforçou ao máximo para ser bom. Tentou agradar o pai, e continuou tentando ao longo de toda a vida."

Amirante citou o exemplo de uma mulher acusada de ser bruxa, julgada em Salem, Massachusetts, em 1692. Depois que o júri a considerou inocente, os espectadores ficaram enfurecidos, bem como o juiz, que mandou os jurados deliberarem novamente. No final das contas, o júri retornou, considerou-a culpada, e ela foi enforcada. "Os jurados decidiram levados pela emoção", explicou Amirante, "e todos ficaram satisfeitos." Evitem a raiva e a vingança, aconselhou, e busquem compreender a realidade do réu, para que a morte das vítimas não tenha sido em vão. "Se vingança e compaixão pudessem trazer ao menos um desses garotos de volta, eu e o sr. Motta não hesitaríamos em nos juntar aos senhores para executar o sr. Gacy ou isolá-lo para sempre."

O advogado interpretou as interações de Gacy com a polícia de Des Plaines como atos "de um homem que deseja ser pego". "Ele não caiu na teia da polícia, e sim na própria teia", afirmou. "O sr. Gacy estava enredado na teia da própria mente, refém de si mesmo por muitos e muitos anos. As mortes tinham que parar."

Amirante ridicularizou a ideia de que Gacy tivesse planejado o assassinato de Piest, enfatizando que o empreiteiro nem sequer sabia o nome do jovem. "Foi o ato de um homem louco", argumentou, "um homem impelido por obsessões e compulsões perversas que não podia controlar. Por que Robert Piest?"

O advogado falou do que os médicos definiram como reação emocional inadequada. "Viram como ele reagia quando o sr. Sullivan o chamava de assassino, assassino, assassino? Ele ria. Ria! Ponham-se no lugar dele, naquela cadeira ali. Se alguém estivesse chamando os senhores de assassinos, e pedindo que fossem condenados por esse crime — os senhores ririam?"

Amirante contestou a ideia de que abrir as covas no vão sob a casa fosse exemplo de premeditação. O advogado me acusou de não dar a consideração devida à observação de Stein de que em treze casos a causa da morte não tinha sido estrangulamento, mas asfixia causada por algo enfiado na garganta das vítimas. Ou Gacy não se lembrava, especulou, ou não tinha sido ele, já que isso não condizia com seu padrão, não era o truque da corda. Por que, perguntou Amirante de forma retórica, havia tais inconsistências nas declarações do réu?

Amirante rememorou a história do cliente desde a infância, os problemas de saúde, o relacionamento com a família e amigos, a percepção que muitos tinham dele como um homem bom. "O sr. Gacy queria ser bom", garantiu o advogado. "Ele se empenhava ao máximo para ocupar todo seu tempo, pois sabia que havia essa doença feroz em sua mente, que não podia controlar."

Voltando-se para o testemunho das vítimas sobreviventes, o advogado de defesa tentou pôr em dúvida a credibilidade de algumas delas, como Antonucci, por só terem registrado queixa "depois que a história toda foi parar no jornal". Em seguida, se valeu da opinião dos psiquiatras, que "descobriram que [Gacy] era um homem muito perturbado, que sofria de obsessões graves e profundas e compulsões inconscientes". Amirante reconheceu que "nenhum deles podia voltar no tempo, até a hora e o lugar do fato ocorrido, e dizer aos senhores exatamente como tudo se passou. Não sei nem se o próprio sr. Gacy poderia lhes dizer isso. Obviamente, não pode. As declarações dele são tão inconsistentes [...], um ritual de amarrar uma corda no pescoço de alguém, que no entanto não condiz com as provas materiais encontradas pelo médico legista. Acho que nem o próprio sr. Gacy poderia lhes dizer. A questão é: nenhum deles tem uma bola de cristal". Os jurados, sugeriu, "eram os únicos que podiam decidir". "Se o dr. Heston tivesse cumprido seu dever em 1968", afirmou, "se tivesse prestado atenção aos sintomas psiquiátricos, o sr. Gacy não estaria aqui hoje, e aqueles 22 garotos ainda estariam vivos. Heston está aqui porque não cumpriu seu dever em 1968. [...] Se meus filhos, ou os filhos e netos dos senhores, vierem a ser vítimas desse tipo de doença, deveremos então abaixar a cabeça envergonhados por termos ignorado o fato de que este homem sofre de um grave e profundo transtorno mental. Se fecharmos os olhos, jamais saberemos. Vamos olhar para trás e dizer que não cumprimos nosso dever neste tribunal. Deveriam ter estudado este homem.

"Usem o bom-senso. Se o sr. Gacy era capaz de controlar seus atos, se tinha tanto medo de ir para a cadeia, por que não parou? Meu palpite é que ele não parou porque não conseguia.

"Um homem não precisa ser um monstro de olhos esbugalhados para ser mentalmente insano. Pode estar no meio de nós, e esse tipo é o mais perigoso." Amirante sugeriu que, quinze meses antes, Gacy poderia ter presidido um júri.

"É assustador: um vizinho, um irmão, um amigo, um homem com uma doença tão profunda, obscura e insidiosa, e ninguém consegue enxergar."

Por que Gacy foi à farmácia Nisson?, questionou o advogado. "Para buscar a agenda dele — e acabou matando Robert Piest. Estamos falando de premeditação ou compulsão? Um homem que colecionava corpos, morava com eles, não ficava nervoso na presença da polícia: É assim que age um homem mentalmente são?".

Amirante começou a ler trechos de *O Médico e o Monstro*, de Robert Louis Stevenson, intercalando a leitura com palavras que Jeffrey Rignall usara para descrever Gacy. Os nomes Jekyll e Hyde, ouvidos com frequência nos depoimentos, eram também "palavras muito usadas na casa de John Gacy [quando era] criança". Amirante citou as palavras do dr. Jekyll: "Se sou o maior dos pecadores, sou também a maior das vítimas. Meus dois lados eram totalmente sinceros".

"De verdade, John Gacy é o médico e também o monstro", disse Amirante, "não importa os termos psiquiátricos que se queira usar. Ele é a personificação desse romance, escrito em 1886. Foi um homem muito bom e também muito ruim, e seu lado ruim é a personificação do mal."

Um homem que mata 33 pessoas, continuou o advogado, é insanamente mau. Gacy, entretanto, "não queria ter feito o que fez. Não conseguia se controlar. Qual o certo a se fazer? Responsabilizá-lo ou dar o primeiro passo para estudá-lo e tentar impedir que algo assim se repita?

"Por Deus, senhores e senhoras membros do júri, deem o primeiro passo! Façam a coisa certa. Ao tomarem uma decisão, não se deixem levar por ódio, vingança, paixão e medo. Mantenham o compromisso com a lei.

"Se olharem o quadro geral, verão que a promotoria não cumpriu com o ônus de provar, sem possibilidade de dúvida razoável, que o sr. Gacy é mentalmente são. Esperamos que cheguem a um veredito de absolvição por insanidade. Nosso trabalho agora está quase terminado, mas o dos senhores está só começando."

• • •

Bill Kunkle fez apenas duas promessas em sua argumentação final, na quarta-feira de manhã: "Não vou falar tanto quanto o sr. Sullivan — e talvez nem tão bem quanto ele. Além disso, espero não ser tão ruidoso quanto o sr. Amirante".

"O sr. Amirante lhes pediu que não julgassem com compaixão", prosseguiu. "Os senhores não devem julgar com compaixão. Tampouco devem ter compaixão pelo réu."

Kunkle reiterou que Gacy tinha matado sabendo o que fazia e definiu a defesa como uma farsa: "Não há prova que sustente a insanidade do réu no momento dos crimes, a não ser os próprios crimes". Segundo afirmou, as teorias psicanalíticas apresentadas pela defesa eram essencialmente deterministas. "Quando se analisa bem, o que realmente estão dizendo é que ninguém é responsável pelas ações do réu. A sociedade não pode funcionar dessa forma."

Kunkle dirigiu a atenção para as testemunhas da área médica. "O dr. Rappaport. Por um dia e meio, os senhores assistiram a uma palestra de introdução à psicologia. Mas o que ele disse sobre causalidade? O que o dr. Rappaport se dignou a dizer de factual sobre os assassinatos para defender sua teoria? Nada." Freedman, observou o promotor, empregou termos inexistentes na referência padrão utilizada pelos tribunais e não emitiu nenhuma opinião sobre a questão da sanidade mental. O dr. Brocher desconhecia o que dizia a lei de Illinois sobre o assunto. E a dra. Morrison era campeã em "amarrar parágrafos, frases e palavras compridas".

"Ela diz que John Gacy mataria mesmo com um policial do lado. Se é assim, por que Gacy não matou Piest bem no meio da farmácia Nisson?", questionou. "Se é assim, por que não atropelou Butkovich em plena rua? Não foi assim que ele agiu. Ele levou as vítimas até sua casa, usando de coerção ou logro, e cometeu os assassinatos naquele lugar privado e infernal. Depois, tratou de encobrir as provas. E foi assim que ele agiu 33 vezes. Nunca matou ninguém em público. É bastante conveniente que o réu só tenha tido essas compulsões na intimidade de sua casa às duas ou três da madrugada."

O promotor defendeu o testemunho do dr. Heston, que tivera a rara oportunidade de observar o réu ainda em Iowa, antes dos assassinatos. Destacou o comentário ofensivo de Amirante, segundo o qual, se Heston tivesse cumprido seu dever, as vítimas estariam vivas. "O dr. Heston fez um exame aprofundado e constatou que o réu era exatamente quem é hoje, um indivíduo antissocial, um psicopata, alguém que comete crimes sem remorso. E avisou que esse cara não vai melhorar com tratamento social nem psiquiátrico. Que o melhor a fazer é trancafiá-lo na cadeia e não o tirar de lá. Heston cumpriu seu dever. Avisou o que aconteceria. E aconteceu. Mas o deixaram sair."

Kunkle questionou por que a defesa, embora admitisse que o réu não sofria de problemas neurológicos, insistia em falar sobre o balanço que atingira Gacy na cabeça, apagões e supostas crises epilépticas. Segundo ele, "tudo não passava de uma cortina de fumaça". Não havia nenhuma evidência desses problemas de 1963 em diante. "Os senhores conseguem imaginar o réu se contorcendo no chão em uma crise epiléptica enquanto dava três nós em uma corda?"

Quanto ao apelo de Amirante para que John Gacy fosse estudado em vez de morto, Kunkle disse que haveria tempo para estudos enquanto os recursos tramitavam. "Se querem estudá-lo, tudo bem, mas isso não tem nada a ver com o veredito."

Kunkle definiu como "completo disparate" a alegação de que Gacy desejava ser contido. "Se ele tivesse tido um surto psicótico curto, voltado à realidade e encontrado corpos no chão de casa, bastaria ligar para a polícia, para o hospital, para um psiquiatra, para o Departamento de Saúde Mental, para um amigo, para Ron Rohde, para a esposa. Gacy não fez nada disso. Não queria ser pego. Se queria ser descoberto por Kozenczak, em 12 de dezembro, por que não o levou ao sótão e mostrou o corpo? Quando convidou os policiais para entrar, sentar e bater um papo, por que não lhes entregou uma pá?"

"Por que o réu decide finalmente abrir o jogo?" ele questionou. "Porque sabe o que vão encontrar. Ele não tem amnésia. Sabe onde estão todos os corpos. Desenhou um mapa." Mas o réu nunca mostrava mais cartas que o necessário. "O sr. Gacy disse [aos policiais] o que já sabiam, o que queriam ouvir. Contou apenas o que queria contar, nada mais."

O promotor admitiu que Gacy talvez não tivesse voltado à Nisson com o objetivo específico de abordar Rob Piest, mas, quando o garoto apareceu, viu "uma oportunidade". "John nunca deixava passar uma oportunidade, a não ser, quem sabe, quando o porta-malas dele já estivesse cheio a caminho do rio."

Kunkle fez uma exposição detalhada da localização das sepulturas e a sequência em que as vítimas morreram. Depois, retomando o tema de do dr. Jekyll e do sr. Hyde, introduzido por Amirante, lembrou ao júri como o protagonista do romance de Stevenson passou a gostar do poder que ganhava ao tomar a poção e se transformar em Hyde, "o poder de brincar de Deus, o poder de decidir quem vive e quem morre". Gacy também buscava esse poder supremo, afirmou. "Ele podia torturar as vítimas até estarem a segundos de morrer e então exercer o poder divino de deixá-las viver."

"Não estamos pedindo para terem compaixão", defendeu Kunkle, dirigindo-se ao painel e começou a retirar, uma a uma, as fotos das vítimas. "Não importa o que façam, os senhores não poderão trazer essas vidas de volta", falou, brandindo as fotografias na mão. Seu rosto ia ficando vermelho conforme se encaminhava para o clímax da argumentação.

"Não ajam por compaixão", bradou. "Ajam por justiça! Mostrem a mesma compaixão e piedade que *esse* homem mostrou quando pegou *estas* vidas e as colocou *ali*!"

Kunkle atirou a pilha de fotografias dentro da goela escancarada da portinhola do vão, montada no centro do tribunal. A julgar pelos suspiros de espanto da plateia, era seguro dizer que Bill tinha transmitido claramente sua mensagem.

• • •

Depois que Kunkle concluiu sua argumentação implorando aos jurados que cumprissem o juramento de representar "a consciência" do povo de Illinois, o juiz Garippo ordenou o fechamento do recinto enquanto instruía o júri. O objetivo dessa exposição é garantir que os jurados observem a lei ao deliberar. Abrange desde a reiteração de princípios constitucionais até diretrizes sobre como lidar com a papelada necessária. O juiz esclareceu questões como credibilidade da testemunha, ônus da prova, critério de inimputabilidade, crime de homicídio e de conduta sexual desviante, e a assinatura dos veredictos. Em razão da grande quantidade de material, o júri deliberaria a portas fechadas dentro do próprio tribunal, onde as provas ficariam expostas. No início da tarde, Garippo suspendeu a sessão. O veredicto sobre cada uma das 35 acusações deveria ser unânime, e só havia três possibilidades: culpado, inocente, ou inimputável por doença mental.

Fomos cercados por repórteres em nossa caminhada até as salas que ocupávamos no prédio adjacente, mas havia pouco a dizer; já não estava mais em nossas mãos. Eu acreditava que tínhamos apresentado provas e argumentos sólidos, mas júris estão sujeitos a uma quantidade muito grande e variável de fatores, e por isso são imprevisíveis. Fiquei aliviado com o fim da maratona, e grato por ter um descanso que poderia durar vários dias enquanto os jurados deliberavam.

Naquela tarde, fomos a um barzinho no fim da rua que servia como ponto de encontro de quem frequentava o fórum, e onde, após o horário do almoço, só se podia entrar batendo na porta dos fundos. O local estava apinhado de repórteres e espectadores. Os advogados de Gacy também estavam lá. Defesa e promotoria se congratularam pelo bom trabalho, ritual comum após o enfrentamento no tribunal. Eu estava terminando minha primeira cerveja, quando o bartender anunciou: "O júri voltou".

Minha primeira reação foi pensar: "O que deu errado?". O júri tinha deliberado por menos de duas horas! Pelo menos estava claro que não houvera discordância. Depois de todo nosso trabalho, talvez eles tivessem acreditado na defesa psiquiátrica, justamente como temíamos no início do julgamento, quando ouvíamos com frequência: "Acho que o cara é pirado".

A multidão no tribunal estava silenciosa e tensa. Antes de chamar o júri de volta, Garippo advertiu aos espectadores que quaisquer manifestações visíveis poderiam prejudicar a atuação do júri na eventualidade de terem que se reunir novamente. Gacy, sentado com os advogados, mantinha o rosto inexpressivo. Os jurados entraram em fila no tribunal e retomaram os lugares.

"Sr. presidente do júri", perguntou Garippo, "o júri assinou 35 vereditos?"

"Sim, assinamos", respondeu o jurado Ronald Geaver.

"O senhor poderia por gentileza entregá-los ao meirinho, que vai repassá-los ao escrivão?", pediu o juiz. "Os vereditos estão em ordem. O senhor poderia lê-los, por favor?"

O escrivão, de pé à direita do juiz e de frente para o tribunal cheio, começou a ler:

"Nós, o júri, julgamos o réu, John Wayne Gacy, culpado do assassinato de Robert Piest." Terminava o suspense. Todos na mesa da acusação apertaram as mãos, exultantes. "Graças a Deus", pensei.

"Nós, o júri, condenamos o réu, John Wayne Gacy, pela prática de ato libidinoso contra o menor Robert Piest."

"Nós, o júri, declaramos o réu, John Wayne Gacy, culpado do assassinato de John Butkovich."

O escrivão continuou a leitura dos vereditos para as outras 32 acusações. Algumas vítimas foram chamadas pelo nome, outras designadas apenas pelo número atribuído pela polícia de Cook. O júri declarou John Gacy culpado de todas as acusações.

Voltando-se para o presidente do júri, Garippo perguntou: "Ronald Geaver, o senhor ouviu todos os vereditos lidos pelo escrivão?"

"Sim", respondeu Geaver.

"Foram esses os veredictos proferidos pelo júri?"

"Sim."

"O senhor confirma esses veredictos?"

"Sim."

O juiz questionou da mesma maneira, um por vez, os jurados Mabel Loudenback, Dean Johnson, Bernard Lindberg, Lorraine Haavisto, David Osborn, Glenn A. Seiverston, Melvin Schmall, Pearl Christiansen, Charles Hansen, Evelyn Gustafson e Rose Putnam.

John Gacy passou a gozar, naquele momento, da singular notoriedade de ser a pessoa com mais condenações por homicídio na história dos Estados Unidos. No entanto, mesmo assim não se dobrava. Enquanto o levavam do tribunal, deu uma piscadinha para um policial. Não importava. Era hora de finalizar nossos argumentos a favor da pena de morte.

• • •

Voltamos a nos reunir às 13h30 de quinta-feira, 13 de março, com o propósito de fixar a pena de John Gacy. Pleiteamos pena de morte em doze dos casos, que se referiam aos assassinatos ocorridos após 1977, quando entrou em vigor a nova lei de Illinois sobre a pena capital. A defesa apresentou imediatamente dois requerimentos para declarar a inconstitucionalidade da legislação, que foram negados pelo juiz. Amirante sustentou que os assassinatos haviam começado antes de a lei entrar em vigor e se sucederam "ritualmente" como uma operação contínua. Garippo retrucou que o fundamento de sua decisão de consolidar as acusações nada tinha a ver com eventuais constatações de que os assassinatos foram "uma operação contínua". O advogado, então, alegou que Gacy "foi efetivamente privado do direito a ser internado em uma instituição de saúde mental antes do julgamento". Garippo continuou a negar todos os pedidos da defesa.

O passo seguinte da defesa foi tentar dissolver o júri, que, segundo Amirante, "estava claramente predisposto a condenar o réu". O advogado argumentou que era "inconcebível" que os jurados tivessem examinado todas as provas e discutido o mérito do processo durante o breve tempo em que estiveram reunidos. Se já tinham se decidido de antemão com relação à culpa, o mesmo poderia ocorrer com relação à pena de morte. Garippo indeferiu o pedido de impugnação por ausência de justa causa. Se tivesse aceitado, os jurados seriam dispensados, um novo júri seria escolhido, e o longo processo de apresentação de provas recomeçaria do zero. Era um alívio não precisar passar por isso.

Chegou o momento em que a defesa poderia optar entre ir a júri outra vez, em uma audiência sobre a pena de morte, ou deixar a fixação da pena nas mãos do juiz. Os advogados escolheram o júri, uma estratégia adequada, pois bastava um dissidente no grupo de doze pessoas para que John Gacy escapasse da cadeira elétrica. O juiz mandou chamar os jurados.

Garippo instruiu os doze jurados a respeito do estatuto da pena de morte e informou que seria necessário deliberar sobre duas questões. A primeira era se a promotoria havia provado, sem possibilidade de dúvida razoável, a presença de circunstância agravante. O juiz explicou que a promotoria tinha apresentado, a título de prova, as doze condenações por homicídio doloso. Em seguida, explicou Garippo, "se os senhores decidirem, por unanimidade, que não há circunstâncias atenuantes suficientes que impeçam a imposição da pena morte, deverão assinar um veredito orientando o juízo a fixar essa pena".

Coube a mim apresentar as alegações iniciais da promotoria. "Durante o julgamento", eu disse aos jurados, "os senhores estiveram cara a cara com um homem acusado de assassinato, um suposto assassino. Hoje, estão cara a cara com um assassino condenado. Seus vereditos despedaçaram o véu de inocência que cobria John Gacy."

"As provas mostram que John Gacy é pura e simplesmente um indivíduo antissocial", argumentei. "A única conclusão possível é que ele só vai matar mais e mais se os senhores assim permitirem."

"As provas também mostram que Robert Donnelly implorou para viver", lembrei. "Eu peço que se lembrem da tortura, dos atos horríveis de um animal sádico. Por favor, lembrem-se de como ele deixou Robert Donnelly à beira da morte e o levou a suplicar: 'Vai, me mata e acaba logo com isso'."

"Pensem em Robert Piest à luz do que contou Robert Donnelly", sugeri. "A angústia tremenda que passou pela cabeça dele quando percebeu que estava imobilizado pelas algemas. O instante fugaz em que teve a certeza de que iria morrer, o medo terrível que tomou seu corpo da cabeça aos pés, as lágrimas brotando e depois escorrendo pelo rosto conforme ele via a corda diante dos olhos arregalados. O assassino condenado de outros 32 jovens arrancou brutalmente o último suspiro do peito de um jovem inocente de quinze anos de idade. Não dá quase para ouvir cada um desses 33 garotos implorando pelas próprias vidas? Quem mais merece a pena de morte?"

Em sua declaração inicial, Motta afirmou que não via o veredito condenatório como uma negação do fato de que o réu sofria de uma profunda perturbação mental e emocional. "A questão, agora, não é se essa perturbação emocional é suficiente para absolver o réu por insanidade, mas sim se tais distúrbios constituem razão suficiente para não o condenar à morte."

Motta advertiu os jurados sobre as consequências de assinar os próprios nomes "em um veredito que vai colocar o réu na cadeira elétrica para ser fritado, porque colocar o nome no veredito é apertar o botão". Kunkle protestou, e Garippo acatou.

"Será que não há um só de vocês que discorde desse costume cruel e bárbaro [...] [Objeção/Acatada] [...] Peço a vocês, senhoras e senhores do júri, para colocar um ponto final nisso. Peço que deixem meu cliente viver. Peço que permitam que ele continue existindo numa cela de 2 x 3 m pelo resto da vida."

Depois da provocação de Motta, Bob Egan buscou tranquilizar os jurados, lembrando que eram apenas uma peça na engrenagem do sistema de justiça. "Não vamos esquecer o homem de terno verde logo ali, porque muito tempo atrás, antes que eu ou os senhores tivéssemos conhecimento dos fatos aqui revelados, antes que pudéssemos imaginá-los, John Gacy colocou para funcionar as engrenagens pelas quais condenou a si mesmo. Ele fez por merecer, com suas próprias ações, a pena de morte. Os senhores estão apenas lhe permitindo que siga pelo caminho que ele mesmo traçou."

Nas alegações finais da defesa, Amirante disse aos jurados que eles tinham obedecido à lei até aquele momento e que esperava que continuassem. Afirmou ainda que tinha dois filhos jovens e que não desejava que caíssem nas garras de alguém como seu cliente.

"A nossa defesa, desde o início, se baseou no que se poderia chamar de agravante e atenuante", explicou. "Não achamos que Gacy deveria estar livre. Acreditamos que o lugar dele é em uma instituição de saúde mental, pelo resto da vida." Amirante pediu que o cliente se levantasse.

"Olhem para John Gacy. Os senhores já ouviram diversos relatos a respeito dele, bons e ruins", disse o advogado. "Mas nada muda o fato de que ele é e sempre será um ser humano. Ele nasceu como nós. Teve pai e mãe. Cresceu. Em algum ponto, por alguma razão, algo deu errado. Deus é o único que pode julgar a alma corrompida desse homem."

"Estão pedindo aos senhores para condená-lo à morte", continuou. "Será que isso faz sentido? Como podemos condenar um homem por matar alguém e, logo depois, matá-lo nós mesmos? Somos um grupo de John Gacys?" Amirante declarou que era impossível conter um múltiplo homicida e pediu pena de prisão. "Surgirão outros lá fora. Guardem minhas palavras!"

"Na opinião dos senhores", disse Kunkle na réplica, "a perturbação emocional demonstrada pelo réu quando deixou Robert Piest sufocando até a morte e saiu para atender ao telefone e tratar de negócios configura impedimento suficiente à imposição da pena de morte? Ainda mais quando ele era a 33ª de 33 vítimas?

"'Vamos poupar a vida dele... ele é um ser humano... estamos pedindo que façam com John Gacy o mesmo que ele fez com as vítimas'. Que absurdo! Por acaso estamos pedindo aos senhores que peguem um homem inocente e o torturem com as próprias mãos, cordas ou instrumentos de perversão sexual e tortura? Não. Só estamos pedindo que obedeçam à lei de Illinois. John Gacy não é um homem inocente.

Não é um ser humano como eu, os senhores e o sr. Amirante. É um assassino condenado."

"Vou ser honesto com os senhores", continuou o promotor. "Na qualidade de cidadão do estado de Illinois, não quero pagar o aluguel desse sujeito pelo resto da vida dele."

"Protesto, Meritíssimo", disse Motta, irritado. "Que o sr. Kunkle aperte o botão, então."

"O que o réu vai fazer para se sentir motivado", questionou o promotor, "quando souber que não vai receber liberdade condicional antecipada? Quem vai ser a próxima vítima dele? Um presidiário, um jovem presidiário, um guarda?"

"Se a pena de morte não se aplica a este caso", concluiu, "então não existe pena de morte em Illinois. Este caso clama por justiça, não só com as vozes de 33 mortos, mas com as vozes de 33 famílias e com as vozes de cada cidadão do nosso estado, que dizem: 'Chega, John Gacy. Chega!'"

Em seguida, Garippo instruiu o júri, explicando que, se o veredito fosse de prisão, Gacy seria condenado a uma pena não inferior a vinte anos e não superior a quarenta anos por crime. O juiz acrescentou que, em geral, os prisioneiros cumpriam cerca de metade da pena fixada.

O júri começou a deliberar mais uma vez. Faltava uma semana para o equinócio da primavera, e o sol poente brilhava com um fulgor laranja e dourado através das janelas no lado oeste de nosso gabinete. Lá embaixo, as sombras se alongavam sobre os pátios e muros do complexo penal. Nos corredores de mármore do fórum, a imprensa e uma multidão de espectadores aguardavam.

Às 18h30, depois de pouco mais de duas horas de intervalo, fomos chamados de volta. O júri chegara a um veredito.

De pé diante do banco dos réus, ladeado pelos dois advogados, John Gacy ouviu o veredito lido pelo escrivão.

> Nós, o júri, declaramos que o réu, John Wayne Gacy, era
> maior de dezoito anos à época dos crimes e foi condenado
> pelo homicídio doloso dos seguintes indivíduos:
> Matthew H. Bowman, Robert Gilroy, John Mowery, Russell O. Nelson, Robert Winch, Tommy Bolin, David Paul Talsma, William Kindred, Timothy O'Rourke, Frank Landingin, James Mazzara e Robert Piest.
> Declaramos que esses assassinatos ocorreram após 21 de junho de 1977.
> Por fim, decidimos por unanimidade que este
> tribunal deve condenar o réu à morte.

Uma onda de suspiros de alívio percorreu a sala.

Depois de confirmar o veredito com os jurados, Garippo sentou e se dirigiu a eles com gentileza, expressando gratidão e reconhecimento pelas contribuições prestadas. Explicou por que tinha ido a Rockford escolher o júri e cumprimentou a todos pela forma como ajudaram o condado a resolver os próprios problemas. Declarou que a boa-vontade deles em fazer sacrifícios pessoais era "inspiradora".

"Há alguns meses", continuou Garippo, "um grupo de promotores de outro país esteve aqui e não entendeu como era possível, nos Estados Unidos, julgarmos alguém preso nesse tipo de situação. Muito se falou dos custos deste processo. Eu não sei quanto custou. Mas, seja qual tenha sido o custo... é um preço pequeno...". A voz do juiz ficou embargada; ele abaixou a cabeça por um momento e enxugou os olhos antes de continuar. "Minha voz está falhando porque eu realmente sinto, com toda sinceridade, que este é um preço pequeno a se pagar pela nossa liberdade."

"O que fazemos pelos John Gacys", disse, agora com a voz firme, em tom decidido, "fazemos por todo mundo."

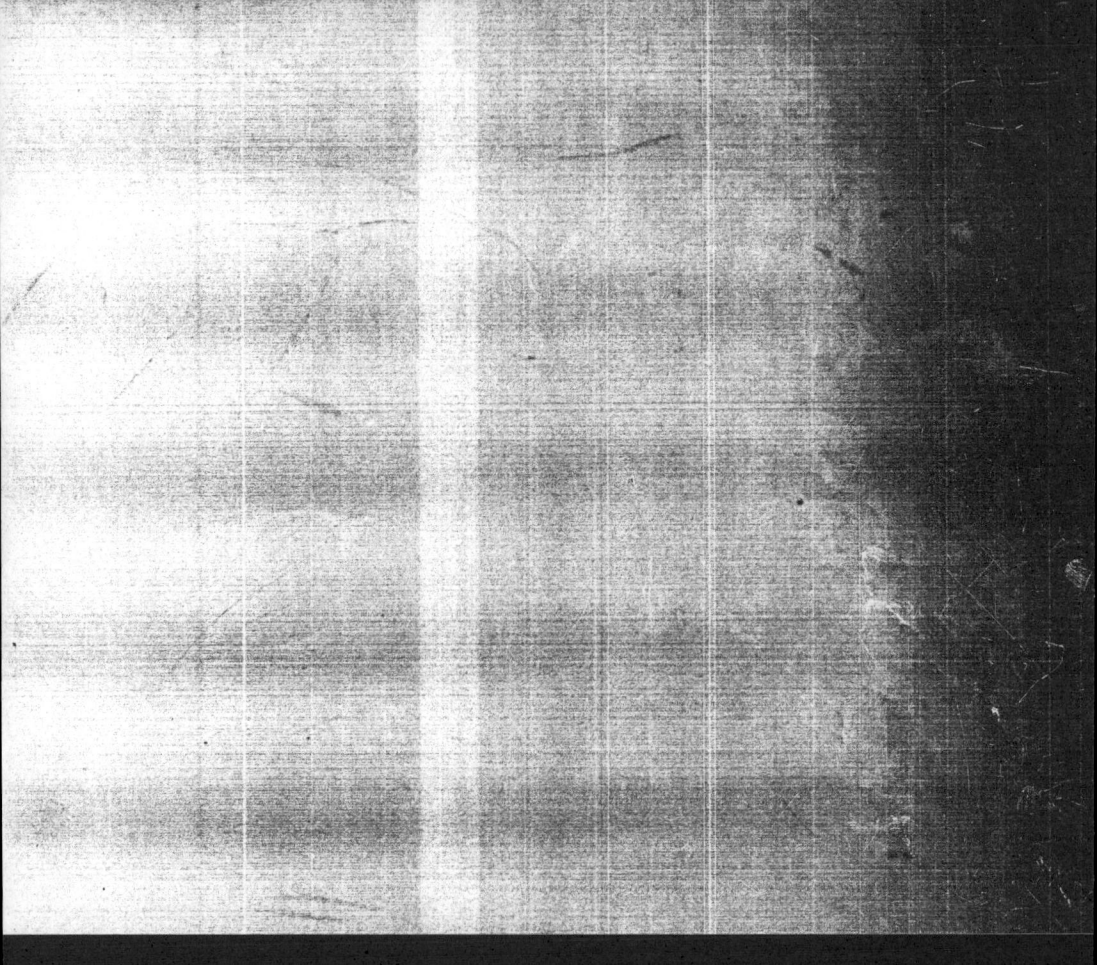

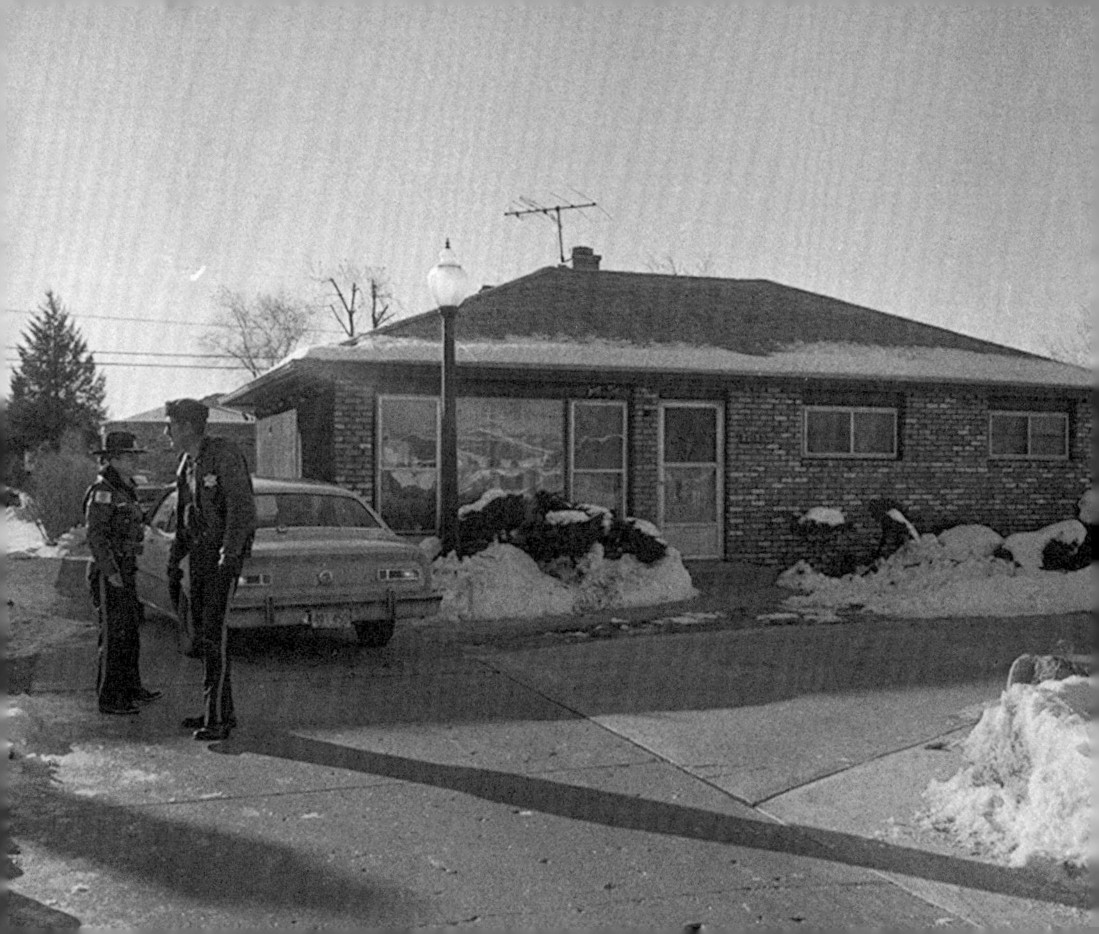

ATUALIZAÇÃO DE 2012
REFLEXÕES E TEORIAS

KILLER CLOWN

RETRATO DE UM ASSASSINO

TERRY SULLIVAN
PETER MAIKEN

Olhar para trás
para seguir em frente

Em 13 de março de 1980, John Wayne Gacy foi condenado à morte pelo assassinato de 33 pessoas, entre jovens e adolescentes. Gacy passou quatorze anos no corredor da morte. No dia 10 de maio de 1994, o homem conhecido como Palhaço Assassino foi executado com uma injeção letal no Stateville Correctional Center, um presídio estadual de segurança máxima perto de Joliet, Illinois. No entanto, passados tantos anos, ainda restam perguntas sem resposta. Há outras vítimas espalhadas por aí? Gacy agia mesmo sozinho? O que as provas de DNA ainda poderão revelar? O caso será encerrado algum dia?

Decidi lançar um olhar ao passado e refletir sobre aquela época de minha vida. Enquanto continuava cuidando dos processos relacionados aos assassinatos, percebi que levaria esse caso comigo para sempre. Digo frequentemente que não quero o nome Gacy inscrito na minha lápide. Porém, ao pensar no assunto, compreendi que estaria ligado a esse caso — e a esse homem — pelo resto da vida.

Processei John Wayne Gacy. Integrei a equipe que interrompeu a carreira de um dos assassinos em série mais mortais da história dos Estados Unidos. Embora sua execução tenha ajudado alguns a retomar a vida, outros jamais se recuperariam. Assim, concluí que olhar para trás era a única maneira de seguir em frente.

Entrei em contato com alguns ex-colegas de caso. Quase não dormíamos naquela época. Trabalhávamos em um escritório minúsculo, com mesas emprestadas. Não tínhamos orçamento, nem orientação efetiva e, com toda a certeza, o tempo não estava a nosso favor. Um erro, e tudo poderia ter ido por água abaixo. No fim das contas, claro, pegamos Gacy e o levamos à Justiça. Voltamos para casa com a satisfação de saber que ele jamais voltaria a matar.

...

Quando, anos atrás, me sentei pela primeira vez com Peter Maiken para escrever *Killer Clown Profile: Retrato de Um Assassino*, eu não tinha bola de cristal. Não havia como olhar para o futuro e imaginar que, tanto tempo depois, ainda haveria interesse pelo caso. Entretanto, o fascínio por Gacy nunca cessou.

Trata-se de um crime da vida real. Aqueles assassinatos não são ficção. Aconteceram de verdade. Esse caso sempre fará parte da história de Chicago e dos Estados Unidos. As pessoas sempre vão querer saber o que movia Gacy. Eu compreendo.

Na minha opinião, no entanto, John Wayne Gacy já recebeu atenção suficiente nos anos que se seguiram aos crimes. Era hora de conhecer os homens que conduziram a investigação. Eu queria mostrar o que uniu nossa equipe. Estava curioso para descobrir quais lembranças esses homens guardavam de Gacy. Queria saber como o caso afetou suas vidas. Cada um tinha suas próprias considerações e teorias para compartilhar. Apesar de termos seguido caminhos diferentes, continuamos amigos ao longo dos anos. Tínhamos histórias diferentes a contar. Abaixo estão algumas delas. Tudo começou após a condenação de Gacy.

Depois do veredito

Durante todos esses anos, me perguntam como foi o dia em que o veredito de Gacy foi anunciado. Eu estava ansioso? Estava esgotado? Estava, todos estávamos. Claro que experimentei muitos sentimentos naquele dia. Mas a primeira coisa que sempre me vem à cabeça é meu pai, John Tully.

Ele veio de Roselle, New Jersey, para assistir às alegações finais. Era a primeira vez que meu pai ia ao Fórum Central de Chicago acompanhar um julgamento. Seu plano era ficar hospedado na minha casa por um tempo, pois tínhamos certeza de que o júri passaria pelo menos alguns dias deliberando.

Concluídos os procedimentos, fomos a um bar. Como de costume, após o julgamento de ações penais na 26th Street, todo mundo ia ao Jean's. Era um lugarzinho incrível, onde era necessário entrar pela porta dos fundos, embora eu nunca tenha entendido por quê. Meu pai pediu uma bebida e não demorou a se entrosar. Ele era muito simples e logo fez amizade com todos os policiais presentes. Escolheu um lugar perto da porta. Em pouco tempo, estava fazendo graça com todos no bar. Era ele pegar no pé de alguém e, num piscar de olhos, todo mundo estava rindo.

Após algumas bebidas, a campainha tocou. Quando "a campainha" tocava no Jean's, significava que o júri estava de volta. Sempre avisavam ao bar, porque todos sempre estavam lá: policiais, promotores, defensores públicos, todo mundo. Então, quando ouvimos o alerta, ficamos confusos. Menos de duas horas tinham se passado. Não sabíamos se havia outro julgamento acontecendo. Foi quando alguém anunciou: "O júri do caso Gacy voltou".

Não sei se cheguei a reparar naquela hora, mas hoje lembro com clareza a expressão no rosto de meu pai. Ele — que era mais baixo que eu — levantou os olhos para mim e perguntou: "O que essa campainha quer dizer?".

"O júri voltou, pai."

"Já?", ele perguntou, claramente surpreso.

Eu assenti.

Papai tinha acabado de pedir um Martini. A azeitona ainda estava na taça! Ele sacudiu negativamente a cabeça e disse: "Bom, Charlie, isso não é justo". Meu pai chamava todos os filhos de 'Charlie', em referência ao Charlie Brown da turma do Snoopy. O apelido pegou. Batizei até meu cachorro de Charlie.

Naturalmente, largamos as bebidas no balcão e voltamos para o fórum. Meu pai jamais terminaria aquele Martini. Nunca comeria aquela azeitona. Nunca concluiria suas piadas.

Instantes depois, estávamos sentados na sala do tribunal para ouvir a decisão.

Depois de anunciado o veredito, levei meu pai de volta a Roselle. Claro que ele estava orgulhoso de mim. No entanto, não pôde comemorar como desejava no Jean's aquele dia — tudo por causa da tal campainha.

...

Olhando em retrospecto, vejo que tudo mudou em nossas vidas no instante em que aquela campainha tocou. Todo o trabalho árduo da equipe convergiu para aquele momento. Horas e horas de vigilância, papelada, interrogatórios — todos os meses de preparação para o julgamento —, tudo girou em torno do veredito. A campainha sinalizava para nós que o julgamento chegara ao fim, e que o destino de Gacy estava selado.

O pensamento não me ocorreu na hora, mas aquele dia foi também o começo do fim de nossa equipe. Concluído o julgamento, Gacy foi condenado, e nós voltamos à velha rotina. Havia outros casos nos quais trabalhar e outros criminosos para prender. Muitos homens queriam passar tempo com a família, algo que não puderam fazer muito durante o caso. Era preciso retomar a vida, o que significava deixar Gacy para trás e seguir em frente.

Esse foi um dos motivos por que decidi entrar em contato com meus antigos colegas. Queria saber o que estavam fazendo da vida. Éramos um grupo unido. A investigação nos aproximou ainda mais. Mas, ao longo dos anos, como é normal acontecer, cada um seguiu seu caminho. Claro, nos encontramos algumas vezes para jantar e tomar cerveja, mas nunca sentamos para falar a fundo sobre Gacy. Até então.

Greg Bedoe, investigador

Convidei meu velho amigo Greg Bedoe para visitar meu escritório de advocacia em Rolling Meadows, Illinois. Bedoe foi um investigador designado para o caso Gacy e membro fundamental de nossa equipe. Ajudou a cumprir um mandado de busca na casa do empreiteiro. Na época, Gacy estava detido na delegacia, acompanhado do advogado que cuidou de seu divórcio.

A busca inicial na propriedade resultou na apreensão de algemas, consolos, material pornográfico e outros itens obscenos. Mas foi só depois de encontrarem objetos mais pessoais, segundo Bedoe, que "uma luz se acendeu. Apareceram carteiras de estudante, anéis de formatura, e eu pensei: 'O que ele tá fazendo com essa tralha toda?'".

Bedoe pediu a Gacy para assinar um termo de renúncia, que na prática significava que ele compreendia o que lhe pediam e aceitava abrir mão de seus direitos. Após se aconselhar com o advogado, o empreiteiro aquiesceu.

Bedoe fez a ele as seguintes perguntas:

BEDOE: O que você sabe sobre esse garoto de quinze anos que desapareceu [Rob Piest]?
GACY: Nada.
BEDOE: Você falou com ele?
GACY: Não.
BEDOE: Você viu o garoto?
GACY: Não.
BEDOE: Por que voltou à loja (onde Piest trabalhava)?
GACY: Para buscar minha agenda.
BEDOE: Você é casado?
GACY: Divorciado.

Segundo Greg Bedoe, o clima ficou bastante tenso quando ele abordou a questão da homossexualidade. Foi quando, nas palavras do policial, "Gacy ficou irritado". Bedoe insistiu. "Gacy começava a dar mostras claras de constrangimento." O investigador recorda que o empreiteiro foi ficando cada vez mais ansioso e agitado, até que finalmente disse: "Chega! Vou embora." Nesse instante, o advogado começou a compreender o que se passava.

"Embora não soubesse ao certo o que estava acontecendo, o advogado sabia que aquilo estava fora de sua especialidade", disse Bedoe.

Por isso, aconselhou o cliente a parar de falar. Foi um momento tenso, pois o que Bedoe mais queria era pegar Gacy.

• • •

Na época, Greg Bedoe era um sujeito emotivo. Sentado diante dele, em uma tarde recente, percebi que não havia mudado. Falou comigo com franqueza sobre o interrogatório. Pelo que me lembro, por mais que o injuriasse ser chamado de homossexual, Gacy não abandonava a pose. Essa atitude arrogante deixava Bedoe furioso.

"Eu estava tentando achar um jeito de fazer ele ceder", disse o investigador. "Porque ele tinha aquele arzinho arrogante e abusado de quem acha que nunca vai ser pego." Nas palavras de Greg, "Gacy olhava pra gente como se dissesse: 'Sou mais esperto que todos vocês, idiotas!'".

Por mais extenuante que fosse o caso, era também uma fonte de estímulo para Bedoe. Em certas manhãs, a caminho do trabalho, agarrava o volante com tanta força que achava que iria entortá-lo. "Pra você ter uma ideia do quanto eu queria pegar aquele filho da puta", comentou. Àquela altura, já tínhamos encontrado muitos indícios suspeitos, mas nada de corpo. Foi um período frustrante para todos.

Quando finalmente pegamos Gacy, Greg Bedoe se sentiu mais que aliviado: ficou orgulhoso.

"Olhando para trás, agora... estou com 65 anos... acho que evitamos um monte de assassinatos quando tiramos Gacy das ruas", disse o investigador.

"Perto do fim, ele tava matando um garoto a cada onze dias, mais ou menos. Ou seja, tava mandando ver. Não tem como saber quantas vítimas mais teria matado se a gente não tivesse parado ele", comentou Bedoe.

Pedi a ele para descrever como se sentiu com o anúncio do veredito de Gacy. "Penso em toda a participação que tive na prisão dele [Gacy] e me sinto bem. Na verdade, me sinto ótimo! Salvamos muitas vidas", observou. "Não sou psiquiatra, mas ninguém mata 33 pessoas sem começar a gostar da coisa. Eu acho que, em algum ponto, Gacy começou a gostar de verdade da matança. Ficou viciado nisso, como as pessoas se viciam em fumar. E ele se sentia invencível", acrescentou.

Greg e eu falamos um pouco mais sobre a investigação. "Foi uma loucura", ele disse. "Se alguém chegasse para a gente no fim dos anos 1970 e dissesse que tinha um cara matando garotos e enterrando eles debaixo da própria casa, a gente mandaria a pessoa ir catar coquinho ou a botaria num manicômio."

Greg tinha toda a razão. A coisa toda era, de fato, inacreditável.

Quem teria acreditado em uma história assim? Nós quase não acreditamos — pelo menos não até estarmos no olho do furacão. Ainda assim, não é o tipo de coisa que surge em conversas casuais com familiares e amigos.

Bedoe contou que nunca teve pesadelos com Gacy, mas a experiência fez com que se tornasse um pai ainda mais protetor. "Eu tinha um comportamento meio ridículo, às vezes. Se estava em casa e não escutava as crianças brincando no quintal, entrava em pânico."

• • •

Ao falar dos filhos, Greg se lembrou de um momento particularmente doloroso da investigação. Foi durante as buscas por Rob Piest. O investigador estava no carro com Harold, pai de Rob.

"Lembro que fui buscá-lo e estávamos indo para a delegacia", contou Bedoe. "Harold estava conversando comigo sobre contratar um médium para ajudar a achar o filho e estava bem abalado, como você deve imaginar."

Bedoe ficou sem saber muito bem o que dizer. Queria confortar Harold Piest. Acabou dizendo ao pai enlutado: "Olha, eu não sei o que falar pra você se sentir melhor. Imagina que seu filho foi atingido por um raio. Foi aleatório desse jeito."

Para o investigador, não havia outra maneira de explicar o ocorrido. "Gacy matou o filho de quinze anos daquele homem só porque pousou os olhos nele. Não dá pra racionalizar. A mente de um assassino em série funciona assim. No instante em que ele põe os olhos em alguém, esse alguém é um morto-vivo. Foi o que eu disse a Harold Piest, porque, no lugar dele, só pensando assim eu conseguiria superar."

Execução

Greg Bedoe testemunhou com os próprios olhos a execução de John Wayne Gacy. Na manhã de 9 de maio de 1994, Gacy foi transferido da penitenciária de Menard para a de Stateville, onde receberia a injeção letal. Eram 12h58 quando foi declarado morto. Ele se tornou o segundo preso de Illinois a ser executado desde o restabelecimento da pena capital, em 1977. Condenado por duplo homicídio, Charles Walker recebeu a injeção letal em 1990.

Houve uma ligeira diferença entre a execução de Walker e a de Gacy. O procedimento atrasou dez minutos. Os técnicos fecharam as cortinas para ajustar uma válvula entupida. Depois de trocarem o tubo, continuaram com o processo. O brometo de pancurônio retomou o fluxo para o braço direito de Gacy, interrompendo sua respiração. A essa altura, o prisioneiro já tinha adormecido com uma dose de tiopental sódico. O terceiro medicamento, cloreto de potássio, concluiu a execução, fazendo parar seu coração.

Bedoe lembra que as outras testemunhas prenderam a respiração. Mas não ele. Na verdade, segundo me disse, não houve nada de terrível nem de chocante na execução. "Perdi meu pai por causa de um ataque cardíaco, minha mãe por causa de um câncer de mama. Se eu pudesse escolher, escolheria morrer do mesmo jeito [que Gacy morreu]", disse o investigador. "Não teve nada de cruel ou atípico na forma como Gacy morreu. A forma como aqueles garotos morreram é que foi cruel e atípica."

As últimas palavras de Gacy foram: "Beija minha bunda".

Mike Albrecht, detetive

Em uma noite fria de março, sentei com meu amigo Mike Albrecht em uma cafeteria de Des Plaines, Illinois. Passamos algumas horas conversando sobre a investigação do caso Gacy. Albrecht e seu parceiro, Dave Hachmeister, faziam parte da equipe de detetives encarregada de vigiar o empreiteiro.

No início, recebiam muito pouca orientação.

Logo na primeira noite, Albrecht tomou uma decisão: se Gacy entrasse em um estabelecimento público, os detetives iriam junto. O objetivo era sondar o suspeito, ter uma ideia de sua rotina. Queriam pegá-lo pelo desaparecimento de Rob Piest, e para isso estavam dispostos a acompanhar cada movimento seu.

Eles o seguiam por toda a parte. Na maioria dos dias, Gacy se ocupava de tarefas triviais. Conforme a semana avançava, o empreiteiro passou a convidá-los para refeições tarde da noite. Os agentes topavam. Muitas vezes, o suspeito pagava a conta. Os detetives ouviam várias histórias, como seria de se imaginar. Como bem disse Albrecht, "Gacy era um cara vaidoso, que adorava ter uma plateia cativa".

Durante esse período, Gacy desenvolveu certa predileção por Albrecht. O detetive abriu um sorriso amarelo quando o lembrei disso. "Gacy se amarrava em mim. Não sei se era meu cabelo loiro, mas a gente meio que se dava bem."

Albrecht fazia piada com a situação, mas o fato é que Gacy realmente o preferia a Hachmeister. Albrecht tinha uma atitude mais descontraída que o parceiro. Raramente se enfurecia com os hábitos de Gacy, e não se deixava intimidar por sua arrogância.

"Ele era metido. Tava o tempo todo tentando impressionar os outros", disse Albrecht.

Os agentes observavam o suspeito interagir com os amigos e colegas e se espantavam de ver o quanto as pessoas gostavam dele. "Gacy era incrivelmente querido e respeitado."

Mas, com o avançar da investigação, o empreiteiro percebeu que o cerco estava se fechando. Foi quando sua arrogância se transformou em desespero.

Segundo Albrecht, o clima mudou. "Os amigos e conhecidos foram ficando desconfiados ou amedrontados. De qualquer forma, começaram a se afastar. Então, quando tudo terminou, nós éramos tudo que Gacy tinha." Após a prisão, Albrecht e Hachmeister eram os únicos com quem Gacy queria falar.

Assim, os dois conversavam com ele e ouviam o que tinha a dizer na sala de interrogatório. De acordo com Albrecht, em todos os seus anos na polícia, jamais conheceu alguém como Gacy.

"Quando você prende um criminoso, ele quer sua simpatia, e será capaz de dizer qualquer coisa para te colocar do lado dele", explicou o detetive. Com Gacy não foi assim.

Albrecht olhou dentro de meus olhos e disse: "O homem nunca teve um pingo de remorso. Sempre dizia que a culpa era dos garotos, fosse por sexo, dinheiro ou outra justificativa qualquer."

O detetive esperava que Gacy assumisse uma parcela de culpa por seus atos.

Obviamente, isso nunca aconteceu. "Ele não assumiu a responsabilidade nunca, nem uma única vez. Sempre culpava as vítimas."

• • •

A coisa só piorou com o passar do tempo. Como se sabe, Gacy foi hospitalizado depois de um suposto ataque cardíaco. Na ocasião, a primeira pergunta que fez a Albrecht foi:

GACY: Você desceu no vão?
ALBRECHT: Ã-hã.
GACY: É pra isso que servia a cal. Pra disfarçar o cheiro.

Albrecht jamais esqueceria a resposta e a atitude serena de Gacy: "Era a maneira dele de falar. Tratava daquilo de modo tão banal."

Sentado na sala de interrogatório, Albrecht ouvia Gacy descrever os assassinatos, não raro com detalhes explícitos. Às vezes, era muita coisa para digerir.

Contudo, os detetives conseguiam manter a compostura e continuavam fazendo perguntas. "Tudo que ele contou pra gente naqueles dois primeiros dias era a mais pura verdade", garantiu Albrecht.

Àquela altura, Gacy estava gostando da fama. Estava na capa de todos os jornais. Seu nome era citado em toda parte. Foi aí que ele começou a enfeitar a história. "De cinquenta amantes, Gacy passou a dizer que teve quinhentos", lembrou.

Mas os detetives sabiam como "pegá-lo de jeito". "Gacy não queria de maneira nenhuma ser chamado de homossexual e detestava a palavra 'bundão', então usamos isso ao nosso favor", contou Albrecht. "Sempre que dava trabalho, a gente chamava ele de 'bundão'."

• • •

Anos depois, Albrecht voltou a falar com Gacy. Na época, o detetive era prefeito de Des Plaines. Gacy estava na cadeia. "Eu estava no meu gabinete um dia", contou Albrecht, "quando Gacy telefonou e pediu pra falar comigo. A gente conversou um pouquinho, sobre nada de mais. Não sei como, ele tinha descoberto que eu era prefeito e me disse: 'Sabe, Mike, estão dizendo que eu vou sair logo, então pode ir preparando o comunicado de imprensa.'"

"Eu disse: 'John, vai se foder! Você sabe com quem tá falando?'"
"Ele disse: 'Vai se foder você!'"
Era assim que funcionava o relacionamento deles.
"Na minha opinião", disse Mike, "Gacy era um homem mentalmente são, mas também era o mal em pessoa."

Mike foi certeiro quando disse que Gacy era "o mal em pessoa". É por isso que histórias como a dele sempre exercerão certo fascínio sobre nós. Porque é difícil imaginar que alguém possa matar tanta gente e, ao mesmo tempo, levar uma vida normal. John Wayne Gacy sempre será fascinante porque, por trás da fachada de pessoa comum, se escondia um monstro terrível.

Dave Hachmeister, detetive

Eu não poderia falar com Mike sem procurar também seu antigo parceiro, Dave Hachmeister. Me encontrei com Dave em um café em Elgin, Illinois.

Pedi que falasse sobre os jantares noturnos que ele e Albrecht tinham partilhado com Gacy anos antes. A simples ideia de se sentar para comer com John Wayne Gacy deixaria a maioria em pânico. Para Dave e Mike, as refeições com o empreiteiro eram parte do trabalho. Dave me disse que estava concentrado demais na tarefa para sentir medo. Só queria pegar o cara.

O detetive recordou um momento no início da investigação. "Fizemos um pacto de nunca entrar na casa de Gacy", revelou. "Não me lembro bem a razão. Foi só uma decisão que eu e Mike tomamos." Os dois detetives tinham lembranças similares. Quando os três estavam juntos, contou Hachmeister, era Gacy quem mais falava. Dave e Albrecht só escutavam, torcendo para que o empreiteiro revelasse algo sobre o caso ou desse uma pista sobre o desaparecimento de Rob Piest.

"[Gacy] gostava de se gabar do quanto era importante e inteligente", continuou Hachmeister. "Ele se achava o pequeno empresário mais bem-sucedido de todos os tempos. Uma vez, disse que ia orientar os farmacêuticos sobre como arrumar as prateleiras. Ia dizer a eles para deixar todos os itens que quisessem vender na altura dos olhos." Perguntei a Dave se os farmacêuticos acataram a sugestão. "De acordo com o John, sim", ele respondeu.

Pedi a Hachmeister para descrever a personalidade de Gacy na época da investigação.

"O mais estranho, talvez o mais assustador, era o quanto o John podia ser simpático", disse. "Era um vigarista dos bons. Eu e Mike tínhamos que lembrar um ao outro, o tempo todo, que o cara era perigoso. Ele não parecia perigoso. Era gentil, educado."

Dave falou de como Gacy vivia tentando inspirar pena nos detetives. "John apelava o tempo todo pra nossa compaixão. Sempre bancava a vítima. Achava que o mundo inteiro estava contra ele." Os agentes não caíam nessa, porque, nas palavras de Hachmeister, "Gacy era o rei da conversa fiada".

Perguntei se Dave achava que alguém tinha ajudado Gacy a cometer os assassinatos. O detetive respondeu rápido. "Não acho que ele tivesse cúmplices. Aqueles garotos que andavam com ele não eram bobos, mas duvido que sabiam a magnitude do que estava acontecendo."

•••

Conversamos sobre o dia em que Gacy foi preso, e foi quando Dave me contou a história pela primeira vez. Uma história que, para ele, provava que o empreiteiro agiu sozinho.

"Gacy estava zanzando de carro naquele dia, se despedindo de todo mundo", lembrou o detetive. "A última parada dele foi em um restaurante na Milwaukee com a Oakton. Lá dentro confessou tudo pra um amigo, David Cram. Passou uns minutinhos, e esse Cram saiu correndo pra falar com a gente. Ele disse: 'Ei, o John acabou de me dizer que matou 33 garotos'."

Segundo Hachmeister, Cram estava genuinamente "surtado e apavorado". "Se estivesse mesmo envolvido nos assassinatos, por que contaria pra gente? Ficamos tão embasbacados quanto ele. Mas, naquela altura, era também um alívio pra nós."

Perguntei se acreditava que havia mais vítimas por aí. Ele achava que não.

"Minha intuição me diz que pegamos ele por todos os crimes", disse Hachmeister. "A gente estava lidando com um cara que tinha que ser pirado pra fazer coisas assim. Mas depois de conhecer o cara, interrogar ele, ouvir ele, vimos quem realmente era."

Dave descreveu a atitude de Gacy durante a confissão. "Ele se divertia contando sobre os assassinatos nos mínimos detalhes. Estava tentando impressionar a gente. Por isso eu acho que, se tivesse mais coisas pra contar — mais vítimas, mais corpos enterrados em algum lugar —, ele teria contado pra gente."

O detetive continuou a compartilhar suas impressões. "Estivemos uma semana com ele, dia e noite, e deu pra ter uma boa ideia sobre o estado emocional dele e sobre o que tirava ele do sério."

De acordo com Dave, depois de começar a falar sobre os assassinatos, Gacy não parou mais.

"Na confissão", contou o detetive, "a gente entrou no jogo dele. Na cabeça dele, era ele quem estava dando as cartas. Sabíamos disso e agimos de acordo. Queríamos que ele continuasse falando."

• • •

Na época da investigação, Hachmeister tinha 33 anos. "Naquela época", ele disse, "eu estava no emprego fazia seis anos. O que é que eu sabia?"

"Eu era novato", continuou o detetive. "Não tinha supervisão, porque todo mundo estava na cena do crime. Gacy queria falar. Fazia uma meia hora que a confissão tinha começado, quando eu interrompi e lembrei ele dos direitos dele, porque sabia que isso daria respaldo legal pra gente. Não faria isso se por um segundo achasse que ele pararia de falar. Mas eu sabia que ele continuaria falando. Ele estava adorando."

Dave contou que, de tão concentrados em fazer bem seu trabalho, os dois mal tinham tempo de processar o que Gacy dizia sobre os assassinatos. O detetive não estava errado. Nenhum de nós queria fazer besteira. Tínhamos que conferir e reconferir nosso trabalho. Fazíamos questão de fazer tudo de acordo com as regras, porque errar não era uma opção.

No entanto, Hachmeister admitiu que precisou conter a emoção em alguns momentos, sobretudo quando Gacy começou a falar sobre Rob Piest. "Não conheci Piest pessoalmente", disse, "mas eu sentia como se o garoto fosse parte da minha família, especialmente durante a investigação."

Perguntei a Dave se o caso tinha afetado sua vida pessoal. "Não sinto que Gacy me assombra. Foi um trabalho. Tive que me apartar um pouco da realidade. Hoje em dia, quando você presencia algo ruim, as pessoas querem te mandar para o psicólogo e ficam preocupadas. Do ponto de vista emocional, não me afetou em nada. Não me entenda mal. Sinto muito pelas famílias, mas era meu trabalho, e eu precisava fazer tudo conforme as regras", respondeu o detetive.

Pedi a Dave que falasse um pouco do que pensava sobre John Wayne Gacy. "Acho que era um cara malandro até, mas nada de mais. Era um sujeito ruim, que tinha pensamentos ruins que não conseguia controlar. O que ele fazia era usar da astúcia para atrair os garotos com umas drogas mequetrefes, bebidas ou oportunidades de emprego, e depois tirar proveito da situação."

• • •

Em nosso tempo juntos, Hachmeister também revelou sua teoria sobre Gacy: "Pra mim, o que o John queria mesmo era ser como o amigo dele Ron Rohde (também empreiteiro). Rohde era o cara — o construtor, o tipo forte e durão, exatamente como eu acho que Gacy queria ser, mas esses pensamentos [homossexuais] que ele tinha não deixavam."

"Esses pensamentos", continuou, "atormentavam tanto o cara que, quando ele tava numa situação com garotos de programa, colocava a culpa neles. Ele mesmo nunca se culpava, nunca assumia responsabilidade. Disse pra gente logo no início que, quando pegava garotos de programa, era na verdade os caras que tinham se vendido pra ele. Como ele tinha pagado, podia fazer o que quisesse com eles. Acho que [Gacy] tinha um sentimento enorme de culpa que influenciava a forma como ele vivia."

Perguntei a Dave se, em algum momento da investigação, chegou a achar que Gacy queria se matar. Hachmeister fez que não com a cabeça. "De jeito nenhum! Gacy era um cagão. Apesar da culpa, era cagão demais pra se matar."

O detetive compartilhou mais alguns pensamentos comigo. "Sinto orgulho. Mesmo trabalhando em equipes pequenas e separadas, conseguimos nos unir. Como qualquer organização que se preze, nós nos comunicamos, uma coisa sem precedentes para a época. Existia lealdade. Estávamos todos focados em fazer a coisa certa. Foi incrível. Era um grupo agindo no momento certo e na hora certa. Um verdadeiro trabalho em equipe. Todas as peças do quebra-cabeça se encaixaram. O acaso ajudou muito, mas também teve muito trabalho e esforço."

A lealdade e a integridade eram as características que eu mais respeitava não só em Hachmeister, mas em toda a equipe.

Larry Finder, promotor auxiliar

Com o passar dos anos, a maior parte da equipe continuou na região de Illinois. Larry Finder, porém, mudou-se para Houston, Texas, para exercer a advocacia. Eu queria conversar com "o garoto". Era assim que chamávamos Larry, por ser o mais novo do grupo. Na época, ele tinha 26 anos e era promotor auxiliar. Sabíamos que havia uma chance de Gacy ser mais receptivo a Larry por causa da idade. Nossa aposta se baseava na predileção do empreiteiro por jovens. Não contamos com Finder, mas a juventude dele jogou a nosso favor.

"O John estava numa sala, atrás do vidro", lembrou Larry. "Eu passei, e ele acenou pra mim. Comecei a ler os direitos dele. Ele pegou o cartão amarelo da minha mão e terminou de ler ele mesmo. Depois, começou a confessar. Teve uma hora em que o Sam Amirante — advogado do John — apareceu, mas não ficou muito tempo." O empreiteiro disse a Finder, com ar confiante: "Esses advogados é que trabalham pra mim, não eu pra eles". Depois que Amirante saiu, Larry retomou a conversa com Gacy.

Se "o garoto" estava com medo, não nos disse nada. Perguntei a Larry como tinha lidado com a situação. "Eu anotei tudo. Escrevi tanto que fiquei com cãibra", disse. Enquanto conversavam, Finder perguntou a Gacy se tinha remorsos. "Ele me olhou como se eu fosse doido e disse: 'Por que eu teria remorsos?'."

Nessa hora, segundo Larry, Gacy se fechou. "Olhei pra ele e disse: 'Remorso por ter sido pego'. Parece que ele ficou mais tranquilo depois." Segundo Finder, Gacy não deu mostras de arrependimento ou culpa em momento nenhum, mas o então promotor se lembrava de ele ter dito, em um ponto da conversa, que achava "que não devia ter matado aquele último garoto [Piest]".

Larry me disse que fez uma pausa, mas teve que voltar à tardinha. Não queria entrar lá de novo. "Estava escuro. Virei à direita e fui andando em direção à luz no fim do corredor. Já tava apavorado, quando vi um homem sentado lá na frente. Acho que dei um pulo de um metro de altura. Acabou que era só um policial guardando a porta", contou.

Finder se lembrou também de quando Gacy, usando um bloquinho de anotações cor-de-rosa, desenhou para ele um mapa do vão indicando os pontos onde enterrara os corpos embaixo da casa e da garagem. Do outro lado do bloquinho, estava escrito: ENQUANTO VOCÊ ESTAVA FORA. Esse mesmo mapa foi ampliado e usado como prova durante o julgamento.

"Que eu me recorde, o único momento no qual o John abriu a boca durante o julgamento foi quando eu apresentei o mapa. Ele teve um ataque quando viu. Pulou da cadeira e gritou: 'Senhor Juiz, eu não desenhei isso aí!' O juiz Garippo disse pra ele: 'O senhor terá sua chance de falar mais tarde'."

Gacy não só desenhou o mapa, como mostrou a Finder o "truque da corda" usando um rosário e uma caneta. O ex-promotor auxiliar relembrou o momento. Como se recusara a dar a Gacy uma corda de verdade, o empreiteiro puxou um rosário do bolso. "Mike Albrecht deu uma caneta pra ele", lembrou Finder. Foi quando Gacy demonstrou o truque no pulso de um detetive, enquanto o promotor auxiliar, sentado, assistia à cena. Larry me contou que acabou ficando com o rosário e o guardou durante anos porque "não sabia o que fazer com ele", até que um dia conseguiu se livrar do objeto.

"Fiquei amigo de um bispo depois que me mudei para o Texas", explicou. "Mostrei o rosário. Disse de quem era e contei a história do truque da corda. Ofereci para ele, já que não sou católico. Sou judeu." No fim, o bispo concordou em ficar com o rosário.

Finder ignorou o destino do objeto até encontrar o religioso novamente. "Perguntei o que tinha feito com o rosário. Ele não me contou. Disse apenas que deu um destino apropriado", contou.

•••

O ex-promotor auxiliar também falou de suas experiências na cena do crime, no nº 8213 da Summerdale Avenue. Finder não ganhava muito na época — nenhum de nós recebia bons salários, na verdade. Ele só tinha três ternos. O fedor de carne em decomposição era fortíssimo no local e, como o mau cheiro impregnava a roupa e não saía fácil, Finder não tinha escolha senão mandar lavar os ternos a seco várias vezes na semana.

"Eu chegava com os ternos na lavanderia e eles lavavam sem fazer perguntas. Com certeza notavam o cheiro, mas nunca me perguntaram nada", contou.

Ao observar os detetives entrando e saindo da casa, o que mais impressionava Finder era que conseguissem comer cercados de tanto horror, e com aquele cheiro repugnante. "Eu ficava espantado", admitiu. "No fim de tudo, depois que os corpos foram todos removidos, toda a birita na casa de Gacy tinha sumido. Os armários de bebida estavam vazios." Larry achava que os policiais e detetives tomaram tudo. "Eu entendo o lado deles", comentou.

...

Ao contrário de outros membros da equipe, Larry tinha, sim, pesadelos com Gacy. Eu conhecia o homem fazia mais de trinta anos, e em todo esse tempo ele jamais me revelou esse fato. "Comecei a me preparar uns seis meses antes do julgamento", contou. "Tinha tudo registrado. Levei vários dias pra datilografar minhas anotações. Só quando tava datilografando é que comecei a processar de verdade tudo que o Gacy tinha me contado. Quanto mais eu pensava, mais a ficha caía, e eu começava a perceber a selvageria e a desumanidade de tudo aquilo."

Foi quando Larry passou a ter o mesmo pesadelo todas as noites. "Eu saía do fórum e atravessava a rua para o estacionamento. Quando chegava perto do carro, via que tinha alguém encostado nele. Era o Gacy", contou.

Finder fez uma pausa. "Eu acordava suando frio", contou. "Tive esse mesmo pesadelo por vários meses. Faz tempo que não tenho, mas não sinto vergonha de falar."

"Aprendi uma lição de vida importante", continuou. "Nunca tinha visto o mal tão de perto. Como promotor, vi um bocado de corpos sem vida. Mas nunca vi nada como Gacy, e espero nunca mais ver de novo."

A exemplo de outros colegas, Finder comentou que o que mais assustava em Gacy era que ele conseguia passar a impressão de ser um cara como outro qualquer. "Era perfeitamente normal, e quem não conhecia ele, quem não sabia que era o mal em pessoa, jamais ia imaginar. Era isso que dava medo."

"Gacy com certeza afetou minha maneira de ver os outros, como pessoa e como promotor. Aprendi a nunca confiar sem checar. Ronald Reagan dizia que só se pode confiar na família, e eu sempre sigo esse princípio. É possível que (após o caso Gacy) eu tenha me tornado uma pessoa desconfiada e um pai superprotetor", acrescentou.

Os sobrinhos do capitão

Olhando em retrospecto, eu e minha equipe éramos como "Os sobrinhos do capitão", da antiga tira de quadrinhos. Faço a comparação porque o caso dos crimes nos pegou em diferentes fases da vida. Na época, eu era supervisor, e o caso Gacy simplesmente caiu em meu colo.

A jurisdição da Promotoria Estadual de Justiça abrangia uma área de mais de 300 km². A equipe era composta de um supervisor, um investigador e uns oito ou dez promotores auxiliares. No começo, ninguém sabia onde estava se metendo. Eu, Bedoe, Albrecht e Hachmeister acabaríamos nos tornando amigos, mas quase não nos conhecíamos antes do caso. Éramos muito jovens e nunca tínhamos enfrentado nada parecido. Se fosse para dar um palpite, eu diria que a média de idade da equipe era de trinta anos, talvez menos. Era como jogar um punhado de abelhas numa colmeia e dizer: "Trabalhem!". Para ser franco, ninguém ali era um mestre em seu ofício.

Não fazíamos ideia de que capturaríamos um dos piores assassinos da história dos Estados Unidos. Ninguém o havia pegado antes. Nem depois da primeira vítima e nem depois de todas as outras 32. Se não o tivéssemos detido, só Deus sabe quantas outras Gacy teria matado.

Tivemos uma baita sorte? Sem dúvida! E soubemos aproveitá-la. Mas atribuo a maior parte de nosso sucesso ao profissionalismo da equipe. É algo de que devemos nos orgulhar, e me alegra que todos no time se sintam assim.

Acredito que nenhum de nós poderia dizer que estava preparado para um caso assim. Nunca tínhamos lidado com vítimas menores de idade. Antes de Gacy, só tínhamos investigado crimes envolvendo adultos. Não tínhamos orçamento, nem tempo. Ninguém no gabinete do qual eu fazia parte sabia da investigação, exceto meu supervisor, Larry O'Gara. Na sede da promotoria, ninguém estava a par.

Durante a investigação, recebíamos informações novas todos os dias. Hoje em dia, é fácil compartilhar arquivos e informações em questão de segundos. Na época, cada distrito policial do condado tinha os próprios arquivos, e era preciso buscá-los pessoalmente. Havia informações sobre adolescentes fugidos de casa armazenadas em pequenas fichas de 10 x 15 cm, dentro de catálogos.

Era necessário ir a diversos lugares para obter informações atualizadas e requisitar relatórios policiais de diferentes jurisdições. Nada era instantâneo. Ainda me surpreende que, começando praticamente do zero, tenhamos conseguido pegar Gacy em dez dias.

Novas descobertas

Mesmo tanto tempo após sua morte, John Wayne Gacy continua cercado de suspeitas. Fala-se de uma nova escavação no nº 6100 da West Miami Avenue.

A mãe de Gacy, Marion, já morou e foi síndica do edifício situado no endereço. Gacy também trabalhou como zelador no local. A construção fica a uns três quilômetros da antiga casa do empreiteiro na Summerdale Avenue — a mesma onde enterrou 29 vítimas, e que foi demolida anos atrás.

O policial aposentado Bill Dorsche afirmou que, em 1975, viu Gacy na propriedade da West Miami Avenue, no meio da noite, com uma pá na mão. Na ocasião, o empreiteiro se justificou dizendo que estava fazendo um trabalho que não tivera tempo de realizar durante o dia. Anos depois, quando Gacy foi preso, Dorsche teria ligado para a polícia do condado para informar o que vira naquela noite.

Uma vizinha disse ter visto Gacy cavando valas grandes ao redor da propriedade (que mais tarde foram preenchidas com plantas). O local só foi investigado em novembro de 1998. Escavações revelaram uma bola de gude e uma velha caçarola, mas nenhum corpo. Eu acompanhei pessoalmente o início dos trabalhos.

Em março de 2012, autoridades do condado de Cook pediram autorização para escavar o terreno novamente. O promotor estadual negou o pedido por considerar que não havia indícios suficientes. Em julho do mesmo ano, o xerife Thomas Dart anunciou que ainda queria um mandado de busca para a propriedade e que estava elaborando um novo pedido. Para Dart, os relatos de testemunhas que afirmavam ter visto Gacy cavando na área ou agindo de forma suspeita justificavam a medida.

Até o momento da publicação deste livro, a questão seguia em aberto.

• • •

Eu sou totalmente a favor de uma nova escavação. Creio que há justa causa. Acho também que o maquinário de hoje é muito mais sofisticado e poderia tornar o trabalho mais rápido e eficiente. Não posso garantir que exista algo lá embaixo relacionado a Gacy, mas acredito que valha a pena averiguar.

Quando questionado sobre a propriedade da Miami Avenue, Gacy afirmou que não havia nada enterrado no local. Mas ele já mentiu antes. Portanto, não tenho por que acreditar em sua palavra.

Meu colega Mike Albrecht disse que Gacy teria nos contado se houvesse alguma coisa no terreno. Para o detetive, o empreiteiro "seria capaz de falar qualquer coisa pra prolongar o tempo dele aqui na Terra. Se tivesse mais corpos, ele teria contado pra gente, porque assim ganharia mais tempo."

Mas vamos examinar os fatos:

A verdade é que há testemunhas que afirmam ter visto Gacy cavando valas no local. E sabemos que não serviam a nenhum propósito real de jardinagem, o que me diz que vale a pena checar. A equipe de escavação cortaria um dobrado, e a operação seria um incômodo para os moradores da área. Mas, mesmo que não desse em nada, pelo menos teríamos uma confirmação definitiva.

A polícia do condado mencionou que um levantamento com radar realizado em 1998 detectou quatorze anomalias topográficas no terreno do imóvel. No entanto, escavações foram feitas em apenas duas delas. Os resultados indicam que há mais áreas a serem investigadas. Até lá, essa parte da história permanece inconclusa e mal resolvida. Não entendo por que tanta resistência contra outra escavação.

Por que é tão importante fazer outra escavação?

Porque, em minha opinião, os familiares das vítimas devem ter direito a colocar um ponto final na história. Se as autoridades fizerem de fato outra escavação e acabarem descobrindo mais corpos, isso aliviará um pouco a dor das famílias. Se nada for encontrado, sem problemas. Pelo menos o mistério terá acabado. Os familiares poderão seguir com suas vidas, livres de dúvidas. Para mim, escavar é a coisa certa a fazer.

Nova prova de DNA vincula pelo menos uma vítima a Gacy

Em junho de 2012, testes em amostras de DNA de pessoas desaparecidas e supostamente ligadas a John Wayne Gacy deram todos negativos. Por ordem do xerife Tom Dart, as amostras tinham sido enviadas a um laboratório no Texas para serem identificadas. Dart esperava que o DNA vinculasse mais vítimas a Gacy, o que ajudaria algumas famílias a superar as perdas. Deu tudo negativo. O material foi entregue ao National Missing Persons Database [Cadastro Nacional de Pessoas Desaparecidas] ou ao National Missing and Unidentified Persons System [NamUs — Sistema Nacional de Personas Desaparecidas e Não Identificadas].

Testes de DNA, porém, vincularam Gacy ao assassinato de Bill Bundy, um jovem de dezenove anos da região norte de Chicago. Bundy tinha abandonado a escola onde estudava, a Nicholas Senn High School, e ganhava a vida trabalhando na construção civil. O garoto desapareceu em outubro de 1976, depois de dizer que ia a uma festa. Nunca mais voltou para casa.

Na época, casos de desaparecimento não eram investigados com tanto rigor quanto hoje. Os registros da arcada dentária de Bundy tinham sido destruídos, por isso não havia como ligá-lo a Gacy. A mãe do rapaz, Elizabeth, passou a vida sem saber o que acontecera com o filho. Ela não queria admitir que Bundy pudesse ser uma das vítimas de Gacy, e por isso nunca entregou amostras de DNA às autoridades.

Elizabeth Bundy morreu em 1990. Só depois de sua morte, a filha, Laura, e o outro filho, Robert, conseguiram a resposta de que a família tanto precisava. Em 14 de novembro de 2011, um teste de DNA confirmou que o corpo nº 19, retirado do porão de Gacy, era de fato do irmão deles, Bill Bundy. Caso encerrado.

• • •

Até setembro de 2012, sete dos corpos encontrados na propriedade de John Wayne Gacy ainda não haviam sido identificados. O xerife Tom Dart fez novo apelo a familiares de desaparecidos para se apresentarem e entregarem amostras de DNA às autoridades. O chamado será atendido? Difícil saber.

O fato é que algumas famílias não desejam ter seus entes queridos associados a um homem como Gacy. Muita gente prefere não saber que o filho ou o irmão foi torturado e assassinado. O xerife espera que mais gente entregue amostras de DNA às autoridades. O objetivo é identificar as sete vítimas remanescentes e permitir que os familiares possam sepultar seus mortos.

O mais importante é encerrar o caso Gacy de uma vez por todas. Enquanto as sete vítimas remanescentes não forem identificadas, o caso continua em aberto.

Teorias sobre possíveis cúmplices

Em fevereiro de 2012, os advogados criminalistas Stephen Becker e Bob Stephenson afirmaram ter provas de que John Gacy não agiu sozinho. A dupla começou a investigar o caso a pedido da mãe de Michael Marino, cujo corpo estava entre os encontrados na propriedade do empreiteiro. Sherry Marino não estava convencida de que o filho era de fato uma das vítimas de Gacy (a propósito, o odontolegista que primeiro identificou o corpo reexaminou as radiografias e disse ter certeza de que a vítima não era Marino).

Depois de falar com Sherry Marino, Becker e Stephenson passaram vários meses investigando a possibilidade da existência de cúmplices. "Há provas substanciais que sugerem não apenas que John Wayne Gacy não agiu sozinho, como pode nem ter estado envolvido em alguns dos assassinatos", declarou Stephenson ao âncora Larry Potash, da emissora WGN-TV.

Stephenson e Becker entregaram os resultados da investigação ao xerife de Cook, Tom Dart, que prometeu mandar apurar as informações. Até o momento em que este texto era escrito, não surgiu nenhuma novidade.

...

Becker e Stephenson não são os únicos que pensam que Gacy tinha cúmplices. Amigos de John Mowrey acreditam que um homem em particular sabia mais do que revelava sobre o empreiteiro. Mowrey era um ex-fuzileiro que desapareceu em setembro de 1977 e cujo corpo foi encontrado mais tarde na propriedade de Gacy.

Em entrevista à WGN-TV, os amigos de Mowrey falaram sobre um ajudante de obras que trabalhava para Gacy. Assim como vários funcionários, tinha a chave da casa do empreiteiro e acesso ao escritório. Esse homem jamais foi acusado em relação ao caso, razão pela qual não mencionaremos seu nome, mas se sabe que ainda vive na região de Chicago.

De acordo com os entrevistados, esse homem foi morar com Mowrey apenas quatro dias antes de o ex-fuzileiro desaparecer. Nos dias que se seguiram ao sumiço, os amigos iam com frequência ao apartamento onde os dois moravam na esperança de encontrar John. Em vez disso, topavam com o tal sujeito. Segundo contaram, certa noite, enquanto bebia e fumava maconha, o ajudante de obras revelou um segredo chocante: conhecia um lugar onde havia um monte de cadáveres e ninguém sabia — nem mesmo a polícia.

Interrogado pela polícia, o funcionário negou saber de corpos enterrados sob a casa. Afirmou ter sido contratado para cavar valas, que de acordo com Gacy se destinavam à passagem de canos. Embora não tivessem provas para acusá-lo de nada, as autoridades continuaram a considerá-lo suspeito.

Na prisão, Gacy pintou um quadro retratando sua casa e o deu a um amigo. Na pintura, é possível ver um homem espiando a partir de um canto. "É o mesmo que ajudou a cavar as valas", disse o amigo do empreiteiro à WGN-TV.

Estaria esse homem envolvido nos assassinatos? Talvez nunca saibamos.

Havia ainda a história de Jeff Rignall, o jovem que sobreviveu ao ataque de Gacy. Rignall afirmou que, na noite em que foi estuprado, um outro homem estava presente na casa do empreiteiro. A descrição que ele fez batia com as características do homem no quadro de Gacy — o mesmo mencionado pelos amigos de Mowrey.

Gacy foi preso após dopar Jeff Rignall com clorofórmio e atacá-lo. No entanto, jamais respondeu por estupro e lesão corporal. Depois desse incidente, o empreiteiro assassinou mais quatro jovens.

Alguma dessas declarações prova que Gacy não matou John Mowrey? Não.

Mike Albrecht acredita que o empreiteiro agiu sozinho, segundo me disse. "Na época, dois homens trabalhavam para Gacy. Tenho certeza de que tinham relações sexuais com ele, e era isso e estavam tentando esconder. Em 1978, tinha mais estigma em ser homossexual do que hoje", justificou.

"Os funcionários do John", continuou, "eram muito bem pagos para cavar as valas no vão, então devem ter desconfiado que tinha coisa estranha rolando. Mas, além desse serviço, duvido que tiveram alguma coisa a ver com os assassinatos. Quando o vão começou a encher, Gacy partiu pros rios."

Na opinião de meu colega, Gacy gostava demais de estar no controle para envolver terceiros. "As coisas iam bem. Ele conseguiu se safar por seis anos. Por que arriscaria tudo envolvendo mais alguém?", questionou Mike.

Concordo com meu amigo. Não acredito que Gacy tivesse cúmplices. Como promotor, não obtive nenhum indício de que ele recebeu ajuda para cometer os assassinatos. "Cúmplice", para mim, é um termo legal. Não tenho a menor dúvida de que vários homens ajudaram Gacy a cavar as valas. Mas não acredito que tiveram participação nas mortes.

Algumas pessoas inadvertidamente o ajudaram? Com certeza.

Houve gente que arranjou encontros para ele com algum garoto em algum lugar, ou que o apresentou a alguém? Sim. Entretanto, isso não faz dessas pessoas cúmplices.

Até hoje, nada me sugere que Gacy não tenha feito tudo sozinho.

John Wayne Gacy era um criminoso competente. Uso a palavra "competente" porque, durante muito tempo, se safou de seus crimes. E continuou impune apesar de, em muitas ocasiões, ter escapado por um triz de ser preso. Não parou de matar mesmo depois de receber visitas da polícia ou quando as autoridades desconfiaram de suas histórias. Gacy não era bobo de envolver mais alguém nos assassinatos.

Há um velho ensinamento do meu tempo na promotoria: se quiser cometer assassinato, aja sozinho. Se contratar alguém para matar por você, ou envolver outra pessoa no crime, existe uma chance maior de ser pego.

Para ser franco, quando se age sozinho, assassinato é o crime mais difícil de provar. Assustador, não? Mas é verdade.

Reflexões sobre o luto

Uma das maiores lições que aprendi com o caso Gacy é que o luto de cada um é diferente. Como promotor, passei anos observando familiares sofrendo pela perda de seus entes queridos.

Nem todo caso é assim. O que aquele homem fez, ao assassinar 33 meninos e jovens, extrapolou em muito o círculo familiar das vítimas. É algo sobre o qual sempre pensei, porém jamais cheguei a uma conclusão, porque não é possível ter certeza sobre uma coisa dessas.

Quantas vidas Gacy afetou? Os 33 garotos que ele matou tinham pais, irmãos, tios, primos, melhores amigos, namoradas e noivas.

Se tivesse que chutar, diria que os atos de Gacy impactaram pelo menos cem pessoas para cada vítima. Que um indivíduo possa causar tamanha dor a tantas pessoas é algo que ainda escapa à minha compreensão. É louco demais.

As vítimas de Gacy foram assassinadas na década de 1970. Com o tempo, viraram retratos sobre a lareira e lugares vazios à mesa de jantar. Hoje, alguns de seus parentes próximos já estão mortos.

Os anos passam, e as vítimas se transformam em histórias a serem contadas à próxima geração. Entretanto, ainda que os mais jovens possam ouvir sobre o tio assassinado anos atrás, jamais terão a chance de conhecê-lo. Em suma, a real identidade dessas 33 vítimas — sua personalidade, seu espírito — foi perdida. É de cortar o coração.

Cada um tem sua própria maneira de lidar com a perda. Alguns se refugiam no passado, enquanto outros se distanciam da situação o máximo possível. Não existe jeito certo ou errado de viver o luto. Foi o que aprendi com esse caso.

É inevitável não sentir raiva ao pensar na maneira como Gacy retratou as vítimas. Nas declarações que deu, o empreiteiro não só culpou os garotos pelas próprias mortes como retratou todos como homossexuais. Sim, alguns eram gays. Outros, não. Mas todos receberam esse rótulo em um tempo em que ser gay era bastante controverso. Como se não bastasse a morte de um ente querido, as famílias ainda tiveram que lidar com as concepções errôneas e estigmatizadas da época.

Rob Piest era um menino incrível. Tinha namorada, dois cachorros, uma família maravilhosa e uma vida pela frente. E apenas quinze anos. Seu único erro foi sair da loja onde trabalhava para falar com Gacy sobre um emprego. O jovem precisava de dinheiro extra porque estava economizando para comprar um carro.

Anos 1970:
a década da inocência perdida

Vejo a década de 1970 como a década da inocência perdida. De muitas maneiras, foi o último período de nossas vidas em que nos sentimos seguros. Os adolescentes não ligavam para a família pedindo que fosse buscá-los. Em vez disso, pegavam carona. Não havia celulares para se comunicar com mães e pais. Os jovens não tinham perfil no Facebook ou Twitter para se comunicar com os amigos. A tecnologia existentes eram os telefones públicos.

Se os filhos não telefonavam, os pais não se preocupavam porque sabiam que, mais cedo ou mais tarde, eles voltariam. Adolescentes desaparecidos eram quase sempre considerados fugidos de casa. Raramente se pensava que poderiam ser vítimas de sequestro. A tecnologia evolui, claro. Hoje, existem diversas maneiras de localizar jovens que fugiram de casa. Os pais podem rastrear os filhos com o celular. Na época, não existia o AMBER, um sistema de alerta de rapto de crianças. Ainda que existisse, as vítimas de Gacy eram mortas depressa demais.

É claro que já tinha havido crimes violentos antes, e continuarão a existir. Mas, antes de Gacy, as crianças podiam brincar ao ar livre sem supervisão constante. Depois dele, tudo mudou. Sentados no sofá da sala para ver o noticiário noturno, os pais olhavam impotentes para a tela, enquanto os policiais retiravam corpos e mais corpos daquela casa. As pessoas viam imagens horrendas na televisão e liam sobre os detalhes macabros no jornal. Era impossível acompanharem a cobertura do caso todas as noites e não se sentirem assombradas. Com o desenrolar do caso, começaram a ouvir histórias angustiantes de pais enlutados e familiares inconsoláveis.

Os crimes de John Wayne Gacy abalaram a nação. Era impossível não se tornar superprotetor em relação aos filhos depois disso. Acreditem, esses assassinatos brutais tiveram um impacto duradouro sobre os pais. Não somente aqui em Illinois, mas no mundo inteiro.

Lições aprendidas

O caso Gacy me deixou ainda mais interessado em tentar entender como funciona a mente de pessoas malignas. Ainda estou longe dessa compreensão. Em muitos casos de assassinato, a única motivação é a cobiça. No caso de Gacy, não era só cobiça. John Wayne Gacy também agia em função de uma suposta necessidade.

Quando olho para trás, percebo que as principais lições que aprendi com Gacy estão mais ligadas à vida do que às leis. Fui criado no meio rural, e entrei para a promotoria logo após sair da faculdade de Direito. Essa experiência me ajudou a aprender muito sobre a legislação, desde bem antes do julgamento de Gacy.

Antes desse caso, trabalhei no juizado de entorpecentes e vi, em primeira mão, o que acontecia com pessoas que usavam drogas e os diferentes tipos de reabilitação a qual precisavam se submeter. Até então, não sabia nada sobre narcóticos. Logo comecei a perceber que havia muita gente ruim nesse meio, e que, com muita frequência, pessoas muito boas acabavam se tornando vítimas.

Alguns anos depois, trabalhando na investigação do caso Gacy, presenciei o mesmo fenômeno. Vi um homem muito cruel e vítimas muito inocentes. Pode soar como uma banalidade, mas creio que a coisa mais importante que esse caso me ensinou é que nosso tempo no mundo é finito.

Saí do julgamento pensando: "É melhor usar seu tempo da melhor maneira possível porque, antes que você perceba, sem mais nem menos, tudo pode acabar".

A vida após Gacy

Sinto que vivi intensamente. Nesse sentido, me lembro sempre do velho ditado irlandês: "Terás muito tempo para estar morto". Para mim, é mais que uma citação. É a expressão da verdade. Gacy me ensinou muitas lições. Me tornei mais compreensivo, tanto na vida pessoal como na minha atuação profissional. Passei a ter mais empatia.

Alguém em uma posição como a minha, que tenha vivenciado algo tão terrível como o caso Gacy, precisa seguir em frente e dar o melhor de si. Um bom tempo já se passou de lá para cá, mas ainda acredito que, quanto mais ajudamos os outros, quanto mais ajudamos os animais, melhor para nós.

O caso Gacy me ajudou a compreender que há muitos que merecem reconhecimento por praticar boas ações e ajudar o próximo, enquanto outros tantos precisam de apoio. Acho que foi por isso que dediquei tanto tempo nos últimos anos a trabalhar em causas beneficentes. Colaborei com a Maryville Academy, uma organização local que ajuda crianças e famílias necessitadas. Eles também acolhem crianças abandonadas e vítimas de abuso, com doenças mentais graves, dependência química e complicações médicas. Além disso, colaborei com a Misericórdia, entidade que opera uma rede de atendimento a pessoas com transtorno de desenvolvimento. Ainda colaboro com essas organizações.

•••

Não tenho filhos. Tive a honra de ser o "irmão mais velho" de um garotinho maravilhoso chamado Brett. Mantemos contato até hoje. Ele está bem e mora na Pensilvânia.

Nossa relação começou quando Brett era pequeno. O menino morava no bairro de Uptown, em Chicago. A mãe era alcoólatra, e ele não sabia quem era o pai. Eu passava um bocado de tempo com o garoto. Íamos juntos a jogos e brincávamos de minigolfe. Quando já era adolescente, emprestava meu carro para ele. Espero que Brett tenha aprendido bastante comigo. Acredito que aprendemos muito um com o outro.

•••

Os animais talvez sejam minha maior paixão. Sempre os adorei, desde menino. O amor só cresceu com o passar dos anos. Ajudo diversos abrigos que lutam contra o sacrifício de animais, porque não gosto de ver nenhum bicho maltratado ou morto. Acredito muito na fundação Buddy, um abrigo para cães e gatos abandonados em Arlington Heights, Illinois, que realiza um excelente trabalho.

Anos atrás, tive uma namorada que gostava de visitar abrigos e adotar gatos. Eu a acompanhava, mas nunca entrava. Se entrasse, me sentiria na obrigação de levar todos comigo. Enquanto escrevo, torço para ter muitos anos de vida pela frente, porque gostaria de ajudar mais e continuar apoiando a adoção de animais.

Fé e Deus depois do caso Gacy

Não compreendo por que Deus coloca no mundo tantas pessoas boas ao lado de outras tão perversas. É algo que ainda me deixa perplexo. Não faço ideia de qual seja "o plano de Deus". Na verdade, minha fé em Deus mudou após o caso Gacy. Nunca deixei de encontrar conforto em Deus e na Igreja Católica. Eu vou à missa. Às vezes, vamos mais quando precisamos do Ser Supremo. Quando essa necessidade é menor, tendemos a deixar de lado a divindade na qual acreditamos, qualquer que seja, para ficar em casa.

Hoje recorro muito mais à minha fé, tanto para rezar pelas vítimas de Gacy e por outras, como para obter respostas. Ainda não tenho essas respostas e não sei se chegarão no tempo que ainda me resta nesse mundo. No entanto, existe um outro lado da moeda. Acredito que, com o avanço contínuo da tecnologia e da ciência, vamos chegar mais perto de compreender como funciona a mente de indivíduos como Gacy. O mais triste nesse caso é a quantidade de vezes que John esteve nas mãos das autoridades e escapou.

Há um mísero e pequenino consolo em saber que o tiramos das ruas e poupamos sabe Deus quantas pessoas de serem raptadas ou mortas. Tudo porque estávamos no lugar certo, na hora certa.

Reflexões sobre o uso da tecnologia e das mídias sociais em investigações criminais

Acompanho bastante o mundo da tecnologia. Sempre incluo algo sobre o tema nas edições de *The Legal Beagle,* minha newsletter mensal. Não raro, a lei precisa ser atualizada em função de avanços tecnológicos. A verdade é que hoje há tantos recursos disponíveis que, em certo sentido, o combate ao crime se torna mais lento, já que ação dos criminosos pode ser mais rápida que a capacidade de reação das autoridades. No entanto, a tecnologia possibilita compartilhar informações, o que é muito importante. A frustração de ter que esperar alguém chegar com um arquivo vindo de outro distrito ficou no passado.

Tomo como exemplo o caso de um ataque a tiros em um templo sikh em Wisconsin. Em 5 de agosto de 2012, Wade Michael Page entrou no templo religioso, matou seis fiéis e feriu outros quatro. A polícia descobriu bastante sobre Page em pouquíssimo tempo. Foram reveladas ligações do assassino com grupos neonazistas e supremacistas brancos. Mas as descobertas se deram *após* a tragédia. Se indivíduos como Page entrassem mais cedo no radar das autoridades, talvez conseguíssemos deter alguns deles mais depressa, e quem sabe até monitorá-los antes de cometerem crimes.

Na época de John Wayne Gacy, não havia Facebook nem YouTube. Se houvesse, os garotos que se envolveram com o empreiteiro poderiam ter mandado mensagens ou postado alguma coisa a seu respeito. Poderiam ter mandado uma mensagem de texto a um amigo dizendo: *Vou encontrar tal cara para ver um emprego*. Assim, outros saberiam o nome de Gacy. E, com o nome dele circulando, talvez tivesse sido preso antes.

Muitos criminosos e predadores sexuais encontram suas vítimas na internet. É bem possível que Gacy tivesse achado suas presas em determinados sites. Nesse caso, teria deixado um rastro eletrônico. Assim, capturá-lo teria sido muito mais fácil, e vinculá-lo aos assassinatos seria um trabalho bem mais simples.

Se pararmos para pensar, há sites que decerto teriam garantido a Gacy acesso instantâneo a vítimas em potencial. Será que ele teria matado outros jovens antes de ser pego? A polícia teria chegado a ele mais depressa por dispor de dados mais acessíveis? São perguntas instigantes para as quais jamais saberemos as respostas.

Escondido à vista de todos: considerações sobre o caso Jerry Sandusky

Não sei se é possível comparar Jerry Sandusky com John Wayne Gacy. Sandusky não matou ninguém. Não que o crime pelo qual foi condenado não seja gravíssimo. Atacava meninos, assim como Gacy, e durante muito tempo escondeu-se à vista de todos.

Há um monte de predadores sexuais por aí. Em várias ocasiões, em um bar ou restaurante, já pensei: "Melhor ficar de olho nesse sujeito, parece que não é daqui". Às vezes, desconfiamos por instinto. Não dá para saber nada de alguém que se está vendo pela primeira vez, a menos que se levante a ficha do indivíduo. Mas é impraticável buscar informações sobre todos com quem cruzamos.

Além disso, checar antecedentes pode não ser muito útil. Tomemos como exemplo o caso de Gacy. Se tivéssemos puxado a ficha dele na época, seria possível que tivesse vindo "limpa". O empreiteiro era um cidadão exemplar. Sandusky era um homem respeitado. Essa é outra semelhança entre os dois. Sandusky não matou ninguém, mas, como Gacy, destruiu a vida de muita gente.

Existe uma rede em torno de Sandusky que também o aproxima de Gacy. Uso o termo "rede" para me referir a amigos e colegas que podiam ou não saber o que esses homens faziam. Ao longo dos anos, fui abordado por centenas de pessoas que conheciam as vítimas de Gacy. Outras me disseram que conheciam o empreiteiro e desconfiavam que ele andava "aprontando alguma", mas não sabiam bem o quê. Afirmaram que, por esse motivo, não falaram nada. Não chamaram a polícia nem denunciaram Gacy porque não tinham provas concretas.

Podemos culpá-las? Acho que não.

Não estou certo quanto ao escândalo Sandusky. Seria fácil dizer que, se fosse eu, teria tomado alguma atitude, porque Jerry Sandusky era um tipo esquisito. Porém, há um monte de gente estranha por aí. Você não pode ir à polícia só porque alguém está "agindo de forma suspeita". Mesmo assim, acho que nos dias de hoje teria sido mais fácil relatar alguma desconfiança ou fato observado.

Acho que a maioria de nós, no fundo, prefere acreditar que as pessoas são boas. Não queremos ficar pensando que podem cometer atos hediondos. Sandusky ocupava um cargo proeminente em uma universidade de ponta. Administrava uma entidade beneficente. Tinha família. Sua conduta parecia irrepreensível. O que serve para mostrar que nunca se sabe.

O caso Gacy comparado a outros

Nunca trabalhei em outro caso equiparável ao de Gacy. Não acredito que tenha existido outro como o dele em nossa jurisdição. Atuei em diversos julgamentos envolvendo assassinatos. John Wayne Gacy afetou alguns aspectos de minha carreira mais do que julguei possível a princípio.

Atualmente, tenho meu próprio escritório de advocacia. Posso escolher à vontade quais clientes atender. Sendo assim, poderia até aceitar um caso de assassinato em que alguém precisasse e merecesse a defesa que eu estivesse em condições de prestar. Porém, jamais assumiria novamente um caso como o de Gacy, muito menos como advogado de defesa.

Certa vez, atuei em um caso em que um pai matou os filhos para se vingar da esposa. Lidei com situações terríveis. É por isso que não aceito mais esse tipo de caso. Em uma determinada ocasião, uma assistente que trabalhou em meu escritório disse: "Vamos pegar um bom caso de assassinato", ao que respondi: "Já vi morte demais na vida, não precisamos de mais aqui no escritório."

O que fiz de mais gratificante após o caso

De maneira geral, acho que levei uma vida bastante comum. Já fiquei noivo, mas nunca me casei. Moro no mesmo bairro há mais de vinte anos. Gosto muito daqui. Herdei a mão de meu pai para a jardinagem, um dom do qual reclamo às vezes. Como resultado, meu jardim de telhado foi premiado no ano passado pela prefeitura de Chicago. Estou falando de trivialidades.

Passo bastante tempo com os amigos e, para minha infelicidade, sou um grande fã de beisebol. Sou torcedor dos Cubs, mas na verdade torço para ambos os times de Chicago. Compro ingressos para a temporada inteira e tenho lugar cativo no estádio Wrigley Field. Talvez esse seja um dos motivos de eu não ser casado: as entradas são caríssimas.

Hoje em dia, aproveito ao máximo os pequenos prazeres da vida. Volta e meia, durante os jogos dos Cubs, a caminho de meu quiosque de cerveja favorito, a senhora que toma conta das crianças no estádio me entrega uma bola legítima da Major League. Tiro a bola da embalagem plástica e a levo comigo. Então, espero aparecer um menino ou menina com luva. Quase sempre os Cubs estão perdendo, e a criança não conseguiu apanhar nenhuma bola perdida, mas está feliz por estar ali. É quando eu me aproximo e coloco a bola na luva. Vocês precisam ver o sorriso no rosto delas ao receberem a bola!

Outro dia, quando dei a bola a um garoto, o rosto dele se iluminou. "Papai, hoje é o melhor dia da minha vida", comentou. Às vezes, os pais das crianças me mandam e-mails ou cartas de agradecimento. É muito gratificante. Fazer algo assim por uma criança vale a pena. Crianças são puras. Enquanto seus principais interesses forem beisebol e cachorros, acho que estamos muito bem. Para mim, o mais importante é preservar essa inocência.

Tenho recebido muitos casos envolvendo menores. Os pais me procuram porque os filhos fizeram besteira. Meu trabalho é enxergar além da forma de pensar desses garotos, que acham que vão para a cadeia.

Na verdade, meu trabalho é mantê-los longe da prisão. Meu objetivo é encontrar uma brecha no sistema de justiça para que não exista ficha criminal acompanhando esses jovens pelo resto da vida. É a parte mais gratificante de ter meu próprio escritório.

Em qualquer caso que atendo, a comunicação é fundamental. Ainda mais quando envolve menores. Seja em audiência com o juiz, ou no gabinete do promotor para negociar um acordo, tento a conciliação. Procuro encontrar algum ponto da lei que viabilize a liberação de meus clientes sob supervisão ou o encaminhamento a programas de reabilitação.

Posso dizer que livrei cerca de 95% desses menores de ficarem com a ficha suja. Quando os pais entram em meu escritório, converso com eles sobre "amor e disciplina" (para mim é fácil falar, pois não tenho filhos).

Muitas vezes, os pais me pedem para defender os filhos, mas também querem dar uma lição neles. Minha meta é que os pais assumam o controle em casa, enquanto eu cuido das coisas no tribunal. Pais e mães querem que os filhos assumam a responsabilidade pelo que fizeram, mas sem ter seus futuros prejudicados.

Mudanças na legislação

Nos últimos anos, tenho recebido pedidos de sugestões de mudanças em algumas leis de Illinois. Acredito que várias coisas poderiam ser alteradas no nosso sistema legal.

Um dos primeiros passos seria simplificar as leis para torná-las mais acessíveis à população.

Recentemente, analisamos casos de *sexting*, como é chamado o envio de mensagens com conteúdo sexual. Defendi um garoto acusado dessa prática. Em regra, o acusado deve ser registrado como criminoso sexual, e a informação pode constar na ficha de um menor até ele ou ela ter vinte e poucos anos, o que não me parece justo.

Pouco a pouco, a lei vem mudando. As estatísticas mostram que mais de 30% dos jovens mandam uns aos outros mensagens com conteúdo sexual. Para muitos, esse número é assustador. No entanto, não se pode arruinar a vida inteira de um adolescente por causa disso. Os jovens têm acesso muito fácil à tecnologia.

Sempre digo às pessoas para terem cuidado com o que colocam em mensagens de texto, pois o conteúdo pode voltar para assombrá-las.

Meu trabalho como porta-voz

Atuei sem cobrar honorários como porta-voz para a mídia em vários casos de grande repercussão em Illinois, entre eles o escândalo de abuso sexual envolvendo o cantor R. Kelly e o julgamento de William Balfour.

Em 11 de maio de 2012, Balfour foi condenado por matar a mãe, o irmão e o sobrinho da cantora e atriz Jennifer Hudson. Imaginem só receber uma celebridade vencedora do Oscar todos os dias no tribunal, enquanto se discute os terríveis assassinatos de membros de sua família. Há repórteres por toda parte, e eles querem informações. A coisa pode virar um circo. Meu trabalho é manter a imprensa informada sobre o julgamento e, ao mesmo tempo, preservar o decoro no tribunal. O caso Gacy foi um treinamento e tanto.

No começo, não gostava nem um pouco do trabalho. Minha pequena firma de advocacia anda terrivelmente sobrecarregada. Mas prezo muito a confiança que juízes e desembargadores depositam em mim. A experiência tem sido muito compensadora.

Meu trabalho como analista jurídico na WGN-TV

Atuo como analista jurídico para a emissora WGN-TV desde o caso O.J. Simpson. Me lembro da primeira vez que precisei ler no teleprompter. Não foi legal. Mesmo com um diploma de Direito, pisei feio na bola. Até que um diretor de jornalismo me disse: "É só falar, Terry", me liberando da obrigação de ler.

Desde então, faço todas as entradas na televisão sem script. Funciona melhor assim. É uma baita experiência. Dá bastante trabalho, mas é bem divertido. Gosto de falar de improviso.

No início, eu chegava aos estúdios da WGN e recebia as perguntas que os âncoras fariam. Mas o esquema mudou nos últimos anos.

Agora, não faço a menor ideia de quais serão as perguntas. É bem mais divertido entrar no ar e só então descobrir sobre o que vou falar. Os âncoras levam a discussão para onde quiserem. É um desafio que me obriga a estar atento. Conheço boa parte dos apresentadores há anos, e costumamos ficar bem à vontade uns com os outros. Muitas vezes, a caminho da delegacia, ligo para amigos advogados e juízes para perguntar o que pensam sobre determinado tema e junto opiniões de várias fontes.

De vez em quando alguém me chama de especialista jurídico. O termo dói em meus ouvidos. Sou analista jurídico. Qualquer um pode dizer que é especialista.

Considerações finais sobre o caso Gacy

Sinto orgulho do trabalho que fizemos no caso Gacy, mas, para ser sincero, não fico o tempo todo pensando a respeito. Muitos ainda me perguntam se a experiência me persegue. Por incrível que pareça, a resposta é não. Não tenho pesadelos com o caso. Nunca tive, e sou uma pessoa que sonha bastante durante a noite.

Quando interrogamos John Wayne Gacy pela primeira vez, não fazíamos ideia do que nos aguardava. Tentávamos ligá-lo ao desaparecimento de Rob Piest, e pedíamos a Deus que o garoto estivesse sendo mantido em cativeiro, e não morto.

Ao percebemos com quem e com o que estávamos lidando, já estávamos envolvidos demais na investigação para ficar horrorizados. Éramos como cavalos com antolhos e um único objetivo: pegar Gacy.

Durante aquele ano e meio de nossas vidas, fomos absorvidos pelo caso. Me lembro de estar me preparando para o julgamento enquanto olhava pelas janelas da sede da promotoria. Na época, não era possível abri-las. Eu nem sabia qual era a estação do ano. Sabíamos que tínhamos uma missão a cumprir, e que ainda havia muito trabalho a fazer.

A defesa de Gacy, comandada por Sam Amirante, planejava alegar insanidade. Na época, sabíamos que nunca existira um criminoso como ele.

Também sabíamos que era grande a chance de muita gente (inclusive o júri) pensar que Gacy era doido. Era o bastante para nos manter motivados.

Naquele período, a equipe criou um vínculo, o que é natural quando se trabalha sem parar na companhia das mesmas pessoas. Nunca se sabe que horas são. Relógios nada significam, e o tempo desaparece. É como estar em Las Vegas, em um mundo à parte. Você não tem ideia do que está acontecendo à sua volta, mas segue em frente.

• • •

Sempre que penso no julgamento, uma jovem me vem à mente. Não faço ideia se ela se lembra de mim, pois nunca me apresentei formalmente. Também nunca perguntei seu nome.

Algumas vítimas de Gacy eram caras solitários e, quando chegava a hora do julgamento, não tinham quem fizesse as vezes de família e os representasse no tribunal.

A jovem, porém, era noiva de uma das vítimas. Quase todo dia eu passava de carro por ela, a caminho do tribunal. Era uma moça miudinha. Descia do ônibus na 26th com a Western, uma área não muito segura para uma garota andar sozinha.

Fazia frio, e a calçada vivia coberta por uma grossa camada de neve. Eu a via quando virava a esquina. Bem agasalhada, vencia com dificuldade o gelo e a lama a caminho do fórum. Eu tinha vontade de lhe oferecer carona, mas achava que seria inapropriado.

Lembro que ela se sentava no fundo do tribunal e não deixava de comparecer nem um dia sequer. Sua lealdade ao noivo, mesmo após a morte, me impressionava. De vez em quando, nos cumprimentávamos. Queria muito ter perguntado seu nome, pois, terminado o julgamento, ela desapareceu.

Não tornei a vê-la, mas penso muito nela. Se pudesse voltar no tempo, teria feito mais para confortar e amenizar a dor daquela jovem. Sei que não era minha função na época, claro, pois tinha de me concentrar no processo.

• • •

Mantive contato próximo com inúmeros familiares de vítimas ao longo dos anos, mas era impossível fazer isso com todos. E havia também muitos familiares que não queriam ser confortados.

Tantos anos depois, o que mais me incomoda é que nunca deixei de me preocupar com as famílias das vítimas. Quero cuidar delas. Se pudesse ter feito mais, teria. Não quis forçar a barra. Mesmo hoje, ainda gostaria de saber se ainda há algo que eu possa fazer.

Fui eu quem deu aos familiares a terrível confirmação de que tinham perdido alguém que amavam. Fui eu quem os arrastei ao tribunal para acompanhar o julgamento. Em alguns casos, fui eu quem os chamou para testemunhar.

Será que sinto culpa? Não sei. Sinto culpa por não ter mantido contato com tantas vítimas quanto gostaria. O motivo de não as ter procurado foi porque respeitei a sua privacidade. Respeitei seu luto. A esta altura, já teriam entrado em contato comigo se quisessem. Se quisessem conversar, seria fácil me encontrar. Acredito que represento a época mais terrível de suas vidas. Acho que, para muitas famílias, ver meu rosto outra vez seria como reviver tudo.

Alguns consideram um ato heroico ter participado da condenação de um assassino em série como John Wayne Gacy. Eu não concordo. Não é essa a definição de herói. Não sou herói. Fiz o que tinha que ser feito. Nossa equipe fez o que tinha que ser feito.

Levamos John Wayne Gacy a julgamento. Fizemos o que era certo.

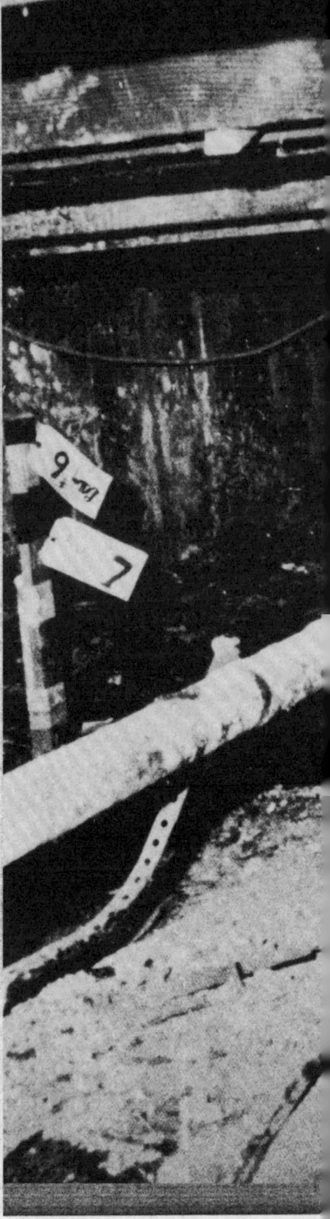
7

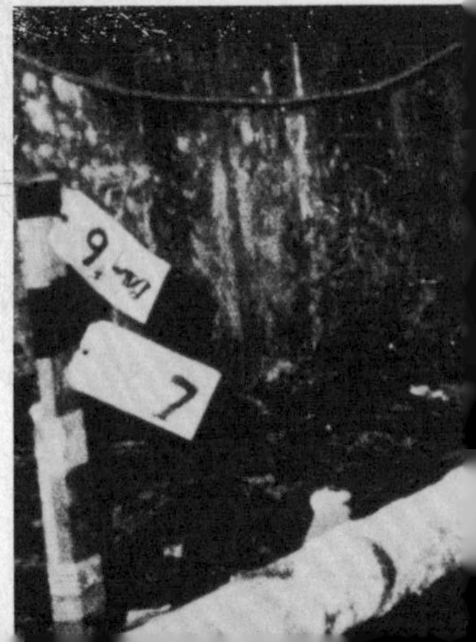
7

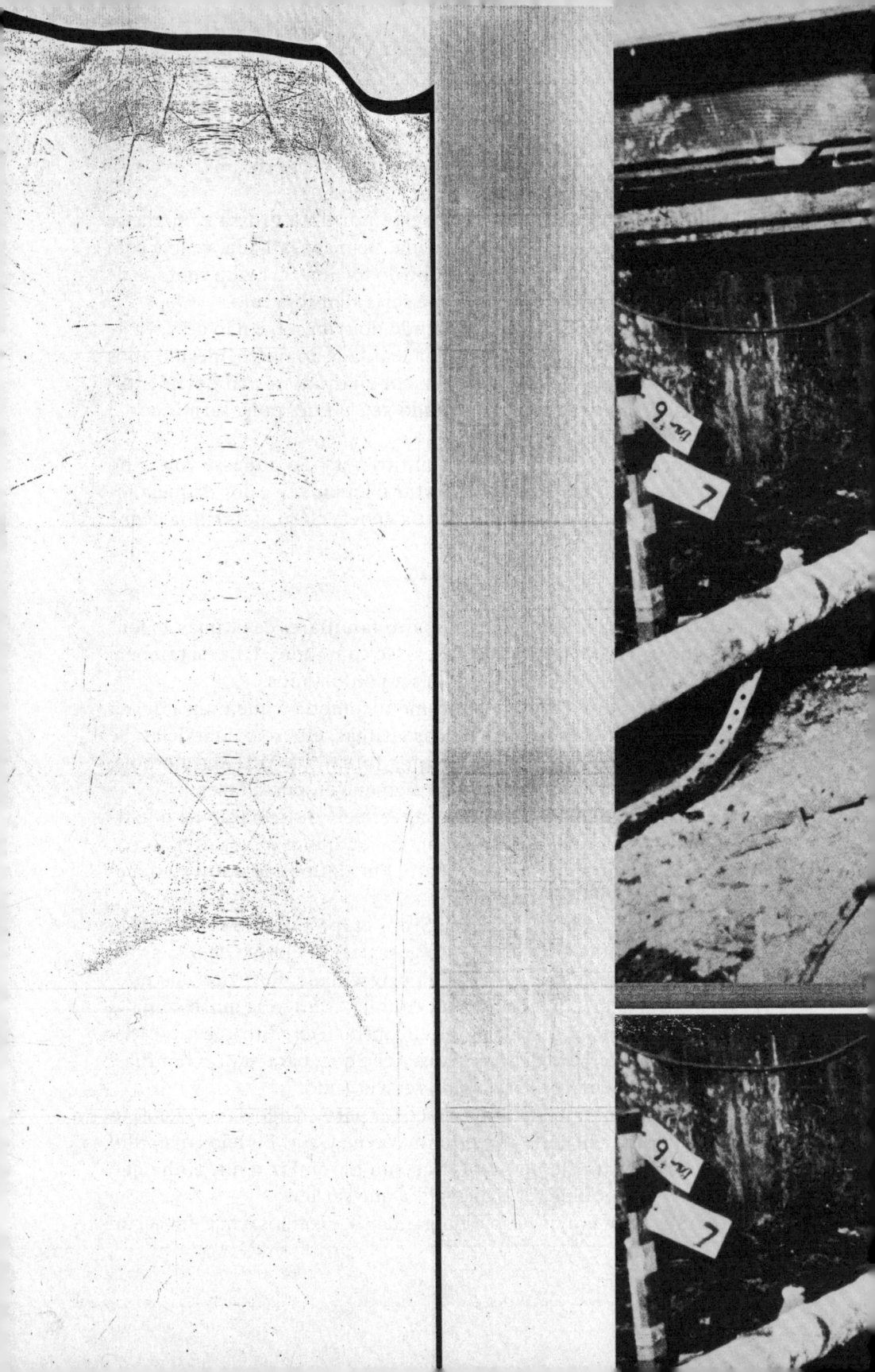

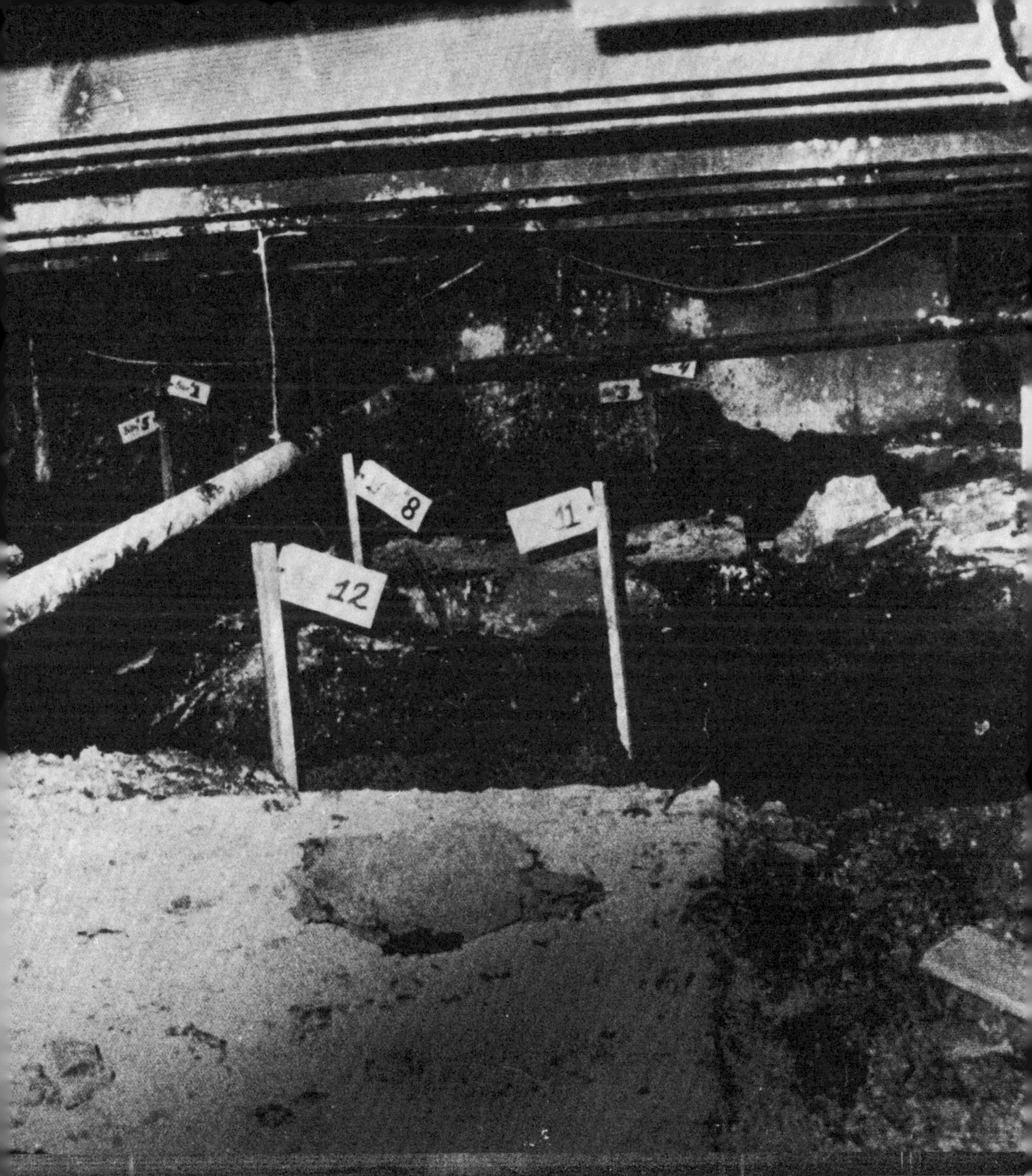
8
11
12

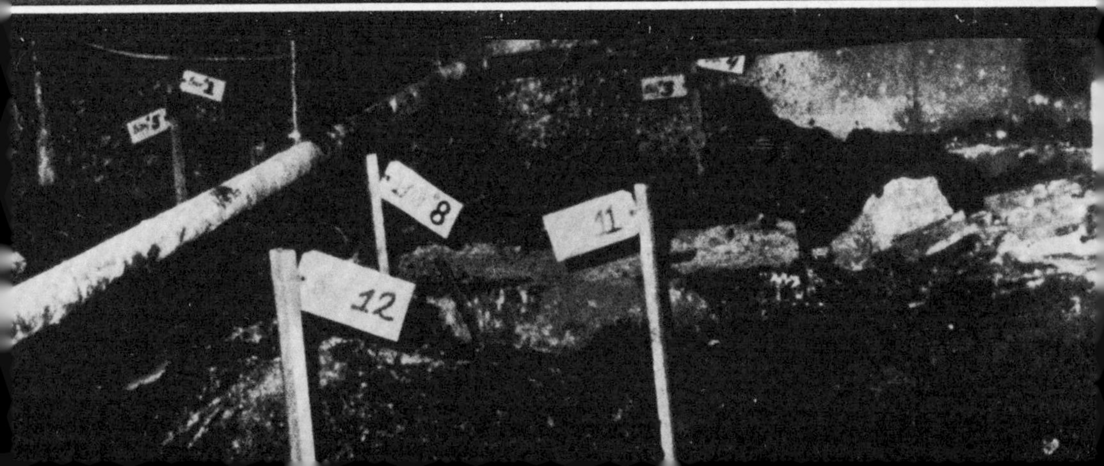
8
11
12

CASO
CONCLUÍDO
PROFILE
profile

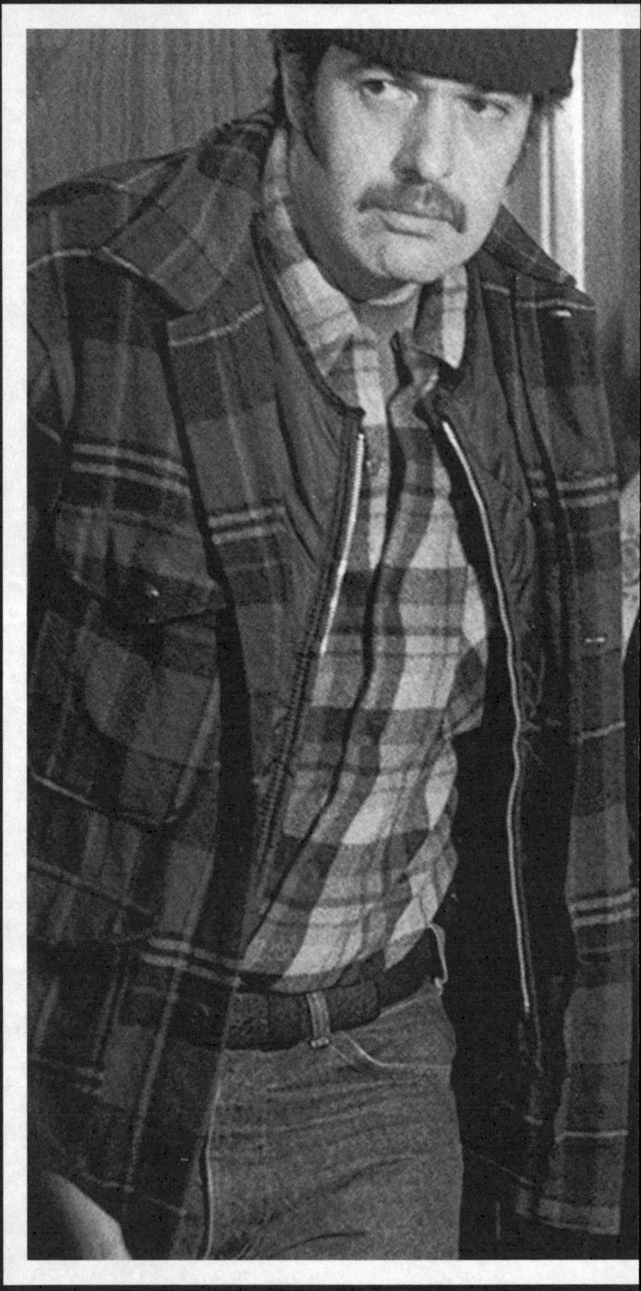

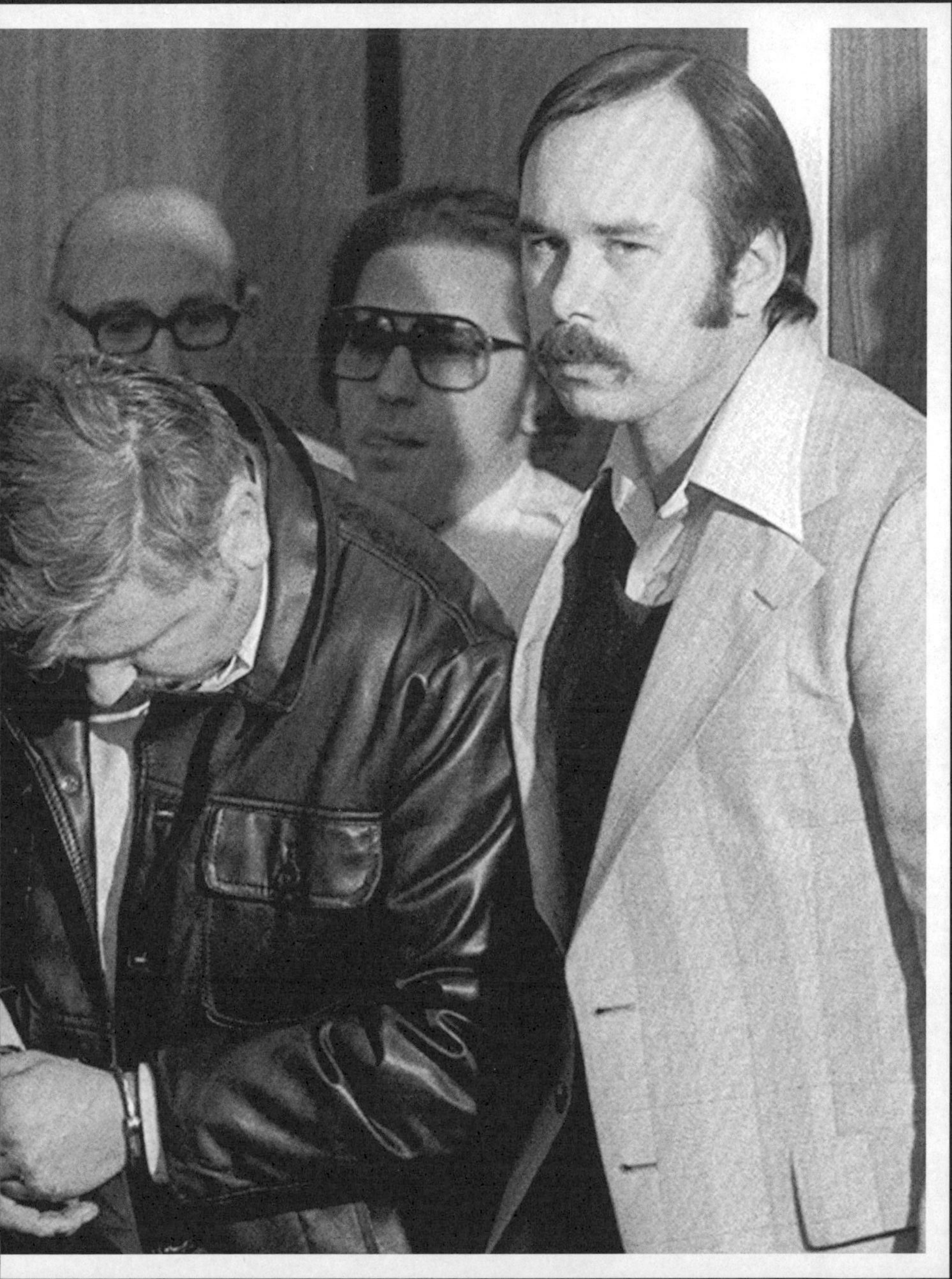

GALERIA
MACABRA
PROFILE
profile

PALHAÇOS ESTRANHOS DA VIDA REAL E DOS FILMES QUE AMAMOS

COULROFOBIA | O medo de palhaços é comum entre crianças, e também pode ocorrer com adolescentes e adultos. Às vezes o medo é adquirido após experiências traumáticas com um indivíduo singular, ou após ver algum palhaço ameaçador na mídia. Algumas crianças se curam ao crescerem.

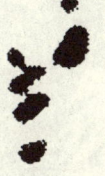

KILLER CLOWN
RETRATO DE UM ASSASSINO
**TERRY SULLIVAN
PETER MAIKEN**

*Pogo the Clown
John W Gacy*

Uma doce lembrança da infância acabou se tornando uma das representações mais assustadoras dos filmes de terror — e, verdade seja dita, da vida real. Há quem comece a suar frio só com o vislumbre da exagerada maquiagem de um palhaço.

A origem da profissão de palhaço é muito mais antiga do que imaginamos. O termo — que vem do italiano *pagliaccio* — ganhou força durante o teatro popular da Renascença, na Itália, e definia um personagem maltrapilho que mantinha o público entretido, mas se tornaria algo ainda mais caricato e fantasioso com o passar das décadas.

O primeiro palhaço, nos moldes que conhecemos, surge perto dos anos 1800, com o ator britânico Joseph Grimaldi — responsável pela criação do gênero *clown* no teatro. Sozinho e depressivo, o ator sofria com alcoolismo e dores no corpo, e escondia seu sofrimento com a maquiagem colorida. Lidou com a perda da esposa e do filho por toda a vida e morreu pobre, mas se tornou tão dominante no palco cômico de Londres que o design de maquiagem e as roupas estilizadas são usadas até hoje por palhaços espalhados pelo mundo. Hollywood e a cultura pop, claro, exploraram todas as camadas e características bizarras dos palhaços.

Alguns palhaços da vida real são tão iluminados em sua missão de espalhar a alegria que só conseguimos imaginar o que há por trás da maquiagem. Já os da cultura pop manifestam uma aura tão macabra que é difícil esquecer o olhar sinistro e a risada cínica e assombrosa. Entre sorrisos e lágrimas, aqui está uma lista de palhaços para você conhecer e se perguntar o que há por trás destas risonhas faces.

PALHAÇOS REAIS

"Gargalhadas cheias de VIDA"

"LAUGH, CLOWN, L

ORIGIN U.S.A.

01. JOEY *(Joseph Grimaldi, 1778-1837)*

O primeiro da lista, ele mesmo, Joseph Grimaldi. O ator, comediante e dançarino criou, em 1801, o palhaço Joey, o primeiro a usar maquiagem branca e pintar em si um grande sorriso vermelho — o visual ainda foi complementado com roupas espalhafatosas. O palhaço de Grimaldi também entretinha a plateia com cambalhotas e malabarismos, e arrancava gargalhadas dos espectadores. O sucesso fez com que o visual fosse amplamente copiado ao longo das décadas seguintes.

02. LADY CLOWN TO THE RING *(Amelia Butler, 1840-?)*

As famílias de palhaços geralmente não recebiam com grande entusiasmo o nascimento de uma menina, isso porque o papel de palhaço era comumente passado de pai para filho. Amelia Butler é conhecida por ser a primeira palhaça de circo norte-americana que se tem registro — e pouquíssimas vieram depois dela no século XX, algo que vem mudando apenas nos últimos anos. Em 1858, Amelia Butler interpretou uma palhaça reconhecidamente feminina enquanto estava em turnê com o Kemp's Mammoth English Circus & JM Nixon's Great American Circus. Em um anúncio de jornal que chamava o público para assistir à apresentação ela aparece como Lady Clown to the Ring. Infelizmente, pouco se sabe sobre sua história além disso.

03. BENJAMIN DE OLIVEIRA *(Benjamin Chaves, 1870-1954)*

Compositor, cantor, ator — e palhaço. Benjamin, o primeiro palhaço negro do Brasil, fugiu de casa ainda criança com uma trupe circense que passava em sua cidade, e trabalhou como trapezista e acrobata. A violência que sofria no circo, no entanto, fez com que escapasse de lá para tentar algo melhor. Passou por vários circos, até que conseguiu se apresentar como palhaço em um deles. Um tempo depois, performou para uma plateia que contava com o então presidente da república Marechal Floriano Peixoto. O presidente adorou a apresentação e moveu a equipe toda para um lugar de destaque na cidade. Querido pelo público, Benjamin já foi homenageado em enredos de escola de samba, livros e programas sobre a sua vida.

Theatre — East Rochester

MON. & TUE. AUG. 20-21

LON CHANEY

RIALTO

CLOWN,

LON CHANEY
(Leonidas Frank Chaney, 1883-1930)

O ator norte-americano Lon Chaney, filho de pais surdos-mudos, fez a carreira interpretando personagens monstruosos, atormentados e grotescos. A excelência do seu trabalho com maquiagem o destacou entre os demais colegas da época, e era chamado pelos críticos de cinema de O Homem das Mil Faces.

04.

TAKE A TIP FROM CHO-CHO THE CLOWN

"To achieve real happiness and contentment, live in a hom your own! You can make your home plans come true more ly than you think... with a Home Loan from UNION BUI D LOA See them for full details!"

Theatre
MON. & TUE.

Lon Chaney

05. GROCK *(Charles Adrien Wettach, 1880-1959)*

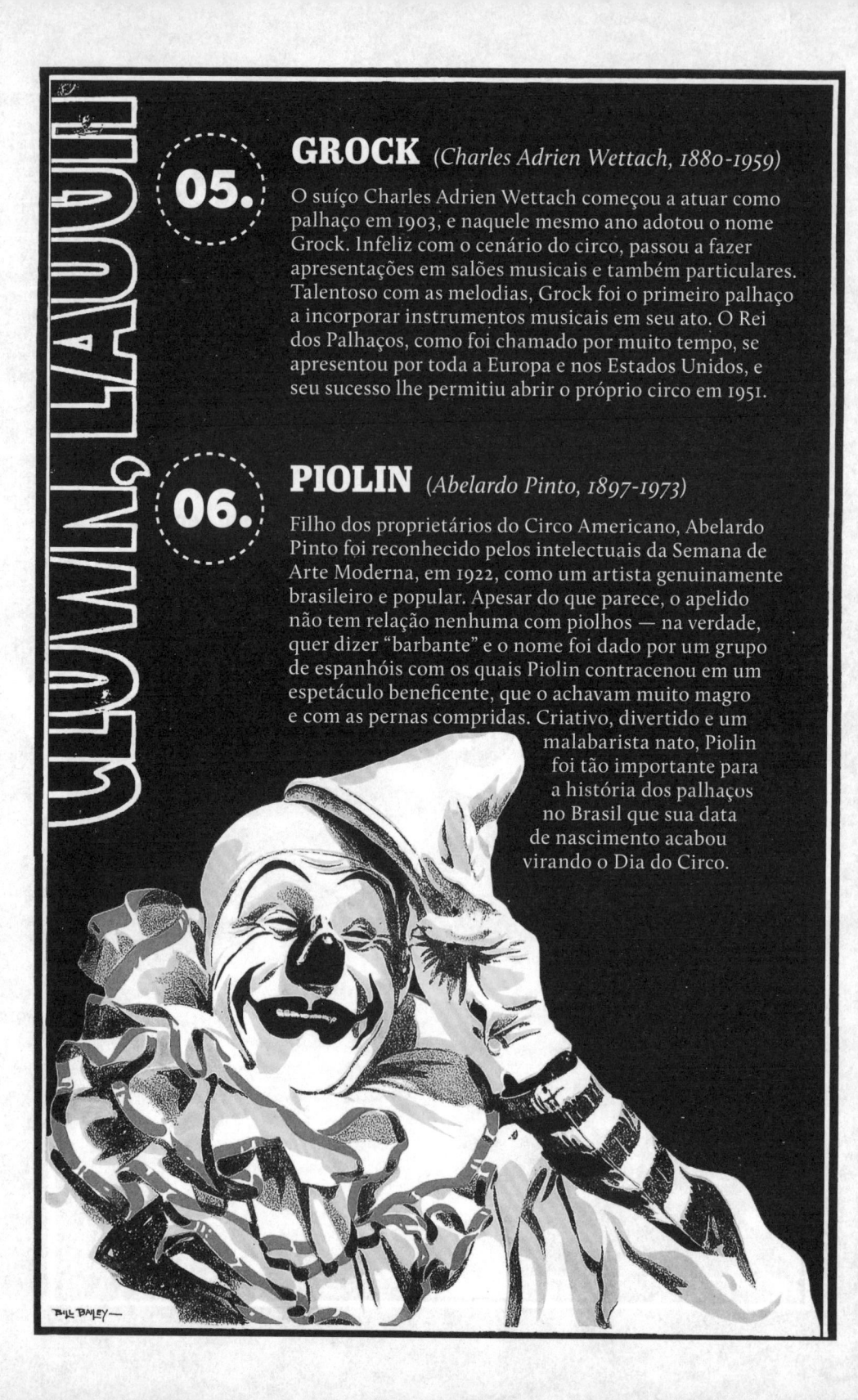

O suíço Charles Adrien Wettach começou a atuar como palhaço em 1903, e naquele mesmo ano adotou o nome Grock. Infeliz com o cenário do circo, passou a fazer apresentações em salões musicais e também particulares. Talentoso com as melodias, Grock foi o primeiro palhaço a incorporar instrumentos musicais em seu ato. O Rei dos Palhaços, como foi chamado por muito tempo, se apresentou por toda a Europa e nos Estados Unidos, e seu sucesso lhe permitiu abrir o próprio circo em 1951.

06. PIOLIN *(Abelardo Pinto, 1897-1973)*

Filho dos proprietários do Circo Americano, Abelardo Pinto foi reconhecido pelos intelectuais da Semana de Arte Moderna, em 1922, como um artista genuinamente brasileiro e popular. Apesar do que parece, o apelido não tem relação nenhuma com piolhos — na verdade, quer dizer "barbante" e o nome foi dado por um grupo de espanhóis com os quais Piolin contracenou em um espetáculo beneficente, que o achavam muito magro e com as pernas compridas. Criativo, divertido e um malabarista nato, Piolin foi tão importante para a história dos palhaços no Brasil que sua data de nascimento acabou virando o Dia do Circo.

WEARY WILLIE *(Emmett Kelly, 1898-1979)*

Todo palhaço, apesar de esquisito, é feliz, sorridente, alegre até o último fio de cabelo, certo? Não Weary Willie. Indo contra a tendência, Emmett Kelly criou um personagem maltrapilho que usava roupas esfarrapadas, um aceno aos moradores de rua da era da Depressão. Em 1944, um grande incêndio na tenda do circo em que se apresentava causou pânico entre os seis mil espectadores. Kelly fez tudo o que podia para ajudar a extinguir o fogo, que matou 168 pessoas e feriu outras 682. O incêndio, sem causa aparente, afetou Kelly profundamente.

ARRELIA
(Waldemar Seyssel, 1905-2005)

Waldemar Seyssel entrou pela primeira vez em uma arena de circo com apenas seis meses de idade, para participar de um quadro que precisava de um bebê chorão. Paranaense, se formou em direito e virou palhaço a contragosto. Os irmãos e o pai o maquiaram e colocaram na arena à força, e ele, com raiva, chutou a primeira pessoa que estava no picadeiro. O homem correu atrás do palhaço, e o público caiu na gargalhada. Arrelia morreu aos 99 anos, vítima de uma pneumonia.

09. CAREQUINHA *(George Savalla Gomes, 1915-2006)*

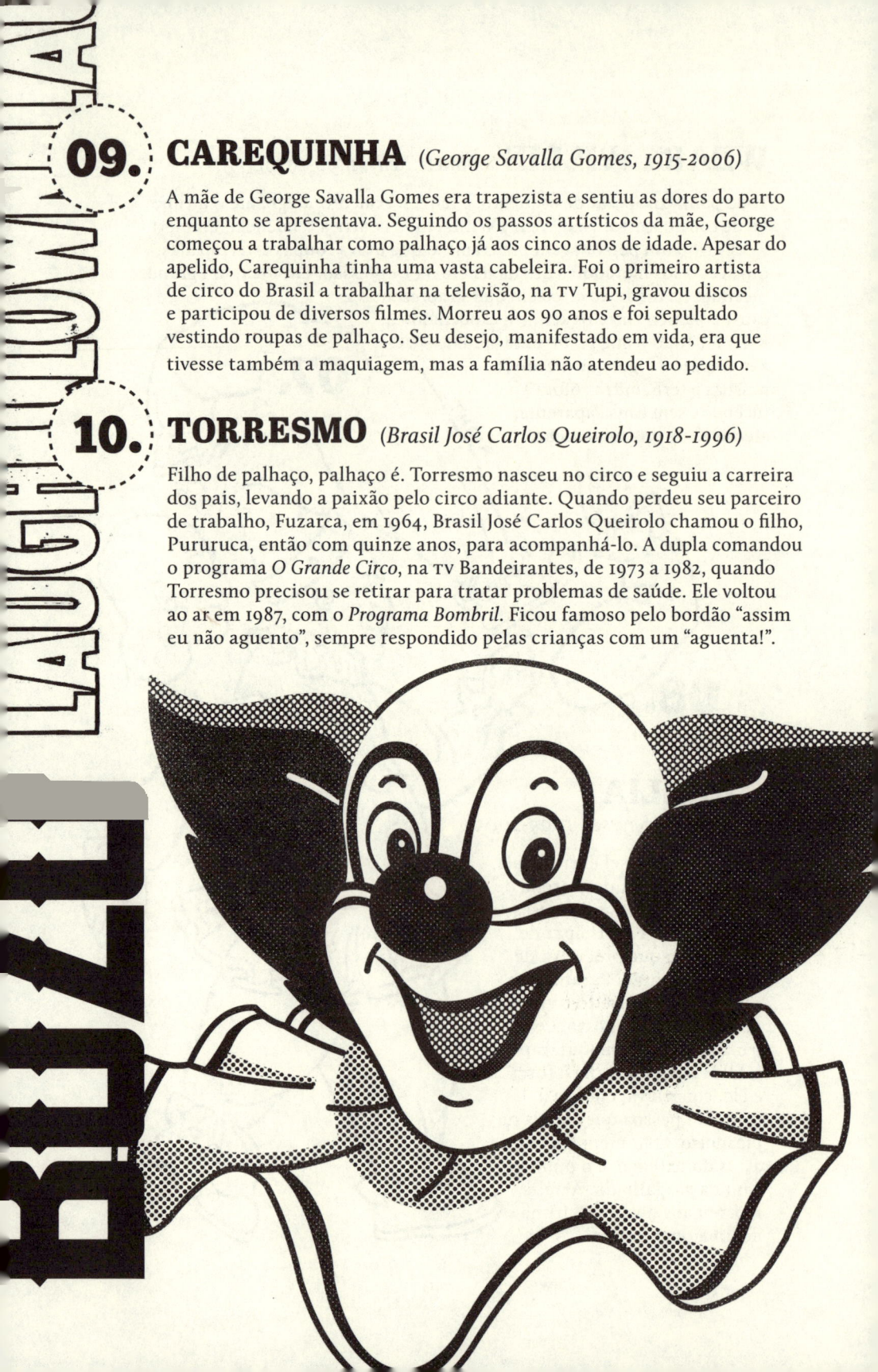

A mãe de George Savalla Gomes era trapezista e sentiu as dores do parto enquanto se apresentava. Seguindo os passos artísticos da mãe, George começou a trabalhar como palhaço já aos cinco anos de idade. Apesar do apelido, Carequinha tinha uma vasta cabeleira. Foi o primeiro artista de circo do Brasil a trabalhar na televisão, na TV Tupi, gravou discos e participou de diversos filmes. Morreu aos 90 anos e foi sepultado vestindo roupas de palhaço. Seu desejo, manifestado em vida, era que tivesse também a maquiagem, mas a família não atendeu ao pedido.

10. TORRESMO *(Brasil José Carlos Queirolo, 1918-1996)*

Filho de palhaço, palhaço é. Torresmo nasceu no circo e seguiu a carreira dos pais, levando a paixão pelo circo adiante. Quando perdeu seu parceiro de trabalho, Fuzarca, em 1964, Brasil José Carlos Queirolo chamou o filho, Pururuca, então com quinze anos, para acompanhá-lo. A dupla comandou o programa *O Grande Circo*, na TV Bandeirantes, de 1973 a 1982, quando Torresmo precisou se retirar para tratar problemas de saúde. Ele voltou ao ar em 1987, com o *Programa Bombril*. Ficou famoso pelo bordão "assim eu não aguento", sempre respondido pelas crianças com um "aguenta!".

PALHAÇO DA LUZ DO SOL
(Oleg Popov, 1930-2016)

Popov pode ser considerado o "Tom Brady dos palhaços" — como o famoso quarterback da NFL, cuja grande chance veio quando ele substituiu um companheiro de equipe machucado, Oleg Popov assumiu a liderança quando o palhaço principal do circo de Moscou foi ferido. Em 1956, ele se tornou um dos palhaços mais queridos da União Soviética e ficou conhecido como o "Palhaço da Luz do Sol" por conta do otimismo de seu personagem. Faleceu aos 86 anos no hotel em que se hospedava durante uma turnê.

RONALD MCDONALD *(Willard Scott, 1934-)*

Você certamente estava esperando por esse palhaço na lista, não é? Ronald McDonald pode até ser popular com as crianças, mas muitos adultos o acham absolutamente assustador. Scott foi um dos intérpretes do Bozo em uma das franquias televisivas do personagem e fazia propaganda para a lanchonete McDonald's. A rede de fast food fez, então, seu próprio palhaço e Scott passou a interpretar Ronald McDonald. No início do século XXI, estimou-se que 96% da juventude dos Estados Unidos era capaz de reconhecer o palhaço da marca, o que causou preocupação entre alguns órgãos por acreditarem que Ronald contribuía para a obesidade infantil por meio da promoção de alimentos não saudáveis. Qual pesadelo com o Ronald você já teve?

BOZO *(Vários Artistas, 1949-)*

Em 1949, o programa infantil do palhaço Bozo estreava na rede americana KKTV e, alguns anos depois, tornaria-se uma franquia com mais de 200 atores diferentes pelo mundo. Protótipo do palhaço, Bozo ostentava uma cabeleira ruiva, um nariz vermelho e usava sapatos enormes. Sua popularidade com as crianças era inegável, tanto que chegou a vários países. Um deles foi o Brasil, onde, além das palhaçadas, um dos intérpretes, Arlindo Barreto (de 1983 a 1986), partiu o politicamente correto em tantos fragmentos que ainda hoje se tenta juntar os pedaços. Apesar do vício em álcool e drogas que acabou por invadir a tela infantil da TVS-SBT, Arlindo inovou e conseguiu dar uma identidade genuinamente brasileira ao palhaço norte-americano, versão esta que foi considerada uma das melhores do programa.

JOANA D'ARPO
(Gardi Hutter, 1953-)

A atriz suíça Gardi Hutter é uma das palhaças mais famosas do mundo. Desde 1981, se apresentou mais de três mil vezes em teatros, salões, festivais, comunidades carentes de mais de trinta países. A palhaça se manifesta em diversos papéis com abordagens e características cômicas: despenteada, furiosa, desagradável, mas também tocante, poética, transformadora. Hutter desbrava universos absurdos e corajosos em uma tragicomédia elogiada pelo mundo.

14.

A GANGUE DO PALHAÇO *(Rumor, 1990)*

Quem cresceu na década de 1990 talvez lembra de uma história medonha que assombrou São Paulo envolvendo palhaços, crianças e raptos. Depois da exibição de uma série de reportagens do jornal *Notícias Populares*, em especial a do caso de "um palhaço norte-americano que matava crianças" (palpites?), começaram boatos de que uma gangue de palhaços na cidade de Osasco estaria roubando crianças para vender seus órgãos. A história ganhou força a ponto de pessoas jurarem de pés juntos que viram uma reportagem a respeito na TV e começarem a detalhar coisas como a cor da Kombi utilizada nos raptos (azul, para alguns, branca, para outros). Espalhou-se que as motivações dos criminosos eram as mais diversas: sequestro, tráfico de órgãos e prostituição estavam entre as suposições. Em outra versão da história, não era uma gangue, e sim um único palhaço que raptava as crianças com o intuito unicamente de matar — um assassino em série. Fato ou boato, a lenda vive ainda hoje no inconsciente coletivo de muita gente.

15.

16. PUDDLES PITY PARTY *(Mike Geier, 1964-)*
Nascido na Filadélfia, Mike Geier criou Puddles Pity Party, um palhaço que canta versões tristes de canções famosas. Ele ganhou notoriedade quando participou de um programa de talentos — entrou no palco, conversou com os jurados através de gestos, e ao darem o sinal para começar sua apresentação, mostrou uma voz poderosa e ímpar. A coroa e o sorriso infeliz, aliada à maquiagem branca e os dois metros de altura ajudam a compor o visual trágico do palhaço que conta com meio milhão de inscritos em seu canal do YouTube.

PUDDLES
PITY PARTY

LAUGH, CLOWN, LA

01. **02.**

PALHAÇOS BIZARROS
"Criaturas com um sorriso macabro"

01. ALIENS QUE SE PARECEM COM PALHAÇOS
(Os Palhaços Assassinos do Espaço Sideral, 1988, Stephen Chiodo)

É difícil pensar em palhaços no terror e não pensar nos palhaços assassinos do espaço sideral, não é? No clássico *trash* de Stephen Chiodo, alienígenas assumem a forma de palhaços e matam as pessoas. A trilha sonora de John Massari dá o toque nesta obra repleta de maquiagem, algodão doce e... sangue.

02. OS TRÊS QUASE-PALHAÇOS
(Máscaras do Terror, 1989, filme de Victor Salva)

E se, pouco antes do Halloween, três palhaços aparecessem na sua casa? Neste filme, três fugitivos de uma instituição para doentes mentais acabam se vestindo de palhaço e perturbando a vida de três irmãos em um casarão.

03. KRUSTY, O PALHAÇO
(Os Simpsons, 1989, desenho animado de Matt Groening)

O palhaço mais famoso dos desenhos animados é uma das figuras mais divertidas e sinistras da TV e estreou em um episódio especial de *Os Simpsons* que foi ao ar em 1989. Krusty é um veterano do entretenimento exausto da fama e de ter que lidar com crianças. Viciado em jogos, cigarros, remédios e álcool, é também dono de uma franquia de hambúrguer que paga à máfia para manter o McDonald's e o Burger King fora de Springfield. A inspiração para o personagem veio de um palhaço de Portland chamado Rusty Nails, mas apesar do nome sinistro, Rusty era um palhaço alegre.

04. LOUIS SEAGRAM
(Parque Macabro, 1998, filme de Adam Grossman)

Uma menininha vai ao circo com seus pais e, depois de muito se divertir com todas as luzes e apresentações, testemunha o macabro e violento assassinato da mãe. O trauma é responsável por pesadelos irrefreáveis ao longo da vida, toda vez que um circo chega à cidade.

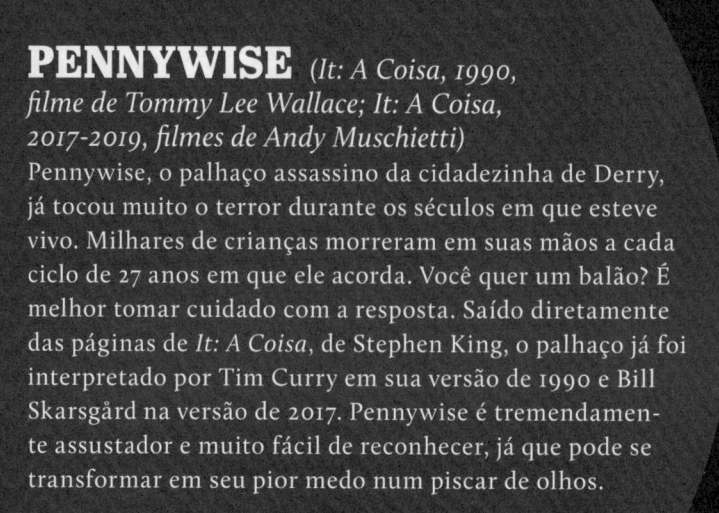

PENNYWISE (It: A Coisa, 1990, filme de Tommy Lee Wallace; It: A Coisa, 2017-2019, filmes de Andy Muschietti)

Pennywise, o palhaço assassino da cidadezinha de Derry, já tocou muito o terror durante os séculos em que esteve vivo. Milhares de crianças morreram em suas mãos a cada ciclo de 27 anos em que ele acorda. Você quer um balão? É melhor tomar cuidado com a resposta. Saído diretamente das páginas de It: A Coisa, de Stephen King, o palhaço já foi interpretado por Tim Curry em sua versão de 1990 e Bill Skarsgård na versão de 2017. Pennywise é tremendamente assustador e muito fácil de reconhecer, já que pode se transformar em seu pior medo num piscar de olhos.

PENNYWISE
HORROR CIRCUS

05.

06. O PALHAÇO ASSASSINO
(O Palhaço Assassino, 1999, filme de Jean Pellerin)

Qualquer pessoa com medo de palhaços vai suar frio assistindo a esse filme. Na obra de Pellerin, sete amigos se abrigam em um teatro, mas acabam sendo perseguidos por um palhaço maníaco e incansável. Até descobrirem quem ele é de fato, muitas cabeças vão rolar.

07. KILLJOY
(Franquia Killjoy, 2000-2016, filmes de Craig Ross Jr. e outros)

Se você achou que os terrores de palhaços já tinham acabado, está enganado! Killjoy é uma franquia com quatro filmes que mostram jovens sendo perseguidos pelo macabro palhaço Killjoy — o problema é que, não importa o que façam, ele acaba sendo ressuscitado no filme seguinte. Não é só um palhaço, é um palhaço que sempre volta para aterrorizar mais um pouco a vida das pessoas.

JOKER

Batman e Robin! O Coringa vai lhes dar a honra...

...de serem os primeiros homens a morrer na Lua!

08. CAPITÃO SPAULDING
(A Casa dos Mil Corpos, 2003; Rejeitados pelo Diabo, 2005; filmes de Rob Zombie)

Dono de uma atração de beira de estrada, não deixe se enganar pelo carisma de Spaulding. Ele atrai jovens para a sua casa para depois se divertir com eles e suas famílias. Interpretado por Sid Haig em *A Casa dos 1000 Corpos* e *Rejeitados pelo Diabo*, o Capitão Spaulding pode não ser muito engraçado, mas vai te fazer morrer de alguma forma (*de rir*, esperamos).

09. CORINGA
(O Cavaleiro das Trevas, 2008, filme de Christopher Nolan)

Um dos personagens mais controversos das histórias em quadrinhos, o Coringa já foi interpretado por vários artistas no cinema ao longo das décadas, mas a vida que Heath Ledger deu ao palhaço psicopata, rude, cruel, sarcástico e zero empatia é incomparável. A história de origem do personagem foi ganhando versões ao longo do tempo, porém a mais aceita é a que foi contada em *A Piada Mortal*, de Alan Moore, onde "um dia ruim" faz com que o personagem perca as estribeiras e abrace um lado mortal que não sabia que existia. O Coringa de Heath Ledger se inspirou em muitas das características desta *graphic novel* para compor o personagem que acabou se tornando um dos papéis mais famosos de sua curta vida.

10. SERGIO E JAVIER
(Balada do Amor e do Ódio, 2010, filme de Álex de la Iglesia)

Apesar de não serem palhaços demoníacos, Javier e Sergio estão metidos em problemas até os ossos, e nenhuma maquiagem do mundo pode resolver isso. Javier (Carlos Areces), o palhaço triste, e Sergio (Antonio de la Torre), o palhaço feliz, são objetos de paixão da jovem trapezista do circo, que não consegue se decidir. Porém ambos têm segredos e desejos obscuros, bem como uma fúria crescente dentro de si. O longa-metragem é dirigido por Álex de la Iglesia, conhecido por seus filmes de horror sarcásticos e estranhos.

11. ART
(All Hallows' Eve, 2013, filme de Damien Leone)

Fitas são artefatos perigosos em filmes de terror, e imagine então se envolverem palhaços e assassinatos. Uma babá encontra uma fita em que estão registradas várias mortes cometidas por um palhaço psicótico chamado Art, sempre quieto e com um sorriso sarcástico. A partir daí, a babá passa a ser atormentada pelo palhaço, que comete as maiores atrocidades com as suas vítimas.

12. TWISTY
(American Horror Story: Freakshow, 2014, série de Ryan Murphy)

Um desgraçado palhaço quer recuperar seus trabalhos como animador de festas infantis, mas usa métodos pouco ortodoxos para atingir esse objetivo. Twisty é um sequestrador e um assassino em série, para listar alguns de seus "talentos". A quarta temporada antológica de *American Horror Story* traz John Carroll Lynch no papel sinistro.

13. KENT *(Clown, 2014, filme de Jon Watts)*

Um dedicado pai tenta fazer de tudo para o bem de seu filho. Quando o palhaço da festinha de aniversário de seu garoto cancela a apresentação, Kent encontra uma fantasia e decide ele mesmo ser o animador da festa. Mas o traje é amaldiçoado, e Kent se torna um palhaço um tanto quanto estranho, devorador de criancinhas. Daí adiante é só ladeira abaixo.

14. A GANGUE DE PALHAÇOS
(31, 2016, filme de Rob Zombie)

O longa-metragem de Rob Zombie não é sobre a gangue de Osasco, mas fala sobre cinco trabalhadores de um circo que são sequestrados e obrigados a participar de um sádico jogo em que precisam sobreviver a doze horas das torturas de uma gangue de palhaços.

15. O BONECO DE VENTRÍLOQUO
(Gritos Mortais, 2017, filme de James Wan)

Pior que um palhaço normal é um palhaço ventríloquo. Em *Gritos Mortais*, um jovem viúvo retorna para sua cidade natal para obter respostas sobre a morte de sua esposa, que pode estar ligada ao fantasma de um ventriloquista. Pois é. Combustível para pesadelos.

AMERICAN
HORROR STORY

TWISTY

AGRADECIMENTOS

Sou profundamente grato às diversas pessoas que me ajudaram com este livro. Foram muitas, e seria impossível dar crédito a todas. Contudo, já me desculpando com as demais, gostaria de agradecer especialmente ao detetive Greg Bedoe; ao sargento Joe Hein; ao ex-promotor auxiliar Larry Finder; ao meu paciente redator, o falecido Peter Maiken; aos meus colegas de tribunal, Bill Kunkle e Bob Egan; aos policiais Albrecht, Hachmeister, Robinson, Schultz e Tovar; e a minha irmã, Kathy Tully.

Por fim, agradeço humildemente a meus fiéis amigos, a minha família e a minha equipe por não saírem do meu lado durante todo esse tempo. Também gostaria de agradecer a Anne Marie Saviano por seu empenho em preparar a atualização de 2012.

Terry Sullivan

TERRY SULLIVAN foi o promotor responsável pela investigação e prisão de John Wayne Gacy e uma das peças-chave da acusação em seu julgamento. É presidente do The Sullivan Firm, um escritório de advocacia com filiais em Rolling Meadows e Chicago. Hoje advogado autônomo, atua há dez anos como analista jurídico na emissora WGN-TV, de Chicago, Illinois, e já participou de inúmeros programas locais e nacionais de rádio e televisão. Fez análises de casos de grande repercussão e dos julgamentos de O.J. Simpson, William Balfour, Drew Peterson e Saddam Hussein. Mais informações em thesullivanfirmltd.com.

PETER MAIKEN iniciou sua carreira no jornalismo ao trabalhar no jornal de Illinois e depois se juntou ao *Chicago Tribune* em 1963 como um dos editores. Publicou seu primeiro livro, *Rip Off*, em 1979, e quatro anos depois escreveu *Killer Clown Profile: Retrato de Um Assassino* em parceria com Terry Sullivan. Em 1989 publicou seu terceiro e último livro, *Night Trains*. Ainda que não tenha sido músico profissional, foi pianista de jazz e tocava despretensiosamente em alguns lugares. Morreu em 2005, aos 71 anos, após uma batalha contra o câncer de pulmão.

KILL CLC

ER
R
WN

CRIME SCENE®
DARKSIDE

"Você quer um balão?"
— PENNYWISE, *IT: A COISA* —

DARKSIDEBOOKS.COM